中国钢铁工业协会副会长，冶金工业规划研究院党委书记、院长　李新创

满足人民美好生活需要钢铁，中华民族站起来需要钢铁，中华民族富起来需要更多的钢铁，中华民族强起来则需要更好的钢铁。高质量发展将引领钢铁产业未来，这是解决钢铁产业发展不平衡不充分问题的总方向。

李新创

2018.1.26

中国钢铁未来发展之路

——减量 创新 转型

The Road Map of China's Steel Industry

——Reduction,Innovation and Transformation

■ 李新创 著 ■

北 京

冶 金 工 业 出 版 社

2018

内 容 简 介

随着中国特色社会主义进入了新时代，钢铁产业如何实现高质量发展，这成为摆在中国钢铁人面前的重大命题。本书围绕高质量发展的总要求，将供给侧结构性改革的主线与中国钢铁产业实际相结合，以减量、创新、转型为脉络，分为两篇十三章，回顾了世界钢铁产业和中国钢铁产业的发展历程，从产业转移足迹中提炼出产业规律，剖析了大量的企业实践案例，系统地分析了新时代钢铁产业面临的发展形势，提出了未来钢铁产业发展的战略方向和实施路径。作者通过本书的分析，认为钢铁产业要实现高质量发展，必须强化创新驱动，推进绿色化、有序化、品质化、标准化、差异化、服务化、智能化、多元化、国际化“九化”协同发展，重塑钢铁产业价值链，不断提高产业竞争力。

本书可供冶金行业企事业单位领导，从事规划研究、工程咨询、金融等经营管理和科研技术人员以及高等院校冶金相关专业师生参考。

图书在版编目(CIP)数据

中国钢铁未来发展之路：减量　创新　转型/李新创著．—北京：冶金工业出版社，2018.3

ISBN 978-7-5024-7736-3

Ⅰ.①中…　Ⅱ.①李…　Ⅲ.①钢铁工业—工业发展—中国　Ⅳ.①F426.31

中国版本图书馆CIP数据核字(2018)第035972号

出 版 人　谭学余
地　　址　北京市东城区嵩祝院北巷39号　邮编　100009　电话　(010)64027926
网　　址　www.cnmip.com.cn　电子信箱　yjcbs@cnmip.com.cn
责任编辑　李培禄　夏小雪　美术编辑　吕欣童　版式设计　孙跃红
责任校对　卿文春　责任印制　李玉山
ISBN 978-7-5024-7736-3
冶金工业出版社出版发行；各地新华书店经销；三河市双峰印刷装订有限公司印刷
2018年3月第1版，2018年3月第1次印刷
169mm×239mm；24.25印张；1彩页；396千字；374页
85.00元

冶金工业出版社　投稿电话　(010)64027932　投稿信箱　tougao@cnmip.com.cn
冶金工业出版社营销中心　电话　(010)64044283　传真　(010)64027893
冶金书店　地址　北京市东四西大街46号(100010)　电话　(010)65289081(兼传真)
冶金工业出版社天猫旗舰店　yjgycbs.tmall.com

序　　言

钢铁产业是国民经济的重要基础产业，有关钢铁的著作可谓数不胜数，但多见于冶金原理、工程设计、工艺技术等方面，关于产业宏观发展的却为数不多，《中国钢铁未来发展之路》则是其中的集大成者。作为一部聚焦于剖析钢铁产业发展历程、规律和方向的专著，该书是李新创先生集三十多年钢铁产业规划研究经验撰写而成的，为之作序，实为幸事也。

中华人民共和国成立以来，经过几代钢铁人的艰苦努力，我国钢铁产业从小到大、由弱向强，走出了一条符合世界钢铁规律和中国国情的独特发展道路。在新的历史起点上，以国际化视野的角度，钢铁产业应该怎样审视自身所走过的道路？如何适应、引领、把握新常态？怎样深入贯彻落实供给侧结构性改革？李新创先生在书中对上述问题进行了深入细致的分析、探索和研究。

通读该书稿，逻辑脉络十分清晰，“减量”是对钢铁产业发展形势的战略判断，“创新”是钢铁产业在新常态下的发展动力，“转型”是钢铁产业落实供给侧结构性改革的实施路径。“减量　创新　转型”是李新创先生几年前赴某钢铁企业讲学时的即兴发言，当时钢铁产能过剩等问题尚未得到充分认识和足够重视，其后钢铁产业的发展印证了李新创先生的判断，足见其对行业的洞察力和预见性。在第一篇，该书不仅回顾了国内外钢铁产业长期以来的发展历程，而且总结了世界钢铁转移、产业布局的规律，并对2016年至今我国钢铁产业壮士断腕般去产能进行了深入分析，指出了供给侧结构性改革对提高我国钢铁产业竞争力的巨大作用，为解决钢铁产能过剩这一全球性问题提供了有益的中国方案。钢铁产业未来的发展方向是什么？该如何去做？作者在第二篇，也给出了清晰的答案，就是推进“九化”协同，重塑产业价值链，不断提高钢铁竞争力，绿色化、有序化、品质化、标准化、差异化、服务化、智能化、多元化、国际化，每一部分独立成章，既有机联系又互相区别，仔细读来，深感其观点鲜明，论述客观，案例丰富，数据详实，显示出作者深厚的钢铁情怀和精辟独到见解。

李新创先生与钢铁结下了不解之缘，曾在中南矿冶学院、北京钢铁学院“学习”钢铁，在山西省冶金设计院“设计”钢铁，在冶金工业部“计划”钢铁，在冶金工业规划研究院“研究”钢铁，在北京大学国际MBA提高全球视野，他长期刻苦钻研、笔耕不辍，对钢铁产业发展趋势、政策研究、企业战略定位、项目投资等具有深厚造诣，发表了很多重量级的文章，出版了两部专著，对促进钢铁产业健康发展提供了较系统的研究思路。相信该书对广大读者了解钢铁产业的前生今世，把握钢铁产业的未来发展具有重要指导作用。

王勇

2017年10月26日

前　言

在中国经济发展进入新常态的背景下，伴随着经济增长转为中高速、产业结构迈向中高端和经济增长动力转换，单位GDP钢材消费强度趋于下降，钢材消费总量进入峰值弧顶下行区，尽管会有波动反复，中国钢铁工业减量发展的大趋势已然明朗，由此将带来能耗总量、污染物排放总量、资源消耗总量等逐步下降，并对中国钢铁的工艺流程结构、技术装备结构、产品结构、能源结构、资源结构、组织结构和产业布局等产生深远影响，对产业发展方式、发展动力提出新的要求。

以中国共产党第十九次全国代表大会为重要标志，开启了中国特色社会主义的新时代，中国社会主要矛盾已经转化为人民日益增长的美好生活需要和不平衡不充分的发展之间的矛盾，经济发展由高速增长阶段转向高质量发展阶段。钢铁是国民经济的重要基础产业，回顾历史，中华民族站起来需要钢铁；中华民族富起来，需要更多的钢铁；展望未来，中华民族强起来，则需要更好的钢铁。这不仅对钢铁产品，而且对钢铁企业都提出了更高的要求。如何做到更好，需要钢铁产业进一步贯彻落实“创新、协调、绿色、开放、共享”的发展理念，深化供给侧结构性改革，这是引领钢铁产业在新时代发展的总钥匙。

冶金工业规划研究院是政府机构的参谋部、行业发展的引领者、企业规划的智囊团，承担了众多重要的钢铁产业、环境、安全、能源、质量等政策的课题研究，数百个钢铁原料、生产、消费相关的专项分析，上千家国内外企业的咨询报告。作为冶金工业规划研究院的院长，我负责、参加了其中的重大咨询项目，感谢我们所处的伟大的新时代、感谢钢铁这一具有重要地位的基础产业、感谢冶金工业规划研究院这个独特的平台、感谢我们充满活力、团结奋斗的同事，让我有了众多的机遇、特殊的视角和切身的感受，从而对新时代钢铁产业的外部形势、战略定位、发展动力和转型路径形成了有机统一的认识。

此次撰写的《中国钢铁未来发展之路——减量　创新　转型》一书，主要就以下内容进行了阐述：回顾了世界及中国钢铁产业发展历程以及产业重心转移路线，分析了其背后的产业规律，对世界及中国钢铁产业发展阶段做出了新的认识和判断；从钢铁产业特点和人口经济学的角度，深入剖析了中国钢铁产业的竞争优势，提出中国钢铁产业将长期引领世界钢铁产业发展；分析了新常态下中国钢铁产业面临的国际、国内形势，提出了供给侧结构性改革对中国钢铁产业的要求；从全面的视角，梳理了钢铁产业落实供给侧结构性改革“去产能”的有关举措，研究提出了供给侧结构性改革推动中国钢铁产业调整升级的重大历史作用，以及在供给侧结构性改革推动下，为解决钢铁化解过剩产能这一全球性问题做出的中国贡献；随着中国特色社会主义迈进新时代，钢铁产业未来应推进“九化”协同创新发展，重塑产业价值链，不断提高产业竞争力。

本人笔拙，在撰写过程中也深感知识不足、见解不深，以期本书能够抛砖引玉，为社会各界贡献绵薄之力。若本书能为新时代的钢铁产业发展有些许借鉴与触动，将不枉费众多领导、专家对我的关心、帮助、支持和鼓励。作为钢铁战线的普通一兵，我将心存感恩，继续努力，不负所望。

衷心感谢为本书撰写提供支持帮助的领导、同事和所有朋友！特别感谢中国工程院干勇院士在百忙之中能够拨冗为本书撰写序言，对钢铁行业发展提出高屋建瓴的指导；感谢范铁军、张龙强、姜晓东、李闯、程继军、刘涛、郜学、李冰、刘琦、陈程、鹿宁、霍咚梅、高升、赵佳、管志杰、张玮玮、施灿涛、吴秀婷、彭锋、张松波、潘登、李晓、周翔、李梅等同事的辛苦付出。诚挚希望广大读者提出批评和指导意见，以便不断完善提高。

李新创

冶金工业规划研究院院长

2017 年 12 月 18 日

目　　录

第一篇　综　　述

第二篇　减量　创新　转型

第一篇

综 述

ZONG SHU

第一章　中国现代钢铁工业发展之路

中国现代钢铁工业的发展始于1949年中华人民共和国成立。近70年来，伴随着国家的成长、发展，中国现代钢铁产业也经历了恢复、壮大、崛起的风雨历程，总体上分为四个阶段（见图1-1）：第一阶段，是从1949年中华人民共和国成立伊始到“文化大革命”结束，处于探索阶段，呈现波动发展态势；第二阶段，是从改革开放之初到20世纪末期，处于起步阶段，呈现稳定发展态势；第三阶段，是从21世纪初到2014年，处于加速阶段，呈现跨越发展态势；第四阶段，是2015年起至今，处于减量阶段，呈现创新发展态势。

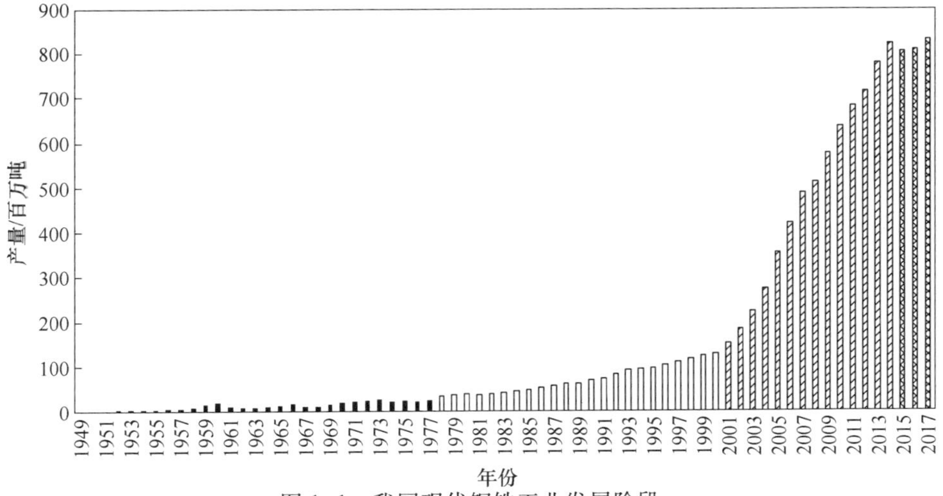

图1-1　我国现代钢铁工业发展阶段

从历史维度、全球视角来看，中国钢铁产业的发展、崛起和调整是一种必然，是世界钢铁产业发展规律和中国钢铁实际、特点共同作用的结果。与欧美等发达国家钢铁工业不同，中国钢铁产业起步于计划经济，崛起于改革开放进程中，走了一条独特的、前所未有的发展道路，有力地支撑了国民经济发展需要。实践证明这条路是成功的，没有别的道路能够满足我国快速发展对钢铁的需求。同时，中国钢铁产业在崛起发展、满足需求的过程中，也承接了世界钢铁产业转移的接力棒，扩大了钢铁材料的应用领域，采用了大批的新技术、新装备，将世界钢铁产业发展水平推向了新高。

一、探索阶段，波动发展

1949 年全国钢产量只有 15.8 万吨，居世界第 26 位，经历三年恢复生产，“一五”时期快速发展，三年“大跃进”大炼钢铁，五年调整以及随后十年的“文化大革命”，期间粗钢产量三次大起大落，有成功的经验，也有失败的教训。这一时期，老一辈无产阶级革命家不断探索如何在中国建设社会主义，我国现代钢铁工业也处于萌芽阶段，呈现出非常明显的探索发展态势。在该阶段，我国累计钢产量 3 亿多吨，建设了鞍钢、武钢、包钢三个国家大型钢铁基地，以及太钢、马钢、攀钢、八钢、杭钢、柳钢、通钢、新余等地方骨干钢铁厂。

（一）恢复改造钢铁装备

1949 年以前，我国钢铁生产能力小，工艺装备数量少、技术落后，由于常年战乱，大都处于停产状态，甚至遭到拆毁、破坏。1949 年以后，以恢复、改造、扩建 1949 年以前的钢铁装备作为起点，发展中国现代钢铁工业，1949~1952 年，全国共恢复、扩建了高炉 34 座、平炉 26 座。1952 年，全国产铁192.9 万吨，超过 1949 年以前最高年产铁量 7.1%；全国产钢 134.9 万吨，超过1949 年以前最高年产钢量 91.2%。1953 年，大冶、重庆、太原等钢厂的电弧炉恢复生产[1]。到 1957 年，1949 年以前遗留的钢铁生产装备经过修理、改造后，基本都恢复了生产。

（二）开启钢铁基本建设提高生产能力

1. “一五”时期建设

1949 年以后钢铁工业的基本建设，始于 1950~1952 年对鞍钢的扩建改造，自第一个五年计划起，我国开始了以新建厂为主的大规模基本建设。1953~1957 年，我国开展了苏联援建 156 个大项目中的 8 个钢铁项目建设，包括新建武钢、北满钢厂、包头钢厂、吉林铁合金厂、吉林炭素厂、热河钒铁厂（承德钢铁厂前身），改扩建鞍钢、本钢等。同时，还进行了大冶钢厂、太原钢铁厂、唐山钢铁厂、重庆特钢厂、北京石景山钢厂、上钢一厂、上钢三厂、上钢五厂、抚顺钢厂、大连钢厂等20多个企业的改扩建工程。

2. “三大、五中、十八小”钢铁工程

1956年我国开始规划建设“三大、五中、十八小”钢铁工程。“三大”是指继续进行鞍钢、武钢和包钢三个超过100万吨钢的大钢铁基地建设工程；“五中”是建成年产30万~100万吨钢的中型钢铁厂，包括扩建太钢、重钢、马钢、石景山钢铁厂，新建湘潭钢铁厂；“十八小”是规划在18个省、自治区新建18个年产10万~30万吨钢的小型钢厂，包括河北邯郸钢铁厂、山东济南钢铁厂、山西临汾钢铁厂、江西新余钢铁厂、江苏南京钢铁厂、广西柳州钢铁厂、广东广州钢铁厂、福建三明钢铁厂、安徽合肥钢铁厂、四川江油钢铁厂、新疆八一钢铁厂、浙江杭州钢铁厂、湖北鄂城钢铁厂、湖南涟源钢铁厂、河南安阳钢铁厂、甘肃兰州钢铁厂、贵州贵阳钢铁厂、吉林通化钢铁厂。

3. “三线建设”钢铁工程

1964年，在党中央、毛主席的指示下，我国钢铁工业以攀枝花钢铁公司为标志性工程，开始推进三线钢铁基地建设。1964年底，邓小平受中共中央委托到攀枝花审定了攀钢建设方案，1967年，攀钢1000立方米高炉建成投产。在三线钢铁基地建设中，新建了长城钢厂、峨眉铁合金厂、水城钢铁厂、遵义金属制品厂等，恢复建设了酒钢、兰钢、略钢；扩建了成都无缝、重钢、重特、昆钢、贵钢、遵义铁合金厂；鞍钢援建了宁夏石嘴山钢绳厂，本钢分迁建设了西宁特钢，大连钢厂援建了陕西钢厂等。

此外，在发挥中央和地方两个积极性的方针指导下，这一时期各地还兴建了南昌钢铁厂、苏州钢铁厂、石家庄钢铁厂、邢台钢铁厂、芜湖钢铁厂、成都钢铁厂、青岛钢铁厂、北台钢铁厂、韶关钢铁厂、凌源钢铁厂、无锡钢铁厂、舞阳特厚板厂、莱芜钢铁厂等地方中小钢铁企业。

1949年以后中国钢铁工业从一片废墟上起步，至改革开放前夕，已拥有了炼铁高炉982座，总容积87204立方米，炼钢平炉98座，公称容量总计17188吨，炼钢转炉276座，公称容量总计3034吨，炼钢电炉1678座，公称容量总计4156吨。不仅如此，在这一阶段我国还建成了东北工学院、北京钢铁学院、中南矿冶学院、昆明工学院、西安冶金建筑学院、鞍山钢铁学院、武汉钢铁学院、包头钢铁学院、马鞍山钢铁学院等冶金院校，组建了钢铁研究院、规划院、设计院、矿冶院、建筑院、冶建队伍等科研建设单位，研发应用了氧气顶吹转炉、连续铸钢、炉外精炼、连续轧钢等技术，初步形成了相对较为齐全的钢铁工业发展体系。

二、起步阶段，稳定发展

改革开放后，一方面随着各项工作以经济建设为中心的确立，我国经济快速发展，钢铁需求持续增长；另一方面，改革破除了原有的一些体制机制障碍，计划体制逐渐向市场体制转轨，生产力逐步得到释放。这一时期，是我国钢铁工业的起步阶段，钢铁工业在长达二十多年的时间内呈现稳定发展的局面。在该阶段，我国粗钢产量由 1978 年的 3178 万吨增长到 2000 年的 12850 万吨，增长了 4.04 倍，年均增速 6.56%。其间，我国粗钢产量在 1996 年首破 1 亿吨大关达到 10124 万吨，并跃升成为世界第一产钢大国。在党和国家的关怀下，举全国之力，建成了我国最现代化、最具竞争力的钢铁企业——宝钢，这也是我国真正意义上的第一家现代化钢铁基地。

（一）现有钢铁企业的技术改造

改革开放之初，我国钢铁工业发展远落后于世界先进水平，生产效率很低，还没有真正意义上的现代化钢铁企业。比如，平炉钢产量仍占三分之一左右，连铸坯产量占比不到 10%，相当多的钢铁企业工序不匹配，化铁炼钢、调坯轧材的现象大量存在。加之国家给予钢铁工业的投资大部分用于宝钢建设，其他钢铁企业资金不足与建设需要的矛盾较为突出。为解决这一问题，钢铁工业采取了实施现有钢铁企业技术改造、走内涵扩大再生产的发展道路。20 世纪 80 年代中前期，在“挖潜、改造、配套、扩建”方针的指导下，鞍钢、邯钢、包钢、唐钢、安钢、杭钢等钢铁企业，不断加强管理、挖浮财，改造落后工艺装备，工艺不配套的健全补缺，不匹配的填平补齐，技术水平、生产效率都有了不同程度的提高。

20 世纪 80 年代中后期，钢铁工业发展围绕解决产品数量、品种结构、产品质量“三个不适应”问题，不断加大老企业技术改造力度。这一时期，建设了武钢 3200 立方米高炉、马钢 2500 立方米高炉、包钢 2200 立方米高炉、唐钢 2×1200 立方米高炉、重钢 1200 立方米高炉、邯钢 1260 立方米高炉等炼铁设施，以及开工建设了首钢210吨转炉炼钢厂、太钢50吨转炉炼钢厂、重钢50吨转炉炼钢厂、新冶钢50吨电炉厂等，同期还建设了70多台连铸机，全国总连铸能力达到了3000万吨以上。此外，鞍钢4300毫米厚板轧机、上钢三厂4200毫米/3500毫米轧机、邯钢2800毫米中板轧机的建设，大大提高了中厚板生产能力，马钢、莱钢引进了H型钢轧机，填补了这一钢材品种的国内空白。

20世纪90年代，我国钢铁工业加大了淘汰落后技术装备的力度，并以连铸为中心，向前端、后端分别延伸，采用先进适用共性技术改造现有流程工艺技术，如增加铁水预处理、炉外精炼，淘汰平炉、初轧，发展顶底复合吹炼转炉和超高功率电炉，应用高炉炼铁精料技术、喷吹煤粉技术、连铸坯热装热送技术、氧气转炉溅渣护炉技术等。通过90年代"八五""九五"期间的淘汰、改造和新建，推进了我国钢铁工业技术装备的调整优化，促进了生产效率的提高和品种质量的提升，汽车板、管线钢、石油钢管、锅炉用钢板、重轨等钢材产品的国内市场占有率不断提高。

（二）新建宝钢大大加快了我国钢铁工业现代化步伐

宝钢是改革开放的产物。为解决上海钢铁工业困扰已久的缺铁问题，1977年初，上海市和冶金工业部拟在上海筹建炼铁厂，这是宝钢工程的最初设想。中共中央、国务院领导从实现我国钢铁工业现代化，推动国民经济进一步发展的全局出发，把建设炼铁厂的意向提升为建设现代化大型钢铁厂。1978年12月23日，在中共十一届三中全会闭幕的第二天，宝钢工程开工建设。

宝钢工程是1949年以后中国最大的一个项目，国内当时没有建设大型现代化钢铁企业的经验，初期完全从日本引进，投资巨大，建设前期、初期一直存在争议。宝钢工程正式动工不久，适逢国民经济进入调整阶段，缩短基本建设战线、控制投资规模成为当务之急，作为国家投资特大规模工程的宝钢工程列为重新审议项目中的首位。在中央领导同志的关怀下，经过充分论证，采纳了把宝钢工程分为两期建设的意见，1981年宝钢一期工程改列为续建工程，1983年宝钢二期工程续建获得批准。1985年宝钢一期工程建成投产，1992年，宝钢一期、二期工程全部建成投产。宝钢一、二期工程建设总投资301.2亿元，共购置设备67万吨，其中进口设备46.6万吨，国产设备

20.4 万吨。一期国产化率约 12%；二期国产化率提高到约 57%；1993 年，宝钢三期工程兴建，国产化率提高到 80%。

宝钢的建设运营和创新发展，大大缩短了我国钢铁工业技术装备同世界先进水平的差距。宝钢一期工程几乎全部引进国外先进技术装备，二期工程以合作设计、制造为主，三期工程以自主设计、自主制造为主。宝钢的建成有效弥补了我国钢铁品种、质量上的不足，满足了我国汽车、石油、造船等下游行业对高端钢材的紧迫需求，如 1991 年国家有 14 个短缺钢材品种，宝钢生产了 7 种，占 50%；宝钢生产的短缺品种钢材 146 万吨，占全国短缺品种钢材总量的 23%。此外，宝钢以集中一贯制为核心的企业管理，对我国钢铁企业由传统管理向现代化管理转变起到了极大的推动作用。

（三）总结推广邯钢经验探索市场化经营

20 世纪 90 年代，当时的邯郸钢铁总厂为扭转严重亏损的局面，经过摸索试验、优化调整，实施了“模拟市场核算，实行成本否决”的成本管理制度。其实质是将市场经营机制贯彻到企业内部，按市场价格倒推，将目标成本层层分解到分厂、车间、班组直至个人，以此进行核算。将目标成本指标的完成情况与奖金工资挂钩，不能完成的，视程度扣减奖金甚至工资；完成或超额完成的，给予相应等级的奖励。这种市场化考核机制极大地调动了企业干部群众的积极性，成效十分显著，从 1991～1993 年，分别比上年降低成本 6.4%、4.8%和 6.1%，连续 3 年累计实现利润超过 7 亿元，在亚洲金融危机的困难时期，仍保持利润 5 亿元以上。1993 年，冶金工业部总结了邯钢“模拟市场核算，实行成本否决”的管理经验，并推广到全行业。1996 年，国务院批转了国家经贸委、冶金工业部《关于邯郸钢铁总厂管理经验的调查报告》。

三、加速阶段，跨越发展

中国现代钢铁工业发展的第三阶段是从 21 世纪初到 2014 年，在亚洲金融危机影响逐渐消退后，伴随着国内居民消费结构的升级，以及我国加入世贸组织，新一轮经济增长周期带来了钢铁工业发展的黄金十年。尽管其间受到国际金融危机的冲击，但总体上我国粗钢产量保持快速增长态势，由 2000 年的 12850 万吨提高到 2014 年的 82270 万吨，品种质量显著改善，实现了由净进口大国向净出口大国的历史性转变，长期困扰我国经济发展的钢铁短缺时代一去不复返了。这一时期可以说是我国钢铁工业的加速阶段，实现了跨越式发展。

（一）市场驱动钢铁规模扩张

在这一时期，国内经济高速增长，工业化、城镇化加快推进，对外贸易快速发展，钢铁市场需求空间急速剧增，驱动了我国钢铁产量、产能的规模扩张。如“十五”期间，我国经济年均增速接近9.8%，城镇化率每年提高1.356个百分点，同期粗钢产量增长了2.75倍，年均增速高达22%；“十一五”期间，我国经济年均增速接近11.4%，城镇化率每年提高1.39个百分点，同期粗钢产量增长了1.81倍，年均增速高达12.6%。国民经济发展与粗钢产量增长[2]（2001~2014年）见图1-2。城镇化率与粗钢产量增长（2001~2014年）见图1-3。

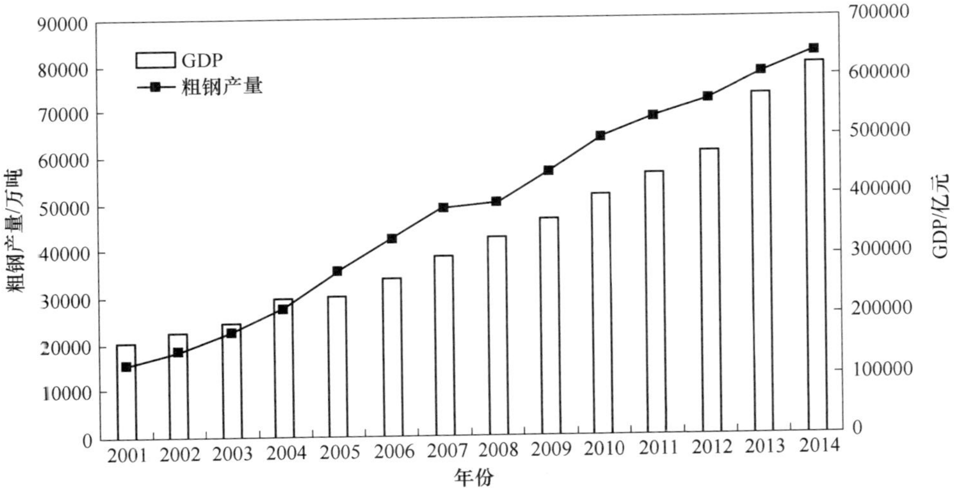

图1-2 国民经济发展与粗钢产量增长（2001~2014年）

（二）我国钢铁短缺时代宣告结束

在中华人民共和国成立以后长达五十多年的时间里，我国始终面临着钢铁产品数量难以满足国民经济发展需求的问题，钢材长期净进口。由此，解决钢铁产品供给不足的矛盾，成为中国几代钢铁人矢志不移的奋斗目标。

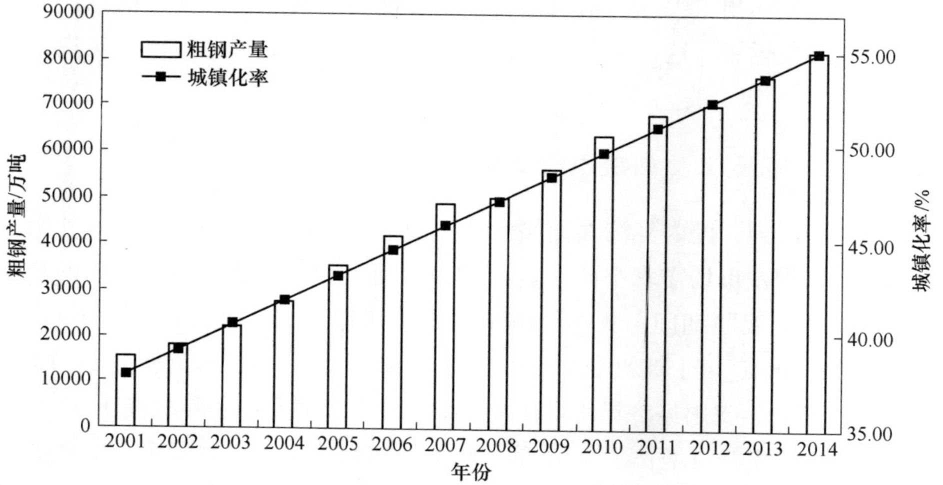

图 1-3　城镇化率与粗钢产量增长（2001~2014 年）

2006 年，我国出口钢材 4301 万吨，进口钢材 1851 万吨，全年实现净出口 2450 万吨，结束了 1949 年以后连续 57 年钢材净进口的历史，实现了由净进口国向净出口国的历史性转变，长期困扰我国经济发展的钢铁短缺时代一去不复返了。图 1-4 为我国钢材进口量、出口量[3]对比演变（2001~2014 年）。

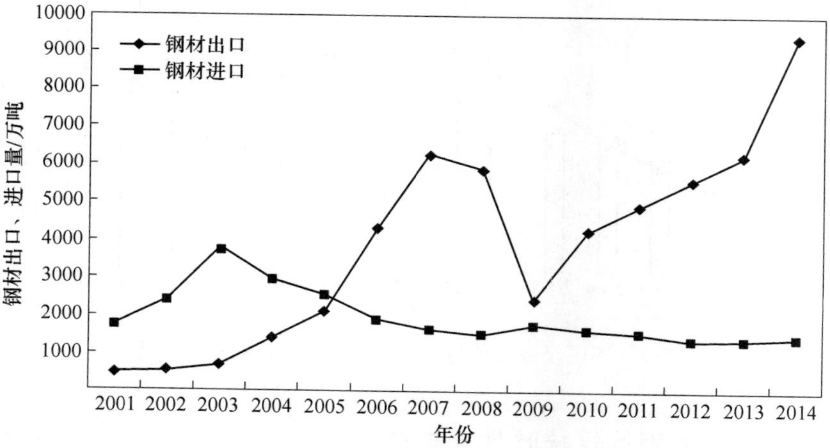

图 1-4　我国钢材进口量、出口量对比演变（2001~2014 年）

（三）技术装备水平进一步提升

这一时期，随着大量新建炼铁、炼钢、轧钢设施的投产，以及不断淘汰落后工艺装备，我国钢铁工业技术水平进一步提升，装备大型化、自动化和高效化持续推进。

首钢京唐、鞍钢鲅鱼圈等国家生产力重大布局项目建成投产，我国具备了自主集成建设现代化沿海钢铁基地的能力，宝钢、鞍钢、武钢、首钢、马钢、太钢、包钢、沙钢、唐钢、邯钢、兴澄特钢、东特大连基地等企业的技术装备达到了国际先进水平，唐钢、太钢等探索城市钢厂绿色发展、转型升级，打造成世界最清洁的钢铁厂，成为全球钢铁业学习的典范。“十一五”期间，我国淘汰落后炼铁能力 11700 万吨，淘汰落后炼钢能力 6900 万吨；“十二五”期间，我国又淘汰落后炼铁能力 9100 万吨，落后炼钢能力 9480 万吨。

截至 2014 年底，符合规范条件企业中，1000 立方米及以上高炉占炼铁总产能 65%左右，100 吨及以上转炉（电炉）占炼钢总产能 56%以上。全行业已建成热轧宽带钢轧机 89 套、中厚板轧机 84 套、冷连轧轧机 58 套。冶金自动化、信息化水平大幅提高，以电商为代表的新型业态模式在一些钢铁企业落地生根，展现出蓬勃的生命力。

四、减量阶段，创新发展

在新常态下，我国经济增长从高速转为中高速，伴随着发展方式转变、经济结构调整和增长动力转换，我国单位 GDP 钢材消费强度明显下降。2015 年我国粗钢产量 8.04 亿吨，同比下降 2.3%，是 1982 年来首次下降，同年我国钢材实际消费量 6.64 亿吨，同比下降 5.4%，是 1996 年来首次下降。钢材消费量、粗钢产量的“双降”标志着我国钢铁行业进入了减量发展阶段，呈现出创新发展态势。总体判断，减量发展将经历较长时期的波动探底过程，其间行业发展将呈现优胜劣汰、流程调整、多元并举、整合重组等特点，创新将成为这一时期企业发展的最强驱动力和生死成败的关键因素。

（一）新常态下中国钢铁产业面临的发展形势

中国钢铁产业已具备了较强的国际竞争力，将在我国建设制造强国和国际产能合作中发挥重要作用，并长期引领世界钢铁发展。也要看到，新常态下钢铁产业面临着产能严重过剩、创新能力不强的严峻挑战，亟须把握发展规律、加快创新发展，坚决贯彻供给侧结构性改革的各项要求，切实推进转型升级实现可持续发展。

从国际看，世界经济在深度调整中曲折复苏，全球钢材需求总量进入平台期，呈稳定波动发展态势，钢铁产能过剩已是全球性问题。国际钢材市场贸易保护主义蔓延，竞争将更加激烈，国际投资贸易规则体系加快重构，钢铁国际产能合作、国际贸易的机遇和挑战并存。新一轮科技革命和产业变革方兴未艾，世界钢铁的产业形态、生产经营、发展方式正在经历前所未有的深刻变革，钢铁材料与其他材料之间呈现既互相竞争又协同融合的大趋势。铁矿、焦煤等大宗商品的金融属性增强，价格波动加剧，世界矿业投资风险加大，不确定因素明显增多。先进钢铁强国依托再工业化战略，加强科技创新和前沿领域战略布局，在中高端钢材市场把占制高点，一些新兴经济体凭借劳动力等低成本要素的优势，对普通钢材市场形成分流，我国钢铁产业面临的风险挑战增加。

从国内看，新常态下的经济增长处于中高速，周期性矛盾和结构性矛盾并存，结构性问题是主要矛盾，钢材消费总量、消费强度总体趋于下降。此外，我国发展方式粗放，不平衡、不协调、不可持续问题仍然突出，资源约束趋紧，生态环境恶化趋势尚未得到根本扭转，钢铁产业亟须提高创新能力，加快调整升级。但是，中国经济长期向好的基本面没有改变，经济结构调整优化的前进态势没有变，中国钢铁产业拥有世界最大最活跃的内需市场、世界最全最完整的产业体系、世界最多最丰富的人力资源、世界最新最先进的技术装备、世界最快最及时的服务体系，仍将长期保持强大的竞争力。在实现由低水平供需平衡向高水平供需平衡跃升的过程中，提高钢材供给质量、改善钢材供给结构将是推进中国钢铁产业迈向中高端的新引擎。

（二）供给侧结构性改革对中国钢铁产业的要求

解决我国中长期的经济发展问题，根本之道在于推进供给侧结构性改革，这是问题倒逼、必经关口，也是大势所趋、形势使然。钢铁产业如何切实推进供给侧结构性改革？总体而言，就是要坚决贯彻“创新、协调、绿色、开放、共享”五大发展理念，紧紧围绕“去产能、去库存、去杠杆、降成本、补短板”五大重点任务，深入分析产业发展存在的问题，以此为导向，探寻解决办法。

按照五大发展理念的要求，钢铁产业在几个方面都存在不同程度的差距。如在创新方面，我国钢铁产业仍存在自主创新长期投入不足，缺少原创性技术，产学研用协同创新弱化，创新资源重复配置等问题。此外，还存在产业布局不合理，钢铁制造、服务与市场需求衔接不畅等不协调的问题。“三去一降一补”是供给侧结构性改革的五大重点任务。其中，去产能处于首位，而钢铁产业是产能严重过剩行业的典型代表，也是去产能的重点所在，因此去产能是钢铁产业推进供给侧结构性改革的第一要务。但是在聚焦钢铁去产能的同时，不应忽视其他几个重点任务对钢铁产业的要求。客观分析，作为实体经济的重要组成部分，钢铁产业在去杠杆、降成本、补短板等方面依然可以大有作为。部分企业债务问题突出，诱发区域金融问题的风险大增。近年，钢铁企业在财务费用等方面的刚性支出压力凸显，不堪重负，成为制约市场竞争力的重要影响因素。同时，我国钢铁产业在技术创新、标准体系、品质制造、智能制造、服务制造、绿色制造和国际发展等方面的短板也亟须弥补。

当前，推进供给侧结构性改革，既有明确的理念，也有清晰的思路，还有具体的任务。对照之下，钢铁产业还存在上述的一些问题和差距，但问题就是机会、差距就是潜力。钢铁产业应主动适应、把握、引领新常态，利用好供给侧结构性改革的宏观政策、产业政策、微观政策、改革政策和社会政策，推进“九化协同”（即绿色化、有序化、品质化、标准化、差异化、服务化、智能化、多元化、国际化）创新发展，重塑价值链，不断提高钢铁产业竞争力，这是钢铁产业实现可持续发展的根本出路。

（三）中国钢铁具有竞争优势，将长期引领世界钢铁发展

中国是世界最大的钢铁生产消费国，作为国民经济的重要基础产业，中国钢铁产业满足了建筑、机械、能源、汽车等国民经济各行业的发展，产业素质显著提高，国际地位大幅提升，已初步形成了“好产品、好价格、好规模、好服务、好品牌”的比较优势，是中国制造业门类之中最具全球竞争力的行业之一，并将在未来相当长时期保持竞争优势，具体如下：

一是，中国钢铁产业拥有世界最大、最活跃的内需市场。2017 年中国钢材实际消费量（不考虑库存变化）约 7.28 亿吨，占全球钢材消费量的 45%左右，中国作为全球最大、最活跃钢材市场的格局在相当长的时间内不会改变，这是中国钢铁产业继续保有、提高竞争力的最强基础。

二是，中国钢铁产业拥有世界最全、最完整的产业体系。具体包括规划设计、装备制造、施工建设、生产运营、营销服务、技术研发、物资供应、

配套支撑产业等，各产业单元互相促进、协同发展，整体竞争力极强。

三是，中国钢铁产业拥有世界最丰富、最具潜力的人力资源。众多冶金类及相关的高校、院所、机构、企业等在长期发展过程中培育、集聚了基数庞大的人才基础，特别是在新世纪的快速发展黄金期中，一大批中坚力量得以淬炼，必将涌现出世界级的冶金顶尖人才。

四是，中国钢铁产业拥有世界最新、最先进的技术装备。经过上轮发展黄金期的密集投资，一大批先进的钢铁工艺技术、节能环保技术、自控技术得以应用，总体实现了大型化、自动化、连续化、绿色化、系统化、精密化，一半以上生产工艺装备达到国际先进水平。

五是，中国钢铁产业拥有世界最快、最及时的服务体系。近十几年，中国钢铁工业加强服务体系建设，不断提升服务能力。不仅在全国各大城市建立了系统完善的仓储、剪切加工、物流配送服务体系，并借助电子商务手段，向用户提供及时、周到的服务。还在世界主要钢材消费国建立了仓储、加工、配送服务体系，可为全球客户提供及时、快捷的服务。

纵观世界钢铁工业发展历程，有 3 个国家曾占据世界粗钢产量的一半并长期保持世界钢铁产业的领先优势，先后分别是西欧的英国、北美的美国和东亚的中国，这也是世界钢铁工业重心转移的主轴线。英国从粗钢产量占全球一半到被美国超越的时间跨度约是 80 年，美国从粗钢产量占全球一半到被日本超越的时间跨度约是 70 年。钢铁是人类进入工业化社会和工业经济发展的重要标志，从人口经济学分析：英国成为世界钢铁重心，这是英国率先进入工业革命，在千万量级（10^7）人口规模的国家快速工业化、城镇化的结果；美国成为世界钢铁重心，是在亿量级（10^8）人口规模的国家快速工业化、城镇化的结果；中国成为世界钢铁工业重心，是在 10 亿量级（10^9）人口规模的国家快速工业化、城镇化的结果。由此展望未来，不会有更高量级（百亿量级，10^{10}）人口规模的国家或地区出现，即使是再一个 10 亿量级（10^9）人口规模的国家或地区的快速工业化、城镇化也很难出现。总体判断，中国钢铁领先世界的时间跨度将超过曾经的英国、美国，可能达到百年之久。

（四）中国钢铁产业“九化协同”创新发展的方向

中国钢铁产业应主动适应、认识和把握减量发展阶段的新常态，秉承五大新发展理念，以创新为第一动力，以全面提高综合竞争力为根本目标，充分发挥市场配置资源的决定性作用和更好地发挥政府作用，在适度扩大市场需求的同时，着力推动钢铁工业供给侧结构性改革，深入推进“九化协同”创新发展，重塑价值链。

1. 绿色化

绿色发展是钢铁产业生存立足的重要前提，也是实现可持续发展的根本保障。钢铁产业应抛弃狭隘的污染治理思维，从企业全方位、制造全流程、产品全周期等角度，全面强化绿色发展，即贯彻“六位一体”（绿色矿山、绿色采购、绿色物流、绿色制造、绿色产品、绿色产业）钢铁绿色发展理念，建立有效益、可持续的现代化绿色工厂和绿色产业体系。

2. 有序化

以提升竞争力为核心，推进钢铁企业重组。重点支持优势钢铁企业强强联合和细分市场特色产品企业重组，打造具有国际竞争力的世界级钢铁企业集团。推进已重组企业加强实质性整合，再造业务流程，切实发挥协同效应。依托专业化咨询机构，打造钢铁企业兼并重组一站式综合服务平台，提供信息、协调、政策、法律、融资等兼并重组服务。支持建立区域性企业协调机制和同类产品企业协调机制，减少无序竞争。严格依法依规，加强执法，打造公平竞争市场环境。

3. 品质化

品质化，即重视品牌建设和产品质量提升，是实现企业可持续发展的重要保障。质量是品牌建设的基石、服务是品牌提升的保障、创新是品牌延续的源泉、文化是品牌推广的精髓。通过技术创新、文化建设，建设标准化、检验化、可追溯、信息化“四位一体”质量体系，全面提升产品质量和服务质量，全力构建集质量、服务、创新和文化于一体的品牌体系，打造具有强大综合竞争力的品牌企业。

4. 标准化

按照《中国制造 2025》《深化标准化工作改革方案》《国家标准化体系建设发展规划（2016—2020 年）》等相关文件要求，全面深入推进我国钢铁产业标准化发展。从国家、行业、地方、团体等四个层面协同发力，在亟须标准化引领的钢铁物流、绿色转型、两化融合、电力需求侧管理、品牌建设等领域，推进标准化工作。引领企业建立健全适应市场竞争和技术进步需要的企业标准体系，将拥有自主知识产权的关键技术纳入企业标准。

5. 差异化

差异化是钢铁产业结构调整、转型升级的必由之路，也是钢铁企业谋生存、求发展的必然选择。首先是战略差异化，加强对市场需求和竞争对手的研究，找准企业定位，明确发展战略和实施路径，实现产业链差异化和区域差异化；其次是产品差异化，优化产品结构，提高拳头产品份额，并注重实现产品系列化，提高“一站式”供货能力；再次是产线差异化，通过装备技改，实现专业化生产，大幅提高生产效率，降低生产成本；最后是服务差异化，针对不同客户、不同区域，采用不同的服务模式，提高针对性和认可度。

6. 服务化

发展服务型制造是我国进入工业化中后期的现实要求，也是抢抓全球新一轮科技革命和产业变革机遇的重要措施。钢铁企业应由简单的制造增值向制造、服务协同增值转变。更重要的是，通过制造与服务的有机结合，革新钢铁企业的商业模式，进而推进智能制造、资本运作、“互联网+”、技术服务、产品深加工等，提高产信结合、产融互动、产服延伸的融合创效能力。

7. 智能化

推动有条件的钢铁企业完善基础自动化、生产过程控制、制造执行、企业管理、决策支持五级信息化系统建设。引导先进钢铁企业建立大数据平台，在钢铁制造全流程推广数字化、网络化，建立知识积累。支持钢铁企业在环境恶劣、安全风险大、操作一致性高等岗位实施机器人替代工程。促进工业互联网、云计算、大数据在钢铁企业研发设计、生产制造、经营管理、销售服务等全流程和全产业链的综合集成应用。鼓励钢铁企业建设关键装备智能检测体系，开展故障预测、自动诊断系统等远程运维新服务。

8. 多元化

发挥钢铁产业链长、影响力大、带动作用强的作用，深度融入国家及地方经济社会发展，深度融入行业发展，深度融入社会公众需求，发展市场化的多元产业。强化钢铁与多元之间的战略协同、投资协同、业务协同、渠道协同和管理协同，聚焦发展有优势产品、先进技术和市场竞争力的业务，致力于业绩可持续改善和高水平提升，形成沿钢铁产业链纵向延伸、横向耦合或属地结合的多元化经营体系。结合国资国企改革，鼓励钢铁企业积极探索多种形式的产权多元化，释放发展活力。

9. 国际化

紧抓“一带一路”发展机遇，加快钢铁企业国际化发展。一是借助国际产能合作等重大发展机遇，开展工程项目合作，提供配套性服务；二是探索建立企业全产业链上的战略协作和重组，联合国际、国内战略合作伙伴，深化产业合作，提高国际合作水平和能力；三是主动整合和利用全球创新资源，实现海外人才培训、国际项目合作、海外高端人才引进等突破；四是依托自有贸易公司或者与国内贸易公司的战略联盟优势，为全球冶金企业和工业企业提供增值的供应链服务，积极开发和培育海外战略终端客户。

参考文献

[1] 张训毅. 中国的钢铁［M］. 北京：冶金工业出版社，2012.

[2] 中国钢铁统计. 北京：中国钢铁工业协会. 2001~2016.

[3] 海关总署统计数据.

第二章 国际经验

一、西欧钢铁工业

（一）战后重建拉动钢铁产业快速发展

第二次世界大战结束后，随着马歇尔计划的推进，西欧各国纷纷引进美国的资金和先进技术，加之欧洲一体化进程加快，实现了经济的快速恢复和增长。

1951 年，法国、联邦德国等六国在巴黎签订了为期 50 年（1952～2002 年）的《欧洲煤钢共同体条约》，确定其基本任务是建立煤钢单一共同市场，取消有关关税限制，干预生产、流通和分配[1]。欧洲煤钢共同体成立之初，承担着协调共同体内部的煤钢生产、投资、价格、原料分配等责任，保证内部有效竞争。同时欧洲煤钢共同体对发展或关停某些企业拥有发言权，并掌管欧洲煤钢共同体和第三国、有关国际组织的关系。

西欧是近代钢铁工业的发源地，在第二次世界大战后近 20 年的时间里，钢铁和煤炭这两种当时最重要的战略物资在欧洲煤钢共同体成员国之间的生产、流通实现了有计划的优势互补，在资源和产能配置方面得到有效协调，加之氧气顶吹转炉、连续铸钢机、带钢热连轧机和冷连轧机等技术装备的研发应用，西欧钢铁生产能力大大提高，有力支撑了各国基本建设和经济发展需要。

例如，联邦德国粗钢产量从 1946 年的 255 万吨增长至 1965 年的 4119 万吨，1973 年达到 5541 万吨；法国粗钢产量从 1946 年的 441 万吨增长至 1965 年的 1960 万吨，1973 年达到 2526 万吨；英国粗钢产量从 1950 年的 1655 万吨增长至 1965 年的 2744 万吨，1973 年达到 2659 万吨。第二次世界大战后重建期德国、法国、英国粗钢产量增长见图 2-1。

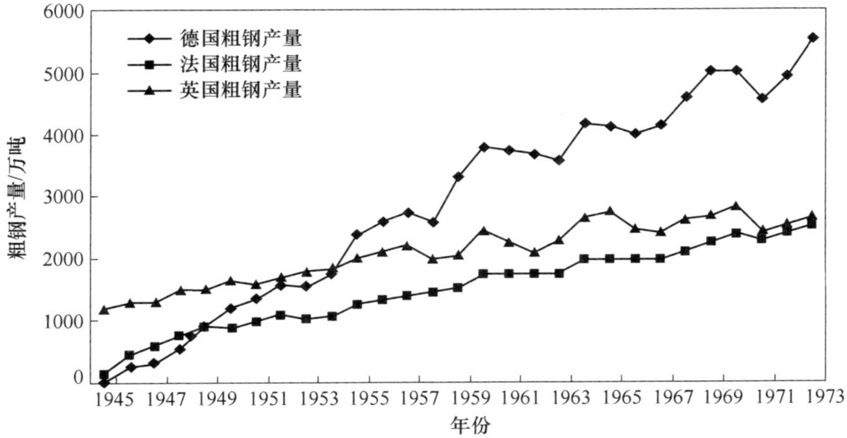

图 2-1 第二次世界大战后重建期德国、法国、英国粗钢产量增长

（二）西欧钢铁产业结构调整

20 世纪 70 年代之后，西欧钢铁产业进入调整期。1973 年，第一次石油危机直接导致钢铁市场需求萎缩。因钢铁工业生产能力在扩张期内的快速增长，同时日本钢铁产业竞争力不断提升，西欧钢铁企业原有的出口市场受到冲击和挤压，欧共体钢铁产业陷入产能严重过剩的危机之中。1974~1985 年，欧共体钢铁产量下降 30%，开工率曾一度仅有 60%，多数西欧钢铁企业的生产成本居高不下，产品竞争力不强，亏损十分严重。在钢铁产业结构调整过程中，西欧各国政府发挥了巨大作用，纷纷采取加大补贴、限产、国有化等办法。

尽管《欧洲煤钢共同体条约》明确禁止各国政府对本国的煤炭和钢铁工业给予财政补贴，但面对钢铁产业的发展困局，多数西欧国家在从 1975 年到 1985 年的 10 年中，都对本国钢铁工业进行了大额度补贴，甚至采取了限价等措施。1980~1985 年，欧共体国家的政府对钢铁工业的财政补贴高达 830 亿西德马克。政府补贴资金中，一部分用于调整产业结构、安置失业人员、加强环境保护等方面，还有相当一部分资金被用于价格补贴，一定程度上掩盖了一些企业技术落后、经营不善的问题，人为地延长了没有竞争力企业的寿命。

1980 年，为协调成员国的利益，欧共体实行了粗钢产量配额制度。要求各国政府逐步减少对钢铁企业的财政补贴，到 1985 年底完全停止补贴。但各国可以向削减产能的企业提供资助，并规定了最高总产量限额和欧共体成员国内大多数品种钢材贸易量的最大限额，配额按照各钢铁企业实际产能进行分配，企业之间可以经欧共体委员会批准后互相转卖指标。这一措施一定程度上缓和了欧共体内部市场的供需矛盾，但由于配额分配的依据是企业实际产能，因此促使各钢铁企业全力维持现有产能，以争取尽可能多的配额，产能退出十分困难。

在危机之初，西欧国家采取的应对策略是将钢铁行业置于国家控制之下，至 20 世纪 80 年代中期，欧洲国有公司的粗钢产量已占欧洲总产量的半壁江山。以欧共体钢铁生产配额体系在 1988 年宣告终结为标志，西欧各国政府对钢铁工业的管制措施逐步减少[2]，钢铁工业只有在少数特殊情况下才能得到政府资助。如 1993 年欧共体通过了德国、西班牙、意大利、葡萄牙四国的六家国有企业合理化计划，政府提供了 60 亿欧洲货币单位（合 77 亿美元）的补助金，使这些企业削减产能 550 万吨。但总体而言，西欧各国钢铁企业从政府获得的补贴大大减少。

随着政府管制的放松，西欧钢铁企业私有化浪潮开始兴起。如英国钢铁公司于 20 世纪 80 年代末进行了私有化改造，法国、意大利、西班牙于 90 年代中后期对国有钢铁企业进行私有化改造，至 1998 年，欧盟国有钢铁企业钢产量占比已低于 5%。私有化和市场竞争的加强，催生了钢铁企业兼并重组，如 80 年代末期，法国于齐诺尔钢铁公司和萨西洛尔钢铁公司实施重组，90 年代末德国蒂森钢铁公司和克虏伯钢铁公司实施重组。要看到，当时西欧钢铁产业兼并重组并非是在行政力量作用下进行的，而是企业自主行为。

（三）后国际金融危机时代的欧洲钢铁行动计划

国际金融危机以后，欧洲钢材需求大幅下降，企业经营困难以致减产，甚至关闭产能、压缩工作岗位。为提高欧洲钢铁工业竞争力和可持续发展能力，2013 年 6 月，欧盟委员会出台了“钢铁行动计划”，与 20 世纪八九十年代调整时期的强硬措施不同，此次“钢铁行动计划”方案相对温和，主要内容包括：

（1）重新构建监管框架。也就是改革管理制度，通过重新评估相关法律法规、政策和管控框架，优化完善现有制度，使之更加适应欧洲钢铁工业发展的实际。

（2）推进钢材升级换代，研究推广 SustSteel 钢材。此举目的是通过钢材升级换代，制定确立新的标准、规范，在促进市场需求同时，形成标准壁垒，维护自身利益。

（3）创建公平的市场环境。这包括欧盟内部市场和国际市场。在内部市场上主要是打击偷税漏税，维护依法纳税企业正当利益；在国际市场方面，这一措施的实质是对欧盟钢铁企业实施贸易保护，增强欧盟钢材产品在国际市场的竞争力。

（4）促进生产成本降低。包括调整原料结构，提高废钢应用比例，以减少对昂贵铁矿石的需求，通过优化终端产品设计、设立钢铁最终废弃物标准、打击废钢非法出口等，扩大废钢回收量、提高废钢质量，此外，还考虑降低钢铁生产电力成本等。

（5）支持科技创新。包括低碳技术和新工艺、新技术装备研发应用等，以构建未来若干年欧洲钢铁工业竞争力的基石。

二、美国钢铁工业

（一）发展历程

美国现代钢铁工业发展可追溯到 1868 年，1868~1880 年的美国产业革命时期，美国钢铁产量以年均约 40%的速度增长，生产能力在迅速扩张的同时，钢材品种发展十分齐全，产品质量好，生产技术在当时世界上处于比较先进的水平。

在 1881~1920 年的初期工业化过程中，美国钢铁产量以年均 10%的速度增长，比英国、德国、法国等欧洲国家都要快，1899 年美国粗钢年产量达到了 1081 万吨。

在 1920~1955 年的工业化中期阶段，美国钢铁产量以年均 7%的速度增长。1953 年，美国首次突破了年产钢 1 亿吨的大关，远高于世界其他主要产钢国。

在 1956~1975 年的工业化后期阶段，美国钢铁产量仅以年均 0.5%的速度微幅增长。其间，在 1973 年美国产钢量达到 13680 万吨，是目前为止美国钢铁工业历史上最高的产钢纪录。自此以后，美国粗钢产量开始滑落，再也没有恢复到这一水平。

（二）美国钢铁工业结构调整

美国在19世纪末到20世纪70年代的相当长时期内，一直是世界钢铁第一生产大国，受石油危机冲击，20世纪70年代美国钢铁产业竞争力逐渐下滑，80年代开始大规模技术改造和结构调整。从1980年到1989年，美国粗钢产能从15370万吨压缩到10510万吨，与此同时产能利用率从66%提高到85%，从业人数由50万人减少到21万人。美国政府在产业调整时期对钢铁工业的管控主要包括以下几个方面：

（1）注重贸易保护，为本国钢铁工业调整创造好的环境。美国钢铁工业拥有强大的工会，美国政府为平稳推进产业调整、减少对就业的影响，往往通过调整税收、采取限额、反倾销诉讼等多种手段实施钢材贸易保护。

（2）修订税务、折旧、金融政策，加快钢铁企业资金积累，提高钢铁企业融资能力，促进钢铁产业改造升级。如将钢铁设备折旧年限从12年缩短为5年，对钢铁企业实施减税、免税，并根据情况延长减免时间等。

（3）高度重视先进技术对产业结构调整、改造升级的支撑作用，综合考虑市场、资源和产业基础等情况，大力支持企业在工艺流程、技术装备上瞄准领先水平，推动企业实施现代化改造，提高生产效率。

（4）支持资助企业、科技机构开展重大基础研究、先进技术装备应用和科研人员培训等。

（5）不再在环保等方面对钢铁企业实施更为严格的标准、条例。

（6）20世纪90年代末，美国再次调整钢铁工业结构，重点是推进兼并重组，使前三大钢铁公司的产量占全国总量的60%。

（三）电炉钢短流程发展

从生产工艺流程来看，美国钢铁工业呈现以电炉钢短流程为主的特点。近年，美国电炉钢比例一直保持在60%左右的水平。电炉钢比例高低、发展快慢与废钢资源充裕程度息息相关，这一特点在美国电炉钢发展历程中十分明显。

20世纪50年代美国的废钢充裕度保持在0.3左右，处于较低水平，此时电炉钢产量不到1000万吨，电炉钢比例小于10%。20世纪50年代末到60年代初期，美国的废钢充裕度达到 0.4 以上，并在此水平上维持了 15 年左右，在此期间，美国的电炉钢产量逐渐上升，达到近 2000 万吨，电炉钢比例也超过 15%。美国废钢充裕度与电炉钢比例见图 2-2。

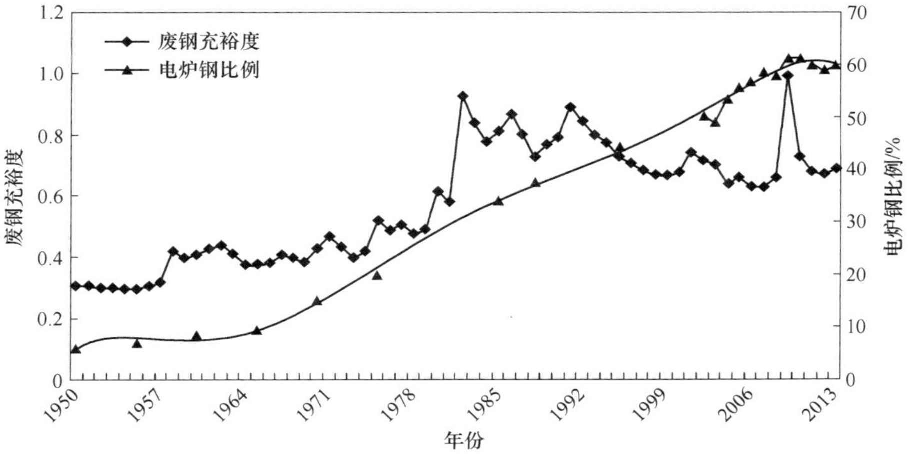

图 2-2　美国废钢充裕度与电炉钢比例

20 世纪 70 年代中后期到 80 年代初，美国废钢充裕度呈“W”形走势，在波动中有所上升，达到 0.5，此期间，美国的电炉钢产量继续稳步发展，达到了 2500 万吨，电炉钢比例接近 30%。进入 80 年代，由于美国粗钢产量出现下降，废钢充裕度猛增到 0.9，并在 0.6 以上的高位保持到至今，此期间美国废钢资源量充足，电炉钢产量攀升到近 6000 万吨，电炉钢比例达 60%。

回顾美国电炉钢发展，可按废钢充裕度的高低将电炉钢发展大致分为三个阶段，见表 2-1。

表 2-1　美国废钢充裕度与电炉钢发展关系

序号	废钢充裕度 X	废钢资源	电炉钢发展	电炉钢比例
1	$X<0.3$	不足	慢	低
2	$0.3<X<0.6$	较足	较快	较高
3	$X>0.6$	充足	快	高

综上可知，废钢资源是电炉钢发展的重要外部条件。一个国家或地区的废钢资源不足时（废钢充裕度<0.3），电炉钢发展慢、比例低。当废钢充裕度上升到 0.3 以上时，电炉钢发展开始加速（其间存在 5~7 年的滞后，主要是

市场反应、技术发展和工程建设需要时间）。当废钢充裕度上升到 0.6 以上时，电炉钢将迎来进一步的快速发展。

一个国家电炉钢发展与该国钢铁产业的发展阶段紧密相关。以美国为例，美国粗钢产量与电炉钢比例发展见图 2-3。

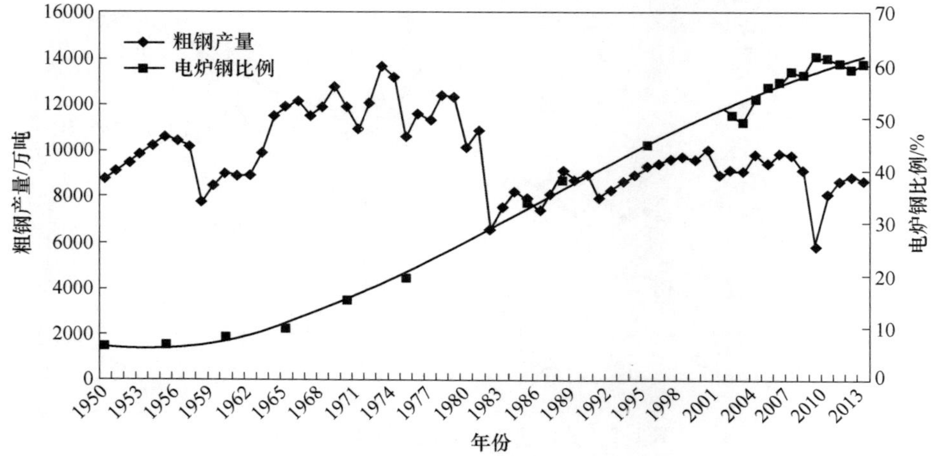

图 2-3 美国粗钢产量与电炉钢比例

从图 2-3 中粗钢产量和电炉钢发展的总体态势看，在第二次世界大战后到 20 世纪 50 年代中前期的粗钢产量增长阶段，美国电炉钢比例很低，随着粗钢产量进入峰值弧顶区的中后期，电炉钢比例开始逐步上升到 20%～30%，粗钢产量峰值区过后，电炉钢快速发展，经过 20 多年时间提高到 60%左右。

（四）布局演变

1. 早期呈资源型布局特点

美国钢铁工业早期发展是典型的资源型布局。美国东北部大西洋沿岸地区分布有木炭和小铁矿资源[3]，早期的美国钢铁企业是利用上述资源发展起来的。随着贝斯力赫姆和斯克兰顿一带发现无烟煤资源，并逐步代替木炭应用到钢铁冶炼中，钢铁工业生产重心就开始向西迁移到靠近无烟煤产地。再后来，焦煤炼铁技术研发应用成功，美国钢铁工业重心继续西移到盛产焦煤的匹兹堡地区，奠定了匹兹堡在美国钢铁发展史上“钢都”的地位。20 世纪初，苏必利尔湖区的铁矿开发以后，在沿湖地带又兴起了一些钢铁企业，比如芝加哥、底特律、克利夫兰和布法罗等。同时，在全国最大的钢铁消费区，即北部的大西洋沿岸，也建成了一部分钢铁厂。

2. 由资源型布局向消费型布局转变

第二次世界大战期间和第二次世界大战后，美国钢铁工业呈现出向沿湖、沿海消费区域集中的趋势，新建钢铁厂大部分选址在芝加哥和大西洋沿岸。这一时期，匹兹堡钢铁工业的地位明显出现削弱，该地区有些钢铁企业甚至倒闭。主要是交通基础设施的发展，特别是廉价水运方式，使得钢铁生产所需要的煤和铁矿石等原料可以长距离、低成本、大规模运输，然而铁路运送钢材的价格却很高。此外，20 世纪 50 年代以后，苏必利尔湖区的富铁矿产量不断减少，从加拿大、委内瑞拉等国进口的优质廉价铁矿数量日益增加。为便于利用进口铁矿石，美国在沿海地区新建了伯恩斯港钢铁厂和费尔利斯钢铁厂，扩建了巴尔的摩附近的斯伯罗斯伯特钢铁厂。另外，随着美国电炉钢比例的提高，其主要原料废钢，大部分来自于钢材主要消费区，20 世纪 50 年代以后，美国兴起的一些小型 mini-steel 主要是建设在重要的钢材消费区。

三、日本钢铁工业

（一）发展历程

日本是传统的钢铁强国，在中国之前曾位居世界第一产钢大国的位置，新日铁住金、JFE 等钢铁联合企业和爱知、山阳、大同等特钢企业具备极强的市场竞争力，在全球钢铁业享有盛誉。日本钢铁工业和汽车工业、船舶工业等几个支柱产业一起，在日本经济占据重要地位。

早在 1901 年，日本就建立了拥有炼铁、炼钢和轧钢的钢铁联合企业。第二次世界大战以后，日本重建的需要和朝鲜战争的爆发对钢材需求十分强劲，日本政府顺势采取了支持钢铁产业优先发展的政策，使得日本钢铁产业在战后的十几年间得到了迅速发展。日本钢铁发展很注重对技术的引进、再创新，如钢水精炼技术等，加之精细化管理的实施，日本钢铁工业竞争力快速增强。1973 年，日本粗钢产量达到了 1 亿吨水平。苏联解体后，在 20 世纪 90 年代中前期，日本粗钢产量占据了世界第一的位置。日本有几百家钢铁企业，大致可分为三类：一是大型钢铁联合企业集团，如新日铁住金、JFE 等；二是独立的钢铁企业，如东京制铁公司、山阳特殊钢公司、大同特殊钢公司、神户制钢等；三是小型专业生产企业，一般只生产或加工单一、特殊用途的钢铁产品。

（二）政府管控措施

日本政府一直非常重视钢铁工业发展，对钢铁工业的指导和干预具备很强的针对性，且效率很高。日本钢铁工业主管部门是经济产业省（原通商产业省），具体负责机构是制造产业局和通商政策局，前者是专业性机构（局），下设钢铁科负责有关钢铁工业的具体事项；后者是综合性机构（局），负责宏观调控，以及各产业在结构调整、发展环境、企业改革等方面的政策制定。此外，日本钢铁联盟作为社团法人在日本钢铁工业管理中也发挥着重要作用。

日本政府在产业调整时期对钢铁工业的管控主要包括以下内容：

（1）推动、批准企业结成协调联合体，按季度提出钢铁工业指导性产量，并监督落实，协调，必要时对部分品种的价格调整进行管控。协调钢铁出口，包括调整税率，协调有关钢铁企业就某些钢材品种（或某些目标市场）在价格、投放量等方面达成一致行动。

（2）根据市场变化，在必要情况下，对企业生产钢材的品种进行临时干预、调整，或对某些钢材品种的贸易进行管控。

（3）调整废钢、电力等原料、能源价格，对进口废钢量进行贸易管理。

（4）控制钢铁工业新上项目和投资；针对钢铁等不景气产业淘汰过剩装备出台“稳定特定不景气行业的临时措施法”。

（5）协调银行等金融机构对企业减少或转移设备能力予以资金支持，并支持加入协调联合体的企业实施减产；在雇佣调整救济金方面对企业加大优惠政策力度。

（6）依托中介组织，协调钢铁与下游行业制定修订相关产品的标准和规范，构建钢材质量保证制度，与工厂认证制度并行实施。

（7）结合压缩过剩装备，推进生产能力向大企业集中。

（8）对企业投资环保设备给予税收优惠，并准许加速折旧；推动银行对于钢铁工业前沿技术、基础研究给予融资方面的大力支持，并对重大项目拨付政府补助金。

（三）发展经验

放眼世界钢铁发展，日本钢铁产业是“大”（规模）和“强”（竞争力）兼而有之的典范，其发展经验如下：

一是集中使用资金，引进国外先进技术装备，除生产钢铁产品以外，不断改进创新，使其技术、工艺进一步优化完善，进而将二次开发的技术、装备、工艺作为商品推向市场；

二是通过钢铁联盟积极实施各种新技术的实验室研究、工业化中试，储备了大量实用性基础技术，不断提升钢铁工业竞争力；

三是加强与用钢行业协调发展，提高技术水平、生产水平，满足用户不断变化的要求；

四是夯实产品质量，重视树立企业、产品的品牌形象，助推产品档次的提高，强化溢价效应；

五是加快公司股权结构、组织机构、人员组成对市场、技术的适应，及时调整优化。

（四）产业布局

日本钢铁产业布局分布态势演变经历了从原料导向型到消费导向型的转变[4]。日本最早的釜石、室兰等钢铁厂建设时主要考虑原料利用，如日本第一座“洋高炉”建设在釜石，主要是考虑利用釜石的铁矿、燃料木炭、黏土原料和石材等，1907 年建设的室兰厂，则是以北海道石狩煤田炼焦煤为依托的钢铁企业。住友金属鹿岛制铁所总图布置见图 2-4。

图 2-4 住友金属鹿岛制铁所总图布置

随着对日本本土以外原料燃料的利用，名古屋、君津、大分、福山等钢铁厂均考虑了靠近消费地，也便于利用进口铁矿石、焦炭和出口钢材产品。日本的大型钢铁联合企业一般是利用港口条件，填海造地建设临海工厂，总体上集中于大城市圈及周围地区，即由京滨、阪神、中京、濑户内海、北九州五大工业区形成的太平洋带状区域，该区域钢铁生产量一度占全日本的80%以上。新日铁大分制铁所总图布置见图 2-5。

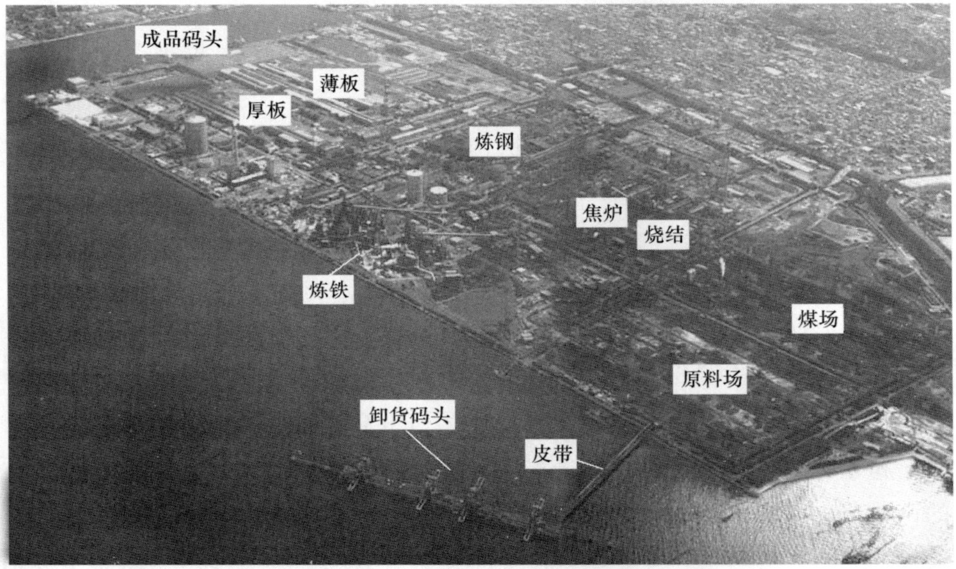

图 2-5　新日铁大分制铁所总图布置

参 考 文 献

[1] 钢铁产业发展政策指南［M］. 北京：经济科学出版社，2005.

[2] KarI-UCh Koehler. 欧洲钢铁工业并购和全球化的几点教训［J］. 中国钢铁业，2006. 5.

[3] 典型国家钢铁产业转移特点分析［J］. 冶金管理，2013. 9.

[4] 中国金属学会代表团出席第 12 届日本-中国双边钢铁学术会议和会后参观访问日本、韩国企业总结报告［R］. 2011. 4.

第三章　发展趋势

一、世界钢铁工业重心的转移

19 世纪以来，世界钢铁工业重心经历了四次大转移的历程：英国是最早的世界钢铁重心；其后美国、德国在 19 世纪、20 世纪之交拿起了接力棒；第三次转移是第二次世界大战后的苏联、日本；20 世纪末期，中国成功赶超其他国家，成为了新的世界钢铁工业重心。具体见图 3-1。

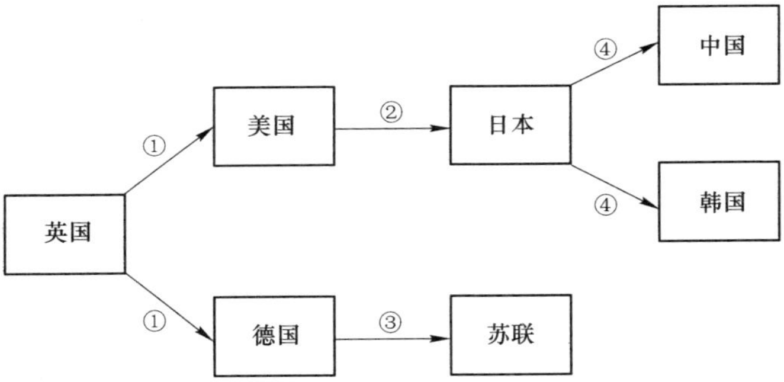

图 3-1　世界钢铁重心转移

①—19 世纪末；②—1970 年前后；③—1945 年前后；④—1995 年前后

第一次工业革命后，英国成为世界工厂，19 世纪初英国钢产量占世界一半以上[1]。19 世纪后期，随着美国崛起和工业化加快发展，美国钢铁工业规模迅速增加，到 1880 年美国粗钢产量攀升至占世界的 30%，与英国基本持平。至 20 世纪的第一个十年结束时，美国粗钢产量又进一步增长到 2650 万吨，约占世界粗钢产量的一半。在美国钢铁工业快速发展成为新的世界钢铁重心的同时，德国钢铁工业也紧跟步伐，奋起直追，1880 年德国粗钢产量占全世界的 15%，相当于美国、英国的一半，到第一次世界大战爆发前夕，德国粗钢产量占世界粗钢总产量的比重超过 20%，成为仅次于美国的世界第二大钢铁生产国。具体见图 3-2。

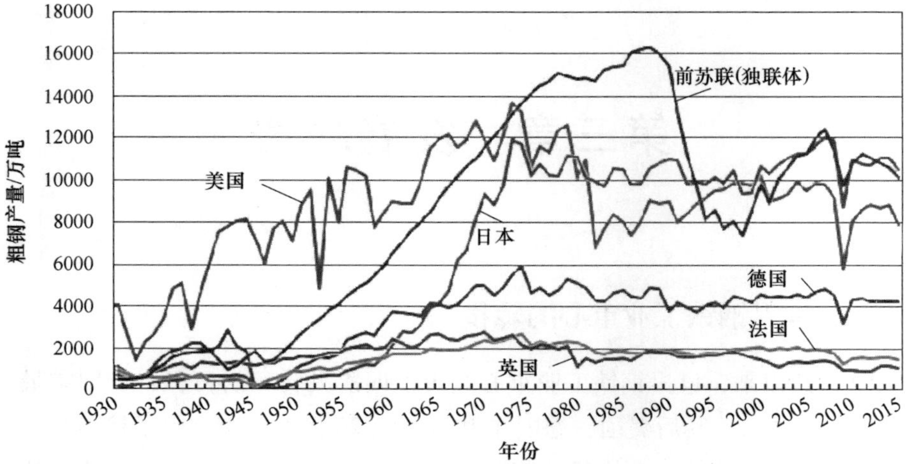

图 3-2　部分钢铁大国产量变迁

经历了两次世界大战的摧残，作为曾经的世界钢铁重心，欧洲钢铁工业一片凋敝，尽管战后恢复重建和经济发展也带来了快速发展，但前苏联和日本的钢铁工业发展更快，美国、德国的钢铁市场份额出现明显下降。1953 年，苏联粗钢产量占世界总产量的 20%以上，超过德国成为世界第二大钢铁生产国。到 20 世纪 70 年代，苏联又进一步跃居世界第一大钢铁生产国，日本则成为世界第二大钢铁生产国，70 年代初重组形成的新日铁则是当时世界上最大的钢铁企业，苏联解体后，日本登上世界第一钢铁大国的宝座。在苏联、日本主导第三轮世界钢铁工业重心转移之后，中国、韩国的钢铁工业开始发力，自 1996 年中国粗钢产量首次突破 1 亿吨成为新的世界第一产钢大国后，迄今为止，中国已雄踞首位 21 年，优势越来越大，地位越来越稳固，并将在今后相当长的时期内继续保持下去，将超过 100 年之久。中国粗钢产量与世界对比[2]见图 3-3。

二、第二次世界大战后世界钢铁发展的阶段划分

第二次世界大战结束后，大体自 20 世纪中期以来，全球钢铁发展总体经历了三个阶段（见图 3-4），目前处于第四阶段的开端。

第一阶段：第二次世界大战后到 20 世纪 70 年代初，以世界大国为主导，钢铁产业出现了一个长周期的快速增长。1950 年全球粗钢产量约 1.9 亿吨，至 1974 年，粗钢产量增长到当时的高峰 7.04 亿吨，即在 24 年的时间内产量增长了 3.7 倍，年均增速 5.6%。

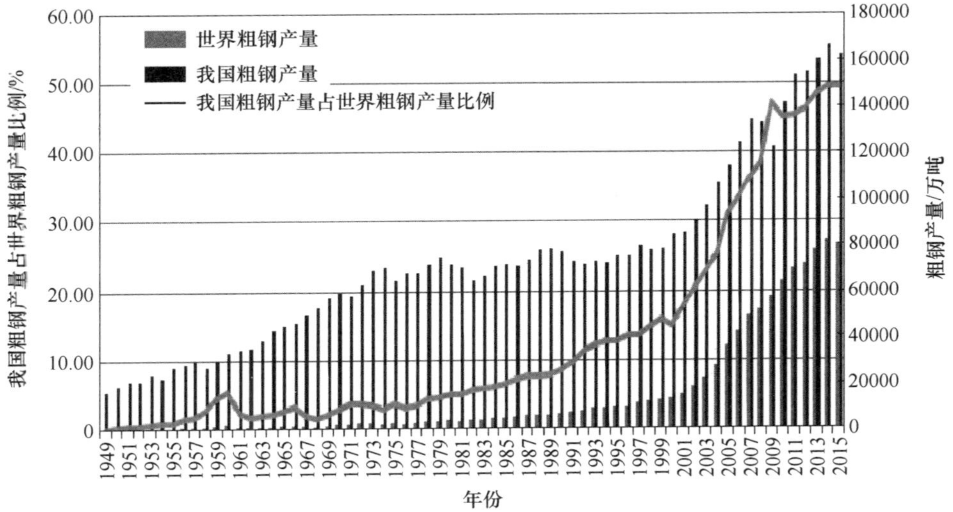

图 3-3　中国粗钢产量与世界对比

图 3-4　第二次世界大战后世界钢铁生产发展

第二阶段：20 世纪 70 年代初到 20 世纪末，受两次石油危机、西方国家经济结构调整、苏联解体等因素影响，世界钢铁发展处于平台期，总体保持一个波动、平稳、低速上涨态势。在这一时期，世界粗钢产量从 1974 年的 7.04 亿吨，呈波动态势，反复增长、下降，发展到 1998 年的 7.77 亿吨。即在又一个 24 年里，世界粗钢产量仅仅增长了 10.4%，年均增幅只有 0.4%。

第三阶段：世纪之交至 2014 年，中国钢铁生产消费的高速发展带动了世界钢铁的新一轮发展，尽管其间受到国际金融危机的冲击，但是世界粗钢产量在 10 年多的时间里，快速增长，到 2014 年达到历史最高峰 16.65 亿吨，产量翻了一番还多，年均增速 5.3%。其中，中国增量占全部增量的 85%。

据世界钢铁协会统计，2015 年全球粗钢产量 16.2 亿吨，同比下降 2.8%；2016 年，全球粗钢产量 16.285 亿吨，同比增长 0.6%；2017 年全球粗钢产量 16.912 亿吨，同比增长 5.3%。当前，世界经济在深度调整中曲折复苏，全球钢材需求总量呈波动发展态势，判断世界钢铁产业进入了第二次世界大战以来的第四阶段，呈现为新一轮的平台期，将迎来一个相对漫长的调整过程：发达国家、地区钢材消费相对稳定，中国钢材消费波动缓降，南亚、东南亚、非洲等区域的部分国家在工业化、城镇化作用带动下，会出现一定幅度的增长，对冲中国钢材消费下降带来的影响。

三、中国为全球钢铁去产能做出突出贡献

（一）中国钢铁去产能的总体要求与部署

党中央、国务院高度重视“去产能”，将其作为供给侧结构性改革五大任务之首。2016 年 2 月，《关于钢铁行业化解过剩产能实现脱困发展的意见》发布实施，要求在近年来淘汰落后钢铁产能的基础上，从 2016 年开始，用 5 年时间再压减粗钢产能 1 亿~1.5 亿吨。2017 年年初，这一目标明确为 1.4 亿吨（2016~2018 年）。为保障去产能工作有序扎实推进，中国成立了化解过剩产能部际联席会议，研究出台了奖补资金、职工安置、财税、金融、国土、环保、质量、安全 8 个方面的配套文件及措施。各省级人民政府与部际联席会议签订了目标责任书，将化解任务按年度落实到具体企业和装备。各省级人民政府对本地区化解钢铁过剩产能工作负总责，钢铁

企业是责任主体，形成了从国家到地方再到企业有序推进化解过剩产能的工作和制度体系。

（二）中国钢铁去产能的推进措施

2016 年是钢铁去产能开局之年，部际联席会议派出专项督查组、验收抽查组，指导和督促实施进度。总结宣传推广了杭钢、攀成钢等企业在产能退出、职工安置、资产处置、转产转型等方面的有效做法和先进经验。采用法治化办法，按照环保、能耗、质量、安全、技术等法律法规和产业政策，依法依规退出产能。组织开展了淘汰落后、违法违规建设项目清理和联合执法三个专项行动。严肃查处江苏华达公司和河北安丰公司违法违规行为。有的地区建立钢铁产能退出补偿机制，成立钢铁产能市场交易平台；有的地区根据环保、能耗等标准建立钢铁企业产能综合评价体系，按照综合评价排序依次压减。

2017 年是钢铁去产能攻坚之年，国家提出化解钢铁过剩产能 5000 万吨的年度目标。部际联席会议成员部门联合印发《关于做好 2017 年钢铁煤炭行业化解过剩产能实现脱困发展工作的意见》，要求以更加强化市场化、法治化方式，突出严格标准，倒逼落后和无法达标产能加快退出，引导低效产能有序退出，鼓励通过兼并重组压减过剩产能。中国钢铁工业协会等五个协会、学会发布《关于支持打击“地条钢”、界定工频和中频感应炉使用范围的意见》，明确了“地条钢”的界定标准。5 月以来，部际联席会议派出督查组赴各地对取缔“地条钢”工作进行专项督查，同时运用卫星遥感技术等方式监测钢铁去产能，确保产能“真去真退”。

（三）中国化解钢铁过剩产能的成效

1. 切实压减了过剩产能

在“十二五”期间淘汰落后炼钢产能 9480 万吨的基础上，2016 年中国提前超额完成 4500 万吨去产能年度目标，全年化解粗钢产能 6500 万吨以上，安置职工 20.2 万人，粗钢产能利用率稳步回升。2017 年，全国完成压减粗钢产能 5000 万吨目标，自《关于钢铁行业化解过剩产能实现脱困发展的意见》（国发〔2016〕6 号）发布以来，我国已压减粗钢产能共 11500 万吨。

2. 钢铁行业经济运行状况出现好转

2016年以来，随着中国钢铁产业供给侧结构性改革的推进，“去产能”的效果开始显现，市场出现积极变化，钢铁行业运行走势稳中趋好。2016年重点统计钢铁企业实现盈利304亿元，同比扭亏增盈1083亿元，钢材综合价格指数由年初的56.37点上涨到99.51点；2017年1~11月，重点统计钢铁企业实现累计盈利1578亿元；钢铁行业经营状况持续改善，市场信心明显增强。

3. 钢铁企业依靠创新驱动扩大有效供给

“去产能”推动了钢铁企业树立新发展理念，依靠创新驱动提升有效供给。马钢、太钢研发的时速350公里高速动车组轮、轴材料完成60万公里运行考核，奠定了高铁轮轴国产化基础。鞍钢打破国内双相不锈钢板宽幅极限，实现我国核电关键设备与材料国产化、自主化。兴澄特钢获得“全球卓越绩效奖”，其研发的250毫米厚度EH36钢板成功应用于“海洋石油162”首座移动式试采平台。河钢集团收购斯梅代雷沃钢厂，通过植入先进技术和管理，当年年底实现盈利。宝钢、武钢合并为中国宝武集团，将对中国乃至世界钢铁竞争格局产生深远影响。

（四）中国为全球钢铁去产能做出突出贡献

中国推进供给侧结构性改革，实施钢铁“去产能”，彰显了世界第一钢铁大国的担当，树立了负责任大国的国际形象。作为世界第一钢铁生产消费大国，中国钢铁产业在全球具有举足轻重的影响力，面对钢铁产能过剩这一全球性的国际化问题，中国毫不回避、勇于承担、率先发力，发挥中国特色社会主义市场经济制度的优越性，以全新的理念、统筹的安排、卓越的组织、周密的部署和高效的行动，在世界工业史上前所未有地促使以亿吨计的过剩钢铁产能稳步退出，提出并参与创建了G20钢铁过剩产能全球论坛，为全球化解钢铁产能过剩矛盾做出了表率。仅以2016年为例，全球粗钢产量16.285亿吨，产能利用率69.3%，中国压减过剩钢铁产能6500万吨以上，对提高全球钢铁产能利用率的贡献为1.9个百分点，而除中国外其他地区的贡献为-2.3个百分点。

四、共同携手面对挑战

中国钢材出口近年呈快速增长态势，作为世界最大的钢材出口国，中国钢材出口在满足国际用户需求的同时，也遭遇到一些国家的种种贸易保护措施，成为国际事务的重要议题和热点话题。如何客观公正地看待中国钢材出口？世界钢铁产业如何携手应对挑战？是全球钢铁业人士需要共同研究的。

（一）“六看” 中国钢材国际贸易

一是积极地看中国钢材国际贸易。中国钢材出口具有巨大的积极作用，不仅有效满足了国际下游用户的切实需要，也增强了国际钢铁市场的竞争活力，在市场竞争中，是广大国际用户的选择成就了中国钢材国际竞争力的提高。

二是辩证地看中国钢材国际贸易。钢铁产业从原料、生产到产品都呈现出高度的全球化属性，中国钢铁生产占世界一半，消费接近一半，钢铁生产中心、消费中心高度重合于中国，这是世界钢铁最突出的特点，世界钢铁看中国，中国钢材市场就是国际钢材市场。

三是历史地看中国钢材国际贸易。回顾历史，中国曾长期是世界主要钢材净进口国之一，直到 2006 年才首次成为钢材净出口国。从累计量看，中国到 2014 年才实现了钢材累计出口和累计进口的基本平衡，到 2015 年才成为钢材累计净出口国。

四是全面地看中国钢材国际贸易。中国钢材出口在数量上远超其他国家，但出口比例不足产量的 15%，远低于 30%的世界平均水平，也低于日、德、韩等钢铁大国的出口占比。我国钢材仍主要用于国内需求，并不以扩大出口为目的，也不寄希望于依靠出口解决过剩问题。

五是客观地看中国钢材国际贸易。中国钢材出口增长只是表面现象，深层原因是中国钢材竞争力的提高，主要动力则来自于中国钢铁企业在降本提质、加强服务、提高技术方面艰苦卓绝的付出。在大多数产品领域，中国钢材已超过、赶上或大大缩小了与国际同行的差距。

六是发展地看中国钢材国际贸易。今后一个时期，中国钢材产品在质量、服务和品牌方面将更加具有竞争力，中国钢材出口仍将在较长期间内保持在高位水平，这是世界钢铁产业发展的内在规律，是不以哪一方面狭隘利益或单方面意志为转移的。

（二）以强国自信、大国责任积极面对国际钢材贸易保护

经过几代钢铁人的艰苦努力，我国钢铁工业已发展成为具备较强全球竞争力的优势产业，应摈弃锱铢必较、激而怒起的思想理念，在思维上以强国自信、在行动上以大国责任积极面对国际钢材贸易保护。

1. 思维上，面对国际钢材贸易保护应树立强国自信

作为我国的重要基础性产业，钢铁是工业的粮食、国家的脊梁。中华人民共和国建国以来，特别是改革开放以来，我国钢铁工业从小到大、由弱向强，在规模增长和质量提升的双轮驱动下，钢铁工业素质显著提高，基本满足了建筑、机械、能源、汽车等国民经济各行业的发展需求，在建设制造强国和开展国际产能合作中发挥着不可替代的重要作用，形成了具有一定比较优势的竞争力，国际地位大幅提高，深刻改变了国际钢铁格局，具有了举足轻重的影响力。在应对国际钢材贸易保护中，我国钢铁同仁及相关方面应具有强国自信（具体而言包括产品自信、人才自信、体系自信、技术自信、管理自信等），中国钢铁不惧怕某些国家带有偏见甚至别有用心的贸易保护，也不屑于他们对本国孱弱钢铁企业给予婴儿般的呵护，因为这些相对于中国钢铁对世界钢铁的贡献与作用是很小的，不必对此斤斤计较，分散了中国钢铁谋求更高水平发展的注意力。

2. 行动上，面对国际钢材贸易保护应肩负大国责任

2015 年中国钢材出口增速 19.9%，出口总量 1.12 亿吨[3]，约占全球钢材贸易量的四分之一，是钢材第二出口大国日本的 2.7 倍，与日本（排名第二）、欧盟（排名第三）、韩国（排名第四）钢材出口之和相当，理所应当要在国际钢材贸易中肩负大国责任。主要体现在三个方面：一是从维护全球钢材国际贸易正常秩序的角度出发应对不合理的国际钢材贸易保护措施，而不是简单从维护中国钢材出口利益的出发点去应诉；二是变消极被动为积极主动，先期介入分析当前国际钢材贸易现状和形势，研究各国钢材出口产品的优势劣势、竞争特点，排查一些潜在的贸易纠纷点，主动采取防范措施，以调整适应相关要求；三是积极牵头有关方面研究构建国际钢材贸易新秩序、新规则，如打造多样化双边、多边的钢材贸易对话、合作机制，与重点国别商讨探索形成长期稳定、互利共赢的具有示范意义的钢材贸易制度。

（三）关于中国钢材进出口的策略建议

综合考虑中国制造强国战略和国内外钢铁产业发展形势，建议未来一个时期中国钢材进出口的总体策略是：发挥产业比较优势，积极参与国际竞争，稳步推进中国钢材国际贸易由“大进大出”向“优进优出”的战略性转变。

（1）强化规范竞争，推进“三优”出口。“优出”战略具体到钢铁行业，应是有所为、有所不为，逐步扩大“优质产品、优势产品、优特产品”出口量和出口占比，这要求从产品质量、服务水平、市场口碑和品牌建设等方面规范企业竞争，提升钢铁产业整体竞争力。

（2）加大自主创新，推进“三优”进口。“优进”战略具体到钢铁行业，应是通过加强自主创新、扩大市场，倒逼进口产品及相关企业进一步“优化服务、优化质量、优化价格”。

（3）树立强国自信、承担大国责任，积极应对贸易保护。正视国际贸易摩擦，依法依规积极应对，在保护自身合法合规利益的同时，合情合理地与国际用户、竞争对手一起致力于维护乃至构建良好的国际钢材市场竞争新秩序。

（四）对全球钢铁业的“三个共同” 倡议

1. 共同建设公平有序的国际钢材贸易秩序

一个公平有序的国际钢材贸易环境有利于全球钢铁产业健康发展，也符合所有钢材生产、消费国家和地区的利益。有关国家和地区的政府、行业组织和企业，不应一味依赖贸易保护作为维护本国落后钢铁生产商的手段，应发挥各自优势，与其他国家一道共同建设公平有序的国际钢材贸易环境，在促进全球钢铁产业健康可持续发展的同时，提高自身竞争力。

2. 共同承担化解全球钢铁产能过剩的历史任务

当前，中国和其他国家（地区）一起面临着钢铁产能过剩的严峻挑战。中国钢铁产业在去产能方面做了大量卓有成效的工作，“十二五”期间，累计淘汰炼钢产能约 9480 万吨。“十三五”时期，中国仍高度重视并积极化解钢铁行业过剩产能，将在近年淘汰落后产能的基础上，用 5 年时间再压减粗钢产能 1 亿~1.5 亿吨，可以看出中国为化解全球钢铁产能过剩已经、正在并将继续做出巨大贡献。美国钢铁业等有关方面应抛弃狭隘思维，与包括中国钢铁业在内的全球其他国家钢铁业一起携起手来，共同承担化解全球钢铁产能过剩的历史任务。

3. 共同推进世界范围钢铁材料的研发应用

钢铁材料作为用量最大的结构材料和重要的功能材料，为全球经济发展和人类文明进步作出了无与伦比的贡献。在可预见的将来，钢铁材料由于其优异性能、资源丰富、绿色低碳、低成本、体系成熟等特性仍将在世界经济发展中扮演重要的角色，但是不可避免也将面临来自其他先进替代材料更加有力的挑战。因此，全世界钢铁业人士应求同存异，把注意力、人财物用在如何更好满足地用户越来越快的需求变化上，切实推进世界范围内钢铁材料的研发应用和市场开拓。

参考文献

[1] 张晓平，张青云 . 世界钢铁工业发展趋势及对我国钢铁工业的影响［J］. 世界地理研究，2005. 2.

[2] 中国钢铁统计 . 北京：中国钢铁工业协会 . 2001~2016.

[3] 海关总署统计数据 .

第二篇

减量 创新 转型

JIANLIANG CHUANGXIN ZHUANXING

第四章　减 量 化

一、减量化内涵与由来

钢铁产业“减量化”的内涵是指：我国经济发展进入新常态，伴随着经济增长呈现中高速、产业结构迈向中高端和经济增长动力转换，单位 GDP 钢材消费强度趋于下降，消费总量进入峰值弧顶下行区，尽管其间会有波动反复，但减量的大趋势十分明确，由此带来能耗总量、污染物排放总量、资源消耗总量等下降，并对工艺流程结构、技术装备结构、产品结构、能源结构、资源结构、组织结构和产业布局等产生深远影响，对产业发展方式、发展动力提出新的要求。而供给侧结构性改革“去产能”则是认识、适应、引领钢铁产业减量化新常态的总钥匙。因此，从“去产能”角度阐述钢铁产业的减量化，主要包括两方面：一是淘汰落后产能，促进产业升级；二是化解过剩产能，助行业脱困转型。两者所指对象均为钢铁装备和产能，前者侧重于装备，后者侧重于产能，但承载主体都是炼铁、炼钢装备。

我国钢铁工业淘汰落后产能由来已久。早在 20 世纪 50 年代中叶，在鞍钢就掀起了讨论：“平炉好还是转炉好?”，争论持续了数十年。1963 年我国第一座 30 吨转炉在首钢建成投产，之后本钢、攀钢也采用了转炉炼钢工艺，氧气转炉相比平炉在冶炼周期、燃料消耗、投资和运行费用以及冶炼品种等各个方面都表现出了强大的优势，转炉炼钢得以快速发展，加快了平炉淘汰进程。

为制止低水平重复建设，加快结构调整步伐，促进生产工艺、装备和产品的升级换代，1999 年 1 月，原国家经济贸易委员会发布《淘汰落后生产能力、工艺和产品的目录（第一批）》[1]，正式开启了淘汰落后产能的序幕。

二、中国钢铁工业减量历程

我国淘汰落后钢铁产能大致可以分为以下四个阶段：

（1）起步阶段（1999~2004 年）。主要是淘汰平炉炼钢为主的落后生产工艺，以提高炼钢技术水平和生产效率，并大幅降低资源能源消耗。

（2）推进阶段（2005~2009 年）。主要是淘汰 20 吨及以下的电炉和转炉落后生产能力，对钢铁工业实施结构调整和升级换代以及总量控制，提高工艺技术装备水平，实施钢铁产业清洁生产和可持续发展。

（3）规范阶段（2010~2014 年）。主要是淘汰 400 立方米以下高炉、30 吨及以下转炉和电炉等落后生产能力，落后装备认定的标准未再提高，总量控制和节能减排双管齐下，以结构调整、转型升级为主攻方向，以自主创新和技术改造为支撑，促进钢铁工业由大到强的转变。

前三阶段减量工作的重点是淘汰落后装备产能，主要手段以容积、容量为落后装备认定标准，采用“一刀切”的工作模式强制性推进。工作模式虽存有争议，但因具备较强的可操作性，成效较为显著。

（4）化解阶段（2015~2020 年）。以容积、容量为主要认定标准的落后装备淘汰任务基本完成，钢铁工业减量工作进入供给侧结构性改革化解过剩产能新阶段。化解阶段政策措施更为合理，强调依法依规，着重减量与脱困提升相结合、被动与主动相结合，有望获得积极进展。

三、各阶段减量化举措与成效分析

（一）起步阶段（1999~2004 年）

1. 政策措施

1999 年 1 月，原国家经济贸易委员会发布《淘汰落后生产能力、工艺和产品的目录（第一批）》，明确将平炉划为落后生产工艺装备，并于 2000 年年底前全部淘汰。

1999 年 12 月原国家经济贸易委员会发布《淘汰落后生产能力、工艺和产品的目录（第二批）》[2]，规定 2000 年底前淘汰 10 吨及以下转炉、侧吹转炉、5 吨及以下电炉和生产地条钢或开口锭的工频炉，2002 年底前淘汰 10~15 吨（含）转炉、5~10 吨（含）电炉以及化铁炉炼钢工艺。这是首次按冶炼设备的公称容量对落后炼钢工艺装备进行划分，促进了我国炼钢工艺装备水平的提高，并对之后淘汰落后炼钢产能起到了重要影响。

2. 阶段成效

2001 年 12 月 28 日，包头钢铁公司炼钢厂淘汰了最后一座用于生产的

500 吨平炉，正式宣告平炉炼钢退出了历史舞台，也标志着第一步淘汰落后产能工作的结束。其特点就是工艺技术的创新升级起到了决定性作用，转炉的高效、节能促进了企业自愿淘汰落后工艺装备，实现了淘汰落后产能任务目标的顺利完成。

（二）积极推进阶段（2005~2009 年）

从 1996 年开始，我国粗钢产量一直位居世界第一，到 2005 年粗钢产量和产能分别突破 3 亿吨[3]、4 亿吨，不断创造历史新高。“十五”期间我国国内生产总值、固定资产投资以及粗钢产量增速见图 4-1。粗钢产量的迅猛发展满足了国民经济和社会发展需要的同时，也带来了大量的资源、能源消耗，尤其是我国钢铁行业低水平重复建设现象严重，产业集中度低，技术水平和物耗与国际先进水平相比也有很多差距。而且由于产品附加值较低，企业综合竞争力较低，长期存在大而不强的局面，必须转变钢铁产业发展模式，通过淘汰落后、技术升级和结构调整等抓手，实现钢铁产业的可持续发展。

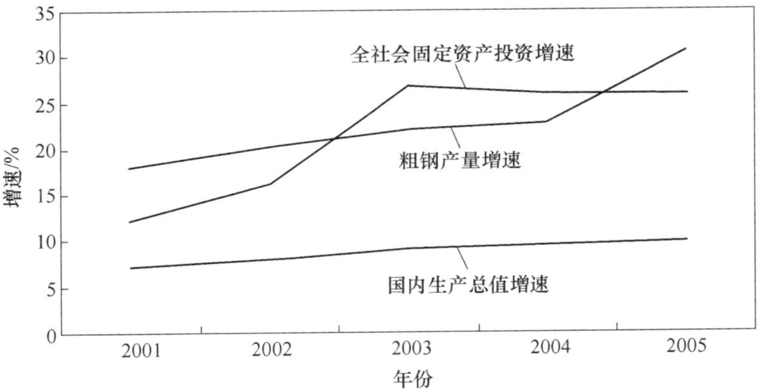

图 4-1 “十五”期间我国国内生产总值增速、固定资产投资增速以及粗钢产量增速

1. 政策措施

2005 年以来，国家先后颁布了一系列有关淘汰落后产能的政策和文件，对落后产能进行界定，大力推进淘汰落后产能工作。

（1）2005 年 7 月发改委颁布的《钢铁产业发展政策》[4]指出，加快淘汰并禁止新建容积 300 立方米及以下高炉、化铁炼钢、公称容量 20 吨及以下转炉和电炉、中频感应炉等落后工艺技术装备。

（2）2005年12月发改委颁布的《产业结构调整指导目录（2005年本）》（发展改革委令〔2005〕40号）[5]再次将生产地条钢、钢锭或连铸坯的工频和中频感应炉、化铁炼钢、15吨及以下转炉（不含铁合金转炉）、10吨及以下电炉（不含机械铸造电炉）列入立即淘汰类，15~20吨转炉（不含铁合金转炉）、10~20吨及以下电炉（不含机械铸造电炉）于2005年年底前淘汰，而20吨转炉（不含铁合金转炉）和20吨及以下电炉（不含高合金钢和机械铸造电炉）在2006年年底前淘汰，200~300立方米（含300立方米）高炉在2007年年底前淘汰。

（3）2005年12月颁布的《国务院关于发布实施〈促进产业结构调整暂行规定〉的决定》（国发〔2005〕40号）[6]指出，限制和淘汰落后生产能力，防止盲目投资和低水平重复，切实推进产业结构优化升级。对淘汰类项目，禁止投资，各地区、各部门和有关企业要采取有力措施，按规定限期淘汰。对不按期淘汰的，地方各级人民政府要依据国家有关法律法规责令其停产或予以关闭等。

（4）2006年3月颁布的《关于加快推进产能过剩行业结构调整的通知》（国发〔2006〕11号）[7]首次提出钢铁产能已出现明显过剩，资源环境约束的矛盾突出，必须进行结构调整。要发挥市场配置资源的基础作用，充分利用市场的力量推动竞争，促进优胜劣汰，制定更加严格的环境、安全、能耗、水耗、资源综合利用和质量、技术、规模等标准，提高准入门槛，通过重组、改造、淘汰等方法，加快结构调整步伐，淘汰300立方米以下炼铁高炉和20吨以下转炉和电炉。

（5）2006年6月颁布的《关于钢铁工业控制总量淘汰落后加快结构调整的通知》（发改工业〔2006〕1084号）[8]指出，在2004年年末形成的4.2亿吨钢产能中，20吨及以下的小转炉和小电炉能力5500万吨，占总能力的13.1%，并明确2007年前重点淘汰20吨及以下转炉和电炉的落后能力。

（6）2007年6月颁布的《国务院关于印发节能减排综合性工作方案的通知》（国发〔2007〕15号）[9]指出，把节能减排作为当前宏观调控重点，作为调整经济结构、转变增长方式的突破口和重要抓手，坚决遏制高耗能、高污染产业过快增长，严格控制新建高耗能、高污染项目，加大淘汰电力、钢铁等行业落后产能的力度。并附“十一五”时期淘汰落后生产能力一览表，对淘汰落后装备予以量化，明确指出“十一五”期间要淘汰落后炼铁、炼钢产能1亿吨、5500万吨，其中2007年年底前分别淘汰3000万吨、3500万吨。

（7）2007年10月发布的《国家发展改革委关于进一步做好钢铁工业关停和淘汰落后生产能力工作的通知》（发改工业〔2007〕2761号）针对出现的一些问题，要求严格执行淘汰落后钢铁产能标准，落后设备不得通过由淘汰类改造为限制类等方式躲避淘汰，出具《拆除落后钢铁产能设备证明》，以及加大执法力度、加强核查等，确保关停和淘汰落后工作落到实处。

（8）2007年10月发布的《国家发展改革委关于严格禁止落后生产能力转移流动的通知》（发改产业〔2007〕2792号）指出，对国家明令淘汰的生产工艺技术、装备和产品，一律不得进口、转移、生产、销售、使用和采用，不得转移落后生产能力。彻底废毁落后装备和设施，坚决防止落后生产能力外流。对不能改造升级的落后工艺装备必须予以淘汰。对已淘汰落后工艺装备的企业名单要在地方主要媒体上公告，提请社会公众进行监督。

（9）2009年3月颁布的《钢铁产业调整和振兴规划》（国发〔2009〕6号）[10]明确要求，严格控制新增产能，不再核准和支持单纯新建、扩建产能的钢铁项目，所有项目必须以淘汰落后为前提。2010年年底前，淘汰300立方米及以下高炉产能5340万吨，20吨及以下转炉、电炉产能320万吨；2011年年底前再淘汰400立方米及以下高炉、30吨及以下转炉和电炉，相应淘汰落后炼铁能力7200万吨、炼钢能力2500万吨。实施淘汰落后、建设钢铁大厂的地区和其他有条件的地区，要将淘汰落后产能标准提高到1000立方米以下高炉及相应的炼钢产能。

（10）2009年9月颁布的《国务院批转发展改革委等部门关于抑制部分行业产能过剩和重复建设引导产业健康发展若干意见的通知》（国发〔2009〕38号）[11]指出，充分利用当前市场倒逼机制，在减少或不增加产能的前提下，通过淘汰落后、联合重组和城市钢厂搬迁，加快结构调整和技术进步，推动钢铁工业实现由大到强的转变。不再核准和支持单纯新建、扩建产能的钢铁项目。严禁各地借等量淘汰落后产能之名，避开国家环保、土地和投资主管部门的监管、审批，自行建设钢铁项目。2011年年底前，坚决淘汰400立方米及以下高炉、30吨及以下转炉和电炉。

（11）2009年11月工信部发布《分解落实2009年淘汰落后产能任务的通知》，2009年年底前全国计划淘汰落后炼铁、炼钢产能分别为2113万吨、1691万吨，其中江苏、河北等地淘汰落后产能任务艰巨。

2. 阶段成效

这一阶段是我国钢铁工业发展速度最快、节能减排成效显著的时期，钢铁工业有效满足了经济社会发展需要。国家有关淘汰落后的政策措施稳步推进，淘汰落后工作取得一定成效。

（1）粗钢产量继续保持增长，但增长幅度明显趋缓。我国粗钢产量增速由2005年的30.4%大幅下降到2009年的12.6%，下降17.8个百分点，期间粗钢产能增速由24.6%下降到11.4%，下降12.2个百分点，且粗钢产量利用率均保持在80%（含）以上的合理范围，2006年高达89.1%，见图4-2。

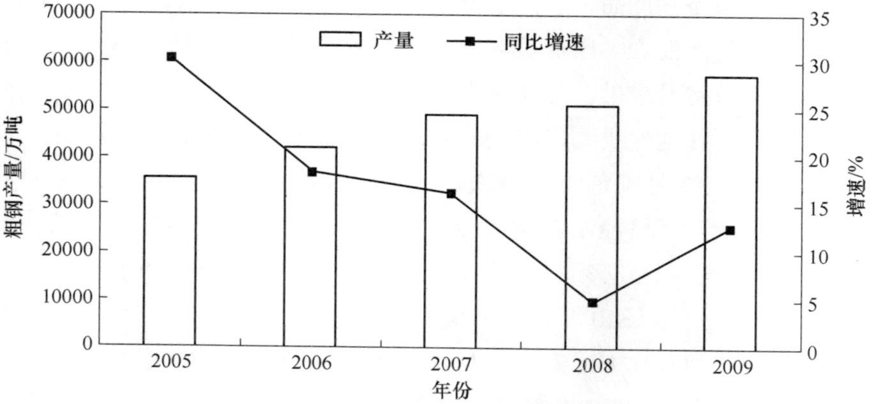

图4-2 2004~2009年我国粗钢产量及其增速

（2）炼钢技术装备水平明显提高。20吨及以下转炉电炉基本被淘汰，“十一五”期间，我国重点大中型钢铁企业炼钢装备大型化比例显著提高，100吨及以上转炉和50吨及以上超高功率电炉基本达到国外同类型装备的先进水平，先进产能比重不断提高，并已成为中国炼钢生产的主体设备，见图4-3。

（3）节能减排成效显著。2010年，重点统计钢铁企业各项节能减排指标全面改善，吨钢综合能耗降至605千克标煤、耗新水量4.1立方米、二氧化硫排放量1.63千克，与2005年相比分别下降12.8%、52.3%和42.4%。固体废弃物综合利用率由90%提高到94%。

这期间，由于缺乏有效淘汰落后产能工作考核手段，加之市场需求的强势拉动，企业多以保产、增产为主要目标，淘汰落后产能的积极性不强，产能置换基本被停顿，淘汰工作整体进展缓慢。

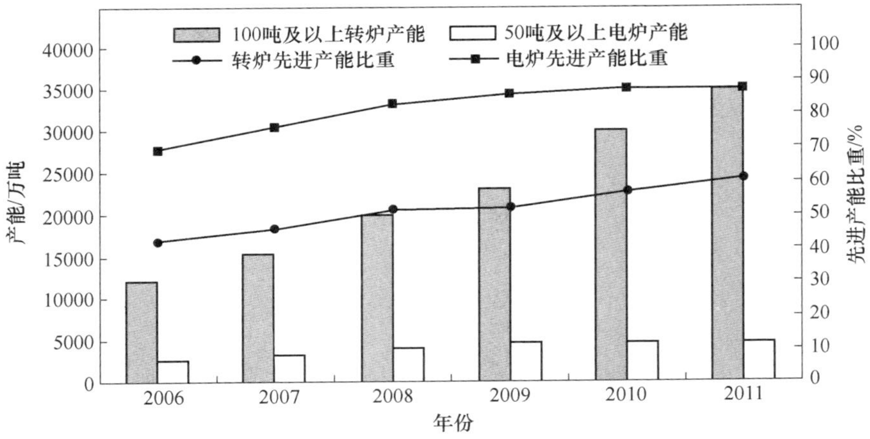

图 4-3 “十一五”期间，我国炼钢产能变化情况

（三）规范阶段（2010~2014 年）

1. 政策措施

“十二五”时期是淘汰落后的规范期，随着国家进一步加强了淘汰落后的工作力度，陆续出台了淘汰落后产能工作考核办法、中央财政奖励资金等相关配套措施，以及对化解过剩产能工作的高度重视，尤其是《国务院关于进一步加强淘汰落后产能工作的通知》（国发〔2010〕7 号）的发布，在淘汰落后产能工作中具有划时代意义，促使淘汰落后产能工作取得了实质性成效。

（1）2010 年 2 月颁布的《国务院关于进一步加强淘汰落后产能工作的通知》（国发〔2010〕7 号）[12]指出，必须充分发挥市场的作用，采取更加有力的措施，综合运用法律、经济、技术及必要的行政手段，进一步建立健全淘汰落后产能的长效机制，确保按期实现淘汰落后产能的各项目标。

（2）2010 年 5 月颁布的《国务院关于进一步加大工作力度确保实现“十一五”节能减排目标的通知》（国发〔2010〕12 号）要求，加大淘汰落后产能力度，2010 年淘汰落后炼铁、炼钢产能分别为 2500 万吨、600 万吨。

（3）2010 年 6 月颁布的《国务院办公厅关于进一步加大节能减排力度加快钢铁工业结构调整的若干意见》（国办发〔2010〕34 号）指出，完善落后产能退出机制，充分发挥市场配置资源的基础性作用，严格税收征管，清理和纠正地方擅自出台的对钢铁企业的税收优惠政策，努力营造促进企业公平竞争和落后产能退出的市场环境；完善和落实土地使用、差别电价政策，加大差别电价实施力度，大幅提高差别电价的加价标准，进一步提高落后产能的生产成本。

（4）2010年6月工信部发布《钢铁行业生产经营规范条件》，对钢铁企业的产品质量、环境保护、能源消耗和资源综合利用以及工艺装备都提出了明确的要求，淘汰落后重点从单纯的装备水平考量发展到环保、能耗和装备水平等同时考量。

（5）2010年10月工信部颁布的《部分工业行业淘汰落后生产工艺装备和产品指导目录（2010年本）》进一步明确提出，2010年年底前淘汰300立方米及以下的炼铁高炉，20吨及以下炼钢转炉和炼钢电炉，生产地条钢、普碳钢的工频和中频感应炉（机械铸造用钢锭除外）以及5000千伏安及以下高合金钢电炉；2011年年底前必须淘汰300立方米以上、400立方米及以下的炼铁高炉，20吨以上、30吨及以下炼钢转炉和炼钢电炉。

（6）2011年1月工信部、发改委等18个部门联合发布《关于印发淘汰落后产能工作考核实施方案的通知》（工信部联产业〔2011〕46号），明确了按照目标清晰、组织健全、责任到位、措施到位、监管到位、逐级考核的总体要求，建立健全淘汰落后产能工作目标责任评价、考核和奖惩制度，落实地方各级人民政府和企业责任，确保顺利完成淘汰落后产能目标任务。

（7）2011年3月发布的《中华人民共和国国民经济和社会发展第十二个五年规划纲要》指出，冶金行业要立足国内需求，严格控制总量扩张，优化品种结构，在产品研发、资源综合利用和节能减排等方面取得新进展；加大淘汰落后产能力度，压缩和疏导过剩产能。

（8）2011年3月发改委发布的《产业结构调整指导目录（2011年本）》再次指出，2011年年底前必须淘汰用于地条钢、普碳钢、不锈钢冶炼的工频和中频感应炉、30吨及以下转炉（不含铁合金转炉）、30吨及以下电炉（不含机械铸造电炉）和化铁炼钢，同时废止《产业结构调整指导目录（2005年本）》。

（9）2011年10月《钢铁工业“十二五”发展规划》正式发布，《规划》明确指出要深入推进节能减排，按照国家节能减排总体要求和地区分解任务指标，降低钢铁企业单位增加值能源消耗、二氧化碳排放和用水量，减少二氧化硫排放总量。同时指出要继续加强淘汰落后生产能力，坚决淘汰生产地条钢、普碳钢的工频和中频感应炉（机械铸造用钢锭除外），30 吨及以下炼钢转炉，15000 千伏安及以下（30 吨及以下）炼钢电炉，5000 千伏安及以下（公称容量 10 吨及以下）高合金钢电炉等落后生产能力。

(10) 2011 年 12 月国务院发布《工业转型升级规划（2011—2015 年）》（国发〔2011〕47 号），明确指出对于钢铁工业，严格控制新增产能和总量扩张，以技术改造、淘汰落后、兼并重组、循环经济为重点提高行业整体素质。

(11) 2013 年 10 月国务院发布《关于化解产能严重过剩矛盾的指导意见》（国发〔2013〕41 号），提出“消化一批、转移一批、整合一批、淘汰一批”过剩产能，通过 5 年努力，钢铁行业产能总量与环境承载力、市场需求、资源保障相适应，空间布局与区域经济发展相协调，压缩钢铁产能总量 8000 万吨以上，产能利用率达到合理水平。

(12) 2013 年 12 月国务院发布《政府核准的投资项目目录（2013 年本）》（国发〔2013〕47 号），要求对钢铁、电解铝等产能严重过剩行业的项目，国务院有关部门和地方政府要按照国务院关于化解产能严重过剩矛盾指导意见的要求，严格控制新增产能。

(13) 2014 年 11 月国务院发布《政府核准的投资项目目录（2014 年本）》（国发〔2014〕53 号），对钢铁类投资项目实施备案制，不再列入核准目录。要求对钢铁项目要严格执行国发〔2013〕41 号文件，合力推进化解产能严重过剩矛盾各项工作。

2. 阶段成效

在党中央、国务院的统一部署领导下，淘汰落后产能工作部际协调小组成员单位有效配合，逐步建立工作制度，不断完善政策措施，淘汰落后产能工作取得了实质性进展，优化了产业结构，促进了节能减排，有力地推动了钢铁工业转型升级。

(1) 缓解了产能过剩矛盾。2010~2014 年，淘汰炼铁产能 1.18 亿吨、炼钢 8966 万吨[13]，这批落后产能的及时淘汰，在一定程度上缓解了产能过剩矛盾，促进了产业结构调整和节能减排，为各地发展腾出了土地、能源、资源、市场空间和环境容量。

(2) 优化了产业结构。焦化行业炭化室高度 4.3 米以下小机焦炉绝大多数已淘汰，5.5 米及以上大型先进焦炉产能占比由 30%提高到 40%；钢铁行业仅山东省 1000 立方米以上炼铁高炉产能比例由 33%提高到 50%。

（3）促进了工业节能减排。2010年以来，淘汰了大批高耗能、高排放的落后设备，直接推动了工业节能减排工作。据四川省节能监察中心测算，2010年以来四川省淘汰落后产能累计形成超过千万吨标煤节能能力，对实现全省工业节能目标贡献率接近30%。淘汰落后产能已成为各地实现节能减排目标的重要支撑和手段。

（4）建立健全了淘汰落后产能长效机制。

一是建立组织协调和推进实施体系。成立了由工业和信息化部牵头，发展改革委、监察部、财政部等17个部门参与的淘汰落后产能工作部际协调小组，研究解决重大问题，统筹协调总体工作。各地也成立了以省级政府主管领导或牵头部门领导为组长，有关部门负责同志参加的协调（领导）小组，分解落实目标任务，明确职责分工，制定工作方案，统一领导和推进淘汰落后产能工作。

二是完善奖励激励政策措施。工业和信息化部、财政部、能源局制定了《淘汰落后产能中央财政奖励资金管理办法》，按照“按期或提前淘汰给予奖励、逾期淘汰不予奖励”的原则，设置分年度奖励门槛，引导企业积极主动淘汰落后产能，形成了奖励资金与淘汰目标任务相衔接的工作机制，有力地支持了各地开展工作。

三是综合运用法律、经济和必要的行政手段。工业和信息化部制定了《部分工业行业淘汰落后生产工艺装备和产品指导目录（2010年本）》，细化界定标准，明确淘汰期限。联合电监会印发《关于进一步加强电力节能减排监管 做好淘汰落后产能工作的通知》，督促供电企业依法做好停限电工作，防范落后产能死灰复燃。有关部门加大土地使用、环境保护、生产许可、工商登记等执法力度，规范市场公平竞争秩序，促使落后产能在市场竞争中淘汰。

四是建立检查考核和督办机制。经国务院同意，部际协调小组成员单位制定了《淘汰落后产能工作考核实施方案》，将目标任务完成情况纳入地方政府绩效考核体系，提高地方政府工作的紧迫性和执行力。

五是发挥社会媒体监督作用。目标任务下达后，工业和信息化部和各省（区、市）人民政府、工业和信息化主管部门分别在门户网站及主流媒体上，向社会公告淘汰落后产能企业名单、落后设备及产能；企业落后设备拆除后，再次向社会公告完成情况。发挥社会和媒体的监督作用，进一步确保目标任务和政策措施的落实。

（四）化解阶段（2015～2020 年）

1. 基本判断

截至 2014 年年底，钢铁行业 400 立方米及以下炼铁高炉产能比例为 1%左右，30 吨及以下炼钢转炉产能比例为 0.6%，产业结构得到优化，装备水平已有明显提升。以容积、容量为标准认定的落后装备淘汰任务基本完成，钢铁工业减量化工作进入化解过剩产能新阶段。

2. 阶段背景

早在 2013 年的《关于化解产能严重过剩矛盾的指导意见》（国发〔2013〕41 号）中就提出，通过“四个一批”压缩钢铁产能总量 8000 万吨以上，文件不再提及落后装备的容积、容量。

2015 年 6 月国家发展改革委、工业和信息化部发布《关于印发对钢铁、电解铝、船舶行业违规项目清理意见的通知》（发改产业〔2015〕1494 号），对在建和建成违规项目给出了具体处理意见，要求切实承担好主体责任，坚定不移化解过剩产能。

2015 年 11 月中央财经领导小组第十一次会议提出“供给侧结构性改革”，推进供给侧结构性改革，是适应和引领经济发展新常态的重大创新，是经济发展方式转变和经济结构战略性调整的关键。解决当前经济社会发展中的深层次结构矛盾和问题，必须集中力量打好供给侧结构性改革攻坚战，供给侧结构性改革的主旨是释放新需求，创造新供给。中央经济工作会议明确指出，2016 年的首要任务是积极稳妥化解过剩产能，其目的就是将宝贵的资源要素从那些产能严重过剩的、增长空间有限的产业和“僵尸企业”中释放出来，理顺供给端，提高有效供给，创造新的生产力。

为此，2016 年 2 月国务院发布《关于钢铁行业化解过剩产能实现脱困发展的意见》（国发〔2016〕6 号）[14]，要求着眼于推动钢铁行业供给侧结构性改革，坚持市场倒逼、企业主体，地方组织、中央支持，突出重点、依法依规，综合运用市场机制、经济手段和法治办法，因地制宜、分类施策、标本兼治，积极稳妥化解过剩产能，提出通过依法依规退出和引导主动退出两种主要途径，用 5 年时间压减粗钢产能 1 亿～1.5 亿吨。

国发〔2016〕6 号文件是中国钢铁工业减量化进入化解阶段后的重要政

策文件，全行业由此进入化解钢铁产能的实质操作阶段。

3. 配套政策

国发〔2016〕6号文件配套政策非常全面，分别由财政部、人社部、国土部、环保部、人民银行、税务总局、质检总局、安监总局、银监会、煤监局等部门，围绕财税金融支持、职工安置、国土、环保、质量、安全方面，研究制定了8个专项配套政策文件，分别是：

（1）《国土资源部关于支持钢铁煤炭行业化解过剩产能实现脱困发展的意见》（国土资规〔2016〕3号）；

（2）《环境保护部　国家发展改革委　工业和信息化部关于支持钢铁煤炭行业化解过剩产能实现脱困发展的意见》（环大气〔2016〕47号）；

（3）《人力资源社会保障部等七部门关于在化解钢铁煤炭行业过剩产能实现脱困发展过程中做好职工安置工作的意见》（人社部发〔2016〕32号）；

（4）《质检总局关于化解钢铁行业过剩产能实现脱困发展的意见》（国质检监〔2016〕193号）；

（5）《国家安全监管总局、国家煤矿安监局关于支持钢铁煤炭行业化解过剩产能实现脱困发展的意见》（安监总管四〔2016〕38号）；

（6）《财政部、国家税务总局关于化解钢铁煤炭行业过剩产能实现脱困发展的意见》（财建〔2016〕151号）；

（7）《中国人民银行、银监会、证监会、保监会关于支持钢铁煤炭行业化解过剩产能实现脱困发展的意见》（银发〔2016〕47号）；

（8）财政部《关于印发〈工业企业结构调整专项奖补资金管理办法〉的通知》（财建〔2016〕253号）。

其中，财建〔2016〕253号文件指出，中央财政积极支持钢铁、煤炭行业去产能工作，主要措施包括中央财政设立工业企业结构调整专项奖补资金，总规模为1000亿元；实施钢铁煤炭行业有关税收优惠政策，继续实行钢铁出口退税政策，如取消加工贸易项下进口钢材保税、落实钢铁企业利用余压余热发电资源综合利用税收优惠政策等；实施钢铁煤炭企业重组、破产等的财税会计支持政策，包括税收优惠政策、土地出让收入政策和财务会计制度等；实施钢铁煤炭企业化解过剩产能金融政策，支持金融企业及时处置不良资产，通过专项建设基金支持符合条件的项目，通过出口信用保险支持钢铁、煤炭等行业“走出去”。

4. 阶段成效

2016 年 2 月国务院发布《关于钢铁行业化解过剩产能实现脱困发展的意见》(国发〔2016〕6 号),随后财政部、人社部、国土部、环保部等中央部委发布一系列配套文件,形成了完整的“1+8”去产能政策体系,同时,又发起了“淘汰落后产能”“违法违规建设项目”“能耗检查”等多个专项行动。在党中央、国务院高度重视和统一部署下,中央部委牵头,各级地方政府联动,行业协会、企业、咨询机构等多方参与和共同努力下,2016 年压减粗钢产能 6500 万吨,超过既定 4500 万吨目标任务 44.4%。

不仅平稳有序安置 20.1 万职工,行业经营状况得以改善(2016 年全年中钢协会员单位利润总额 303 亿元,扭亏为盈,较 2015 年减亏增利总计约 1083 亿元);同时,行业转型升级得以促进,不仅宝钢、武钢实施联合重组,成立宝武钢铁集团有限公司,通过强强联合优化结构,打造了一艘具有很强国际竞争力的钢铁航母,其他一些企业(鞍钢、本钢)的重组工作也正在研究推进。另外,公平竞争的市场秩序得以初步恢复,有效遏制了“劣币驱逐良币”的不公平市场秩序。

2017 年 2 月中国钢铁工业协会等发布《关于支持打击“地条钢”、界定工频和中频感应炉使用范围的意见》(钢协〔2017〕23 号),明确了中频炉“地条钢”的界定标准。4 月,国家发改委牵头的钢铁煤炭行业化解过剩产能和脱困发展工作部际联席会议发布《做好 2017 年钢铁煤炭行业化解过剩产能实现脱困发展工作的意见》(发改运行〔2017〕691 号),明确了坚决依法取缔“地条钢”、继续压减 5000 万吨粗钢产能等 2017 年去产能重点任务。

从国发〔2016〕6 号发布至 2017 年 10 月底,顺利完成 1.15 亿吨去产能目标任务,占“十三五”期间去产能 1.4 亿吨目标任务的 80%以上。同时,彻底淘汰 700 多家“地条钢”企业,涉及产能过亿吨。

与此同时,产能结构上,粗钢产能利用率大幅回升,逐步向合理区间回归;组织结构上,2016 年粗钢产量 CR10 为 35.87%,较 2015 年提升 1.69 个百分点,2017 年 1~5 月粗钢产量 CR10 为 35.76%,与 2016 年基本持平;布局结构上,2016 年 7 月宝武集团湛江钢铁项目 2 号高炉建成投产,首钢京唐二期、唐山渤海钢铁集团项目等沿海项目,以及济南钢铁(2017 年 7 月已实现全生产安全停产)、河北武安地区太行钢铁、冀南钢铁、石钢等退城进园、环保搬迁项目均在积极推进中;产品结构上,相比于 2015 年,2017 年 1~5

月长材占比降低2.5个百分点，板带材占比提高3.3个百分点，管材占比降低0.6个百分点。特别是打击“地条钢”有效提升了我国钢筋产品的质量水平，使得钢筋的品种结构明显优化，Ⅲ级及以上钢筋的生产比例有明显提高；2016年，中钢协会员单位Ⅲ级及以上钢筋生产比例达到97.1%，比2015年提高4.9个百分点。

四、面临的形势与工作展望

（一）钢铁行业供给侧结构性改革的新形势

中国钢铁产业已具备了较强的国际竞争力，将在我国建设制造强国和国际产能合作中发挥重要作用，并长期引领世界钢铁发展。但也要看到，当前钢铁产业面临着产能严重过剩、创新能力不强的严峻挑战，亟须把握发展规律、加快创新发展，坚决贯彻供给侧结构性改革的各项要求，切实推进转型升级实现可持续发展。

从国际看，世界经济在深度调整中曲折复苏，全球钢材需求总量进入平台期，呈稳定波动发展态势，钢铁产能过剩已成为全球共性问题。尤其是国际钢材市场贸易保护主义蔓延，竞争将更加激烈，同时，国际投资贸易规则体系加快重构，钢铁国际产能合作、国际贸易的机遇和挑战并存。新一轮科技革命和产业变革方兴未艾，世界钢铁的产业形态、生产经营、发展方式正在经历前所未有的深刻变革，钢铁材料与其他材料走向了既互相竞争又协同融合的大趋势。铁矿、焦煤等大宗商品的金融属性增强，价格波动加剧，世界矿业投资风险加大，不确定因素明显增多。先进钢铁强国依托再工业化战略，加强科技创新和前沿领域战略布局，在中高端钢材市场把占制高点，一些新兴经济体凭借劳动力等低成本要素的优势，对普通钢材市场形成分流，我国钢铁产业面临的风险挑战增加。

从国内看，新常态下的经济增长处于中高速，周期性矛盾和结构性矛盾并存，结构性问题是主要矛盾，钢材消费总量、消费强度总体趋于下降。此外，我国发展方式粗放，不平衡、不协调、不可持续问题仍然突出，资源约束趋紧，生态环境恶化趋势尚未得到根本扭转，钢铁产业亟须提高创新能力，加快调整升级。但是，中国经济长期向好的基本面没有改变，经济结构调整优化的前进态势没有变。在实现由低水平供需平衡向高水平供需平衡跃升的过程中，提高钢材供给质量、改善钢材供给结构将形成推进中国钢铁产业迈向中高端发展的新引擎。

（二）钢铁行业供给侧结构性改革的新问题

未来几年，我国钢铁产业产能过剩问题仍然存在，减量工作仍面临着内忧外患的严峻形势，化解过剩产能不再仅是钢铁行业范畴，已经上升到国家外交和经济发展大政方针的高度。

1. 国际贸易纠纷加剧倒逼化解产能

商务部数据显示，2015 年中国钢铁遭遇的贸易摩擦案件共 37 起（同比增幅达 37%），涉案金额达 47 亿美元。全球针对中国钢铁出口的贸易摩擦事件数量激增，贸易保护手段也趋于多样化，包括“双反”调查、关税、非关税、保障措施等单一或组合手段。

中国的钢铁产品不是出口导向，主要满足国内需求，但因产品好、价格好、规模好、服务好、品牌好，国际市场对中国钢铁产品较为认可，因此，即便面临愈发恶劣的出口环境，中国钢材出口仍然保持较高水平。出口数量增大，一定程度上可以缓解产能过剩的矛盾，但随着钢铁外贸形势的进一步恶化，从源头上减量才是解决之道。

2. 美欧借题发挥频举外交大棒

全球经济下行和需求萎缩是当前钢铁行业产能过剩的根本原因，欧美一些国家无视这一基本事实，无视中国政府为化解钢铁业产能过剩采取的积极措施和做出的巨大牺牲，频频采取贸易保护措施作为应对危机的主要手段，并借题发挥对我国进行指手画脚。

2015 年年底，美欧 9 家钢铁协会先后数次发表联合声明，称全球钢铁行业正遭受产能过剩危机，中国钢铁行业是这一问题的主要影响者，并对 2016 年 12 月中国自动获得市场经济国家地位表示反对。

2016 年 3 月，欧盟发布《保持欧洲钢铁产业可持续就业和增长》政策性文件，提出欧盟将在对进口钢铁产品采取 37 项反倾销和反补贴措施的基础上，进一步采取贸易救济和加强事前监管等措施。欧盟委员会近几个月已经对中国的钢厂开展了 3 次指控调查，并对从中国进口的两种钢材征收了惩罚性关税。

2016 年 4 月，美国商务部在布鲁塞尔钢铁会议上指责中国未采取行动削减过剩产能，如果中国不立即采取行动减少过剩钢铁产能，美国等“受害国”将别无选择，只能采取贸易措施，避免本国钢铁产业及工人遭受损害。这是赤裸裸的威胁。同月，美国钢铁公司向美国际贸易委员会提出申请，请求其对中国河北钢铁集团公司、上海宝钢集团公司等约 40 家中国钢铁企业输美碳钢与合金钢产品提起 337 调查，并发布永久性的排除令及禁止令。

钢铁产能过剩是一个全球性问题，是相关经济体的共同挑战、共同责任，只有更多国家采取符合自身国情和发展阶段的积极措施，加强彼此间的政策沟通与协调，才能逐步化解钢铁产能过剩问题，实现互利共赢。可以预见，美国、欧盟等未来仍将无视中国化解钢铁产能做出的努力和承担的损失，在这一问题上继续指手画脚，通过政治、外交等各种手段逼迫我国加大去产能力度。

3. 国内去产能难度加大

一是压减的装备愈加大型化。钢铁工业经过十几年的淘汰落后装备工作，小高炉、小转炉比例大幅、明显下降，进一步去产能必然面临愈加大型化的装备，推进工作面临更大挑战。

二是工序流程趋于连续化、一体化，工序间依赖程度明显提高。以河北为例，前一阶段去产能除属于国家认定的落后装备外，独立炼铁、独立炼钢企业较多，整体装备水平较低，且工序间相互影响不大。但未来几年要压减的装备大都属于在产的钢铁联合企业，工序产能基本匹配，生产的连续化、一体化特征较为明显。部分或全部拆除炼铁或炼钢装备后，对应的烧结、球团、轧钢以及制氧、石灰、发电等全系统（部分含焦化）将受到重大影响直至整条生产线关停。

三是企业股权、债权、债务关系复杂，债务量大，去产能导致社会不稳定风险加大。中国钢铁企业性质较为复杂，包括中央企业、省属企业以及集体、民营、外资、合资等诸多类型，债权债务同样很难理清。另外，钢铁企业债务总量动辄数十亿元，甚至超百亿，体量庞大。去产能工作可能导致部分企业退出，作为保障措施的八大政策并没有对债务和固定资产损失给出具体支持，仅对产能和人员安置给予一定的资金支撑。

可以看出，经过“瘦身”后的中国钢铁工业装备更加大型化，工序产能匹配更加合理，去产能带来的企业损失更大，触一发而动全身，企业抵触情绪或将明显加剧，去产能工作面临的挑战巨大。

（三）钢铁行业供给侧结构性改革的新要求

解决我国中长期的经济发展问题，根本解决之道在于推进供给侧结构性改革，这是问题倒逼、必经关口，也是大势所趋、形势使然。钢铁产业如何切实推进供给侧结构性改革？总体而言，就是要坚决贯彻“创新、协调、绿色、开放、共享”五大发展理念，紧紧围绕“去产能、去库存、去杠杆、降成本、补短板”五大重点任务，深入分析产业发展存在的问题，以此为导向，探寻解决办法。

按照五大发展理念的要求，钢铁产业在几个方面都存在不同程度的差距。如在创新方面，我国钢铁产业仍存在自主创新长期投入不足、缺少原创性技术、产学研用协同创新弱化、创新资源重复配置等问题。此外，还存在产业布局不合理，钢铁制造、服务与市场需求衔接不畅等不协调的问题。“三去一降一补”是供给侧结构性改革的五大重点任务。其中，去产能处于首位，而钢铁产业是产能严重过剩行业的典型代表，也是去产能的重点所在，因此去产能是钢铁产业推进供给侧结构性改革的第一要务。但是在聚焦钢铁去产能的同时，不应忽视其他几个重点任务对钢铁产业的要求。客观分析，作为实体经济的重要组成部分，钢铁产业在去杠杆、降成本、补短板等方面依然可以大有作为。部分企业债务问题突出，诱发区域金融问题的风险大增。近年，钢铁企业在财务费用等方面的刚性支出压力凸显，不堪重负，成为制约市场竞争力的重要影响因素。同时，我国钢铁产业在技术创新、品质制造、智能制造、服务制造、绿色制造和国际发展等方面的短板也亟须弥补。

（四）后期展望

2017 年 7 月，李克强总理在第四次大督查报告中批示：化解过剩产能要坚定不移推进，防止死灰复燃。对顶风作案的要坚决依法严惩，对监管不力的要严肃问责，务必做到令行禁止。可以看出，党中央国务院决心之坚定，态度之明确，作为钢铁行业供给侧结构性改革的重要内容，去产能工作将持续并贯穿于整个“十三五”阶段。下一步，除了继续执行联合执法等三大专项行动外，还将采取钢铁规范条件的动态管理、产能减量置换，以及“僵尸企业”的处置等一系列综合措施，完成钢铁行业去产能、脱困发展、转型升级、提升竞争力的核心目标。

其中，减量化是我国钢铁行业发展的必然趋势，减量化不仅仅是化解过剩产能，而且要减少钢铁产量，是控制增量、盘活存量的必然选择，也是调整优化中国钢铁产业结构的重要抓手。对钢铁行业而言，减量化发展将是一个较长时期的过程、流程调整的过程、优胜劣汰的过程、多元并举的过程和创新发展的过程；对于钢铁企业而言，应调减并逐步退出低效产线产品，优化产品产线结构，提升量大面广产品质量，重点发展高端、特色产品，积极结合国家和区域重大战略，提前介入相关重大工程项目，全力打造企业自己的战略产品体系，从而实现总量减量化发展，精品规模化发展，经营效益持续增长，确保企业有质量、有效益的可持续发展。

五、行业减量化实践

减量发展是我国钢铁行业一个重要的发展阶段，明确并适应减量发展，对于未来行业发展、政府管理以及企业转型升级都具有举足轻重的重要意义和作用。冶金工业规划研究院作为政府机构的参谋部、行业发展的引领者和企业规划的智囊团，从减量发展、转型升级的基础研究、政策起草制修订到落地实施的不同阶段，从政府、行业到企业的不同层面，均做了大量细致工作，为切实推动钢铁行业供给侧结构性改革作出了积极且重要的贡献。

冶金规划院在推动行业减量化方面的实践具体见表 4-1。

表 4-1　冶金规划院在引领行业减量化方面的实践

序号	类型	主要内容	典型案例
1	行业基础研究	着重现状、问题分析，以及行业形势判断	《中国钢铁产能现状分析》《我国钢铁行业化解产能情况分析》《中国钢铁产业政策发展历程及趋势研究》《中国钢铁行业发展回顾与展望》《恒盛铸业-巴基斯坦国际产能合作园区发展规划》《2017 年钢铁行业化解过剩产能专项督查调研》《中国-沙特双边战略规划对接合作研究》《中国-伊朗双边合作规划研究》《中国-牙买加产能与投资合作规划研究》《非洲重点国家产能合作规划研究》

续表 4-1

序号	类型	主要内容	典型案例
2	参与政策起草及制修订	政策目标、重点任务、配套措施、组织架构等分析研究	钢铁工业“五五”至“十二五”发展规划、《钢铁工业调整升级规划（2016-2020）》《关于印发部分产能严重过剩行业产能置换实施办法》《国家发展改革委关于修改产业结构调整指导目录（2011 年本）》《关于支持打击“地条钢”、界定工频和中频感应炉使用范围的意见》《中国钢铁产业发展政策》《钢铁行业规范条件》等起草及制修订工作
3	政策落地实施	根据国家产业政策要求，引导企业进行减量发展和转型升级，并参与政策的检查落实	《安钢集团减量体制优化布局实施方案》《中埃 500 万吨钢铁（一期）项目建议书》《川威集团减量脱困转型发展实施方案》《河北省钢铁产业兼并重组布局优化总体方案》《安阳市钢铁产业发展规划》《河北宝信钢铁集团整合进园减量升级项目申请报告》《唐山市钢铁产业采暖季限产实施方案》《淮南宏泰钢铁转型升级发展规划》《中巴腾鳌两国双园发展项目咨询服务》《宁波钢铁有限公司产能置换规划方案》《唐山钢铁产业转型升级试点方案》

参 考 文 献

［1］环境保护部网站．淘汰落后生产能力、工艺和产品的目录（第一批）［EB/OL］．［1999-01-22］．http：//kjs. mep. gov. cn/qjsc/zcbz/199901/t19990122_89240. shtml.

［2］中国政府网．淘汰落后生产能力、工艺和产品的目录（第二批）［EB/OL］．［1999-12-30］．http：//www. gov. cn/gongbao/content/2000/content_60014. htm.

［3］统计局网站．国家数据［DB/OL］．http：//data. stats. gov. cn/easyquery. htm？cn=C01.

［4］中国政府网．钢铁产业发展政策［EB/OL］．［2005-07-08］．http：//www. gov. cn/flfg/2006-01/17/content_161597. htm.

［5］国家发展和改革委员会网站．产业结构调整指导目录（2005 年本）［EB/OL］．［2005-12-02］．http：//www. ndrc. gov. cn/fzgggz/fzgh/zcfg/200512/t20051222_65963. html.

［6］中国政府网．国务院关于发布实施《促进产业结构调整暂行规定》的决定［EB/OL］．［2005-12-21］．http：//www. gov. cn/zwgk/2005-12/21/content_133214. htm.

[7] 中国政府网．国务院关于加快推进产能过剩行业结构调整的通知［EB/OL］．［2006-03-20］．http：//www. gov. cn/zwgk/2006-03/20/content_231376. htm.

[8] 中国政府网．关于钢铁工业控制总量淘汰落后加快结构调整的通知［EB/OL］．［2006-07-01］．http：//www. gov. cn/zwgk/2006-07/17/content_337825. htm.

[9] 中国政府网．国务院关于印发“十三五”节能减排综合工作方案的通知［EB/OL］．［2017-01-05］．http：//www. gov. cn/zhengce/content/2017-01/05/content_5156789. htm.

[10] 中国政府网．钢铁产业调整和振兴规划［EB/OL］．［2009-03-20］．http：//www. gov. cn/zwgk/2009-03/20/content_1264318. htm.

[11] 中国政府网．国务院批转发展改革委等部门关于抑制部分行业产能过剩和重复建设引导产业健康发展若干意见的通知［EB/OL］．［2009-09-29］．http：//www. gov. cn/zwgk/2009-09/29/content_1430087. htm.

[12] 中国政府网．国务院关于进一步加强淘汰落后产能工作的通知［EB/OL］．［2010-04-06］．http：//www. gov. cn/zwgk/2010-04/06/content_1573880. htm.

[13] 工业和信息化部网站．工信部能源局公告 2015 年第 69 号［EB/OL］．［2015-11-23］．http：//www. miit. gov. cn/newweb/n1146285/n1146352/n3054355/n3057292/n3057307/c4439007/content. html.

[14] 中国政府网．国务院关于钢铁行业化解过剩产能实现脱困发展的意见［EB/OL］．［2016-02-04］．http：//www. gov. cn/zhengce/content/2016-02/04/content_5039353. htm.

第五章　绿 色 化

一、历程回顾和现状分析

（一）历程回顾

钢铁工业是我国经济发展的基础产业，钢铁强国是我国多少代钢铁人的梦想，我国钢铁工业经历了从无到有、从小到大、从弱到强的发展过程，为我国的经济发展做出了重大贡献。同时，钢铁工业也是能源、资源消耗和污染物排放的大户，钢铁工业环境保护长期以来受到国家高度重视和关注。钢铁工业环境保护伴随着钢铁工业的发展而发展，经历了从无到有、从局部到全局、从粗放到绿色的发展过程，是钢铁工业生态转型升级和可持续发展的重要内容。

20 世纪 70~90 年代，我国钢铁工业发展逐步走入正常轨道，开始引进、消化和吸收国外先进技术，钢铁工业技术水平得到快速提升，典型代表是武钢 1700 毫米轧机引进，上海宝钢、天津无缝钢管厂等全面引进，以及其他老钢铁企业的技术改造升级。1996 年我国粗钢产量首次突破亿吨大关，并成为世界第一产钢大国。

这一时期，为应对国际能源危机，我国提出“能源开发与节约并重，把节约放在优先位置”的方针，将节能纳入国家经济和社会发展计划，钢铁工业大力加强节能工作。“六五”期间，钢铁工业的主要节能工作是在全行业进行节能宣传教育、组建机构和队伍；抓管理、建制度，减少能源的损失浪费，钢铁企业的能源管理逐步走上了科学化和制度化轨道。进入“七五”以后，主要工作内容是搞好“三个转向”，即节能工作的着眼点要从单体设备、工序的节能转向企业的整体节能；节能管理方式要从经验管理转向现代化管理，提高管理工作水平和效率；节能管理体系要从单一节能部门转向整个企业管理体系的分工协作综合管理。

这一时期，我国开始参与国际重要环境会议，关注工业环境污染问题，加强了环境立法工作。1972 年 6 月，联合国在瑞典斯德哥尔摩召开人类环境会议，会议通过了人类环境宣言。1992 年 6 月，联合国在巴西里约热内卢召开环境与发展大会，会议提出可持续发展战略。1973 年，国家颁布了《工业“三废”排放试行标准》（GBJ4—1973），这是我国第一个环境保护标准。1989 年 12 月，我国颁布了《环境保护法》。我国环境保护法规、标准体系逐步完善和健全。这一时期，我国钢铁工业环境保护意识逐步加强，环境管理体制得到完善。在引进先进生产工艺装备和技术的同时，也全面引进了先进的钢铁环境保护工艺技术装备，环境保护管理水平和污染防治技术水平得到全面提升。尤其是引进、消化和吸收了成体系的废水和废气污染防治工艺和技术，钢铁工业环境保护设施工程设计、设备制造、技术研发等取得长足进步。钢铁工业环境保护工作在我国工业行业逐步处于领先水平，并为其他工业行业广泛借鉴。

进入 21 世纪，我国钢铁工业进入持续快速发展阶段，粗钢产量一直居于全球之首。经过多年的引进、消化和吸收，结构调整，淘汰落后，钢铁生产装备水平快速提高。这一时期，国际上对环境危机有了更清醒的认识，环境保护理念提升到更高的层次。2002 年 8 月，南非约翰内斯堡可持续发展世界首脑会议提出经济增长、社会进步和环境保护可持续发展三大支柱。2012 年 6 月，巴西里约热内卢联合国可持续发展大会提出实现可持续发展的绿色经济理念。这一时期，我国钢铁工业环境保护工作逐步形成了完整的环境管理体系，全面贯彻落实国际通行的环境保护质量管理体系，健全钢铁企业环境管理机构，规范钢铁企业环境行为。同时，钢铁工业大力实施生产设备技术改造和建设大型节能装置，如发展连铸、提高喷煤比、建设 TRT 及烧结机、高炉热风炉等设备的余热回收装置等；在企业深入学习邯钢经验的过程中，节能管理上引入了经济价值量，开始了“能源经济”节能的探索，重点分析能耗指标变动对企业利润的影响、分析节能关键部位和增利潜力、分析和预测能源价格变化对企业利润的影响，直接显示节能与生产成本的联系，促进节能工作的深入开展。

“十一五”以来，我国钢铁工业逐渐由需求不足发展到生产过剩的局面，逐渐由粗放经营向绿色化、信息化、多元化转变，由长期的快速增量发展向绿色转型升级发展转变。钢铁工业节能环境保护理念逐步更新丰富，推行清洁生产，发展循环经济，践行低碳经济，实施资源节约和环境友好等先进环境理念，成为钢铁工业绿色转型升级技术路径；主要污染物排放总量和单位GDP能耗下降目标，作为经济社会发展的约束性指标。钢铁工业在强化目标责任、调整产业结构、实施重点工程、推动技术进步、强化政策激励、加强监督管理等方面采取一系列强有力的政策措施。在政府的强力推动下，钢铁工业节能减排进入崭新发展阶段，特别是大批先进成熟节能技术获得了广泛推广应用。这一时期，突如其来的覆盖我国主要经济发达地区的连续雾霾天气，引发大众对PM2.5治理的关注，引起政府和民众对环境保护的高度重视，迫使环境保护又一次成为炙手可热的热点。国家高度重视和全面推进环境保护工作，环境保护作为国策成为我国社会经济发展的先决条件。2015年1月，国家颁布了新的环境保护法，20多年来第一次对环境保护法进行全面修订，同时，国家先后发布了“气十条”“水十条”和“土十条”，强化环境监管力度。2013年9月，国家发布《大气污染防治行动计划》，即“气十条”。2015年4月，国家发布《水污染防治行动计划》，即“水十条”。2016年5月28日，国家发布《中华人民共和国土壤污染物防治行动计划》，即“土十条”。2012年10月，国家实施8项钢铁和焦化工业污染物排放标准，促使钢铁企业环保治理全面升级改造，钢铁工业绿色转型升级的环境发展进入快车道。

2016年是“十三五”开局之年，也是国家供给侧改革推动钢铁行业去产能进程加速、生态文明建设持续强化、钢铁行业环保约束与绿色发展理念跨越式发展的关键一年。加快环境保护和生态文明建设战略布局作为“十三五”规划的一个重要发展方向，继续将钢铁行业这一传统意义上的流程型高耗能、固定源排污强度较大的重点工业污染源当作关注的主要对象。2016年7月16日，由冶金工业规划研究院完成的《中国钢铁工业环境保护白皮书（2005~2015）》对外发布，系统分析了节能环保工作的外部环境与绿色发展路径。

为确保G20峰会的“西湖蓝”，拉开了周边辐射区域钢铁行业停限产的序幕。2016年，中央环保督察组分两批对全国多个省区展开专项督查，对各行政区域内钢铁行业重点企业进行检查，重点排查钢铁企业主要污染物达标排放情况、自动监控设施安装和运行情况等，加快了河北、江苏、山东等钢铁产业布局密集区域的环保提标改造进程，同时已成为落实《国务院关于钢铁行业化解过剩产能实现脱困发展的意见》的重要抓手。环保风暴的强度在京津冀等地出现持续重污染天气后继续提升，环保部先后派出13个督查组，对涵盖所有启动红色、橙色预警城市的政府预警预案进行专项考核，并重点督察钢铁企业针对预案的落实到位程度。河北省更是首发大气污染防治调度令，其与山东等钢铁产能布局密集地区因重污染天气而频繁发布大规模停限产措施。

可以说，我国钢铁工业节能环保、绿色发展工作成就卓著。自 20 世纪 70 年代以来，钢铁工业节能环保工作经历近 50 年的发展，发生了巨大的变化。从最初的引进、消化和吸收，逐步发展为现在的自主创新为主、引进为辅的内生发展局面，钢铁工业节能环保取得显著成效。京津冀及周边“2+26”城市、长三角、珠三角区域也被要求于 2017 年年底前完成排污许可证的申领，其他地区钢铁企业应于 2018 年年底前完成排污许可证的申领。排污许可制度作为理顺环境监管程序、重塑环境监管体制的重要抓手，已成为推动钢铁行业环保工作的杀手锏。配合排污许可制度的落地，《环境保护税法》于 2018 年 1 月 1 日起施行，全国范围内的排污企业将无差别执行环保税纳税义务，而已施行近 40 年的排污费，也终将退出历史舞台。从“费”到“税”，环保监管将走上更加规范化、平等化的道路。

政策不断深化的同时，钢铁行业也于 2017 年迎来了“史上最严环保标准”的进一步提标。在 2015 年 1 月 1 日执行的钢铁行业系列新排放标准基础上，2017 年 6 月 13 日，钢铁行业无组织排放标准和烧结球团特别排放限值修改征求意见稿对外发布，排放标准进一步收严。对现有企业给予适当的过渡期，无组织排放控制措施自 2019 年 1 月 1 日起执行。为保障京津冀大气污染传输通道“2+26”城市实施无组织排放控制措施对 2017 年秋冬阶段污染控制产生效果，确保完成《大气污染防治行动计划》确定的 2017 年空气质量改善目标，要求“2+26”城市自 2017 年 10 月 1 日起实施。力争到“十三五”末，全面达到国家工信部发布的《钢铁工业调整升级规划（2016~2020 年）》中制定的污染物排放总量下降 15%以上的总体目标，全面改善京津冀、长三角等钢铁产能集聚区环境承载能力不足的现实问题，将原料场棚化、仓化改造，焦炉烟道气增建脱硫脱硝设施，烧结（球团）烟气进行多污染物协同治理等绿色改造升级重大工程逐步落实到位，实现行业的绿色可持续发展[3]。

（二）中国钢铁工业绿色发展现状

1. 节能降耗

（1）能耗指标持续优化。1980~2015 年的 35 年间，钢铁工业综合能耗指标取得持续优化，吨钢综合能耗（标煤）由2040千克下降到572千克，下降率为72%，其中：1980~1999年的20年间，全行业吨钢综合能耗从2040千克降为1240千克，下降率为39.22%；从2000年开始，根据大中型钢铁企业统计数据，重点大中型钢铁企业吨钢综合能耗（标煤）从2000年的906千克下降到2015年的572千克，下降率为36.87%（图5-1）。

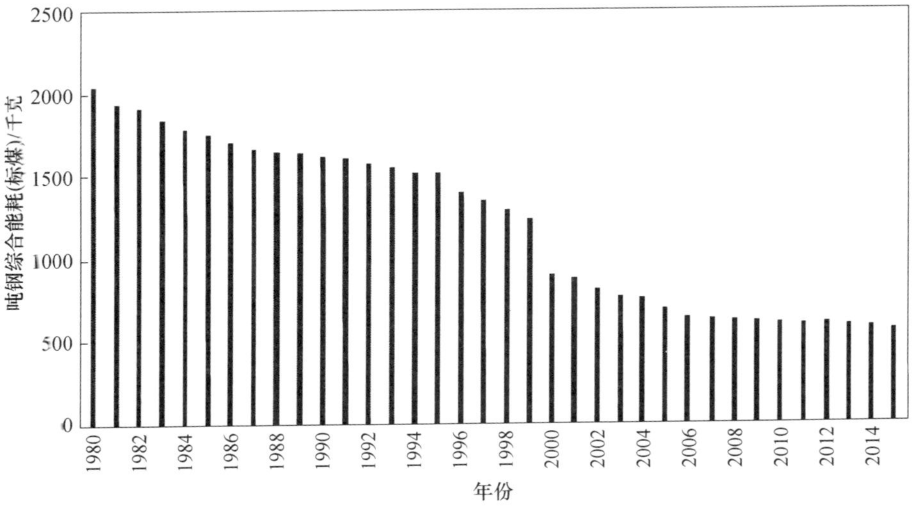

图5-1 钢铁工业吨钢综合能耗变化情况（1980~2015年）

与2013年新版《粗钢单位产品能耗限额》及《焦化单位产品能耗限额》相比，重点统计焦化工序能耗企业达标率91%，烧结工序能耗企业达标率93%，炼铁工序能耗企业达标率91%，转炉工序能耗企业达标率42%。

（2）生产工艺流程日趋高效。从1980年至今30多年间，特别是20世纪八九十年代，钢铁行业通过氧气转炉取代平炉、连铸取代模铸、一火成材取代多火成材等系列生产结构调整及工艺流程优化，钢铁制造流程逐渐趋于连续化、紧凑化、减量化。

1988年，我国钢铁工业确立了“以连铸为中心”的生产技术方案，大力推动了连铸系统工程的开展，至1999年，钢铁行业连铸比已达78.62%。到2014年，全国重点钢铁企业连铸比为99.71%。

20世纪90年代中、后期，随着宝钢、武钢、鞍钢、首钢先后建成投产大型氧气顶底复吹转炉，转炉炼钢进入高速发展期，至1999年，我国转炉钢比例已达82.7%。到2002年底，在全国范围内已全部淘汰了平炉炼钢生产。

目前，我国重点统计钢铁企业5米以上焦炉产能占炼焦总产能48%，1000立方米及以上高炉占炼铁总产能65%，100吨及以上转炉占转炉炼钢总产能59%。

（3）大量先进成熟技术获得广泛应用。伴随中国钢铁工业的发展，钢铁工业节能技术进步也取得快速发展，干熄焦、干法除尘、烧结余热回收、干式压差发电（TRT）、高效喷煤、蓄热式燃烧、全燃煤气发电、热装热送等关键共性技术得到广泛推广应用。目前，烧结余热发电机组普及率大幅提高，配备比例超过20%，超额完成工信部提出的“十二五”发展目标；钢铁行业TRT普及率已近100%，干熄焦技术普及率已达85%，同时拥有世界上最大的单机低热值燃气蒸汽联合循环发电机组，高压、超高压全燃煤气发电、烧结余热回收利用技术、饱和蒸汽发电技术等已经处于世界领先水平，钢铁工业烧结余热发电机组、干熄焦装置、TRT装置数量均位居世界第一。

（4）二次能源回收及利用效率不断提高。加大企业二次能源回收和利用量，是减少外购能源量、实现节能减排的主要途径。2016年钢铁企业高炉、焦炉、转炉煤气的利用率仍在提高，损失率总体呈逐步下降趋势。与2015年相比，2016年焦炉煤气利用率略有下降，降低0.75个百分点；高炉煤气利用率基本持平；转炉煤气利用率提高0.7个百分点；吨钢转炉煤气回收量提高2.68%；企业自发电量比例略有提高。焦炉上升管、烧结大烟道烟气、高炉冲渣水、轧钢加热炉等产生的中低温余热资源回收利用取得一定突破。

（5）能源管理水平不断提升。钢铁工业节能管理工作首先从能源消耗的计量、统计和能耗指标体系的建立开始，其中1982年颁发实施了《钢铁企业能源平衡及能耗指标计算办法的暂行规定》，使钢铁企业率先步入能源统计与能耗指标正规化和标准化；在工序节能管理方面，从1979年开始先后制订了17个“工序节能规定”，开展工序节能晋等升级，有效地促进了工序和企业的节能；近年来，随着能源管理中心、能源管理体系在钢铁行业的推广应用，钢铁行业逐步迈向系统化、精细化管理行列。

总体来说，钢铁工业节能管理方式经历了从经验管理向现代化管理的转变，节能管理体系经历了从单一节能部门向整个企业管理体系综合管理的转变，整体节能管理水平不断提升。

2. 废气治理

随着中国钢铁工业的飞速发展，大气污染物排放量伴随着钢铁产量的增长而增加。钢铁行业作为主要的工业排放源之一，近年来，积极采用先进减排技术，缩小与国外先进钢铁行业减排差距的同时，也通过自主研发，开发出具备国际领先水平的废气治理技术，使吨钢污染物排放量不断下降。根据中国钢铁工业环境保护统计，2015 年重点统计企业二氧化硫排放总量为 471721.69 吨，吨钢二氧化硫排放量已由 2005 年的 2.75 千克下降至 0.85 千克；烟粉尘排放总量为 450750.11 吨，吨钢烟粉尘排放量也由 2005 年的 2.11 千克降至 0.81 千克左右[1]（图 5-2、图 5-3）。

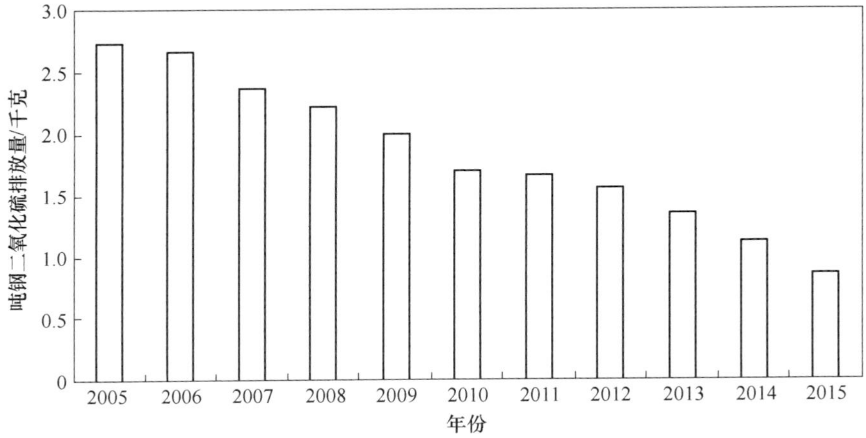

图 5-2　2005~2015 年吨钢二氧化硫排放情况

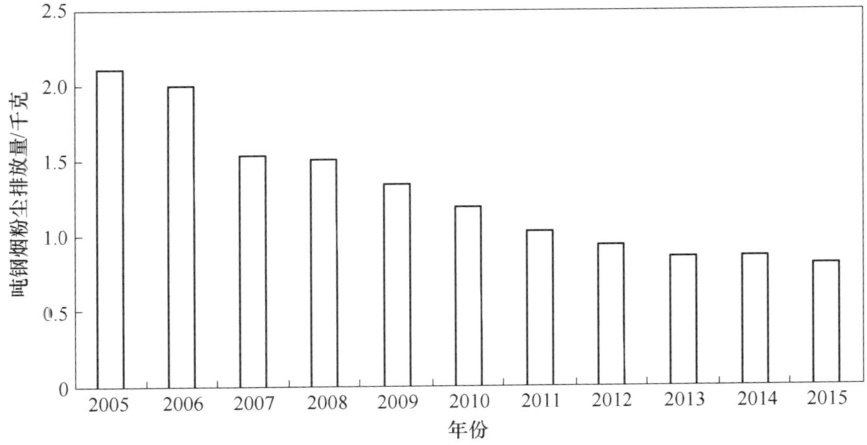

图 5-3　2005~2015 年吨钢烟粉尘排放情况

特别是 2015 年 1 月 1 日起执行的最新钢铁行业污染物排放标准，将原有排放限值大幅收严，促进钢铁烧结机机头烟气脱硫设施全面配套建成、除尘设备提标改造，进一步削减废气污染物排放量。主要废气污染物的治理技术及应用现状如下：

（1）烧结烟气脱硫技术及应用现状。钢铁行业作为重要的 SO_2 工业排放源之一，其中烧结工序 SO_2 排放量占到钢铁企业总体 SO_2 排放量的 70%以上。自国家《“十一五”规划纲要》将 SO_2 污染物总量降低 10%作为约束性指标以来，钢铁企业开展大规模烧结烟气脱硫工作。“十二五”期间，钢铁烧结烟气脱硫设施的建设步伐不断加快，从 2007 年起，钢铁行业烧结烟气脱硫工作进入实质性实施阶段，陆续有济钢、柳钢、三钢、石钢、宝钢、马钢等钢铁企业的烧结机烟气脱硫装置建成投运。截至 2015 年底，安装脱硫设施的钢铁烧结机面积已达 13.8 万平方米，安装率高达 88%。

烧结烟气脱硫技术主要分为湿法脱硫和半干法脱硫，见图 5-4。其中，湿法脱硫技术包括石灰石/石灰-石膏法、氧化镁法、氨-硫铵法、双碱法等脱硫技术。半干法脱硫技术包括循环流化床法（CFB）、SDA 旋转喷雾法、密相干塔法、新型脱硫除尘一体化技术（NID）、MEROS 法、活性炭法（AC）等，上述方法在中国钢铁行业烧结工艺都有应用实例。同时，经过多年的探索和

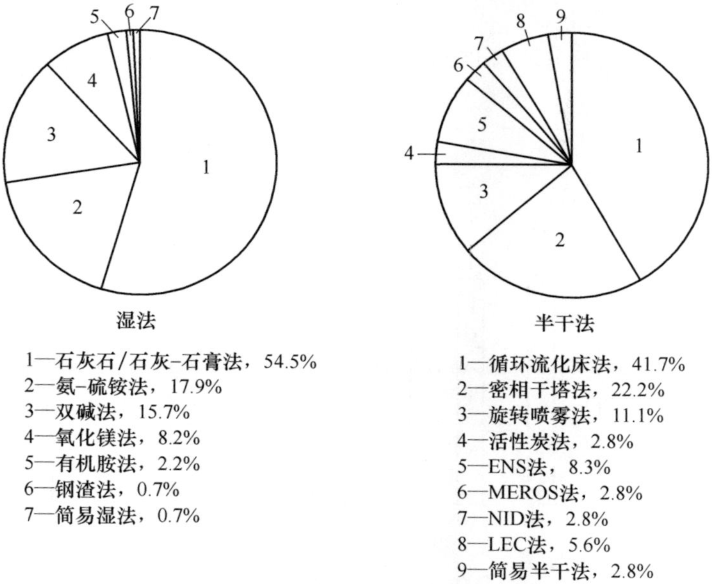

图 5-4 不同钢铁烧结脱硫工艺占比

长期的工程实践，石灰石/石灰-石膏法、循环流化床法等工艺由于在运行稳定性和经济性方面具有一定优势，因此得到钢铁企业的认可和选择，钢铁烧结烟气脱硫主流工艺逐渐形成。

钢铁行业第一阶段烧结机头烟气脱硫设施配套项目虽已基本完成，但由于2015年1月1日起执行新的环保排放标准（SO_2 排放浓度不超过200毫克/立方米，特别排放限值小于180毫克/立方米），使得2012年前兴建的脱硫设施大多因为裕量不足（当时按照 SO_2 排放浓度不超过600毫克/立方米的排放标准进行设计），较难达到现行排放标准要求，在下一阶段仍将面临着部分脱硫设施的提标改造。

（2）烟粉尘控制技术及应用现状。目前，钢铁工业应用的烟粉尘污染控制技术主要有：袋式除尘、静电除尘、湿式静电除尘、电袋复合除尘、湿法除尘、机械式除尘。

袋式除尘是目前钢铁行业应用最广泛的一项除尘技术。袋式除尘器在钢铁行业各工序中的应用比例已达95%以上，包括原料、焦化、石灰、高炉矿槽及出铁场、铁水预处理、铸铁机、转炉二次烟气、炼钢电炉、轧钢等工序的尘源点除尘。

袋式除尘器除尘效率高达99.9%~99.99%，且运行稳定，不受粉尘比电阻的影响，不存在粉尘种类、浓度（可处理浓度（标态）高达1000克/立方米的粉尘）、粒径的限制，对不同工艺条件带来的大范围负荷波动工况有很强的适应性，处理风量可从1000立方米/小时至200万立方米/小时以上。滤袋、袋笼等维护检修可实现在线操作，更换破损滤袋时，可随时分室进行过滤而无需停机。袋式除尘高效稳定，采用不同工艺参数和滤袋材质，排放浓度（标态）可稳定控制在20毫克/立方米以下，甚至可达到5毫克/立方米的超低排放，大量回收原料及其他物料，提高原料利用率。因此，袋式除尘器在钢铁行业中得到了广泛的应用。

由于静电除尘器对粒径小于10微米的微细粉尘有效捕集效率较低，因此，随着最新环保标准中对于颗粒物排放限值的进一步收严，静电除尘器在钢铁行业应用比例逐步下降，现主要用于袋式除尘器不适用的高温、高湿场合，即烧结（球团）机头烟气和转炉煤气除尘。

静电除尘器除尘效率较高，可达99.0%，高温耐性达350℃，运行阻力小，仅为200~300帕，处理风量高达100万立方米/小时以上。但由于其适用粉尘比电阻范围为$10^4 \sim 10^{10}$欧·厘米，受粉尘理化性质变化影响较大，细颗粒物易黏结到极板上，随着运行时间增加，导致内部组件变形，电场变化，降低除尘效率。而钢铁行业烟粉尘种类繁多，比电阻变化大，超出其适用范围，且部分工艺工况变化大，从而导致其除尘效率不稳定，难以在复杂工况条件下长期保持排放浓度（标态）小于50毫克/立方米，因此，静电除尘器在钢铁行业应用比例降低。

湿式静电除尘器目前主要应用在钢铁行业烧结烟气湿法脱硫后的含尘烟气处理上，但设备投资费用较高，其投资经济性和运行成本还需在不断的工艺优化与市场竞争中予以改善。湿式静电除尘器采用液体冲刷集尘极表面来进行清灰，可有效收集微细颗粒物（PM2.5粉尘、SO_3酸雾、气溶胶）、重金属（Hg、As、Se、Pb、Cr）及有机污染物（多环芳烃、二噁英）等。就已投运的湿式静电除尘器效果来看，均可达到国家烧结机头粉尘排放浓度（标态）特别排放限值40毫克/立方米的要求，甚至稳定处于20毫克/立方米范围内。

电袋复合除尘器是近几年出现的一种新型除尘技术，其整合了静电除尘器耐高温和袋式除尘器除尘效率高、适用范围广的优势，在烧结烟气除尘和现有静电除尘器改造方面有所应用。钢铁行业目前主要应用前电后袋型电袋复合除尘工艺，通过预除尘和高压电场的作用实现降温、除火星，以及对大粒径粉尘的捕集工作，可实现80%~90%的粉尘收集；此后烟气通过导向装置，进入袋式除尘器的进气室，以外滤的形式实现烟气中颗粒物的高效脱除。凭借相对较低的运行阻力和投运成本，此项技术已在陕钢集团、莱芜钢铁有限公司等烧结工序成功应用。

3. 节水及废水治理

（1）用水量变化情况。在当前淡水资源紧缺，全球倡导低碳经济的背景下，节水工作越来越受到人们的重视。钢铁工业是用水大户，为了节约水资源，与钢铁工业可持续发展的要求相适应，近十多年来钢铁工业进行了具有显著成效的节水工作，提高了钢铁工业用水效率，用水量逐渐减少。我国粗钢产量由2005年的3.53亿吨快速增长到2014年的8.28亿吨，增长了1.35倍，但钢铁工业新水用量由2005年的37.4亿立方米减少到2014年的35.5亿立方米，减少了5%，占全国工业用水量的比例基本维持在2.8%左右，钢铁行业新水用量得到有效控制，具体见图5-5。

我国重点统计钢铁企业通过采取优化水系统、创新节水生产工艺、高效

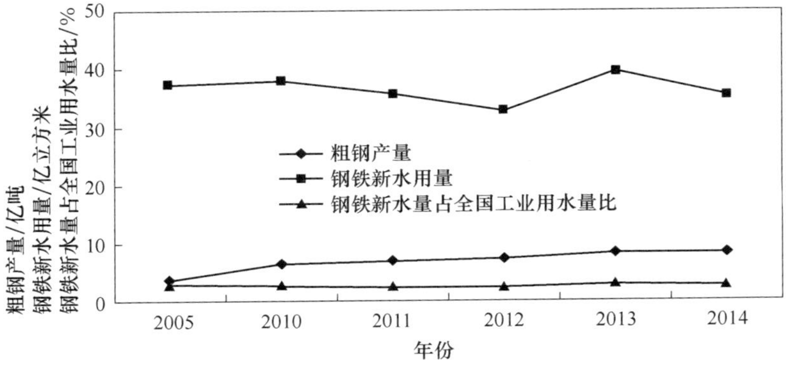

图 5-5 钢铁行业 2005~2014 年新水用量变化情况

循环用水、再生利用废水、收集利用雨水和城市中水等综合节水技术和措施，用水效率全面提升，2015 年吨钢新水用量 3.53 立方米，比 2010 年下降 12%，节水水平达到了国际先进水平。

据《中国钢铁工业环境保护统计》[1]，重点统计钢铁企业（2005~2015 年）吨钢新水用量变化情况见图 5-6。

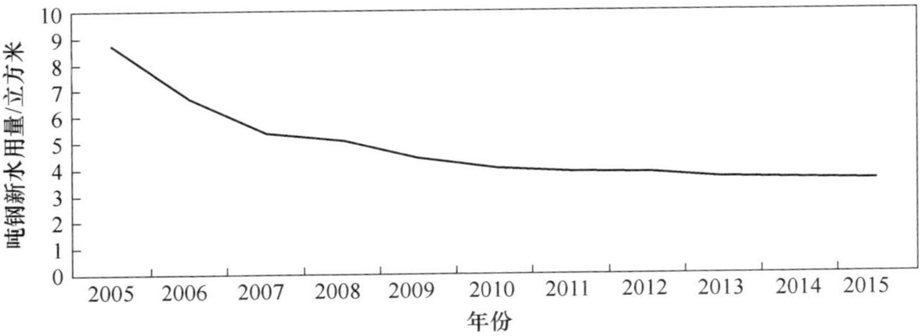

图 5-6 重点统计钢铁企业 2005~2015 年吨钢新水用量变化情况

但不同企业吨钢新水用量存在一定的差别，以大型钢铁联合企业为例，2014 年大型钢铁联合企业吨钢新水用量先进水平为 2.15 立方米（太钢），落后水平为 5.69 立方米（包钢），相差 2.5 倍。2015 年部分大型钢铁联合企业吨钢新水用量具体见图 5-7。

（2）排水量变化情况。2014 年全国工业废水排放量 205.3 亿吨，比 2005 年（243.1 亿吨）减少 15.6%。我国重点统计钢铁企业 2015 年外排废水量 4.5 亿吨，比 2005 年（12.1 亿吨）减少 62.8%，吨钢外排水量减少了 81%，

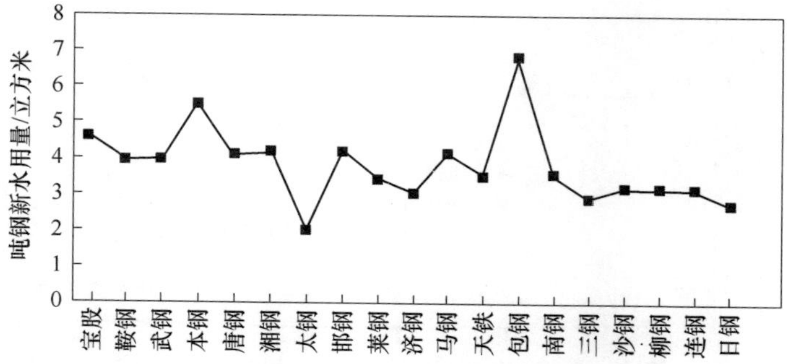

图 5-7 2015 年部分钢铁联合企业吨钢新水用量情况

同时，行业外排废水量占全国工业废水量的比例整体呈逐渐下降的趋势（图 5-8、图 5-9）。

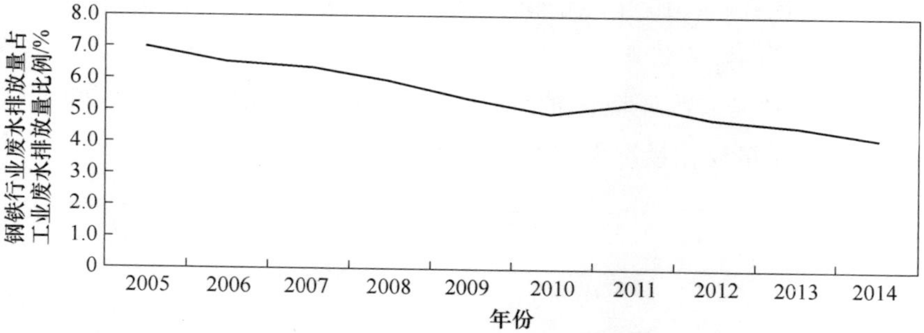

图 5-8 2005~2014 年钢铁行业废水排放量占全国工业废水排放量的比例情况

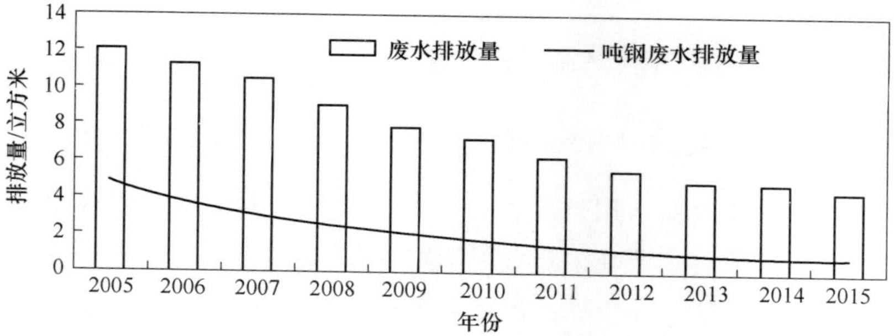

图 5-9 2005~2015 年重点统计钢铁企业废水外排总量及吨钢外排废水量情况

（3）水的重复利用率变化情况。钢铁行业生产用水现均设置循环给水系统，提高水的循环利用率，其中设备间接冷却水开路循环系统的循环率在 97%以上；直接冷却水浊循环水系统的循环率在 96%以上；在循环利用的基础上，设置梯级给水系统，根据循环水系统排污水水质进行合理的梯级使用，同时加大污水回用力度，将全厂污水综合处理后回用，提高全厂水的重复利用率。

重点统计钢铁企业水的重复利用率由 2005 年的 94.27%提高到 2015 年的 97.6%，提高了 3.33 个百分点。水的重复利用率逐年提高，具体见图 5-10。

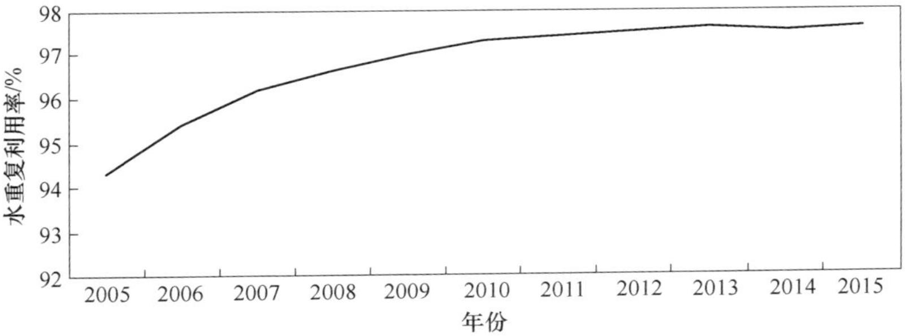

图 5-10　2005~2015 年重点统计钢铁企业水重复利用率变化情况

（4）废水主要污染物排放量变化情况。我国重点统计钢铁企业吨钢废水主要污染物 COD、氨氮排放量逐年减少，吨钢 COD、氨氮排放量分别由 2005 年的 0.247 千克、0.024 千克减少到 2015 年的 0.024 千克、0.0015 千克（图 5-11、图 5-12）。

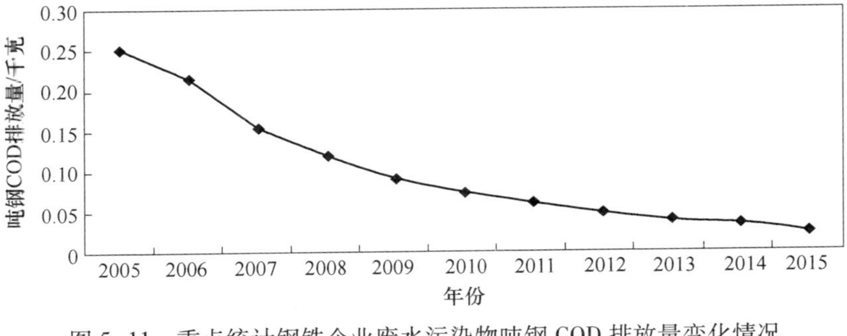

图 5-11　重点统计钢铁企业废水污染物吨钢 COD 排放量变化情况

（5）废水治理技术及措施。我国钢铁行业废水外排量及废水中污染物排放量的逐渐减少，与废水治理技术水平的提高密不可分，有些技术已成为国际领先技术。目前钢铁行业采用的主要废水治理技术及措施有：

第一，源头减少废水产生技术。主要有：高炉煤气干法除尘技术、干熄焦技术、转炉一次除尘干法技术、加热炉汽化冷却技术、连铸喷雾冷却技术等。

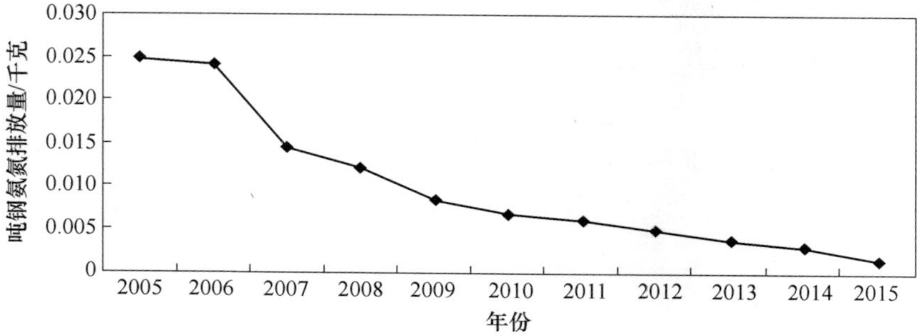

图 5-12 重点统计钢铁企业废水污染物吨钢氨氮排放量变化情况

目前我国钢铁行业高炉煤气采用干法的比例已超过 90%；转炉一次除尘采用干法的比例已达到 20%；干熄焦比例已达到 95%以上（重点统计钢铁企业）；加热炉汽化冷却技术及连铸喷雾冷却技术的采用比例均超过 90%。

这些技术的应用，不仅大大减少了水资源的使用量，也大大减少了废水的产生量，从而降低了钢铁企业废水处理难度，提高了污水回用率，减少了外排废水量。

第二，工序用水循环利用技术。钢铁行业各工序用水采用循环利用技术，用水经处理后循环使用。循环利用技术包括使用在设备间接冷却水开路循环系统和直接冷却水浊循环水系统中的技术，减少外排废水量。主要有：

高效冷却技术——用在设备间接冷却水开路循环系统，高效冷却技术主要有带收水器的冷却塔、蒸发式空冷或空冷技术等，目前水的循环利用率超过 97.5%。

高效沉淀、过滤技术——用在直接冷却水浊循环水系统，主要指钢铁行业轧钢工序和炼钢连铸工序的直接冷却水浊循环水系统，这部分水需经沉淀过滤冷却后循环使用。以前多以经过旋流沉淀、二次平流沉淀、压力过滤、冷却后循环使用的处理工艺，现在主要为旋流沉淀、化学除油器或稀土磁盘技术、高效过滤器、冷却后循环使用，使处理效果改善，循环利用率提高，目前循环利用率高的可达 98%以上。

另一技术用在转炉一次湿法除尘水循环系统，该废水的处理技术由原幅流式沉淀技术逐步被高效斜管（斜板）沉淀技术所取代，提高了水处理效率，使除尘水循环利用率由原来的 94%提高到 97%左右。

高效水质稳定技术——钢铁行业通过采用高效水质稳定技术，提高加药系统自动化水平，从而提高了循环水系统的浓缩倍数，目前钢铁行业循环水浓缩倍数由原来的 1.5 倍提高到了 2.5 倍左右，先进水平达到 4.5 倍，因此，大大减少了循环水系统的排污量。

第三，焦化废水治理技术。这项技术主要用于焦化废水的处理。我国钢铁行业焦化废水治理技术最初是普通活性污泥治理技术，是焦化废水生物处理系统的传统方式，目前国外焦化废水治理仍主要采用该技术。但由于我国环保要求不断趋严，经过该技术处理后的废水 COD、氨氮等都无法满足新的排放标准要求，因此，通过不断的技术创新，目前采用的技术主要有：A/O、A2/O、A/O2、O-A/O 法，“强化脱氮技术+高效混凝+臭氧催化氧化”集成技术，芬顿氧化废水处理技术，经“强化脱氮技术+高效混凝+臭氧催化氧化”集成技术或芬顿氧化废水处理技术处理后的废水，基本能达到新的直接排放标准要求，COD 浓度不大于 80 毫克/升，氨氮浓度不大于 10 毫克/升。经处理后的水目前主要是送企业高炉冲渣水系统作为补充水，也有企业送综合污水处理厂进一步处理，处理后统一回用。

有的企业为了节约用水，降低企业外排废水中 COD、氨氮不达标的风险，拟采用深度处理技术对这部分水进行处理，即经处理后焦化酚氰废水，再进行深度处理后回用于生产水系统，少量浓排水用于高炉冲渣。采用的处理工艺为：预处理过滤水+超滤+纳滤+反渗透。但由于运行成本高，钢铁行业推广焦化废水单独采用深度处理回用技术还有一定的难度。

第四，冷轧废水处理技术。这项技术主要用于冷轧废水的处理。冷轧废水根据来源和成分的不同，一般可分成酸碱废水、含油及乳化液的废水含铬废水几类。

酸碱废水一般采用中和法来处理；含油及乳化液的废水处理难度大，往往需要多种方法组合使用，如重力分离、气浮法、化学法、生物法、膜法、吸附法等；含铬废水处理则广泛采用还原沉淀法。

在冷轧含油废水及乳化油处理中，较常用的方法是化学法和超滤法。为了使废乳化液得到最大限度的浓缩，一般采用二级超滤。

含铬废水一般采用两级还原，然后进行中和曝气、絮凝沉淀。

部分企业经处理后的水回用于冷轧水系统，但大部分企业是送综合污水处理厂进一步处理后回用。

第五，综合污水处理与回用技术[2]。钢铁行业综合污水处理与回用，是钢铁行业节约用水和减少外排废水的重要途径。截至 2016 年，重点统计钢铁企业综合污水处理厂配套建设比例已达 75%以上，回用水比率大大提高，有部分企业实现了生产废水基本“零”排放[3]。

钢铁行业综合污水处理工艺“十五”“十一五”时期主要是絮凝、沉淀、过滤，去除 SS、COD 等，但对盐分没有去除作用。随着节水力度的加强，许多企业循环水系统浓缩倍数不断提高，回用水含盐量因此增加，当回用水与原工业新水混合后做净环水系统补充水时，整个给水系统的含盐量升高，造成设备的结垢、腐蚀现象严重，影响设备的使用寿命，也给生产工艺的用水安全带来一定影响。为了提高钢铁企业综合污水回用率，保障回用水水质安全，采用的技术已发展为高效混凝沉淀、过滤，再进一步采用深度处理。目前高密度澄清池+V 形滤池+膜法，是钢铁行业综合污水回收利用效果最好的工艺技术，这一技术的普及率在 50%以上。

常用膜分离技术主要指微滤（MF）、超滤（UF）、纳滤（NF）、反渗透（RO）和电渗析（EDI）等。钢铁行业采用的膜法主要指超滤（OF）和反渗透（RO）。

4. 固废综合利用

近年来，随着国家加快推进生态文明建设与钢铁行业对资源综合利用和循环经济发展的高度重视，我国钢铁行业固废减量化生产、综合利用率和利用水平稳步提升。2005~2015 年中钢协会员重点统计钢铁企业吨钢固废产生量及固废利用率变化如图 5-13 所示。

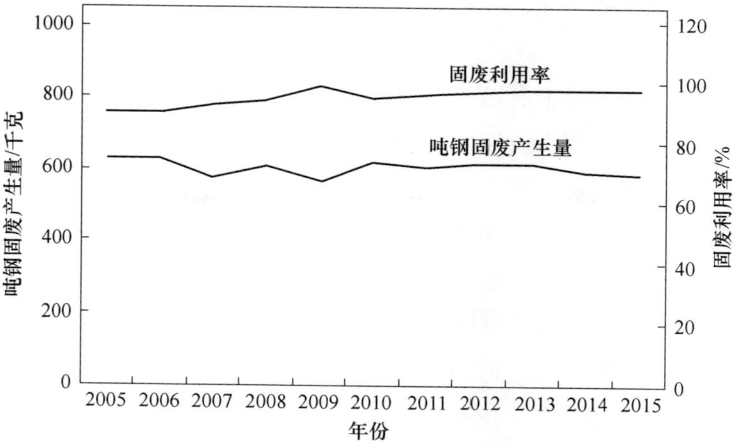

图 5-13 2005~2015 年中钢协会员重点统计钢铁企业吨钢固废产生量及固废利用率

由图5-13可见，中钢协会员统计钢铁企业的吨钢固废产生量由2005年的628千克降至2015年的585千克，固废利用率由2005年的94.8%上升到2015年的97.5%。2015年我国钢铁行业固废总产生量约4.7亿吨，其中，高炉渣产生量2.4亿吨，钢渣产生量1.0亿吨，含铁尘泥0.5亿吨[1]。受固废利用产品市场和冶炼原料条件不同等因素影响，固废利用率总体呈波动上升趋势，而吨钢固废产生量总体呈波动下降趋势。

此外，我国钢铁行业资源综合利用产值规模和企业实力不断增强，资源综合利用产业结构不断完善。

5. 节能减排存在的不足

我国节能技术和装备水平已处于国际领先行列，但我国能源管理水平与先进国家相比，差距仍然较大。企业领导层对节能工作的重视程度仍然不够，节能管理机构层级偏低，专职节能管理人员数量偏少，节能管理基础能力薄弱，能源计量器具配备率普遍不足。多数企业未形成完整的能源管理体系，自动化、信息化管理水平仍然不高。

常规节能措施如干熄焦、高炉炉顶压差发电、烧结余热发电、余热余能发电等技术逐渐普及，但节能新技术的自主研发和创新难度大、进度慢，焦炉煤调湿、上升管余热回收、钢铁渣余热利用、低碳冶金等节能技术与国外先进国家相比，还存在较大差距。

中国钢铁工业废气、废水治理、固废综合利用工作取得了重大成绩，无论是外排废气达标率、废水达标率、水的重复利用率，还是吨钢外排污染物量、固废利用率都得到巨大改善[3]，有的水平与国际水平接近，但是中国钢铁工业废气、废水治理、固废利用也还存在一些问题：

废气治理中，一是企业无组织粉尘治理有待加强，脱硫设施管理运行水平有待提高，氮氧化物有针对性的控制技术有待加大研发力度；二是重金属、二噁英等废气污染物还没有得到有效控制。

废水治理中，一是治理技术有待进一步开发研究，如高效无二次污染的水质稳定技术、低成本的特殊废水治理技术——焦化废水及冷轧废水治理技术[3]；二是废水处理效率有待进一步提高，部分钢铁企业废水处理利用效率还较低，有些企业处理方式还很粗放，膜处理技术、反渗透脱盐技术、城市污水可用技术等在钢铁工业中的应用还有较大提升空间。

我国钢铁工业固废资源综合利用多为简单处理和低附加值建材产品加工

利用，固废资源综合利用水平和利用附加值不高。大宗固废高炉渣、钢渣尾渣等还存有大量外卖处理情况，利用产品多为路基材料、砌块、水泥等建材产品。含铁尘泥多为简单的返生产循环利用，未实现不同成分含铁尘泥的分类高效利用等。我国钢铁工业固废资源综合利用产业集中度和技术水平亟待提升，固废利用企业龙头型、骨干型和支柱型企业数量偏少，资源综合利用技术水平和科技实力较差，企业固废资源综合利用意识不强，管理机制和相关政策、标准体系不健全。

二、发展环境和政策导向

（一）“绿色化”时代背景

20 世纪 50 年代以来，环境污染和生态破坏日益严重，飓风、干旱、暴雪等极端天气频发，酸雨、土地荒漠化、森林锐减、物种灭绝等环境问题呈现全球化、国际化的趋势。针对当前严峻的环境形势，2014 年 6 月在内罗毕召开的首届联合国环境大会共通过 16 项决定和决议，推动国际社会采取行动应对空气污染、非法野生动植物贸易、海洋塑料垃圾和化学品与危险废物等多项主要环境问题。国际社会越来越认识到，绿色发展和可持续发展是当今世界的时代潮流，是统筹经济增长、社会发展和环境保护的必然选择。

随着近年来我国经济持续快速增长，发达国家工业化过程中几十年甚至上百年的环境问题在我国集中爆发，雾霾、赤潮、饮用水超标、镉米等污染事件频发，警示目前我国的环境形势十分严峻，已经严重影响中华民族的永续发展。环境和生态问题的凸显要求必须转变发展模式，寻求环境和经济利益的平衡点，实现绿色发展，在促进经济增长的同时，能够确保生态环境提供人类福祉所需要的环境服务。

从党的十七大提出生态文明建设以来，关于绿色发展的认识日益深化，绿色化的理论体系愈加完善。2015 年 3 月，中共中央政治局审议通过的《关于加快推进生态文明建设的意见》中明确提出“协同推进新型工业化、城镇化、信息化、农业现代化和绿色化”。“新五化”的提出，把“绿色化”提升到关系人民福祉、关乎民族长远未来的政治任务的高度。十八届五中全会把“绿色化”作为提出的五大发展理念之一，意味着绿色发展上升为党和国家的意志，正式成为党和国家的执政理念，表明了我国政府坚定地走绿色发展道路的决心。

绿色发展作为国家战略纳入到“十三五”发展规划中，将指导我国未来经济、社会、环境、资源协调发展。立足推动可持续发展，必须依靠绿色发展，只有坚持绿色发展，才能促进社会创新，实现经济的结构性调整与增长模式转变。绿色发展成为“十三五”规划的要义和核心内容，标志着我国经济社会发展进入全面绿色化的新常态。

（二）能源环保政策约束

“绿色化”不仅是一个口号、一个概念，还需要健全各种法律、制度、政策作为保障。近年来，为落实“绿色化”，2015 年 9 月，中共中央、国务院印发《生态文明体制改革总体方案》，为“绿色化”制定了系统、全面的方案，我国政府有关部门也出台了一系列能源、环保的法律法规，对于加快绿色发展，起到了关键性的导向作用。

1. 能源政策

《国务院办公厅关于进一步加大节能减排力度加快钢铁工业结构调整的若干意见》（国办发〔2010〕34 号）《部分工业行业淘汰落后生产工艺装备和产品指导目录》《钢铁行业生产经营规范条件》等文件根据国家淘汰落后产能计划，按时淘汰落后产能，促进产业升级和技术水平提升，提高能源利用效率，对钢铁企业在能源消耗和资源综合利用、环境保护、生产规模等方面做了一系列规定，对改变目前我国钢铁工业发展模式，引导钢铁产业健康发展，节能降耗、治污减排，促进淘汰落后具有重要的现实意义。

《“十三五”节能减排综合性工作方案》（国发（2016）74 号）明确了“十三五”时期节能减排总体目标，并分解落实到各省（自治区、直辖市）、主要行业和部门、大气污染防治重点地区，是指导新时期全国节能减排工作深入开展的纲领性文件。首先，需进一步突出总量和强度“双控”目标约束性作用，“十三五”规划纲要在能源强度控制目标基础上，提出能源消费总量和强度“双控”目标，作为生态文明建设的一项硬措施，力争从源头上减少污染物排放，倒逼经济发展方式转变。此外，还需把结构优化升级作为新时期节能减排关键任务，通过结构调整、技术进步、管理提升等节能减排工作的三大抓手不断拓展。“十三五”时期，随着我国主要高耗能行业进入饱和和“去产能”发展阶段，利用技术改造大幅提高能效的潜力空间不断减小，结构优化升级成为新时期节能减排关键任务。结构优化升级不仅包括三次产业之间结构调整，更重要的是产业内部结构优化、产品结构升级、质量改善和附加值提升，这不仅有利于节能减排工作，也与供给侧结构性改革根本要求相一致。《工作方案》围绕传统产业转型升级、新兴产业加快发展、能源结构调整优化等，提出了优化产业和能源结构的具体任务，体现节能减排的最大潜力，同时也蕴含着培育经济增长新动能的巨大潜在空间。

《中国应对气候变化国家方案》《中国应对气候变化的政策与行动》《“十二五”控制温室气体排放工作方案》《工业领域应对气候变化行动方案》等气候变化政策体现出未来应对气候变化工作紧迫性越来越强，约束性越来越强，从单纯政治、政策层面转向更多依靠经济手段和市场手段，并且与经济、能源、环境保护、资源开发有了更加紧密的结合。全国统一碳市场正在筹划中，每个企业将获得一定配额，排放额度不够的要从市场上去购买，碳排放将切实影响每一个企业的经济效益。从考核制度来看，从强度到总量，再到绝对量的基本控制路径已非常明确。无论是国际、国内层面，都已经给企业发出长期的政策信号，钢铁企业必须做好相应的准备！

中国签署《巴黎协定》，承诺将积极做好国内的温室气体减排工作，加强应对气候变化的国际合作，展现了全球气候治理大国的巨大决心与责任担当。作为全球应对气候变化事业的积极参与者，为实现上述目标，中国通过应对气候变化国家自主贡献文件《强化应对气候变化行动——中国国家自主贡献》，明确了强化应对气候变化行动目标，包括：二氧化碳排放在 2030 年左右达到峰值，单位国内生产总值二氧化碳排放比 2005 年下降 60%~65%，非化石能源占一次能源消费比重达到 20%左右，森林蓄积量比 2005 年增加 45 亿立方米。

钢铁工业是国民经济最重要的基础产业之一，对社会经济发展起着重要的支撑作用。中国是世界上最大的钢铁生产消费国，在世界钢铁工业中具有举足轻重的影响力，同时生产结构仍主要以矿石和炼焦煤为主的高炉—转炉长流程工艺，是碳排放的主要行业。因此，中国钢铁工业将在履行应对气候变化行动目标中扮演重要角色。

“十三五”期间是中国全面建成小康社会的关键时期，钢铁工业也进入了生产消费峰值弧顶下行期、市场格局深度调整期、转型升级关键决定期和创新发展历史机遇期。面对国内外日益严峻的节能减碳形势，中国钢铁工业及每个钢铁企业都应以更加积极的姿态参与应对气候变化工作。

一是加快全国统一碳市场的建立完善，促进和保障行业节能减排能力提升。

根据发改委公布的路线图，建立全国碳市场分为三个阶段。第一阶段为2014年和2015年的准备阶段，期间主要开展相关法律法规立法、技术标准开发和配额分配方法制定等。第二阶段为2016~2020年的运行完善阶段，也是全国碳市场的第一阶段，期间，发改委将全面启动实施和完善全国统一的碳市场。第三阶段为2020年后的拓展阶段，在这期间将扩大参与企业范围和碳市场中的交易品种，同时将探索与国际上其他试点对接的可能性。

现阶段，电力、水泥、电解铝3个行业已公布碳配额分配方案，将率先进入碳交易市场。钢铁行业是纳入全国碳排放交易市场首批8个重点排放行业之一。钢铁行业也处于碳市场推进的关键阶段，加快建立钢铁行业全国统一碳市场是下一步工作的重点，碳排放量通过配额形式分配给企业，将切实影响每一个企业的经济效益。

二是通过提高能效、化解过剩产能加快推动钢铁行业碳排放达峰目标的实现。

国家积极推行供给侧结构性改革，提出“去产能、去库存、去杠杆、降成本、补短板”五大任务，在钢铁工业结构调整、转型发展过程中发挥了重要作用。

2016年2月出台的国发〔2016〕6号文件，提出从2016年开始，用5年时间，再压减粗钢产能1亿~1.5亿吨，进一步加快钢铁化解过剩产能步伐。同时，钢铁企业应积极推进系统性节能降本工作，并不断加快先进能源高效利用技术的研发、创新和工业化进程。

去产能、系统性降本不仅是钢铁企业实现扭亏为盈的重要抓手，同时也将加快推动中国钢铁工业碳排量达峰目标的实现。未来一个阶段，提高能源利用效率、化解过剩产能仍应是钢铁企业低碳可持续发展的重要方向。

三是优化能源结构，提高废钢利用比例。

能源变革和低碳发展已成为了世界性的潮流。在未来钢铁企业的低碳发展中，调整优化能源结构、降低化石能源的消耗是企业应不断追求的方向。

众所周知，电炉短流程主要使用再生资源——废钢，不仅减少了还原剂碳的消耗，同时减少了化学反应所需能量的消耗，因此在降低能耗和二氧化碳排放方面具有明显优势。一般来说，电炉短流程工艺能耗是高炉—转炉长流程的1/2左右，二氧化碳排放量是高炉—转炉长流程的1/3左右。

我国钢铁工业电炉钢比例不到10%，一直处于较低发展阶段。随着我国废钢资源的积累增加，以废钢为原料的短流程电炉炼钢将面临更大的发展机遇。另外，在开发利用新能源和可再生能源方面，钢铁工业也可以因地制宜开展更多的工作，包括利用太阳能、风能方面开展更多有益的尝试。

四是积极研发、储备先进低碳冶炼技术，实现科技支撑。

从未来发展形势来看，《巴黎协定》提出21世纪下半叶实现温室气体净零排放，意味着能源结构低碳化的钢铁工业转型已成必然趋势。为了实现大幅度降低二氧化碳排放，必须开发应用新的低碳冶炼生产技术，钢铁工业也将因此产生革命性变化。

钢铁企业应加强对国内外先进低碳冶炼技术的跟踪、研究及引进，同时也应加快研发、储备、应用符合中国钢铁工业转型发展需求的先进低碳冶炼技术。

2. 最新的环保政策

党的“十八大”提出“大力推进生态文明建设，努力建设美丽中国，实现中华民族永续发展”。为推进生态文明建设，环保相关法律法规陆续出台。近年来，国家相继出台了《大气污染防治行动计划》《关于办理环境污染刑事案件适用法律若干问题的解释》《国务院办公厅关于加强环境监管执法的通知》等一系列政策措施。特别是2015年1月1日开始，处罚更加严厉的新《环境保护法》正式实施，与新《环境保护法》配套的《环境保护主管部门实施按日连续处罚暂行办法》《环境保护主管部门实施限制生产、停产整治暂行办法》同时实施，超标排放等环境违法行为将受到“按日计罚、上不封顶”“治安拘留、刑事责任”等手段的严惩。同时，《大气污染防治法》2016年1月1日起也正式实施，《水污染防治行动计划》已经发布实施，《土壤污染防治行动计划》也已编制完成。面对日益严格、完善的环保法律法规，“绿色化”已经成为钢铁行业应对环保挑战的必然选择。

2017年是《大气污染防治行动计划》第一阶段考核的攻关年，受气象条件与污染物增量水平共同影响，防霾治霾压力巨大，钢铁行业尤其是城市型钢铁企业，企业停限产、环保设施提标改造压力空前。2017年3月23日，环保部、发改委、财政部、国家能源局和北京市、天津市、河北省、山西省、山东省、河南省人民政府联合印发了《京津冀及周边地区2017年大气污染防治工作方案》，涉及城市包括北京市，天津市，河北省石家庄、唐山、廊坊、保定、沧州、衡水、邢台、邯郸市，山西省太原、阳泉、长治、晋城市，山东省济南、淄博、济宁、德州、聊城、滨州、菏泽市，河南省郑州、开封、安阳、鹤壁、新乡、焦作、濮阳市，即“2+26”城市，方案中明确提出对于石家庄、唐山、邯郸、安阳等重点城市，采暖季钢铁产能限产50%，以高炉生产能力计，采用企业实际用电量核实。

2016年年底，国务院办公厅正式发布了《控制污染物排放许可制实施方案》（国办发〔2016〕81号），把排污许可证制度建设成中国固定源环境管理的核心制度，宣告钢铁行业新排污许可制度即将登上历史舞台。新排污许可制度代替包括“环境统计”“排污收费”“总量控制”“环境监察”“环境标准”等多项环保功能及制度，实现“一证式管理”。环保部门将按照排污许可证的内容对企业进行逐条核查。一旦企业未能满足许可要求，造成环境违法行为，将面临按日连续处罚、限制生产、停产整治、停业、关闭等惩罚。

配合新排污许可制度的《环境保护税法》也于2018年1月1日正式施行，其更加强调了减排降税的力度，多排多征，少排少征，对于钢铁这一高排污行业来说，新税法的设立也将促使企业加强环保布局，从而加速优胜劣汰，避免劣币驱逐良币的乱象。新排污许可制度的推行将与环保税法相结合，完成覆盖包括钢铁行业在内的所有固定污染源的排污许可证核发工作，基本建立法律体系完备、技术体系科学、管理体系高效的控制污染物排放许可制，对固定污染源实施全过程和多污染物协同控制，实现系统化、科学化、法治化、精细化、信息化的“一证式”管理。可以预见，环境保护税的开征，将在钢铁行业引入“绿色税收”体系，进一步推进我国钢铁行业的绿色转型发展。

三、案例剖析

（一）河钢唐钢

1. 绿色化理念

河钢唐钢具有良好的环保理念，严格执行“生产服从环保”原则，河钢唐钢将环境视为其生命线，产量、效益都要为环保让路，树立“生存第一”

“环境第一”的思想，厂区环境要做到“一尘不染”，宁可牺牲产量也绝不能牺牲环境，宁可牺牲短期效益也绝不能牺牲环境。

不仅如此，河钢唐钢像关注一次能源使用那样关注二次能源使用，以指标管理为核心、以精细化管理为主线、以能源环境管控中心为依托，实现能源、资源管理可视化、数据化、可控化、责任和追究化，进一步降低能源消耗，提高能源和资源回收、转换和利用效率。

2. 绿色化措施

自2008年以来，河钢唐钢以结构调整和淘汰落后为重点，对企业进行了全方位的技术改造，淘汰了5座工艺陈旧的石灰窑、3台60平方米烧结机、1座8平方米竖炉；关停拆除了四轧钢厂、三轧钢厂等3条普通长材生产线和电炉钢厂生产线；同时拆除了南区3座450立方米高炉，等量置换为工艺先进的3200平方米大型高炉；并对上述腾空区域全部实行了绿化美化。这些落后产能和设备的淘汰，从源头解决了企业高能耗、污染大的问题，使河钢唐钢节能减排工作水准迈上了新台阶。

河钢唐钢大力实施节能减排技术改造项目建设，在生产经营面临巨大困难的情况下，坚持项目不减、资金不减、管理力度不减的原则，矢志不渝地推进治污减排、清洁生产和环境治理，投资31.8亿元实施了32项节能减排技术改造项目，取得了十分显著的经济效益、环境效益和社会效益。

河钢唐钢通过推行清洁生产，强化节能减排，实现了企业的绿色转型，率先走出了一条与城市融合发展、良性互动、和谐共存的发展道路，被中国钢铁工业协会誉为“世界上最清洁的钢厂”。近年来，前来河钢唐钢参观学习、考察观摩的行业领导、知名企业、社会团体、国际厂商络绎不绝，河钢唐钢已经成为钢铁业内外企业争相学习的标杆单位。

3. 绿色化成效

河钢唐钢通过实施“积极淘汰落后产能，从源头上解决高耗能污染问题”以及“大力实施节能减排技术改造项目建设”这两项综合措施，取得了显著的效果，主要环保指标明显下降，达到了国际一流水准。

（1）吨钢废水排放量：由2006年的0.93吨降至2015年的0.61吨，吨钢废水排放量减少33%，见图5-14。

（2）吨钢二氧化硫排放量：由2006年的2.3千克降低到2015年的0.7千克，吨钢二氧化硫排放量减少了69.9%，见图5-15。

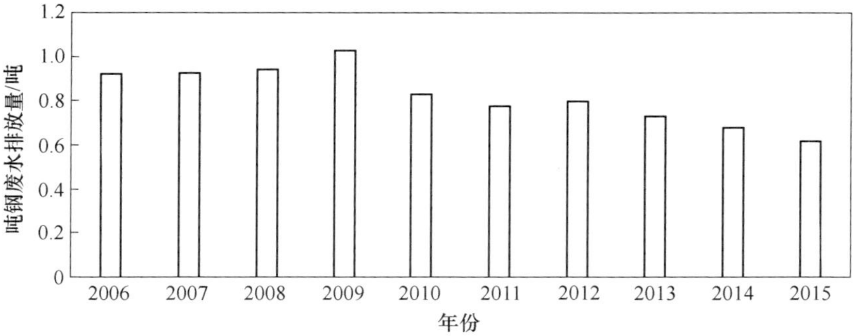

图 5-14 河钢唐钢 2006~2015 年吨钢废水排放量

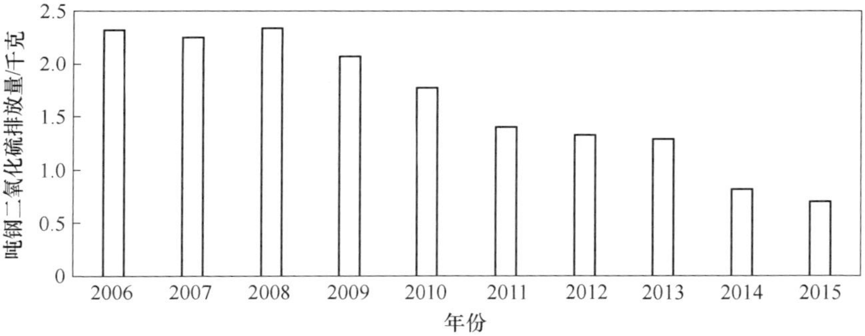

图 5-15 河钢唐钢 2006~2015 年吨钢二氧化硫排放量

（3）吨钢烟粉尘排放量：由 2006 年的 1.8 千克降低到 2015 年的 0.36 千克，吨钢烟粉尘排放量减少了 80.2%，见图 5-16。

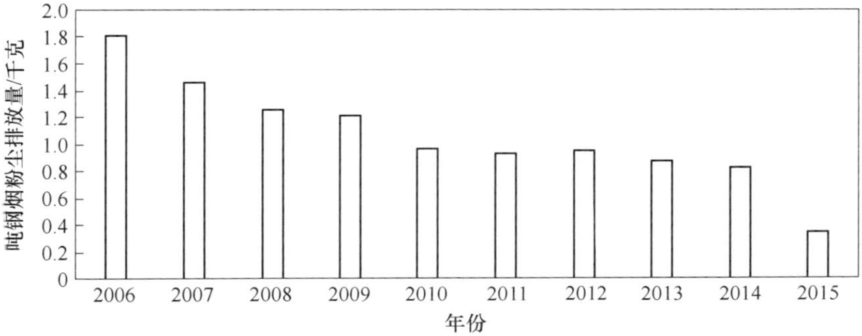

图 5-16 河钢唐钢 2006~2015 年吨钢烟粉尘排放量

（二）太钢

1. 绿色化理念

太钢以理念创新为先导，以自主创新为驱动，坚持走节能减排、循环经济、绿色发展之路，不断完善节能减排配置和提升绩效，实现了钢厂与城市的和谐共融。

围绕最具竞争力发展战略，太钢确立了“1124”绿色发展模式，即树立一个理念——钢厂与城市是和谐发展的共同体理念；确立一个目标——建设冶金行业节能减排和循环经济的示范工厂；依靠两个创新——技术创新和管理创新；拓展四大功能——产品制造、能源转换、废弃物消纳、绿化美化。走出了一条内陆型钢厂与城市和谐发展的新路子。

2. 绿色化措施

太钢下决心淘汰了所有旧焦炉、小高炉、小电炉及落后冶炼、轧钢装备，坚持自主创新、系统集成，建成当今世界工艺技术最先进的 7.36 米焦炉、450 平方米烧结机、4350 立方米高炉、160 吨超高功率电炉、180 吨 AOD 炉、180 吨转炉、180 吨 LF 炉和板坯连铸机、2250 毫米热轧机组、宽幅钢冷轧生产线，实现了全流程工艺技术升级和主题装备的大型、高效、节能与环保，一跃成为全球单一最大、工艺装备水平最高、品种规格最全的不锈钢企业。

太钢在绿色化创新方面，率先建成了中国第一套烧结机烟气活性炭脱硫、硝、二噁英、重金属、尘及制酸系统，率先建成了中国第一套钢渣肥料生产线，率先建成中国第一套焦炉煤气脱硫制酸系统，率先在钢厂内建设城市污水处理系统，率先在钢铁企业建成大规模的膜法工业污水处理系统，率先在钢铁企业建设了包括污染源、大气环境、厂界噪声、视频监控等内容的环境监控中心，率先启动钢铁企业控制 PM2.5 行动。这些节能环保和循环经济项目的建设，既为太钢创造环境效益和经济效益，也为太钢全力建设冶金行业节能减排和循环经济的示范工厂奠定了基础。

3. 绿色化成效

太钢通过淘汰落后产能以及创新节能环保技术等综合治理措施，取得了显著的效果，成功建设了都市型钢铁企业，主要环保指标明显下降。

（1）吨钢二氧化硫排放量：由 2006 年的 3.75 千克降至 2015 年的 0.44 千克，吨钢二氧化硫排放量减少 88.2%，见图 5-17。

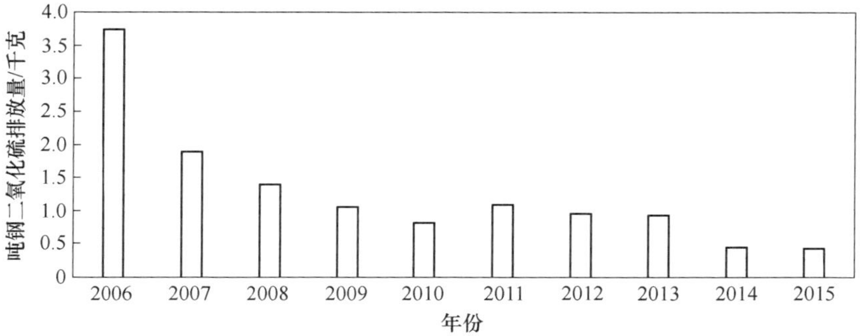

图 5-17　太钢 2006~2015 年吨钢二氧化硫排放量

（2）吨钢烟粉尘排放量：由 2006 年的 1. 15 千克降低到 2015 年的 0. 12 千克，吨钢烟粉尘排放量减少了 88. 8%，见图 5-18。

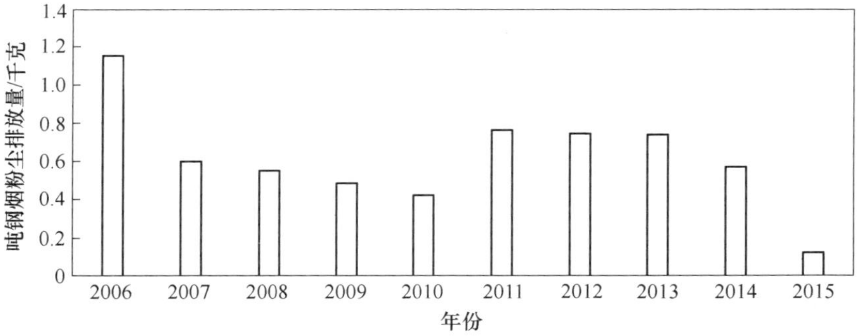

图 5-18　太钢 2006~2015 年吨钢烟粉尘排放量

（三）首钢京唐

1. 绿色化理念

可以将首钢京唐绿色化理念定义为“围绕环境保护、废弃物资源化利用或处理的产业”。从理念上，首钢京唐把环保工作从最初的治理污染提升到了发展朝阳产业的高度。首钢京唐环保产业化的思路是实现内部环保资源的综合利用。

首钢京唐作为特大型国有企业，在环境保护方面作出了积极贡献，并履行了企业社会责任。在这个大背景下，首钢绿色行动计划（2015~2016）应运而生。此计划是以党的十八大和十八届三中、四中全会精神为指导，深入贯彻落实国家关于生态文明建设的新思想、新要求，通过强化过程管控、强化环保项目全过程管理、建立健全基础工作、严格执行工作反馈机制等方面的措施，加大环境保护力度，全面提升首钢环保管理水平，大力推进首钢绿色发展、循环发展、低碳发展。

2. 绿色化措施

首钢京唐公司按照循环经济构建的全流程能源转换体系，实现了余热、余压的高效能源转换，构成了循环经济产业链，正在发挥出显著的经济效益和社会效益。

一是以海水淡化催生的海水综合利用产业链初步形成。在国内首次应用热法低温多效海水淡化技术，建成日产 5 万吨淡水的海水淡化工厂，节省了大量淡水资源；遵循“能源梯级利用”原则，实现了汽—电—水的大循环，年发电量 3.4 亿度，是循环经营的最好体现；海水淡化与下游制盐产业形成产业链，海水淡化产生的浓盐水供给附近的唐山三友化工股份有限公司。二是向社会提供能源产品。回收生产过程中产生的余热资源，除满足企业自用外，还向周边企业供应，目前已实现向工业区部分企业供应采暖水。充分挖掘设备生产能力，实现了氧气、氮气、氩气、氢气外销。目前，50 余种能源产品已有 20 种外销，实现了为社会服务功能。三是固体废弃物资源化利用。通过对全流程废渣、尘泥等固体废弃物高效回收、再资源化和产品化技术集成，实现了零排放，并通过深加工提升固废再资源化产品的价值。高炉水渣、钢渣、粉煤灰、除尘灰、轧钢氧化铁皮等各类固体废弃物，实现了 100%循环利用。

大力加强环保工作，推进“两型”企业建设。首钢京唐废气处理设施 128 台；废水处理设施 8 套。为加强对污染源的监控，建设了环境在线监测系统。目前自备电厂、烧结脱硫、高炉出铁场除尘、炼钢二次除尘等 14 个烟气在线监测系统已与市环保局联网。

3. 绿色化成效

首钢京唐公司通过一系列的节能减排措施，被列入第一批钢铁行业资源节约型、环境友好型企业创建试点名单；2012 年 10 月通过了德国莱茵公司 ISO14001 环境管理体系认证审核，取得认证证书；2013 年 6 月被评为唐山市环保达标建设暨百家示范企业；2014 年顺利通过了国家环保部一期建设项目环保验收，被中国钢铁工业协会授予“清洁生产环境友好企业”称号，被河北省确定为省内首家清洁生产标杆企业。

首钢京唐在完成建设时就已经在环保方面成为行业中的佼佼者，因此其主要环保指标并没有太大的变化，不过在已十分优秀的基础上，其烟粉尘的指标仍有很大程度的优化，由 2012 年的吨钢 0.39 千克减少至 2015 年的 0.23 千克，吨钢烟粉尘排放量减少了 41.5%，见图 5-19。

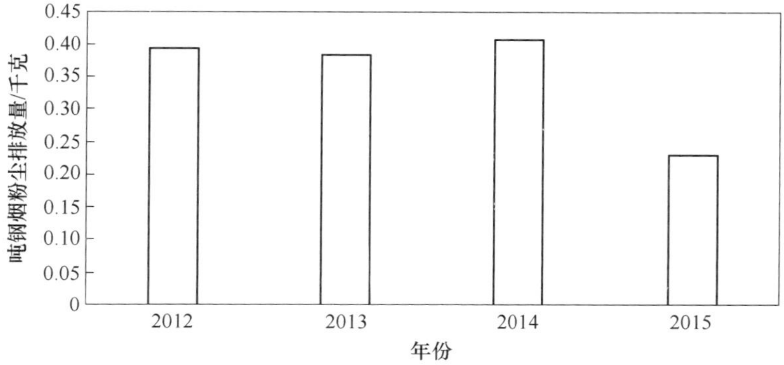

图 5-19　首钢京唐 2012~2015 年吨钢烟粉尘排放量

（四）宝钢

1. 绿色化理念

宝钢于 2009 年提出环境经营战略，从环境角度重新思考原有的经营理念，探求环境效益和竞争力相结合的具体实践方法，对产品实行“全生命周期”的经营管理，将新的环境经营理念贯穿于企业经营的各个方面，包括从原材料购买到产品的设计、生产、营销、消费以及废弃物回收等。具体而言，宝钢的环境经营包括绿色制造、绿色产品和绿色产业三部分。

与此同时，宝钢秉承国家生态文明建设战略和宝钢环境经营战略，践行绿色制造、循环经济、可持续发展理念，按照宝钢绿色制造发展规划，持续保持高比例研发投入和技改投入，不断提高资源利用效率和制造工艺技术水平，开发并推广更多的、更高等级的环境友好型钢铁精品，打造更加生态宜人的花园厂区，实现与城市、社区的共同发展，实现企业与环境、社会的和谐发展，做绿色产业链的驱动者和环境友好的最佳实践者。

2. 绿色化措施

宝钢采用世界先进的节能减排工艺与技术，从源头控制污染物排放，提高能源、资源利用率，持续改善，一直致力于将宝钢建设成具有国际先进水平的清洁工厂。

为了达到这一目标，宝钢采用了一系列重要的节能减排措施，如干熄焦技术、焦炉煤调湿技术、烧结矿显热回收技术、烧结烟气余热回收技术、高炉余压发电技术、高炉富氧大喷煤技术、转炉煤气净化与回收技术、燃气-蒸汽联合循环发电技术等。

在大气污染控制方面，通过采用高效布袋除尘器和电除尘器，以及采取有效的无组织扬尘控制措施来降低烟粉尘排放；通过控制原燃料含硫率，以及在烧结机和电厂安装烟气脱硫设施等措施来控制二氧化硫排放。

通过实施“三干”工艺技术以及分质供水、中水回用、雨污分流、围厂河水回用、污水处理达标排放等节水工艺，减少新水消耗，降低污水排放。通过技术创新与管理优化，不断加大固体副产资源返生产过程的利用力度，拓展社会化综合利用的渠道，提升其利用附加值，不断提高固体副产资源综合利用率。

积极探索非高炉炼铁工艺技术，2007 年和 2010 年先后建成两座当前世界上规模最大的 COREX3000 炼铁工艺装置。宝钢还在薄带连铸、烧结烟气循环利用与减排、钢渣滚筒法处理等方面开发了完全具有宝钢自主知识产权的绿色、低碳工艺技术。

长期以来，宝钢主要通过企业内部的节能减排行动并带动行业的整体进步来减少钢铁生产过程中的碳排放和污染物排放，并通过发展循环经济、加大副产资源的循环利用来减少对自然资源的摄取。

3. 绿色化成效

宝钢采用了一系列重要的节能减排措施，得到了显著的效果，主要环保指标明显下降，建设成为了具有国际先进水平的清洁工厂。

（1）吨钢废水排放量：由 2006 年的 2.78 吨降至 2015 年的 0.86 吨，吨钢废水排放量减少 69.1%，见图 5-20。

（2）吨钢二氧化硫排放量：由 2006 年的 1.98 千克降低到 2015 年的 0.44 千克，吨钢二氧化硫排放量减少了 77.6%，见图 5-21。

（3）吨钢烟粉尘排放量：由 2006 年的 0.89 千克降低到 2015 年的 0.14 千克，吨钢烟粉尘排放量减少了 84.4%，见图 5-22。

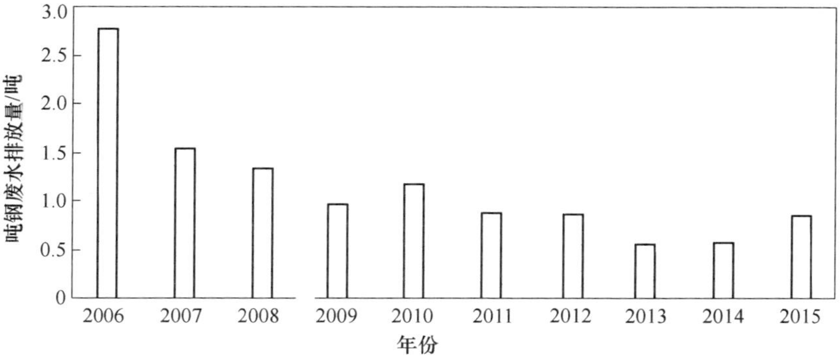

图 5-20 宝钢 2006~2015 年吨钢废水排放量

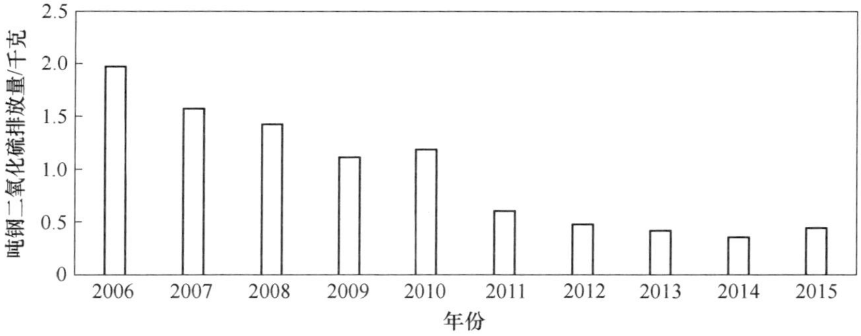

图 5-21 宝钢 2006~2015 年吨钢二氧化硫排放量

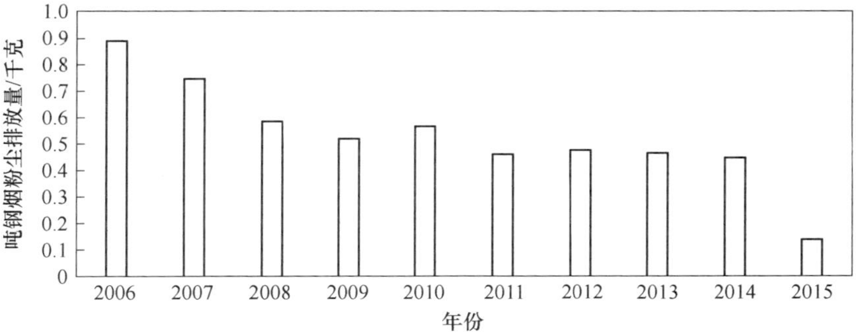

图 5-22 宝钢 2006~2015 年吨钢烟粉尘排放量

（五）德龙钢铁

1. 绿色化理念

面对国家生态文明建设的决策部署，德龙公司紧紧围绕创新、协调、绿色、开放、共享的发展理念，落实供给侧结构性改革要求，立足“质量、高端、绿色、生态”的思路，着力打造行业内永久性标杆企业。德龙公司坚持以大气污染防治攻坚行动为契机，按照省、市五大行业治理要求，累计投入8亿元，高标准完成环保治理突出项目14个，以壮士断腕的勇气、誓争一流的决心，演绎了由传统企业向绿色钢铁跨越的传奇，一举成为行业环保治理的典范。国家环保部华北督察中心推荐安阳、唐山、保定、邯郸等地市先后30余批次到德龙考察；全国人大常委会副委员长沈跃跃、全国政协副主席马培华分别率环保专家亲临视察，给予充分肯定；2016年5月15日，邢台全市环保工作会议在德龙公司召开，全市100家重点企业前来观摩学习，成为“绿色生产”楷模。

2. 绿色化措施

（1）大力度投入、高标准施治。德龙公司坚持把削减烟尘作为污染治理的关键，“拆、封、改、换”并举，有效地控制了烟尘排放，实现了洁净化生产。“拆”，就是拆除落后产能。在以往关停取缔的基础上，又新拆除了3座70立方米白灰窑、2座35吨转炉、2座410立方米高炉，年削减二氧化硫280吨、烟粉尘1320吨、氮氧化物148吨。“封”，就是存料、运输全封闭。引用国际先进的欧洲标准，投资1亿多元，增建3座全封闭料场，并全部通过地下通廊与生产车间相连，原料从存储到运输实现全封闭运行，年减少无组织扬尘达2000吨，极大地改善了厂区环境。比如二烧全封闭料场，建筑面积达2.6万平方米，相当于把4个足球场、12层的大厦和一个中等社区纳入其中，全部采用螺栓球形网架结构，无立柱设计，体量之大、标准之高，全省绝无仅有。“改”，就是改进生产工序。采取国内领先的工艺，对烧结、炼铁、炼钢等7项工序进行除尘改造，极大地减少了颗粒物排放。以炼铁工序为例，投资近2000万元，对2号、3号高炉出铁场进行全封闭、平坦化改造，颠覆了人们对传统炼铁“钢花四溅、热浪滚滚、烟气熏人”的认识，颗粒物排放浓度下降到20毫克/立方米以内，远远低于国家30毫克/立方米的排放标准。“换”，就是换用清洁能源。为减少厂区运输车辆排放，德龙公司将内部所有运输车辆更换为燃气新能源汽车，不仅节能达25%，而且降低有害排放85%以上。同时，积极接受社会监督，建立了企业污染物排放实时监测显示系统，在市区公共场所、主要路口显示屏上实时公开颗粒物、二氧化硫、氮氧化物排放情况，得到了广大群众认可。

（2）减少资源使用、降低环境影响。德龙公司每天生产用水达 1.4 万吨、产生污水 7000 吨，如果一味采用地下水，再加上污水排放，势必对当地水生态造成严重破坏。为解决水的问题，德龙公司从用水、污水处理两方面入手，努力做好“内外”文章。对外，引用地表水、压采地下水。投资 2300 万元，从“引朱济邢”工程修建“引朱济龙”支线工程，铺设了 13 公里长的输水管线，将朱庄水库水输送到厂区，年输送水量达 500 万吨，满足了生产需求，彻底结束了采用地下水的历史。对内，利用中水、回收雨水。投资 2000 万元，实施了循环水池扩容改造、炼钢软水系统改造工程。改造后，水池容量由原来的 6500 立方米扩至 1.15 万立方米，全部工业废水、部分雨水得到回收处理、循环利用，污水实现零排放。特别是厂区废水经过反渗透技术等近 10 道工序处理后，达到国家一级水质标准，可以直接饮用。同时，德龙公司还大力发展节水技术，吨钢耗水下降到 1.57 吨，达到国内先进水平。

3. 绿色化成效

德龙公司以创建“花园式绿色工厂”为己任，在企业发展的同时，致力于与生态城市共生共荣的发展途径，用不懈的努力向社会证明：“钢铁是温暖的、钢厂是绿色的”。通过多年的深度治理，在保持废水近零排放的宗旨下，大气污染物排放等主要环保指标明显下降。

（1）吨钢二氧化硫排放量：由 2006 年的 1.59 千克降至 2016 年的 1.08 千克，吨钢二氧化硫排放量减少 32.1%，并且是在装备升级的大背景下，减排力度尤为明显，见图 5-23。

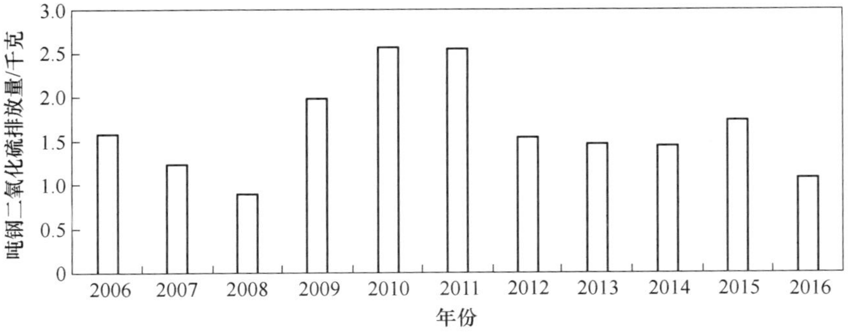

图 5-23　德龙钢铁 2006~2016 年吨钢二氧化硫排放量

（2）吨钢烟粉尘排放量：由 2006 年的 0.99 千克降低到 2016 年的 0.49 千克，吨钢烟粉尘排放量减少了 50.5%，见图 5-24。

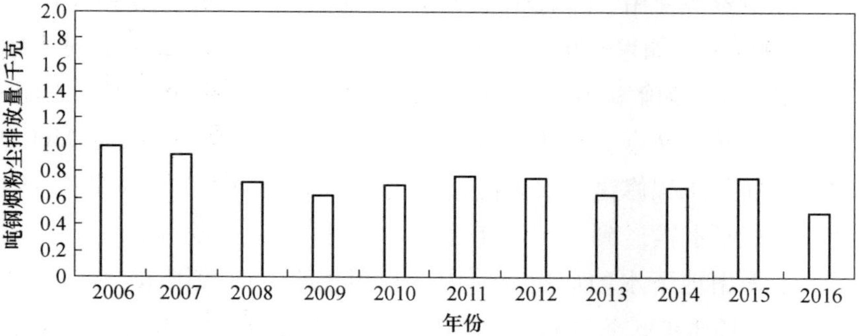

图 5-24 德龙钢铁 2006~2016 年吨钢烟粉尘排放量

（六）浦项制铁

1. 绿色化理念

浦项制铁从建厂开始，就十分重视环境保护，倡导绿色产业发展战略，提出了“清洁与绿色”口号。近年来，浦项制铁将公司的经营战略重点放在环保上，积极落实相关工作，如从集团层面建立环保经营体系、将排放量减少到最少、提高生态效率、引领低碳绿色增长、公开环保经营成果等。浦铁计划设立“浦铁绿色认证合作伙伴（PCP）”制度，将环保经营提升到全新的高度。通过这些年来的不懈努力，浦项制铁已建设成为名副其实的绿色钢铁企业。其绿色化理念主要体现在以下三个方面：

（1）重视环保投资。从公司成立以来，在投资建厂、购买设备的同时，每年拿出相当于总投资 9%的资金来购置相应的环保设备，从而保证了环境保护与企业生产的同步发展。

（2）注重环保技术的研发。浦项制铁一直以来都十分重视环保技术的开发。环保型炼铁新技术“溶铁法”（FINEX）是浦项制铁花巨资开发出的一项环保型冶炼技术。使用这一技术炼钢，设备投资费用可降低至高炉炼铁方法的 92%，钢铁生产成本下降到原来的 83%，处理原料时产生的灰尘、二氧化硫等污染物质将降至高炉炼铁方法的 1/10。

（3）制定高标准的环境指标体系。为了能够与周围环境协调发展，和附近居民和睦相处，浦项制铁自行制定了环境标准，且远远高于韩国政府颁布的标准。在浦项和光阳两个厂区的 20 多平方公里内，一共有 106 个大气监测点，即时公布监测结果，以此来获得周围居民的支持和认同。

2. 绿色化措施

（1）实施产品绿色化设计。浦项制铁实行的绿色化，是指在产品设计过程中，一要考虑环境保护，减少资源消耗，实现可持续发展战略；二要考虑浦项制铁的商业利益，降低成本、减少潜在的责任风险，提高竞争力。具体做法是，在产品设计之初就注意未来的可修改性，容易升级以及可生产几种产品的基础设计，提供减少固体废物污染的实质性机会。产品设计要达到只需要重新设计一些零件就可更新产品的目的，从而减少固体废物。在产品设计时还应考虑在生产中使用更少的材料或更多的节能成分，优先选择无毒、低毒、少污染的原辅材料替代毒性较大的原辅材料，防止原料及产品对人类和环境的危害。

（2）实施生产全过程绿色化。控制全过程绿色化要求浦项制铁采用少废、无废的生产工艺技术和高效生产设备，尽量少用、不用有毒有害的原料。减少生产过程中的各种危险因素和有毒有害的中间产品，使用简便、可靠的操作和控制。建立良好的卫生规范、卫生标准操作程序和危害分析与关键控制点。组织物料的再循环，并建立全面质量管理系统。优化生产组织，进行必要的污染治理，实现清洁、高效的利用和生产。

（3）实施材料优化管理。材料优化管理是浦项制铁实施绿色化的重要环节。选择材料，估计生命周期是提高材料管理的重要方面。浦项制铁在选择材料时重点关注其再利用与可循环性；实行合理的材料闭环流动，主要包括原材料和产品的回收处理过程的材料流动、产品使用过程的材料流动和产品制造过程的材料流动。

（4）注重绿色化技术的开发。环保型技术的开发与应用，对于浦项制铁来说，既能减少污染，又能节约成本，是一个一举两得的事情。这些技术在商业方面的推广和应用，给浦项制铁以及全世界的钢铁企业带来了巨大收益。

3. 绿色化成效

为了减少大气污染排放总量，浦项制铁首先设定各个设备的目标浓度，然后实时管理污染物质排放，还启动了减少污染的清洁设备，通过该设备有效地管理大气污染排出总量。与此同时，浦项制铁还启动了“减少飞扬灰尘计划”，阶段性地减少在堆放、转运、运送工程中产生的灰尘，并且更换老化的喷淋管道以及扩大防风林范围，对运送设施进行封闭化等诸多降尘措施。通过几年来的努力获得了显著的效果，主要环保指标明显下降。

（1）吨钢二氧化硫排放量：由 2007 年的 0.7 千克降低到 2014 年的 0.56 千克，吨钢二氧化硫排放量减少了 20%，见图 5-25。

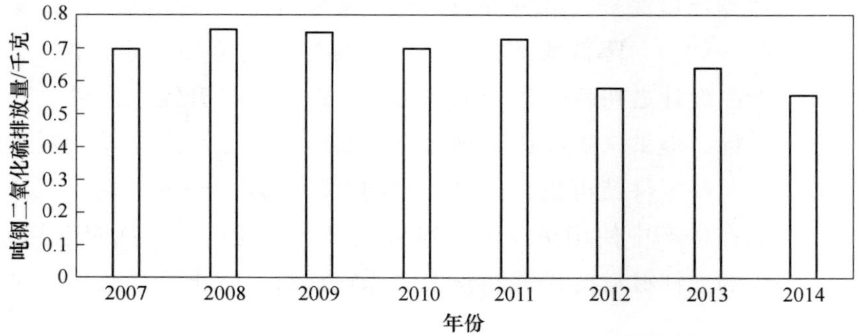

图 5-25　浦项制铁 2007~2014 年吨钢二氧化硫排放量

（2）吨钢烟粉尘排放量：由 2007 年的 0.22 千克降低到 2014 年的 0.10 千克，吨钢烟粉尘排放量减少了 60%，见图 5-26。

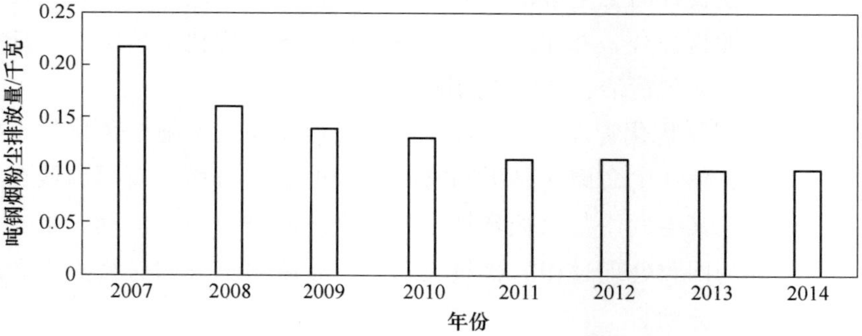

图 5-26　浦项制铁 2007~2014 年吨钢烟粉尘排放量

（3）吨钢氮氧化物排放量：由 2007 年的 1.22 千克降低到 2014 年的 0.89 千克，吨钢氮氧化物排放量减少了 27%。

四、绿色化趋势展望与路径解析

（一）绿色化趋势展望

钢铁行业在过去已经历末端治理、节能减排和清洁生产等初级阶段，未来将按照推进生态文明建设的要求，抓住“十三五”这一经济发展方式转变、绿色发展模式推进的重要战略机遇期，引导钢铁企业实现降本增效、环保高质的可持续发展。

绿色发展是在推进生态文明建设要求下的一种全新的企业经营理念和模式，作为规模最大、应用最广的原材料流程工业，钢铁产业最有潜力、也最有条件成为绿色经营的实践者，建设成为效率高、消耗低、排放少、环境美的绿色钢铁企业将是钢铁行业实现绿色发展的根本目标。绿色化转型将成为化解“资源-能源约束，环境-生态约束，市场-品牌约束”这三大制约的重要法宝，借助绿色发展、生态文明建设这一杠杆，以高远的战略目标作为引导，克服惯性思维，推动战略反思，找准方向、途径，通过创新、改革，循序渐进，助力钢铁行业凤凰涅槃，走出凛冬。

（二）路径解析

中国钢铁工业要实现高水平的绿色发展，只有秉承“绿色矿山、绿色采购、绿色物流、绿色制造、绿色产品、绿色产业”六位一体的绿色发展理念（图 5-27），逐步向绿色制造、产品绿色化和企业绿色化的全面升级，应以发展的眼光与战略思维，力争在未来实现工业生态链创新突破的更高层次的绿色化转型。

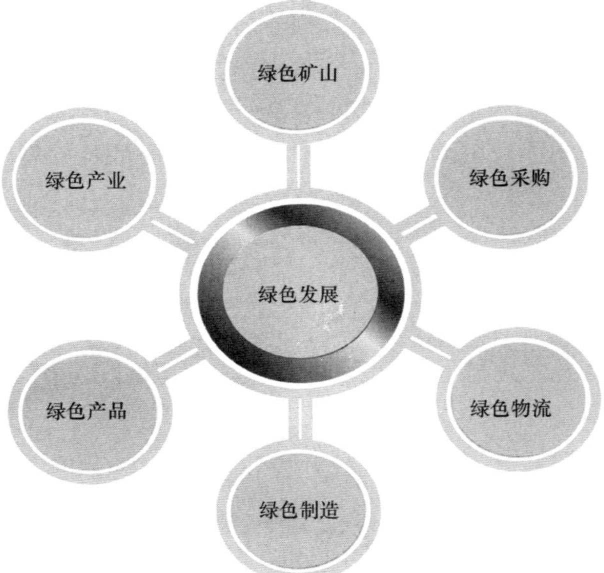

图 5-27 “六位一体”绿色发展

绿色矿山：按照国家有关绿色矿山的要求，在铁矿开发利用中全程贯彻生态文明理念，严格实施科学有序的开采，强化提高铁矿资源利用效率，同时把水土保持、土地复垦等工作贯穿于矿山开发全过程，尽可能降低对矿区及周边环境的扰动，确保矿山始终与周边环境相协调，并融合于社会可持续发展轨道中。

绿色采购：树立绿色采购理念，融入企业经营战略，编制并持续不断改进和完善绿色采购指南，优化和修订采购标准、采购制度和采购流程，优先采购环境负荷较小的物品，引领钢铁业上游供应商把改善环境绩效融入企业经营管理的全过程，并构建绿色采购绩效评价体系，自觉负起社会责任，实现从绿色采购管理逐步向绿色供应链管理转变。

绿色物流：以钢铁全产业链物流环节为基础，以降低对环境的污染、减少资源消耗为宗旨，利用先进的物流设施、管理、服务与装备技术等手段，在统筹考虑全局和长远利益的前提下，建立运输、仓储、装卸、搬运、包装、加工配送等全流程绿色物流运行体系，实现物流的减量化、高效化和清洁化。

绿色制造：以“降耗、增材、提效、减排”为目标，以减少生产过程对环境的影响为核心，以降低物耗能耗为重点，以提高金属收得率为导向，以提高生产效率为依托，以加强循环利用为支撑，在坚决守住环保、能耗达标红线的基础上，严格成本控制，推进提质增效，实现生产的高效化、消耗的减量化、排放的最小化、资源的循环化、环境的友好化。

绿色产品：以产品生命周期评价方法为基础，综合考虑钢材产品在设计、生产、加工、使用和回收等方面资源能源消耗和对环境的影响，加强技术、资金和人力投入，开发和生产处在产品全生命周期内对环境影响更小、资源能源消耗更少的钢材品种，增加节能型、节材型、环保型绿色产品的产量和比例，为社会提供高质量的绿色产品，为用户提供绿色解决方案。

绿色产业：应用产学研用协同创新能力，在资源综合利用和节能环保领域，吸收引进国外先进技术，加强自主知识产权转化的同时，整合高校与科研院所的高端研发力量，公关克难，打造国内一流的绿色技术产业输出服务平台和项目投融资、专业化运营管理平台，实现技术输出、设计施工兼备、运营管理三位一体的绿色产业发展。

五、行业绿色化实践

冶金工业规划研究院拥有一支专业齐全、经验丰富的专家团队，并与环境保护部环境工程评估中心联合成立了钢铁绿色发展研究中心。近年来，冶金规划院充分发挥了政府制定钢铁行业绿色发展政策参谋部、钢铁行业绿色发展引领者、钢铁企业绿色发展智囊团的作用，在推动钢铁行业绿色发展过程中做了大量工作，为中国钢铁行业推行清洁生产、强化污染治理，实现绿色转型和可持续发展，创建生态工厂，与城市和谐共融等方面取得了可喜的成绩，具体见表 5-1。

表 5-1 冶金规划院在推动行业绿色化方面的实践

序号	类型	主要内容	典型案例
1	政府制定绿色发展政策参谋部	为国家发展改革委、工业和信息化部、环境保护部、中国钢铁工业协会等制定节能、环保、低碳、绿色发展的标准、技术政策、产业政策提供支撑	《全国钢铁行业污染减排实施方案和计划》《钢铁行业烧结烟气脱硫专项规划》《中国钢铁行业二噁英减排近期行动计划和远期战略规划研究》《中国钢铁行业污染物控制可行技术及排污许可量核定方法研究》《固定污染源源强核算技术手册（钢铁）》《中国钢铁企业二氧化碳排放现状研究专题报告》《推进城市钢厂环保搬迁优化钢铁产业布局对策研究》《工业节水管理制度和政策研究》《钢铁行业节能环保淘汰落后政策研究》等
2	钢铁企业绿色发展智囊团	为钢铁企业开展节能诊断、环保诊断，提供节能规划、环保规划、清洁生产规划、绿色发展行动计划、生态工厂创建规划等咨询服务	《华菱湘钢清洁生产推行规划》《唐钢“两型”示范企业规划》《武钢、本钢、莱钢等钢铁企业节能规划》《南钢、武钢、衡管等钢铁企业能源审计》《首钢迁钢可持续发展报告、规划》《方大特钢、南钢、陕钢、湘钢等钢铁企业环保规划》《鞍钢、武钢、沙钢等钢铁企业循环经济规划》
3	钢铁行业绿色发展引领者	在行业内通过提出并宣传先进的绿色发展理念，打造绿色发展标杆，推动先进污染治理技术等，引领行业绿色发展	率先在钢铁行业提出全面实施烧结烟气脱硫；率先在钢铁行业提出环保成本的概念；率先发布“中国钢铁企业绿色评级”，树立绿色标杆企业；发布《中国钢铁工业环保白皮书》，引导社会正确认识中国钢铁行业环保工作

参考文献

［1］中国钢铁工业协会．中国钢铁工业环境保护统计（内部资料）．2005~2015.

［2］程继军，秦福兴．钢铁行业用水节水技术［M］．南京：河海大学出版社，2016：55.

［3］工信部．工业和信息化部关于印发钢铁工业调整升级规划（2016–2020 年）的通知［EB/OL］．［2016–11–14］．http：//www. miit. gov. cn/n1146285/n1146352/n3054355/n3057569/n3057573/c5353862/content. html.

［4］宝钢集团．宝钢集团社会责任报告（内部资料）．2010~2015.

［5］太钢集团．太钢社会责任报告（内部资料）．2010~2015.

［6］国务院办公厅．控制污染物排放许可制实施方案［EB/OL］．［2016–11–21］. http：//www. gov. cn/zhengce/content/2016–11/21/content_ 5135510. htm.

第六章　有 序 化

钢铁产业“有序化”的内涵是指：产业政策具有连续性，政策标准具有统一性，政策执行具有可操作性，创造公平竞争的市场环境，引导钢铁产业在一个平台上充分竞争和健康发展。因此，本章着重从产业政策引导、建立公平市场环境方面阐述钢铁产业的有序化，主要包括三方面：一是产业政策体系的完善，去产能长效机制的建立。二是以提升竞争力为核心，推进钢铁企业重组。重点支持优势钢铁企业强强联合和细分市场特色产品企业重组，打造具有国际竞争力的世界级钢铁企业集团。三是坚决打击生产销售“地条钢”、冒牌和违规贴牌销售，倒逼不符合法律法规和产业政策以及相关标准要求的产能退出，打造公平竞争市场环境，恢复良好的市场秩序，促进钢铁产业健康有序发展。

一、钢铁产业无序化的表现

2000 年以后，随着我国经济快速发展、城镇化进程加快，市场对钢铁的需求急剧升温，钢铁行业得到了迅猛发展。例如，“十五”期间，我国经济年均增速接近 9.8%，城镇化率每年提高 1.36 个百分点，同期粗钢产量增长了 2.75 倍，年均增速高达 22%。“十一五”期间，我国经济年均增速接近 11.4%，城镇化率每年提高 1.39 个百分点，同期粗钢产量增长了 1.81 倍，年均增速 12.6%；在此期间，每年新增钢铁产能 5000 万吨左右，2012 年、2013 年更是分别高达 8956 万吨、12097 万吨。长期粗犷发展，催生了大量违反环保、质量、安全、土地法规的违法违规产能，严重扰乱了市场秩序；同时监管处罚及落后产能退出机制不健全，低效产能和僵尸企业难以市场化退出，行业自律性差，市场竞争无序，加剧了市场恶性竞争。

市场无序具体表现为三个方面：一是企业数量巨大，产业集中度低，同质化竞争日趋激烈，市场配置资源的决定性作用无法有效发挥，使得减产减员减薪甚至停产成为钢铁行业发展的新特征，比如 2015 年全国停产产能高达

9300 万吨，重点大中型钢铁企业全年累计亏损 645.34 亿元，主营业务亏损更是高达 1126.63 亿元，亏损面高达 50%以上。二是为抢占市场份额，大打价格战，“活不好，也死不了，靠恶性价格战拼命支撑着最后一口气，已经成为整个钢铁行业的众生相，也成为去产能最难过的坎”。比如，普通不锈钢的主要原材料不锈废钢成本价 16000 元/吨，加工成本 1500～2000 元/吨，成品的生产成本最少在 17500～18000 元/吨，但在一段时间内钢厂的普遍报价仅为 17000 元/吨。三是为了牟取暴利，大量生产、销售和使用“地条钢”，违法违规贴牌、冒牌生产销售等。“地条钢”的大量存在，不仅加剧了产能过剩，更为严重的是，假冒伪劣钢材直接导致了“劣币驱逐良币”的现象，比如河南省每年销售安钢品牌螺纹钢 800 万吨左右，但安钢生产的螺纹钢实际仅有 150 万吨。

二、钢铁产业有序化的出路

（一）钢铁产业政策体系的保障

在中国钢铁产业快速发展的进程中，随着技术进步的持续推动，以及节能减排标准的逐步升级，中国钢铁产业政策体系不断完善和发展，涵盖了淘汰落后和化解过剩、兼并重组、行业规划、规范准入、环境保护、能源节约、资源保障等各个方面，为引导规范行业发展、促进行业转型升级“保驾护航”。其中，淘汰落后和化解过剩产能贯穿了整个产业的发展，也是整个钢铁工业政策发展的缩影，尤其是环保、能耗、安全、质量等综合标准和要求不断提升，已成为行业企业发展的内在需求，依法淘汰和压减已成为化解过剩产能最有效、最公平的手段。

在新常态下，我国经济增长从高速转为中高速，伴随着经济结构转化、发展动力转换、发展方式转变，我国单位 GDP 钢材消费强度明显下降，钢铁生产消费已过峰值，进入弧顶下行区，产量、消费量的“双降”标志着我国钢铁行业进入了减量发展新纪元，产能严重过剩越来越成为我国经济运行中的突出矛盾和诸多问题的根源。2015 年 12 月，中央经济工作会议提出“三去一降一补”，将去产能列为五大任务之首，尤其是将钢铁行业去产能作为推进供给侧结构性改革的重要领域和试点，《关于钢铁行业化解过剩产能实现脱困发展的意见》（国发〔2016〕6 号），以及 8 个配套文件的陆续发布，同时开展了“违法违规建设项目”“淘汰落后产能”“联合执法”等3个专项行动，形成了较为完整的“1+8+3”产业政策体系，开启了钢铁行业健康有序发展的新篇章。

供给侧结构性改革不再单纯以装备大小作为去产能的依据，而是依靠环保、能源、质量、安全和技术的严格执法，划定五条红线，具有强制性，倒逼不符合法律法规和产业政策以及相关标准要求的产能退出，引导钢铁企业向环境保护要发展空间，向能源节约要发展效益，向质量品牌要发展市场，向安全生产要发展保障，向工艺技术要发展基础，促进钢铁企业走上健康可持续发展的道路。中国钢铁行业产能政策体系示意图[1]见图6-1。

1. 钢铁产业政策体系存在的问题

当前的钢铁产业政策体系中，有四个问题亟待解决。

一是标准不统一问题。例如《产业结构调整指导目录（2011年本）》（2013年修订）与《钢铁行业规范条件（2015年修订）》中关于新建转炉、电炉公称容量不一致；《工业和信息化部关于印发部分产能严重过剩行业产能置换实施办法的通知》与《国家发展改革委 工业和信息化部 关于印发对钢铁、电解铝、船舶行业违规项目清理意见的通知》中对同一规格的产能核算不一致等。

二是长效机制与专项行动方案的关系问题。当前，引导行业健康发展的长效机制欠缺或者是不够完善，而是以淘汰落后、违法违规建设项目清理和联合执法等一系列专项行动为主导，一方面是成本巨大，另一方面“运动战”应该是就事论事的短期行为，而难以从长远和整体上解决钢铁产业的发展问题。

三是公平竞争的市场环境建立及发挥能效的问题。国有钢铁企业承担了更多的社会责任，尤其是历史包袱，在税收、环保、职工安置等方面发挥了更为积极的作用，而民营钢铁企业已然撑起了中国钢铁工业的半边天，尽管多被“指责”环保水平不高、产品质量不高、税收水平不高等问题，但民营企业在融资信贷方面也付出了较国有企业更高的成本。

四是多头管理、互相交叉的问题。1956年9月成立冶金工业部，是国务院主管全国冶金行业的职能部门，实行政企职责分开，贯彻宏观管住、微观放开的原则，精简机构，转变职能，对冶金行业实行规划、协调、监督、服务等行业管理。1998年3月，国务院机构改革方案将冶金工业部改组为国家

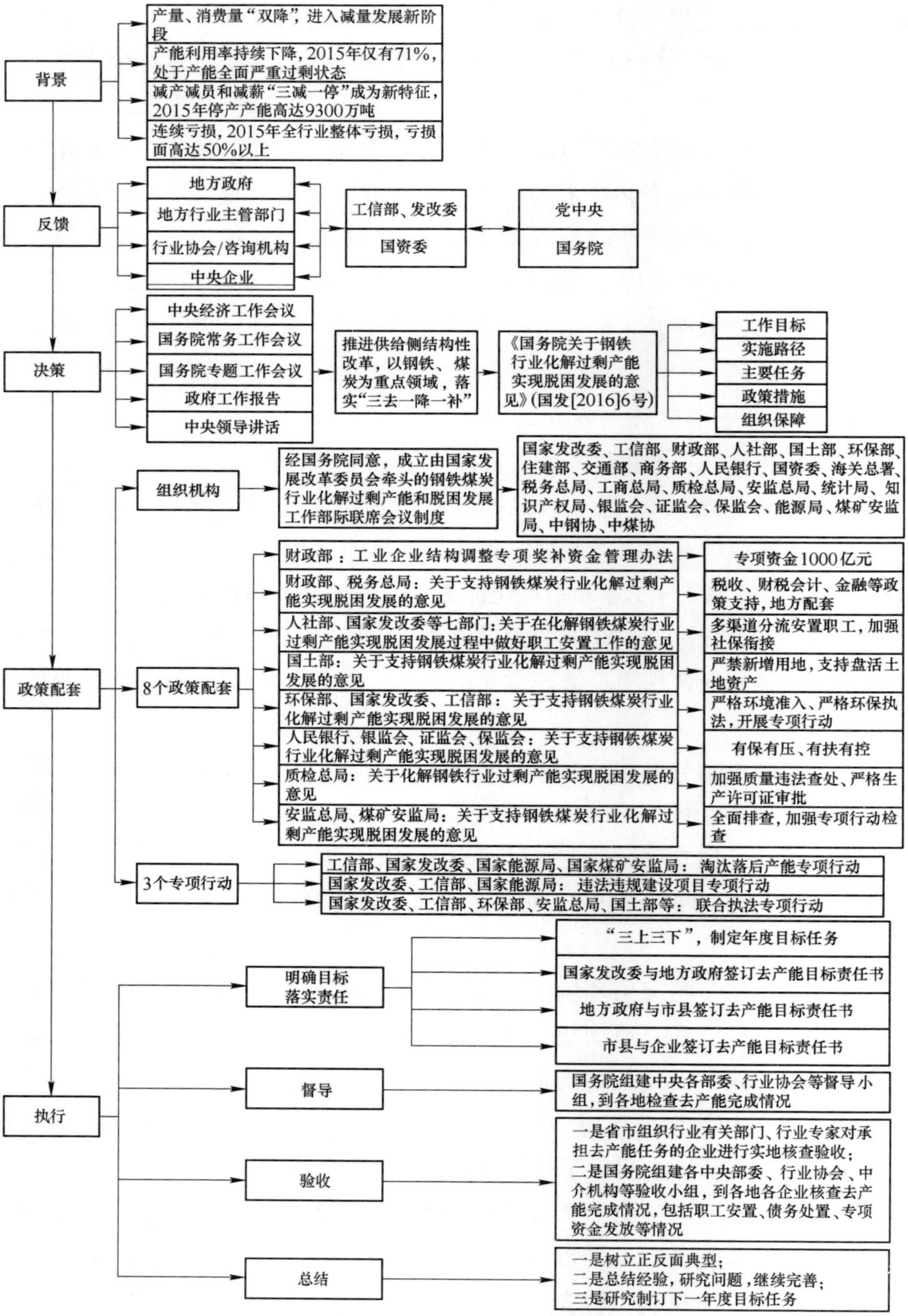

图 6-1　中国钢铁行业去产能政策体系示意图

冶金工业局，成为国家经济贸易委员会管理下的主管冶金行业的行政机构。2001 年国家机关机构改革，国家经贸委管理的冶金工业局等 9 个国家局正式撤销，其有关行政职能已并入国家经贸委，国家局原来的行政职能并入国家经贸委的相关司局。2003 年 3 月，十届全国人大一次会议通过了国务院机构改革方案，撤销外经贸部和国家经贸委，设立商务部。国家冶金工业局在此次改革中被撤销。原冶金部职能分散到国资委、中国钢铁工业协会、工业和信息化部、国家发展改革委。至此，一个部门管行业的时代彻底退出历史舞台，开始了“多头管理”。也正是从这个时期开始，在国家经济快速发展的大背景下，以及钢铁行业资本密集型、人员密集型和关联密集型等特点引起了地方政府和企业的集中“追捧”，快速发展的“混乱局面”一发不可收拾，这期间钢铁产业结构调整、产能控制、兼并重组等主要目标任务都没有得到很好的落实和完成。直到 2010 年国发 7 号文发布，成立 18 个部门共同参与的淘汰落后产能工作部际协调小组，各地分别成立省级协调小组，统一管理、统一办公、统一行政的工作模式再次发挥了巨大的功效，促进了各项工作的顺利完成。2015 年在淘汰落后产能工作部际协调小组的基础上，成立了化解过剩产能部际协调小组，在去产能、促脱困等工作中继续发挥着重要的作用。

2. 钢铁产业政策体系的完善

钢铁产业体系的完善，钢铁产业政策的精准发力和引导，其核心就是在统一标准、完善产业体制机制建设、继续坚持统一管理的前提下，解决市场公平的问题，即以环保、能耗、水耗、质量、安全、税收等标准严格执法，配合差异化的金融政策（国企民企一碗水端平，而对“僵尸企业”“违法违规”企业实施差异化），努力打造公平竞争的市场环境，在政府和行业主管部门的共同监督之下，更能有效地发挥市场配置资源的决定性作用。

（1）严控新增产能。控制新增产能是解决我国钢铁工业无序发展的关键，也是在兼并重组、资源整合、调整升级的基础上进行优化存量的重要举措。控制新增产能有两个方面的工作：一是产能减量置换；二是严厉打击违法违规建设。

1）产能置换方案的修订。《工业和信息化部关于印发部分产能严重过剩行业产能置换实施办法的通知》（工信部产业〔2015〕127 号）[2] 明确规定：产能严重过剩行业项目建设，须制定产能置换方案，实施等量或减量置换，在京津冀、长三角、珠三角等环境敏感区域，实施减量置换。有效期至 2017

年 12 月 31 日，并根据产业发展情况适时修订。《钢铁工业调整升级规划(2016~2020 年)》要求：各地一律不得净增钢铁冶炼能力，结构调整及改造项目必须严格执行产能减量置换，已经国家核准和地方备案的拟建、在建钢铁项目也要实行减量置换。但未对减量的比例做出明确规定。

产能置换方案的修订应注意以下问题：

一是统一产能核算标准。2015 年 6 月，国家发展和改革委员会、工业和信息化部发布《国家发展改革委 工业和信息化部 关于印发对钢铁、电解铝、船舶行业违规项目清理意见的通知》（发改产业〔2015〕1494 号），对在建违规、建成违规、不在清理范围内的等项目提出了明确的处理意见，并给出了评估产能。这里存在若干问题，第一是评估产能没有明确对应的装备，即使从省市县各级备案文件中能够查找到企业装备情况，但仍然无法明确界定每座高炉或者转炉的产能；第二是评估产能未能包含企业炼铁和炼钢的全部产能，部分炼铁或者炼钢产能缺失；第三是评估产能与《工业和信息化部关于印发部分产能严重过剩行业产能置换实施办法的通知》（工信部产业〔2015〕127 号）中的“产能核算表”中规定的产能有很大出入，让地方政府、企业和评审机构与专家难以适从，“仁者见仁、智者见智”情况较多，或者工信部与发改委两个部门意见不一致，导致产能置换方案比较混乱。

因此，应明确产能置换方案所执行的标准。同时，对产能核算表进行修订完善，或以产能核算表为基础，综合考虑上下游工序及所选择工艺技术路线，而不是单独考虑一座高炉或转炉的产能，做出综合评价。

二是进一步明确产能合法性的标准。《钢铁工业调整升级规划（2016-2020 年）》明确规定：2015 年（含）以前已淘汰产能、落后产能、列入压减任务的产能、享受奖补资金和政策支持的退出产能不得用于产能置换。但问题是：没有明确什么样的产能可以用于置换。第一，1494 号文件中明确的产能，是否只要不在《钢铁工业调整升级规划（2016-2020 年）》的“四不准”里，均可以当作合法产能用于置换？第二，1494 号文件还明确了“不在清理范围内的项目”的处理意见，即 2005 年以前建成投产的项目，请有关地区自行研究办理项目备案手续。当时不少地方政府和企业，由于种种原因未能及时上报这部分产能，国家在 2016 年下半年开始对全国钢铁产能进行普查，以达到实事求是、全面摸清我国钢铁产能底数的目的。这部分产能如果不在“四不准”里是否可以用于置换？第三，工信部公告的符合规范条件的三批300多家钢铁企业，包括2017年年初撤销准入公告的企业，如果不在“四不准”里，是否可以用于置换?

因此，以上情况均应进一步明确，统一标准和要求。

三是打破区域产能交易限制。产能置换的核心目的是通过改造升级和减量置换，提升整个钢铁工业工艺装备水平，达到去产能与转型升级的真正结合。钢铁产能的布局优化是行业发展的重要方向，而产能交易是一个重要的手段。但产能置换方案一直饱受争议，尤其是跨区域交易，问题就在于产能压减是按区域产能比例划分的，各地均有去产能任务，各地钢铁产能的总盘子只能减小而不能增加，使得想“引进产能”的进不来，想“转移产能”的出不去，而缺少全国一盘棋的统筹考虑。

因此，除个别环境容量极其敏感地区，产能交易应着眼于全国产能是否通过产能置换而减少，而不是在某个区域设置“只能减不能增”的硬性门槛。

四是建立产能置换数据库档案。由于产能指标的稀缺性，以及产能置换信息的不对称性，对于产能置换方案中拟淘汰的产能是否真正淘汰、是否重复淘汰等情况，缺少精准和严格的监管手段，特别是对于跨区域的产能置换方案，更是难以有效监管，有可能导致部分企业违规操作。

因此，应充分发挥全国产能交易平台，完善产能置换数据库档案，提高精准有效监管。

五是完善产能置换方案评估环节。选择专业的第三方机构，对产能置换方案进行评估：产能是否合法合规；置换方案是否科学合理；置换程序是否合规完善。政府通过设置门槛评选出一批专业机构，供当地政府或企业选择，采信第三方评价机构，一旦出现违法违规评估，不仅撤销其评估资质，而且严厉追责。

2）严厉打击违法违规建设。2016年12月，中共中央政治局常委会听取国务院关于江苏华达钢铁有限公司和河北安丰钢铁有限公司违法违规行为调查处理工作的汇报，强调指出，以钢铁煤炭行业为重点推进去产能是深化供给侧结构性改革，落实“三去一降一补”任务的重要内容，针对调查发现的江苏华达钢铁有限公司生产销售“地条钢”、河北安丰钢铁有限公司未批先建边批边建钢铁项目，予以严肃查处，对相关责任人严厉追责问责，并公开通报调查处理结果。

为严肃党纪国法，确保中央政令畅通、令行禁止，党中央、国务院决定对两起事件进行严肃处理和严厉问责。一是责成江苏、河北两省政府向国务院作出深刻检查。二是分别对江苏、河北两省包括副省长在内的111名责任人和27名责任人进行问责。三是责令江苏省对全省生产销售“地条钢”、新增钢铁产能等违法违规行为进行彻底整治；责令河北省限期拆除安丰公司原有全部老旧1000立方米以下高炉、100吨以下转炉。四是在全国范围内公开通报华达公司、安丰公司违法违规行为查处情况。五是国务院将组织开展对煤炭、钢铁、水泥、玻璃等行业落后产能的专项督查和清理整顿。要通过对这两起事件的查处，发挥负面典型警示教育作用，确保去产能和淘汰落后产能工作顺利推进。

2016年12月，国家钢铁煤炭行业化解过剩产能和脱困发展工作部际联席会议办公室通报了江苏德龙镍业有限公司违规建设钢铁项目的有关情况[3]。经查，江苏德龙镍业有限公司于2013年实施了年产30万吨镍铁合金扩建项目，违规建设了1台80吨电炉、4台60吨AOD炉及相关配套设施，用于冶炼不锈钢。该公司的违规建设行为，是在党中央、国务院大力推进供给侧结构性改革，三令五申严禁违规新增产能，各有关方面着力化解钢铁过剩产能的大背景下进行的，属于顶风违法违规。在完全拆除违规建设的不锈钢冶炼设备的同时，对相关责任人进行了严肃问责。

对违法违规建设的零容忍态度、持续高压的政策和严厉问责，彻底肃清了部分地方政府和企业“一阵风”的侥幸心理，进一步统一了思想、凝聚了共识，为推动钢铁行业供给侧结构性改革、促进钢铁行业健康有序发展奠定了坚实基础。

（2）环保方面。钢铁行业排放密集型的特征，使得其环保问题一直受到全社会的普遍关注和高度重视。经过多年以来的不懈努力，钢铁企业在环保治理工作中投入大量资金，整个行业的节能减排效果有了较为明显的提升，主要污染物排放总量得到有效控制，已经站在了绿色发展的起跑线上，但钢铁工业迅猛发展积累的产能导致能源消耗和污染物排放总量依然居高不下。据统计，在大气污染物排放方面，黑色金属冶炼和压延业的二氧化硫排放量占工业二氧化硫排放总量的12%，氮氧化物排放量占工业排放总量的10%，烟（粉）尘排放量占工业排放总量的32%，钢铁工业的大气粉尘颗粒物污染最为严重。2015年我国主要钢铁企业二氧化硫、烟尘、工业粉尘的排放量分别为47.2万吨、15.3万吨和29.7万吨。环保政策的修订和完善，环保执法模式的创新发展，不仅是改善区域环境质量、促进钢铁企业产城融合的重要手段，更是营造钢铁行业公平竞争的市场环境、推动钢铁行业转型升级的重要举措。

1）严格执行新环评法与新排污许可制度，全面提升环保监管。

一是新环评法。最新修订的《环境影响评价法》于2016年7月2日由第十二届全国人大常委会第二十一次会议审议通过，自2016年9月1日正式施行。《环境影响评价法》修改了9方面内容，尤其是对环评未批先建等违法行为加大了处罚力度，将处总投资额1%至5%的罚款。同时简化了部分项目的环评行政审批，强化了规划环评。新修订的《环境影响评价法》规定，“建设单位未依法报批建设项目环境影响报告书、报告表，或者未依照本法第二十四条的规定重新报批或者报请重新审核环境影响报告书、报告表，擅自开工建设的，由县级以上环境保护行政主管部门责令停止建设，根据违法情节和危害后果，处建设项目总投资额1%以上5%以下的罚款，并可以责令恢复原状；对建设单位直接负责的主管人员和其他直接责任人员，依法给予行政处分。”修改后，处罚建设项目未批先建，不再大小建设项目都依照一个处罚区间，而是要根据具体的建设项目情况，以此加强对重大建设项目未批先建的处罚力度。此外，除了被责令停止建设、处以罚款之外还可能被责令恢复原状。这对于已开工的建设项目而言，将因为违法行为产生巨大经济损失。

同时，对未批先建违法行为的执法主体，由有权审批该项目环境影响评价文件的环境保护行政主管部门，改为县级以上环境保护行政主管部门，强化了监督执法的属地化原则，避免了环保部门对于上级环保部门审批的项目无执法权的尴尬。此外，加大了对规划编制部门的违法处罚力度，规定“规划编制机关违反本法规定，未组织环境影响评价，或者组织环境影响评价时弄虚作假或者有失职行为，造成环境影响评价严重失实的，对直接负责的主管人员和其他直接责任人员，由上级机关或者监察机关依法给予行政处分。”新修订的《环境影响评价法》同时规定，环评行政审批不再作为可行性研究报告审批或项目核准的前置条件，将环评审批与可行性研究报告审批或项目核准同时进行，但仍须在开工前完成。同时规定，“建设项目的环境影响报告书、报告表，由建设单位按照国务院的规定报有审批权的环境保护行政主管部门审批”“国家对环境影响登记表实行备案管理”。此举进一步简政放权、优化审批流程，不再将行政主管部门对水土保持方案的审批作为环境影响评价的前置条件。新修订的《环境影响评价法》，进一步体现了环评审批简化事前、强化事中和事后监管的改革思路，有助于提升行政管理效能，发挥宏观控制作用。环评新规的出台对市场主体而言，减少了审批流程和时间，降低了企业的时间财务成本，有利于激发市场主体创造活力。

二是新排污许可制度。根据《控制污染物排放许可制实施方案》（国办发〔2016〕81号）的要求，全国各地已于2017年正式启动火电、造纸、钢铁行业排污许可证管理工作。同时，为推动京津冀地区大气污染防治工作，将在京津冀部分城市试点开展高架源排污许可证管理工作。

2016年12月28日，环境保护部《关于开展火电、造纸行业和京津冀试点城市高架源排污许可证管理工作的通知》（环水体〔2016〕189号）正式出台，确定了具体的工作目标。通知要求在2017年6月30日前，完成火电、造纸行业企业排污许可证申请与核发工作，依证开展环境监管执法；京津冀重点区域大气污染传输通道上1+2重点城市（北京市、保定市、廊坊市）完成钢铁、水泥高架源排污许可证申请与核发试点工作。从2017年7月1日起，现有相关企业必须持证排污，并按规定建立自行监测、信息公开、记录台账及定期报告制度。其中，钢铁行业排污许可证发放范围为试点城市内含有炼焦、烧结、球团、炼铁、炼钢、轧钢等两项及以上工序的钢铁联合企业。至此，钢铁行业新排污许可制度正式登上了历史舞台。加强对企业各工序产排污节点的监督与污染物排放量核算，代替传统只下发企业排污总量的模糊形式，使排污监管更加专业化、具体化。

新排污许可制度代替包括“环境统计”“排污收费”“总量控制”“环境监察”“环境标准”等多项环保功能及制度，实现“一证式管理”。环保部门将按照排污许可证的内容对企业进行逐条核查。一旦企业未能满足许可要求，造成环境违法行为，将面临按日连续处罚、限制生产、停产整治、停业、关闭等惩罚。新的排污许可制度是点源排放控制的核心监管工具，作为理顺环境监管程序、重塑环境监管体制的重要抓手，成为推动环保工作的杀手锏。

2）全面实施环保税法，提升钢铁行业环保标准。2016年12月25日，十二届全国人大常委会第二十五次会议表决通过了《环境保护税法》。作为我国第一部推进生态文明建设的单行税法，《环境保护税法》于2018年1月1日起施行。全国范围内的排污企业将无差别执行环保税纳税义务，而已施行近40年的排污费，也终将退出历史舞台。从“费”到“税”，环保监管将走上更加规范化、平等化的道路。环保税法中，更加强调了减排降税的力度，多排多征，少排少征，对于钢铁这一高排污行业来说，新税法的设立也将促使企业加强环保提标改造进程，从而加速优胜劣汰，避免劣币驱逐良币的乱象。依据环境保护税法，以直接向环境排放应税污染物的企业事业单位和其他生产经营者为纳税人。计税依据方面，将应税污染物的排放量作为计税依据，其中大气污染物、水污染物按照排放量折合的污染当量数确定；固体废物按照固体废物排放量确定；噪声按照超过国家规定标准的分贝数确定。环境保护费改税后，征收部门由环保部门改为税务机关，环保部门配合，确定了“企业申报、税务征收、环保监测、信息共享”的税收征管模式。同时，环境保护税收入全部作为地方税收入，纳入一般公共预算，如此可有效避免地方保护主义。环保税作为排污费的 2.0 版本，主要目的不在于筹集财政收入，而在于通过税收杠杆，引导排污单位减少污染物排放，为人民创造良好的生产生活环境。作为推进生态文明建设在财税领域的重大举措，环境保护税的开征进一步完善了我国的“绿色税收”体系，给积极推进绿色发展的钢铁企业以税收奖励，且加重违法排污企业的环保成本，以此形式倒逼钢铁行业的转型升级。

3）严格实施环保垂直管理与督察常态化，持续保持环保执法高压态势。在最强雾霾持续侵袭的 2016 年，钢铁行业迎来史上最严环保限产，企业受环保影响连年加剧，其中城市钢厂最为显著，环保部门的环保专项督察工作未来将常态化。目前全国重点统计钢铁企业环保成本几乎占到钢铁生产成本的 10%左右，排污成本的逐步升高，让本就处于薄利时期的钢铁行业生产压力进一步加大。这就促使钢铁行业将加快从以环境为代价换取利润的原始生存方式，向绿色产业升级模式转型的步伐，从而加速落后产能淘汰，促进钢铁行业经济结构调整和发展方式转变。在此历史趋势下，结合近两年钢铁行业末端技术的突破性发展，2012 年 10 月 1 日正式施行的涵盖《钢铁烧结、球团工业大气污染物排放标准》《炼铁工业大气污染物排放标准》（GB 28663—2012）等 8 个排放标准的现行标准，预计在“十三五”后期迎来修订，届时对重点产污节点的颗粒物、二氧化硫、氮氧化物等大气污染物排放标准，以及 COD、氨氮等水污染物排放标准将可能进一步收严。在绿色发展大背景下，减少钢铁行业固定源排放强度，削减污染物排放新增总量，配合环保税法与新排污许可制度的协同监管工作，将以完善的环保法律、法规等政策保障，推动整个钢铁行业的淘汰落后、绿色转型升级进程。

2017年开始，环保部将在前两年的基础上，继续开展环境保护法的实施年活动。坚持问题导向和多方协同，督政和查企并重，严惩违法和规范执法并行。其中，2017年环保部还将完成15个尚未进行中央环保督察省份的督察任务，做到环保督查工作全覆盖。此外，破解体制机制的束缚，加强基层执法能力建设也是未来环保部门重点开展的重点工作之一。其主要是结合省以下环保机构监测监察执法垂直管理改革来进行，逐渐打破地方政府与环保机构的利益纠葛，影响环保执法的公正性。未来环保部还将完善相关的法律法规，让已提出的法规在实施中有更强的操作性，更具体。环保部将不断加大执法力度，通过不断地查处，对环境违法行为零容忍，来保持持续的环保高压态势，真正把环保法落到实处，不再是纸老虎。新近出台的《关于利用综合标准依法依规推动落后产能退出的指导意见》，发挥新环保法与配套支撑文件的治污利剑作用，配合淘汰落后产能，深入推进供给侧结构性改革。

（3）税收和金融信贷方面。税收和金融信贷政策不仅体现企业的社会责任，关乎企业的生存发展，更是促进市场公平、扶优汰劣的重要举措。

一是调整钢铁行业不合理税、费和基金政策。

一方面是调整资源综合利用优惠政策，切实惠及钢铁企业自循环的资源综合利用产品。现有资源综合利用税收政策是建立在资源综合利用产品销售的基础上实现的，特别是企业所得税优惠，规定可减计资源综合利用产品销售收入10%。然而，尤其是钢铁企业资源综合利用产品，大部分在企业内部自循环利用，没有形成对外销售收入，如余热发电、工业废水回用等，企业投入很大，却无法享受优惠政策。建议优化调整资源综合利用税收，据实执行并采用差异化计算方式：对于企业内部循环且可计产量的资源综合利用产品，按实际产量和当期市场价格折算视同销售收入；对企业内部循环且不可计产量的，可按资源综合利用产品的实际生产成本视同收入计算减计额抵减当期应纳所得税。

另一方面是清理涉及钢铁行业的不合理基金费用。钢铁企业利用高炉煤气、余热、余压发电，主要供企业内部使用，属于资源综合利用范畴，按原政策可免交重大水利基金、可再生能源发展基金等费用。但2010年财政部印发《国家重大水利工程建设基金征收使用管理暂行办法》后，开征了重大水利基金、可再生能源发展基金等费用，削弱了钢铁企业开展资源综合利用的积极性。建议对钢铁企业上述资源综合利用项目，应继续免交重大水利基金、可再生能源发展基金。再者是加快金融保险业“营改增”步伐，将钢铁企业融资、保险费用纳入进项税抵扣。钢铁企业资金需求大，融资额、保险费用高，财务负担重，而目前利息支出、保险费用不可抵扣进项税，全部由企业费用列支，大大增加了企业税费压力，建议允许钢铁企业对金融、保险支出作为进项税抵扣。

二是调整部分高附加值钢材出口退税率。

1）酸洗板产品。热轧板经酸洗后，作为特殊用途的成品或再加工的原料，产品性能及用途已不同于普通热轧板，属于高附加值产品，现行出口退税政策将其视为普通热轧板不妥当，建议将酸洗板（72082500、72082610、72082690、72082710、72082790）5 个税号的出口退税率由目前的 0% 调整为 9%。

2）涂镀钢带产品。小于 600 毫米的涂镀钢带广泛应用于特定用途，同普通的热轧窄带有本质上区别，属于高附加值产品，建议将涂镀钢带（7212）6 个税号的出口退税率由目前的 0%调整为 9%。

3）钢铁丝产品。钢铁丝产品是普通棒线材通过进一步的拉、拔、涂镀等加工的产品，产品附加值已远远高于普通线材，应鼓励其发展，建议将钢铁丝（7217）5 个税号的出口退税率由目前的 0%~9%调整为 13%。

4）不锈钢产品。不锈钢长期以来作为国内重点扶持发展的产品，目前不锈钢条杆等出口退税率较低，使得在国际市场上缺乏价格竞争力，建议将不锈钢带（7220）6 个税号的出口退税率由目前的 9%调整为 13%，不锈钢条杆、型材、钢丝（7222、7223）6 个税号的出口退税率由目前的 5% 调整为 13%。

5）合金钢产品。合金钢是特钢的主要产品，为满足特殊用途生产制造，特别是其中的工具钢、取向硅钢等产品技术含量高，是高附加值产品，应当采取鼓励发展的财税政策，建议将合金钢板（72253000、72259100、72259200、72259910、72259990）、合金钢带（72262000、72269100、72269199、72269200、72269910、72269920、72269990）、合金钢条杆及型材（72271000、72272000、72279090、72282000、72286000、72287010、72287090）、合金钢丝（7229200、72299090）等 21 个税号的出口退税率由目前的 0%~9%调整为 13%。

6）工具钢和取向硅钢产品。建议将工具钢（72264010、72269110）、取向硅钢（72251100、72261100）4个税号的出口退税率由目前的13%调整为15%。

三是有保有压、加大信贷政策差别化力度。银监会2014年发布的《支持产业结构调整和化解产能过剩的指导意见》提出了明确差别化信贷标准、践行绿色信贷、支持产业结构优化调整等措施。然而在政策执行过程中，部分机构主要体现了产能过剩行业和非过剩行业的差别化，而忽视了在产能过剩行业内不同企业的差别化，一定程度上削弱了政策效应。建议银行应加大差别化信贷政策执行力度，在化解产能过剩的同时促进产业结构升级。

一方面是支持钢铁企业转型升级投资项目，在贷款利率上予以优惠。对钢铁企业实施以下项目给予支持：提升产品质量、升级品种结构项目；延伸产业链条、实施专业化生产项目；绿色化环保节能改造项目；智能化项目；产业重大技术创新项目；贯彻“一带一路”战略走出去发展项目；兼并重组优化产业组织结构项目。

另一方面是支持合规、优势企业发展。项目清理整顿是化解产能过剩的重要工作，也是其他配套政策的基础，目前取得了积极进展，建议相关部门、机构贯彻执行政策时将此作为重要参考。对依法依规核准、备案的项目及企业，且具有较强创新能力、综合竞争力、效益较好的优势企业，优先保证其贷款需求，实施一般性市场化利率。对未依法依规核准、备案的项目及企业，以及排放不达标、出现重大环境污染事故的企业，不予金融支持或执行惩罚性利率。

四是支持钢铁企业优先享受大用户直供电或煤电钢一体化发展。加大对合法合规、优势钢铁企业大用户直供电的支持力度，提高该类企业的直供电规模和占比。充分发挥煤电富集地区的资源优势、电力优势，推进煤电钢一体化发展。

五是对钢铁行业大宗物资运费实施优惠。对铁矿石、钢材、焦炭等运输货物，实行优惠运价或按最短计费路径进行优化。

六是研究调减钢铁企业大型自有铁矿的税费。对钢铁企业大型自有铁矿，研究出台减税措施，如调整核定资源税、资源补偿费的征收条件及标准，减少重复征税；扩大增值税抵扣范围，降低企业负担。

七是支持钢铁企业债务重组，优化融资方式。鼓励负债重的钢铁企业通过债转股的方式实行债务重组，减轻企业负担，通过减少企业还本付息负担，将资金用于设备更新、技术改造、开发新产品等。同时，鼓励企业通过信托资金、票据、股权转让、发企业债、基金等多种渠道来优化融资方式，降低仅依靠银行贷款增加的财务负担。

八是利用国家建设债券支持钢铁产业发展。通过发行国家建设债券500亿~1000亿元，加强对钢铁行业资源综合利用、节能环保、新技术研发等领域的支持力度。

（4）节能方面。随着钢铁产量的增长，其能源消耗也在逐年增长。据统计，2015年全国黑色金属冶炼及压延加工业的能源消费总量约为7亿吨标煤，占全国工业能源消费总量的27%，占全国能源消费总量的17%；煤炭消费总量（含炼焦工业）约为7亿吨，占全国工业煤炭消费总量的18%，占全国煤炭消费总量15%；电力消费总量为5796万千瓦时，占全国工业电力消费总量约12%，占全国电力消费总量的9%。能源约束日趋明显，加强节能体系建设，特别是能耗监察与监管，依法执行差别化电价水价，已成为推动全行业能源节约、营造公平市场环境的重要举措。

1）完善绿色低碳法律法规体系建设。一是《应对气候变化法》及配套法规建设。气候变化是世界各国共同面临的重大挑战，作为碳排放的重点排放领域，应对气候变化也是钢铁行业在21世纪面临的最大问题。目前，国家正在推动制定《应对气候变化法》及配套的一系列法律法规。钢铁行业作为碳排放重点用户，也将相应配套制定针对钢铁行业的相应管理方法，如《钢铁行业应对气候变化行动方案》《钢铁行业碳交易管理办法》等。例如，1998年《节约能源法》出台后又相继制定了一系列配套法规和规章，包括《重点用能单位节能管理办法》《节约用电管理办法》《民用建筑节能管理规定》《中国节能产品认证管理办法》等。

二是绿色制造体系配套法律法规建设。推动绿色增长、发展绿色经济是工业领域的重要发展战略。2016年，工信部已发布文件开展绿色制造体系建设，提出了以绿色工厂、绿色产品、绿色园区、绿色供应链为绿色制造体系的主要内容，提出把绿色制造体系打造成为制造业绿色转型升级的示范标杆、参与国际竞争的领军力量。未来几年，在此总体方针引领下将陆续颁布一系列针对性法规，指导企业更好地开展工作，如针对绿色工厂、绿色产品、绿色园区、绿色供应链的建设实施方案等。

2）完善节能低碳标准体系建设。节能低碳标准是国家节能制度的基础，是化解产能过剩、加强节能减排工作的有效支撑。目前，国家已出台涉及钢铁行业的能耗限额标准、耗能设备能效标准、节能设计标准共计10余项，在钢铁行业化解过剩产能过程中发挥了重要作用，未来仍将进一步加快制修订覆盖生产设备节能、节能监测与管理、能源计量、能源管理与审计等方面的标准体系。未来钢铁工业的可持续发展过程中，节能低碳标准体系的完善将在产业结构调整升级、依法化解过剩产能过程中发挥更为重要的作用。

3）加快传统产业绿色化改造及示范推广。随着国内外节能低碳约束日益强化，加大钢铁等传统产业结构调整、绿色化改造及示范推广的步伐将进一步加快，包括实施工业能效赶超行动、实施生产过程清洁化改造、实施能源利用高效低碳化改造、运用高新技术和先进适用技术改造传统产业等内容，均已在“十三五”最新出台的一系列文件中有所体现。为推动上述绿色化改造内容的落实，包括钢铁工业绿色化改造升级行动指南、先进适用节能低碳技术推荐目录等法规，将纳入政策制定日程。

4）强化监督考核体制机制建设。当前，中国政府积极清理下放相关审批权限，简政放权，强化考核管理，能源政策的制定发展趋势也如此。以近期能评制度制定为例，新出台的《固定资产投资项目节能审查办法》对原6号令进行了较大幅度修改，除了取消发改委节能评估和审查，不再作为项目核准前置条件等变化外，同时提出强化事中事后监管，包括全国节能审查信息动态监管、违法违规信息信用管理、开展节能审查意见落实情况的验收等。

因此，能耗作为钢铁行业依法化解过剩产能的重要抓手之一，从未来发展趋势来看，除了严格能耗标准要求外，进一步完善监督考核管理机制建设，强化考核管理将是重要的途径。

5）利用经济手段促进钢铁行业化解过剩产能。2017年，发改委、工信部联合发布了《运用价格手段促进钢铁行业供给侧结构性改革有关事项的通知》，强调运用差别电价等价格手段促进钢铁行业化解过剩产能。从发展趋势来看，建立和完善节能减排市场化机制，运用各种经济手段促进钢铁行业化解过剩产能将是一个重要组成部分，包括通过健全用能权、排污权、碳排放权交易机制，建立有偿使用、预算管理、投融资等机制。

（二）加快推进钢铁企业兼并重组

兼并重组是企业加强资源整合、实现快速发展、提高竞争力的有效措施，是化解产能严重过剩矛盾、调整优化产业结构、提高发展质量效益的重要途径。

党中央、国务院高度重视钢铁行业兼并重组工作，针对钢铁行业兼并重组面临的服务体系不健全、体制机制不完善、跨地区跨所有制重组困难，以及融资难、负担重等问题，提出了以“多兼并重组、少破产清算”战略思想为指导，运用市场化手段妥善处置企业债务和银行不良资产，落实金融机构呆账核销的财税政策，完善金融机构加大抵债资产处置力度的财税支持政策，尤其是在推动国有企业结构调整中，提出“创新发展一批、重组整合一批、清理退出一批”，为钢铁行业债务重组、破产清算扫清了体制机制障碍，钢铁企业间的联合重组，以及产业链上下游重组的进程都将进一步加快。

1. 钢铁产业集中度现状

从 CR4 和 CR10 变化来看，中国钢铁产业集中度经历了一个典型的完整“波浪”，见图 6-2、图 6-3。2001 年兼并重组开始增多，至 2006 年攀成钢、

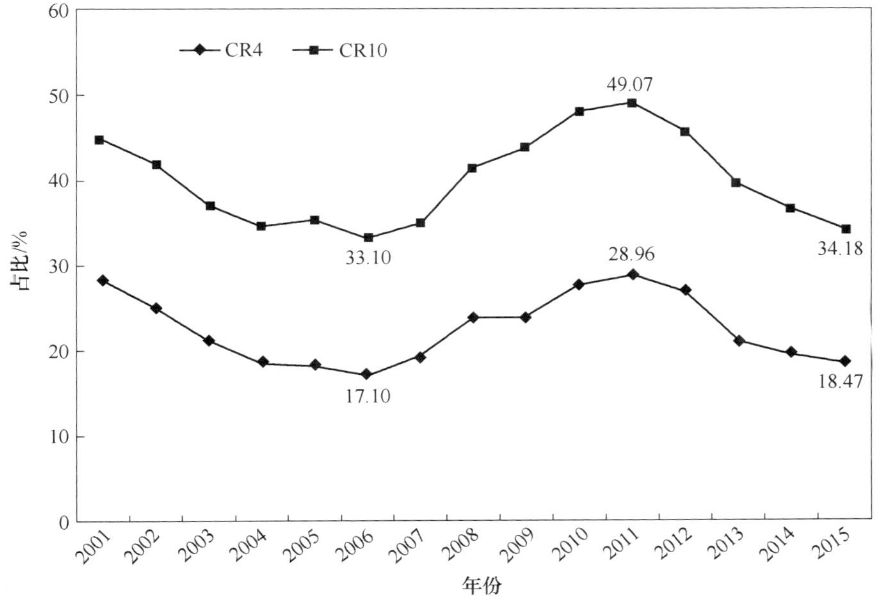

图 6-2　2001~2015 年中国钢铁产业 CR4 和 CR10 占比变化情况

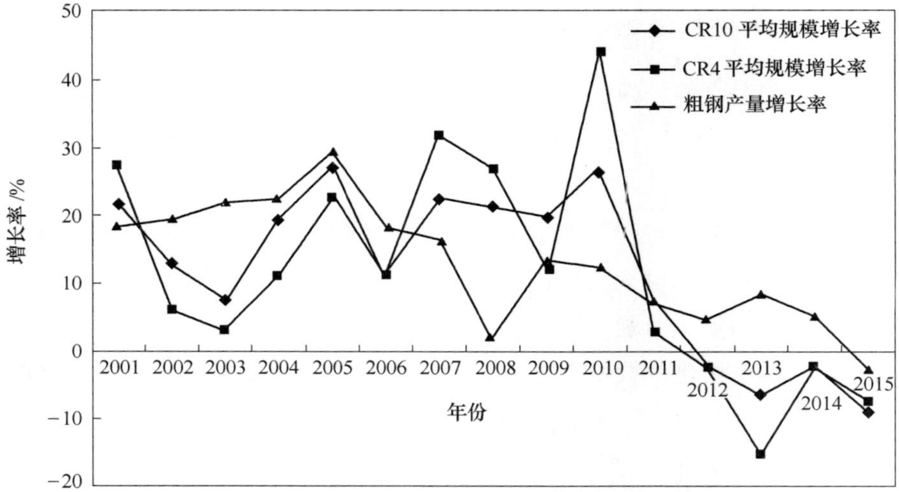

图 6-3　2001~2015 年中国 CR4、CR10 与粗钢产量增长率的变化情况

攀长钢、东北特钢等钢铁集团应运而生，但这个时期全国粗钢产量飞速增长，2005 年同比增速高达 29.5%，一直高于同期 CR4 和 CR10 平均规模的增速，导致产业集中度持续下降。

2007 年钢铁企业兼并重组蓬勃发展，尤其是跨区域企业重组取得突破，宝钢重组八钢、韶钢，武钢重组昆钢、柳钢，首钢重组水钢、长钢、通钢，攀钢重组西昌新钢业，鞍钢重组攀钢，沙钢重组永兴、锡兴钢铁等；同时，区域内钢铁集团也密集涌现，山东钢铁集团、河北钢铁集团、渤海钢铁集团等先后成立，中国钢铁产业初步形成了宝钢、河钢、武钢、鞍钢、沙钢、山钢等一批领军型钢铁企业集团。同时，钢铁产业格局进一步清晰，宝钢立足华东、华南、西北地区，武钢立足华中、西南地区，河钢立足华北地区，山钢立足华东地区，鞍钢立足东北、西南地区。由于龙头钢铁企业规模的大幅攀升，2007~2011 年，CR4 和 CR10 平均规模快速增长，2011 年分别达到最高点 4960 万吨和 3361.5 万吨，同比增速也超过了全国粗钢产量增速，2010 年 CR4 和 CR10 平均规模增速分别达到了 44.3%、26.9%，使得钢铁产业集中度稳步提升，2011 年我国 CR10 钢铁产业集中度达到最高的 49.07%，见图 6-4。

2012 年之后，宝钢、武钢、鞍钢等大型央企涉及增加产能的重组处于停滞状态，甚至出现了“分家”现象；河钢、安钢对本地区内民营钢铁企业

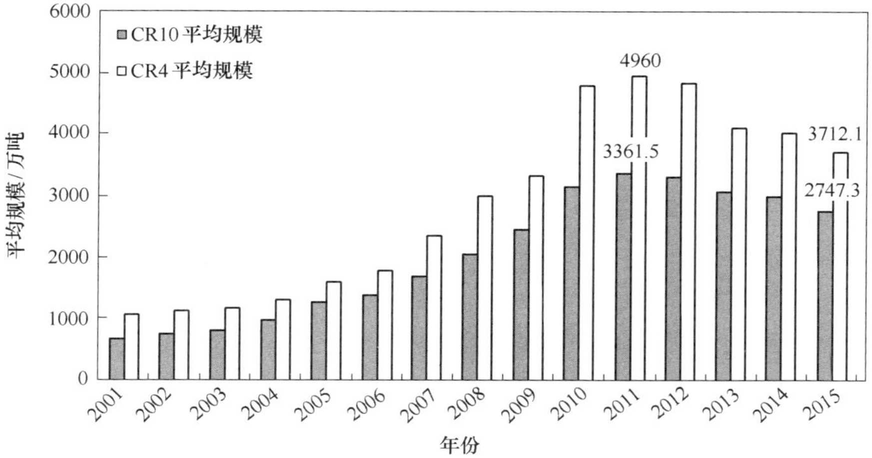

图 6-4 2001~2015 年中国钢铁产业 CR4 和 CR10 平均规模变化情况

“渐进式股权融合”重组模式以民营钢铁企业退出而宣告结束，使得我国钢铁产业兼并重组步伐明显放缓，进入了实质性重组的“深水区”和“探索期”。但与此同时，在《关于加快推进重点行业企业兼并重组的指导意见》《国务院关于进一步完善企业兼并重组市场环境的意见》等政策引导以及地方钢铁产业结构调整方案的推动下，区域内钢铁产业兼并重组取得了积极进展，比如 2012 年山东省出台《山东省钢铁企业兼并重组实施方案》，提出组建淄博、潍坊、莱芜、临沂、滨州 5 个区域性钢铁集团。目前，临沂鑫德钢铁集团、山东邹平钢铁集团、山东精特钢铁有限公司和淄博齐鑫钢铁集团有限公司等四个区域型钢铁集团已完成重组。2014 年湖北省出台《湖北省钢铁产业结构调整规划》，提出全省 23 家钢铁冶炼企业参与实施联合重组，除武钢集团外，再组建成金盛兰钢铁、立晋钢铁、丹福钢铁、新鑫钢铁和荆州群里等 5 家钢铁集团。目前，金盛兰、立晋钢铁集团已完成兼并筹组。

此外，不少大型钢铁企业为了打造全球最具竞争力的企业集团，在更大范围、更广领域和更高层次上参与国际竞争和合作，加快了境外资源布局、产能布局和建立健全生产、贸易服务体系的步伐。比如 2014 年 6 月，马钢以资产收购方式并购法国高铁部件厂商瓦顿；2014 年 10 月，鞍钢以增资扩股方式认购并持有中国台湾义联集团旗下联众（广州）不锈钢有限公司 60%股权；2014 年 11 月，河钢收购全球最大钢铁贸易商瑞士德高国际贸易控股公司 51%股权。

在此期间，千万吨级的钢铁企业数量基本稳定在了 31 家，这些企业集中度呈现不断下降趋势，2015 年 31 家企业粗钢产量 4.87 亿吨，占全国粗钢产量的 60.6%，平均规模 1573 万吨。CR4 和 CR10 平均规模增速出现负增长，降幅呈现不断下探的趋势，均低于同期全国粗钢产量的增速，使得全国钢铁产业集中度不断下降，2015 年 CR10 仅有 34.2%，见图 6-5。但从另一个方面讲，也表明大型钢铁企业在化解过剩产能、主动压减粗钢产量过程中起到了重要作用。

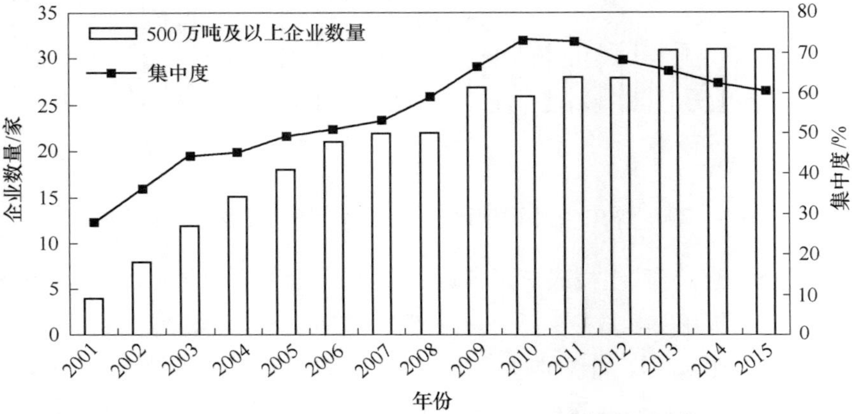

图 6-5　2001～2015 年中国粗钢产量 500 万吨及以上企业数量及其集中度变化情况

按照习总书记提出的“兑现一份非常诚恳严肃的承诺”要求，2016 年 6 月 22 日河钢集团正式并购塞尔维亚斯梅代雷沃钢厂，打造了中国与中东欧国际产能合作的样板工程；8 月 27 日，河北新武安钢铁集团文安钢铁与中冶集团签署合作备忘录，在马来西亚投资建设钢铁项目签约仪式，作为首家民营钢铁企业落地“一带一路”，被马来西亚沙捞越州政府工业部长誉为：沙捞越州发展史上又一重大里程碑；12 月初，中国宝武钢铁集团有限公司在上海揭牌成立，中国钢铁新旗舰正式起航。

2016 年，中国粗钢产量达到 1000 万吨以上的企业有 21 家，总产量 4.18 亿吨，占中国粗钢总量的 51.69%；宝武集团粗钢产量高达 6380.56 万吨，占中国粗钢产量的 7.89%，成为中国钢铁体量最大、世界第二的超级企业集团。正是由于宝武集团的组建，中国钢铁产业集中度 CR10（宝武集团、河钢集团、沙钢集团、鞍钢集团、首钢集团、山钢集团、马钢集团、建龙集团、华菱集团、本钢集团）、CR4（宝武集团、河钢集团、沙钢集团、鞍钢集团）终止了继续下跌的态势，分别提升 1.69、3.20 个百分点，达到了 35.87%、21.67%。

2. 钢铁行业兼并重组政策导向

（1）钢铁产业的首部综合政策文件。2005 年 7 月，经过国务院常务会议讨论通过，经国务院同意，国家发展改革委发布了《钢铁产业发展政策》（国家发展改革委员会第 35 号令），明确提出通过钢铁产业组织结构调整，实施兼并重组，扩大具有比较优势的骨干企业集团规模，提高产业集中度。到 2010 年，钢铁冶炼企业数量较大幅度减少，国内排名前十位的钢铁企业集团钢产量占全国产量的比例达到 50%以上；预计 2020 年将达到 70%以上。在兼并重组方向上，提出支持钢铁企业向集团化方向发展，通过强强联合、兼并重组、互相持股等方式进行战略重组，减少钢铁生产企业数量，实现钢铁工业组织结构调整、优化和产业升级。特别是文件提出：支持和鼓励有条件的大型企业集团，进行跨地区的联合重组，到 2010 年，形成两个 3000 万吨级、若干个千万吨级的具有国际竞争力的特大型企业集团。

在国家政策引导及积极推动下，以大型钢铁企业集团为重组主体的跨区域重组、强强联合等均取得实质性和突破性进展，到 2010 年，河钢、宝钢、武钢、鞍钢、沙钢等 5 家钢铁企业集团产量超过 3000 万吨，河钢集团超过 5000 万吨，达到了 5286 万吨，宝钢、鞍钢粗钢产量均超过了 4000 万吨，分别达到 4449.51 万吨、4028.16 万吨，其中武钢、河钢、首钢、沙钢粗钢产量均实现翻番，河钢集团、武钢集团增幅分别高达 177.4%、165.6%。另有首钢、渤海钢铁、新武安钢铁、宝钢、马钢、山东钢铁、安阳钢铁、华菱钢铁等 8 家钢铁企业集团粗钢产量超过 1000 万吨。在产量规模上超过了政策预期目标，见图 6-6。

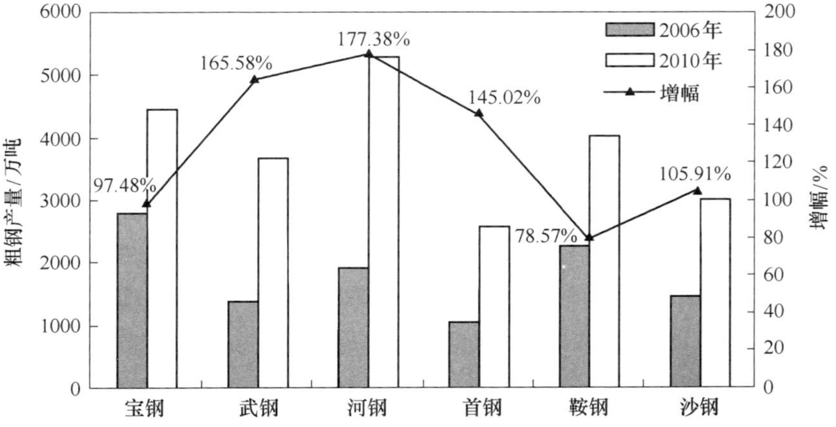

图 6-6　2006 年与 2010 年我国部分大型钢铁企业集团粗钢产量对比情况

（2）兼并重组的首部专项政策。2010 年 8 月，国务院发布《关于促进企业兼并重组的意见》（国发〔2010〕27 号），明确提出：进一步贯彻落实重点产业调整和振兴规划，做强做大优势企业。以汽车、钢铁、水泥、机械制造、电解铝、稀土等行业为重点，推动优势企业实施强强联合、跨地区兼并重组、境外并购和投资合作，提高产业集中度，促进规模化、集约化经营，加快发展具有自主知识产权和知名品牌的骨干企业，培养一批具有国际竞争力的大型企业集团，推动产业结构优化升级。

在明确目标的同时，提出消除企业兼并重组的制度障碍，以及落实税收优惠政策、加强财政资金投入、加大金融支持力度、支持企业自主创新和技术进步、充分发挥资本市场推动作用、完善相关土地管理政策、妥善解决债权债务和职工安置问题、深化企业体制改革和管理创新等八项支持政策，并强调改进对兼并重组的管理和服务。

更为重要的是，由工信部牵头，发改委、财政部、人力资源社会保障部、国土资源部、商务部、人民银行、国资委、税务总局、工商总局、银监会、证监会等部门参加，成立企业兼并重组工作协调小组，统筹协调企业兼并重组工作，研究解决推进企业兼并重组工作中的重大问题，细化有关政策和配套措施，协调有关地区和企业做好组织实施，并明确了《促进企业兼并重组任务分工表》。

（3）钢铁产业的首部去产能专项政策。2016 年 2 月，国务院发布《关于钢铁行业化解过剩产能实现脱困发展的意见》（国发〔2016〕6 号），明确指出鼓励有条件的钢铁企业实施跨行业、跨地区、跨所有制减量化兼并重组，重点推进产钢大省的企业实施兼并重组。

（4）钢铁产业兼并重组的首部专项政策。2016 年 9 月，国务院发布《关于推进钢铁产业兼并重组处置僵尸企业的指导意见》，作为钢铁业去过剩产能、结构优化调整的顶层设计方案，是继《国务院关于促进企业兼并重组的意见》《关于加快推进重点行业企业兼并重组的指导意见》（工信部联产业〔2013〕16 号）、《国务院关于进一步优化企业兼并重组市场环境的意见》（国发〔2014〕14 号）之后，再次对兼并重组提出具体目标和要求，也是第一部针对钢铁产业兼并重组的专项政策。政策更加注重突出重点、分步实施、因地制宜、因企施策，更加注重标本兼治、建立企业优胜劣汰长效机制，积极稳妥化解产能过剩、推动行业重组。

3. 钢铁行业兼并重组特点及障碍分析

(1) 特点分析。

1) 政府推动为主企业自主为辅。改革开放以来，相当一个时期的合并重组都是政府主导。党的十六大以来，各级国资委在并购重组中的作用与日俱增，政府的推动表明了出资人的意愿，是促成联合重组成功的关键。地方国资委推动支持的跨地区重组和本地区合并的案例比比皆是，国有企业间的重组往往是由政府推动完成的。跨地区重组，如宝钢联合上海冶金、重组新疆八钢和浙江宁波钢厂，武钢重组昆钢，首钢控股水钢；本地区合并，如武钢重组鄂钢，攀钢重组成都无缝、成都钢厂和长城钢厂，马钢重组合钢，唐钢和邯钢联合成立河北钢铁，济钢、莱钢和山东冶金联合成立山东钢铁等。

同时，以企业为主体的联合重组也在加快，企业自主的并购往往是通过资本市场完成的，如民营企业间的并购重组。

2) 资产划拨与市场运作相结合。从近几年国有企业的并购重组看，大型国企与地方国有企业之间的并购重组既有通过资产划拨方式，也有通过市场交易方式完成的，而国企与民营企业之间的收购重组则是通过市场化方式完成的。

随着改革的深入和市场经济体制的逐步完善，融资手段日趋多样，证券市场的规模不断扩大，国有企业并购重组的方式和手段也更加灵活多样，过去以行政划拨为主的手段逐步演变为多种方式的合并重组。此外，通过增资扩股、股权置换、整体上市、吸收合并等多种资本交易方式进行的并购重组也日趋增多。

大型国企与地方国有企业之间的联合重组，通过资产划拨方式完成的，如首钢控股水钢、建龙重组新抚钢等。定向增资扩股完成的，如武钢收购昆钢、鞍钢增资天铁冷轧钢板、宝钢重组新疆八钢、宝钢收购宁波钢铁厂等。股权置换收购的，如宝钢收购宁波钢铁厂。整体上市的，如湘钢、涟钢和衡管联合，组建华菱上市；复星国际重组南京钢铁，实现南钢资产整体上市。合并方式的，如唐钢集团与邯钢合并，济钢、莱钢和山东冶金合并等。

此外，还有大型企业之间成立合资公司（新增资产）的重组，如首钢京唐、广东钢铁、广西钢铁，以及鞍钢与凌源钢铁公司组建鞍钢集团朝阳鞍凌钢铁有限公司。以现金增资收购方式的，如马钢收购合钢，华菱收购锡钢，沙钢收购淮钢、河南永钢、鑫瑞特钢、江苏永钢，津西收购鑫益钢铁等。

3）区域内重组和跨地区全国重组并重。近年来，大型优势钢铁企业积极参与地方国有企业的并购重组并在其中处于主导地位，这中间既有大型企业主动兼并和收购地方国有企业，也有地方国有企业主动将控股权转让给大型企业的，如宝钢重组新疆八钢和宁波钢厂、武钢重组鄂钢、马钢重组合钢。在大型企业并购重组地方国有企业的同时，区域内主要是省内国有企业的联合重组步伐也在逐渐加快，如唐钢集团与邯钢合并，济钢、莱钢和山东冶金合并等，联合区域企业，以期在全国范围打造强势行业的大型企业。但是，对于在省内国有企业难以做大的行业，不少省市则采取了全国范围内联合重组的做法，一些省市主动将控股权转让给大型国企，促进企业发展，如首钢控股水钢等。

4）横向重组向纵向重组拓展。企业的横向重组是近年来国有企业并购重组的主要形式，这中间既包括同行业企业之间的合并重组，还包括企业内部或企业之间相近或类似业务板块的重组整合。

企业的纵向重组就是完善产业链建设。钢铁企业横向重组形成大企业集团后，为提高竞争力，越来越重视对资源和市场的控制力，即向上游延伸与资源企业重组、向下游拓展与用户合作。通过与上游原材料供应商和下游客户重组、建立战略合作联盟，形成跨行业、跨地区、跨区域的产业链，是实施纵向重组的有效方式。

铁矿石和焦炭作为钢铁企业保证生产和维护发展的两大命脉，是钢铁企业发展原燃料供应链体系中的重点内容。近几年，我国大型企业积极实施“走出去”战略，在海外市场直接投资、收购或参股境外铁矿资源公司，如鞍钢控股澳大利亚金达比公司、华菱控股 FMG 公司。在国内与大型煤炭（焦煤）生产企业相互参股或成立合资公司共同开发资源，如武钢与平煤集团合资，武钢参股平煤资源开发，平煤参股武钢煤化工产业。钢铁产品长期稳定销售到用户的销售产业链的发展，与下游终端用户建立钢铁产品长期定销合作关系是钢铁企业保持自身产品需求和销售渠道稳定的最佳选择，如宝钢参股中船两大造船基地建设、鞍钢与大连重工合资建设船板配送中心等。提升了企业的整体竞争能力和综合竞争能力。

5）联合重组与企业改革改制相结合。近年来，部分国有企业把并购重组与企业改制结合起来，积极吸引国有企业、外资企业或民营企业作为战略投资者，加快实现集团层面的股份制改革。

国有企业并购重组呈现出的这些特点说明，一方面，我国企业并购重组的市场化程度有了明显提高，市场在企业并购重组的作用得到加强，企业在并购重组市场中的主体地位有所提升；另一方面，我国企业的并购重组具有经济体制转型时期的特点，市场和企业在并购重组中的作用还没有得到充分体现，并购重组的市场化建设还有待继续推进。

（2）障碍分析。

1）体制上的障碍。我国国有资产管理体制实行“统一所有、分级管理”的模式，名义上都是国有企业，实际上已分割为中央国有、省属国有、市属国有，这种体制的实质是政府管企业，而且管资产、管人、管事“三合一”。钢铁企业分为国有、民营、股份、外资等多种所有制形式。在这种体制和机制下，联合重组企业就成了有关政府之间、不同的重组对象之间利益和权力的再分配。由于各种利益诉求、管理体制不一，中央与地方、地方与地方在财税和国资收益的分配存在矛盾，复杂的利益关系给资产重组造成了一定障碍，因此，重组难度很大，这种行政区划体制更不利于跨区域进行整合重组。

2）出资人意愿的障碍。中国的大型钢铁企业大部分还是国企，所以，政府的出资意志决定重组的成败。国企由政府管资产、管人、管事，重组企业的高管任命，地方政府有很大的决定权，而企业没有自主权。对政府的政绩考核指标往往制约企业重组。

目前企业的重组完全是体现出资人意愿的重组，我国钢铁企业之间的联合重组并不是完全通过资本市场来实现的，不一定体现企业的重组意愿。出资人人事权不到位，导致重组企业没有权威性，企业联而不合、貌合神离，就无从谈重组后的整合和重组协同性。

3）地方保护的障碍。目前，地方政府成为钢铁行业跨区域重组的较大障碍，地方容易从本位主义出发，对重组影响较大。钢铁行业有地区分割，地方政府有政绩、GDP 的激励，上马项目的时候大都考虑短期之事；几乎每个省的钢铁企业都是地方纳税大户，地方保护不利于联合重组。

地方的保护促进本地区企业的重组。虽然省内、所有制内的重组利益矛盾较小，好协调，重组有益于区域内优化资源配置，但为了解决历史遗留问题，容易变成各省的行业重组，而不能实现强强联合，形成区域性保护，对外来企业形成壁垒，客观保护了地方落后产能，不利于发挥重组的协同效应。

4）利益分配的障碍。我国现行的财税体制是实行分税制和转移支付制度。分税制是把所有税种分为中央政府收入、地方政府收入和中央地方分享收入三类，政府间的利益分配是钢铁企业跨省市、跨地区联合重组的巨大障碍。

地方和企业在研究联合重组有关问题时，担心联合重组后统一发展规划，不在本地区发展将影响该地区的收入，因此只愿意搞松散型企业集团，不愿搞以资产为纽带的联合重组，影响了重组的实质效果。如何协调好局部利益和全局利益，合理的利益补偿和转移支付机制是促进跨省市、跨地区强强联合重组的关键所在。

5）政策措施配套的障碍。由于历史原因，很多钢铁企业特别是国有大型钢铁企业存在人员多、企业办社会、厂办大集体、辅业单位的负担沉重等大量历史遗留问题。针对这些问题国家已相继出台过一些政策，目前国有企业所办学校、医院、公安正在逐步转移给地方政府。2002 年国家经贸委等八部委下发了《关于国有大中型企业主辅分离辅业改制分流安置富余人员的实施办法》，辅业改制工作正在顺利推进。2005 年 11 月 6 日，国务院又专门批复了东北地区厂办大集体改革试点工作的指导意见，要求在确保稳定的前提下，积极妥善地加以解决。只有处理好主辅分离，才能保证重组后主体的效率发挥。但是钢铁企业的联合重组是一项重要而紧迫的任务，配套政策的落实是个重大问题。

针对重组的重大问题，至今尚未出台相关完善政策，包括一系列财政、社保、法律、环保等的衔接制度。例如，平衡各级政府的财政税收，以解决中央与地方、地方与地方在财税方面的利益分配问题。首先是中央和地方的财税机制政策，将增值税由生产型转为消费型；其次是在重组中重新分配中央和地方利益以及各级政府的利益。

6）重组内在动力不足。目前，我国钢铁工业处在发展时期，绝大多数企业效益较好，以自我发展扩张为企业做大做强的主要手段，联合重组内在的驱动力不足。只有在市场竞争激烈、企业经营压力大、生存发展困难时，联合重组的动力较大。在发展过程中，多数企业是在市场不好时或者企业发展资金困难、面临资金链断掉的危机时，为寻求资金支持，才希望大企业重组，这种重组缺乏企业长远发展的目标，是短期的救急行为，从而影响重组的效应。

4. 钢铁行业兼并重组发展思路

经过多年发展，中国钢铁产业取得了巨大进步和举世瞩目的成就，在规模上早已实现了由追赶到领先的“量变赶超”，但自主创新能力不强、发展参差不齐、经营分散无序竞争、效益水平低等“大而不强”的问题一直广为诟病，表明在竞争力上实现由追赶到领先的“质变跨越”实则更难。本质而言，所谓“大”和“强”不是相互矛盾的，而是相辅相成的。规模是钢铁产业发展的基本规律，“大”是一种优势，可以从产业整体角度全面推进，这是被实践证明了的；但要突破“强”的瓶颈，则必须牵准牛鼻子，企业强则产业强，更高效的途径是围绕优势企业重点突破，核心是要打造具有强大国际竞争力的世界级钢铁企业群，形成超级钢铁企业集团为引领、特大钢铁企业集团为重点、区域钢铁企业集团为支撑的产业协调发展格局，以及向沿海布局集中、向园区布局集中、向内地市场延伸的“一带多点网络化”布局结构，推动钢铁产业转型升级，实现健康可持续发展。

坚持问题导向，解决突出问题，针对钢铁行业兼并重组面临的服务体系不健全、体制机制不完善、跨地区跨所有制重组困难，以及融资难、负担重等问题，以“多兼并重组、少破产清算”战略思想为指导，以“创新发展一批、重组整合一批、清理退出一批”战略部署为方向，以区域内钢铁企业重组、强强联合、国际合作为重点，以政策配套和风险防范为支撑，运用市场化手段妥善处置企业债务和银行不良资产，落实金融机构呆账核销的财税政策，完善金融机构加大抵债资产处置力度的财税支持政策，为钢铁行业债务重组、破产清算扫清了体制机制障碍，加快推进钢铁产业组织结构优化、产业集中度提升，实现减量化、专业化的聚集高效发展。实现组织结构、产业布局“双优化”；企业数量、排放总量“双减少”；企业发展质量和效率“双提升”。

推进钢铁产业兼并重组、实现有序化发展应坚持“六项基本原则”：一是坚持市场化改革、做好协调引导。发挥市场配置资源的决定性作用，减少行政干预。加强政府协调引导，持续推进简政放权，创造良好的外部环境。二是坚持企业主体，落实工作责任。强化主体责任，建立科学合理的激励与约束机制，充分调动企业领导人员、创新人才和各级管理人员的主动性、创造性。三是强化政策托底，确保社会稳定。强化政策托底能力，实现对退出企业的稳妥处置。充分发挥企业党组织、工会和职工代表大会的作用，深入细致做好思想政治工作，妥善安置职工，维护社会稳定。四是整体规划、重点实施、层级推进。充分考虑行业特点和企业实际，加强顶层设计，统筹规划，建立重点项目评价体系，谋划一批，培育一批，成熟一个，推进一个。五是因地制宜、分企施策、专项支撑。加强经验总结，示范推广，建立重点项目“闭环”专项工作组，一一负责，一一支撑，推进一个，落地一个，带动一批，引领一批。六是加强市场监管，构建公平环境。推进工作方式由主要依靠行政手段，向综合运用法律法规、经济手段和必要的行政手段转变；推动界定标准由主要依靠装备规模、工艺技术标准，向环保、能耗、水耗、质量、安全、技术等综合标准转变，通过加强监管执法，建立市场化、法制化、常态化的工作推进机制，构建公平竞争的市场环境，促进国有、民营钢铁企业有序竞争、相互促进、共同提升。

5. 钢铁行业兼并重组建议

（1）保持既有战略，深入推进兼并重组工作。以打造中国特色世界级钢铁强企为核心，以形成集中度高、分工细化、协作高效的产业组织形态为导向，支持、引导、鼓励企业并购。一方面，围绕优势产品推进强强联合。以形成汽车板、电工钢、家电板、造船板、管线钢、油井管等产品的国际一流竞争力和创新能力为目标，支持相关钢铁企业剥离无效、低效产能，以优质资产参与兼并重组，打造中国特色世界级钢铁强企。另一方面，重点支持区域内钢铁企业重组。在去产能工作中，由于时间紧、任务重，部分地方都采取了平摊压减任务，层层传递直到企业按比例压减的做法，极有可能造成区域内所有企业工序产能不匹配，企业生产成本大幅提升，大幅削弱企业竞争力。加快推进区域重组，不仅是政府引导，更是企业内生动力，以形成优强企业主导、中小企业“专精特新”协调发展的产业格局，优化市场环境，加快改造升级。同时，重点支持大型钢铁企业集团强强联合和“国际产能合作”。充分发挥大型钢铁企业集团在自主创新、布局优化、规范管理、资源整合等方面的引领作用，以及钢铁工业在“一带一路”建设与国际产能合作中的带动作用，打造一批具有强大国际竞争力的中国特色世界级钢铁强企，以及专业化分工的骨干钢铁企业，全面和持续满足国民经济和社会发展需求。

（2）做好顶层设计，明确发展目标。为实现兼并重组发展目标，遵循市场化运作规律，更好地发挥政府的政策引导和管理服务作用，我国钢铁产业兼并重组工作需要从顶层做好设计，按照打造具有国际竞争力、具有区域优势、专业化整合等三类分别进行设计，并提出各类企业规模和数量的发展目标，针对各类企业从国有产权交易的协调机制、规范经营、大用户直供电、资源保障、物流系统优化、工艺结构调整、并购税、低效资产退出机制、土地使用和职工安置等方面明确优惠政策，在国家统一部署下，引导和鼓励地方及企业积极推进。

（3）分类编制兼并重组方案。根据国家兼并重组推进工作安排，按照类别分别编制兼并重组方案，包括央企或国资系统大型企业集团、具有区域优势重点地区主管部门、工信部委托中介机构编制的专业化整合三类兼并重组方案。积极引导各地区和单位根据自身发展战略规划，按照国家产业政策要求，确定兼并重组目标企业；并结合宏观经济状况和行业、企业情况，做好方案设计、认真调研、反复讨论，科学制定兼并重组方案。选择目标企业要有利于实现资源的优势互补，有利于最大限度地发挥资源的协同效应。

（4）加强重组后整合。企业要高度重视已重组和重组后各种要素资源的整合，加强人员、文化、管理的融合。以兼并重组为契机，深化管理体制改革，积极开展公司制、股份制改造，进一步完善公司治理结构。结合实际，在人事、财务、采购、销售、生产、研发等环节开展业务流程再造，优化土地、资金、技术、人才等生产要素配置，创新管理模式，实现优势互补、深度融合。

（5）落实政策措施。各地方和企业要认真贯彻落实《国务院关于促进企业兼并重组的意见》和分类推进工作方案，以及在财政、税收、金融服务、债权债务、职工安置、土地、矿产资源配置等方面促进企业兼并重组的政策措施，支持企业开展兼并重组。各地工业和信息化、发展改革、财政、人力资源社会保障、国土资源、商务、国资、工商等部门要结合本地区实际，研究出台促进企业兼并重组的具体措施，优先支持兼并重组企业开展技术改造，鼓励企业加强和创新管理，提升企业综合竞争力。

（6）营造良好环境。坚持市场化运作，充分尊重企业意愿，充分调动企业积极性，引导和激励企业自愿自主开展兼并重组。认真清理、修订、废止各种不利于企业兼并重组的政策、规定和做法，尤其要坚决取消各地自行出台的限制外地企业对本地区企业实施兼并重组的规定。积极探索跨地区企业兼并重组地区间利益共享机制。在不违背国家有关政策规定的前提下，地区间可根据企业资产规模和盈利能力，签订企业兼并重组后的财税利益分成协议，妥善解决企业兼并重组后增加值等统计数据的归属问题，实现企业兼并重组成果共享。

(7) 做好管理服务。建议各地及有关部门应督促企业严格执行兼并重组的有关法律法规和国家产业政策，规范操作程序，加强信息披露，防控内幕交易，防范道德风险。鼓励外资以参股、并购等方式参与国内企业改组改造和兼并重组，加强外资并购境内企业安全审查，维护国家安全。对达到经营者集中法定申报标准的企业兼并重组，要依法进行经营者集中反垄断审查。各地区要加强对企业兼并重组的指导服务，研究制定推动本地区企业兼并重组实施意见，把兼并重组与企业改制、管理创新、技术改造、淘汰落后等结合起来。拓宽企业兼并重组信息交流渠道，建立促进企业兼并重组的公共服务平台。推动企业兼并重组中介服务专业化、规范化发展，重点引进和培养熟悉企业并购业务，特别是跨国并购业务的专门人才，积极为企业提供市场信息、战略咨询、法律顾问、财务顾问、土地估价、资产评估、产权交易、融资中介、独立审计和企业管理等中介服务。认真做好典型经验的总结推广工作，加强宣传引导。

企业应有步骤有计划地实施兼并重组，深入研究兼并重组中可能出现的矛盾和问题，高度重视企业兼并重组中面临的市场、财务、职工安置等方面的风险，以及跨国并购中的风险。加强风险管理，识别风险因素，评估风险强度，妥善制定相应的应对预案和措施，构建完善的风险管理体系。

（三）坚决持续打击“地条钢”

中频炉“地条钢”企业普遍没有炉外精炼和检验检测过程，生产的钢坯（锭）及钢材产品质量性能差，存在明显的安全隐患；个别企业虽然配备了精炼设备，但从经济利益出发，基本不使用，只是应付检查。这些企业普遍是以独立轧钢企业名义申请并获得热轧钢筋生产许可，而实际却从事熔化废钢、连铸钢坯及钢材生产；同时，在生产经营过程中，往往采购、销售不开发票，贴牌、冒牌生产销售劣质钢材。这些违法违规行为，不仅严重干扰市场秩序，加剧恶性竞争，造成“劣币驱逐良币”现象，而且逃避税收、非法牟利，必须予以全面清理取缔。

早在 1999 年 12 月原国家经济贸易委员会发布的《淘汰落后生产能力、工艺和产品的目录（第二批）》中，就明确规定 2000 年年底前淘汰生产“地条钢”或“开口锭”的工频炉。之后，《钢铁产业发展政策》《部分工业行业淘汰落后生产工艺装备和产品指导目录》《产业结构调整指导目录》等均将中频炉生产“地条钢”列入淘汰范畴。

由于“地条钢”生产的隐蔽性以及市场利益的驱动，加之地方政府因经济发展而选择的“隐忍”，长期没有得到完全有效清除，甚至野蛮生产到了失控状态。除此之外，还有相关政策的不完整性和不明确性，也给了这些企业打政策擦边球的机会，比如产业政策只规定中频炉不能生产“地条钢”、普碳钢、不锈钢和建筑用钢，而对于其他钢种（低合金钢、优质碳素结构钢等）并未明确。同时，由于中频炉冶炼产能巨大，涉及职工安置、债权债务等问题也十分突出，地方政府特别是县、镇等难以下定坚决拆除的决心并付之于行动。

2016 年 9 月 12 日，国家钢铁煤炭行业化解过剩产能和脱困发展工作部际联席会议办公室下发《对江苏省新沂小钢厂违法生产销售有关情况进行通报》，要求江苏省高度重视此事件造成的负面影响，深挖事件发生的原因，严肃追究不作为、乱作为的涉事人员责任。同时，要求各有关地区对本辖区内违法违规建设钢铁项目和违法违规制售“地条钢”等钢铁产品的行为进行一次“拉网式”全面普查。由此开始了严厉打击中频炉“地条钢”的序幕。

2017 年 2 月，中国钢铁工业协会、中国金属学会、中国铸造协会、中国特钢企业协会、中国特钢企业协会不锈钢分会会同钢铁研究总院、北京科技大学、冶金工业规划研究院和冶金工业信息标准研究院等单位及部分钢铁企业，组织行业和企业专家，认真研究提出了“关于支持打击‘地条钢’、界定工频和中频感应炉使用范围的意见”。即铸造行业采用感应炉作为熔炼设备生产各类铸件产品，不在关停拆除之列；在特殊合金材料生产中，符合特定要求的中（工）频炉，不在关停拆除之列；在不锈钢及高合金钢生产流程中，仅用于熔化铬铁、镍铁等合金的中（工）频炉，不在关停拆除之列。不属于以上三类界定范围的所有中（工）频炉生产线，不论其规模大小、生产装置新旧程度，是否配置钢水精炼手段和连铸、轧钢装备，是否配置除尘设备等环保设施等，都属于“地条钢”范围，建议都要依法取缔，彻底拆除冶炼主体设备、变压器、除尘罩、操作平台及轨道等装备和设施。其中已列入符合《钢铁行业规范条件》和《铸造用生铁企业认定规范条件》公告名单的企业，建议应立即撤销公告资格；已持证生产销售钢坯（锭）及钢材的企业，建议应立即撤销许可资质。

2017 年 4 月，国家钢铁煤炭行业化解过剩产能和脱困发展工作部际联席会议《关于做好 2017 年钢铁煤炭行业化解过剩产能实现脱困发展工作的意见》（发改运行〔2017〕691号）[4]明确指出：坚决依法彻底取缔“地条钢”违法违规产能。“地条钢”界定的标准，参照《关于支持打击“地条钢”、界定工频和中频感应炉使用范围的意见》（钢协〔2017〕23号）执行。各地区、有关中央企业须于2017年6月底前，依法彻底拆除生产“地条钢”用的中（工）频炉主体设备、变压器、除尘罩、操作平台及轨道等设施；对已拆除“地条钢”生产装备设施的企业，要在各地政府网站上进行公示，接受社会监督。退出的“地条钢”产能不能作为2017年各地区去产能任务，不能享受中央专项奖补资金政策支持，涉及职工由各地统筹做好安置工作。部际联席会议要组织验收、加强监管，切实做到按要求彻底拆除，严禁“以停代关”、异地转移和死灰复燃。

截至2017年5月，国务院已经组织了4轮针对“地条钢”的专项督查，并于8月初开始进行集中抽查验收，国家发改委在验收前的动员会上明确指出：发现存在上报清单外的“地条钢”企业、“地条钢”企业仍然顶风违法生产、“地条钢”企业相关设备未拆除到位、违规新增产能等问题，且社会影响恶劣的，将组成联合调研组，从项目合规、产能置换、产品质量、用地许可、环境保护、施工许可、安全生产、注册登记、银行信贷、纳税、出口等方面进行核查。若情况属实，将上报国务院，依法依规、从重从严追究地方各级政府及其部门、相关企业的责任。除江苏华达事件外，还严肃问责了天津市北辰区政府、区工业和信息化委，大张庄镇、西堤头镇等相关人员的失职失责行为，湖南以文山州砚山鸿鑫金属再生有限公司安全事故为负面典型，严肃问责了8个责任单位和20名责任人。对这些负面典型的严肃追责起到了极大的震慑作用，使得取缔“地条钢”行动取得了实实在在的成效。截至2017年8月，600多家中频炉“地条钢”企业被依法取缔，涉及产能超过1亿吨。

伴随着钢铁行业去产能取得的实效，以及依法取缔“地条钢”的阶段性胜利，我国钢铁行业在产能利用率、生产经营效益、组织布局结构优化等方面均取得了明显改善。钢铁行业效益的大幅提升，有可能让中频炉“地条钢”企业铤而走险、死灰复燃。因此，在建立健全长效机制、持续高压打击等方面必须紧抓不放，不能有丝毫放松。

一是进一步提高认识。切实增强四个意识，确保中央的决策部署落到实处，在取缔“地条钢”工作这项政治任务上，不留退路、不计成本、不讲条件、不打折扣。

二是加强排查、防止死灰复燃。要始终保持高度的敏感性，充分认识“地条钢”屡禁不绝的复杂性、艰巨性，确保依法取缔“地条钢”全覆盖，加强排查，严防死灰复燃。

三是加强对相关装备的监管，严防落后产能异地转移。对于未拆除到位的，必须按照“四个彻底”要求，尽快完成彻底拆除，并做到报废处理。已经拆除的，对中频炉、变压器等设备应登记造册，跟踪其流向，严禁落后产能异地转移。

四是建立长效机制、加强后续监管。建立取缔“地条钢”工作长效机制，切实做好“地条钢”企业的后续监管工作，严防“地条钢”产能死灰复燃和新增产能。特别是要用好舆论监督，畅通群众举报通道，加大对举报信息的核查和反馈力度，使得“地条钢”企业无处藏身。同时，加强对钢材产品流通使用领域的监管查处力度，在全产业链上不留死角与可乘之机。另外，政府相关部门还要进一步加强对产业政策的学习和把握，在招商引资的过程中要严控落后产能项目的引进和落地。

三、行业有序化实践

构建公平有序的市场环境，重塑并巩固市场引导，是国家产业政策导向，也是行业企业共同的诉求。冶金工业规划研究院以系统学习、深入研究、全面解读产业政策，更好地为政府、行业、企业服务为己任，在推进钢铁行业供给侧结构性改革、促进钢铁行业健康有序发展的过程中，不断积累，积极探索，为行业主管部门、地方政府和企业在兼并重组、有序发展方面提供了明晰的发展战略、路线图、时间表和任务书，帮助行业企业适应、把握并引领健康可持续发展趋势。

冶金规划院在推动行业有序化方面的实践，具体见表6-1。

表6-1 冶金规划院在推动行业有序化方面的实践

序号	类 型	主要内容	典型案例
1	部委课题	兼并重组现状、问题分析，解决思路、配套政策、发展建议等	《关于实施兼并重组、打造中国特色世界级钢铁强企的思考与建议》《我国钢铁产业兼并重组总体思路研究》《中国钢铁企业重组路径综合研判与成效分析》

续表 6-1

序号	类　型	主要内容	典型案例
2	地方政府项目	重组方案、政策配套、重点任务、组织框架等	《河北省钢铁产业兼并重组及布局优化总体方案》《辽宁省兼并重组优化方案》《湖北省钢铁产业调整方案》《山东省淄博市钢铁产业结构调整方案》《四川省地方冶金控股集团联合重组转型升级发展规划》《盐城市钢铁产业调整升级发展规划》《邯郸市精品钢材产业发展规划》
3	企业项目	提出产能重组、债务重组、先试先行、重点突破等理念	《关于以五矿营钢为突破口，加快推进东北地区钢铁去产能的报告》《关于为日照钢铁提供咨询服务的工作方案》
4	专题研究	体系构建、意义延伸、重点任务、发展倡议等，努力构建全世界范围有序发展新秩序	《关于打造钢铁行业公平竞争环境和培育钢铁强企的建议》《强化宝武重组协同，打造世界钢铁旗舰》《打造世界级钢铁企业群　推动中国钢铁二次赶超》《化解全球钢铁过剩产能的中国贡献和中国倡议》《关于部分钢铁企业实施债转股支撑行业脱困的探讨》

参考文献

［1］李闯，姜晓东，高升，等．中国钢铁产业政策发展历程及趋势研究．钢铁规划研究（内部资料），2017（4）：104~111.

［2］工业和信息化部产业政策司．淘汰落后产能工作交流会材料汇编（上册）（内部资料）．2015：132~152.

［3］国家发展和改革委员会网站．钢铁煤炭行业化解过剩产能和脱困发展工作部际联席会议办公室对江苏省新沂小钢厂违法生产销售有关情况进行通报［EB/OL］．［2016-09-12］．http：//www.ndrc.gov.cn/xwzx/xwfb/201609/t20160912_818278.html.

［4］中央人民政府网站．关于做好 2017 年钢铁煤炭行业化解过剩产能实现脱困发展工作的意见［EB/OL］．［2017-05-12］．http：//www.gov.cn/xinwen/2017-05/12/content_5193214.htm.

第七章 品 质 化

品质化，即重视品牌建设和产品质量提升，是实现企业可持续发展的重要保障。质量是品牌建设的基石、服务是品牌提升的保障、创新是品牌延续的源泉、文化是品牌推广的精髓。通过技术创新、文化建设，建立标准化、检验化、可追溯、信息化“四位一体”质量体系，全面提升产品质量和服务质量，全力构建集质量、服务、创新和文化于一体的品牌体系，打造具有强大综合竞争力的品牌企业。从国内外钢铁发展经验来看，品质化发展是我国钢铁企业当前实现脱困和未来可持续发展的必然选择。

一、历程回顾和现状分析

（一）历程回顾

1. 国内钢企品牌建设发展历程

品牌是指企业及其所提供的商品或服务的综合标识，其目的是借以辨认某个销售者或某群销售者的产品或服务，并使之同竞争对手的产品和服务区别开来。品牌作为企业品质优异的核心体现，包含着商标、属性、名称、包装、价格、历史、声誉、广告方式等多种因素，蕴涵企业及其商品或服务的品质和声誉。品牌既是企业对消费者的质量承诺，又是企业所获得消费者的信任水平，虽是一种无形资产，但品牌所营造的社会知名度，却能够使企业拥有强大凝聚力和扩散力，最终转化为企业发展的强大支撑力和强劲动力。对消费者，一个强势的品牌可以增强消费者的购买欲望；对生产者，品牌是一个企业成功与否的标志。因此，品牌建设与产品质量、技术、管理、服务等共同构成了企业的核心竞争力。而对品牌建设的认知，钢铁企业与多数生产企业一样，都经历过由一元到多元、从有形到无形、由企业自身行为到国家战略要求的历程，品牌建设工作也随着钢铁企业对品牌认知度的提高，由品牌建设形成期，进入到品牌建设成长期。

由于钢铁产品多以中间产品形式在市场流通，不像汽车、家电等直接面对消费者，很多钢铁企业认为品牌与企业关联度较小。因此，很长一段时间，我国多数钢铁企业忽视了品牌建设，忽视了品牌的生成规律，不注重科技投入、人才培养和管理创新，品牌仅仅作为一个产品的名称和标志而存在，此时，产品商标等同于品牌，狭义的品牌已形成，我们定义为品牌建设形成期。

自我国加入 WTO，钢铁企业更多的参与到国际市场竞争后才发现，品牌对于企业是如此的重要。尤其近年来，钢铁行业产能过剩，生产成本上涨，市场竞争激烈，内需乏力，钢铁企业越来越多地认识到，改变被动局面，实现企业稳步经营和可持续发展，必须抓好企业品牌建设，最大限度地满足用户需求，赢得市场认可。事实上，从某种角度讲，品牌价值已成为钢铁企业赖以生存的生命线。在这之后十几年时间里，钢铁企业不断摸索适应企业自身发展的品牌建设之路，企业品牌被赋予了更多的价值、文化和个性，企业正经历着由单纯的建立产品名称、符号，向打造高端特色产品和品牌服务、诚信经营和规范管理、履行社会责任等综合性品牌建设方向转变。尤其近两年，习近平总书记关于“推动中国制造向中国创造转变、中国速度向中国质量转变、中国产品向中国品牌转变”的重要指示精神，为新形势下的中国品牌发展建设，指明了具体方向，钢铁企业正沿着这条道路，不断发掘新的品牌建设亮点，积极探索特色化的品牌建设之路，企业品牌快速成长。

2. 国内钢企产品和服务质量发展历程

19~20 世纪，全球钢铁工业发展迅猛，一度成为世界工业化进程中最具成长性的产业之一，无论产值、产品结构，还是工业技术都得到了前所未有的提高。进入 21 世纪，钢铁仍然是人类不可替代的原材料之一，是衡量一个国家综合国力和工业水平的重要指标。我国钢铁工业也经历了从无到有、从小到大的发展历程。国内钢铁企业产品种类和质量不断提升，以及为下游用钢行业提供服务范围和深度也不断加大。

（1）产品质量发展历程。中国钢材产品质量经历了从不能满足国内需求到基本能够满足，再到产品质量不断提升，并在国际市场具备较强竞争力的发展历程。

“十五”时期，我国钢铁工业开始进入快速发展轨道，到“十一五”时期，我国钢铁产品结构进一步优化，钢材品种齐全，产品质量不断提高，大部分钢材品种自给率达到 100%。关键钢材品种取得长足进步，高强建筑用钢板、高性能管线钢、大型水电站用钢、高磁感取向硅钢、高速铁路用钢轨、航天器用合金材料、抗震建筑用高强螺纹钢筋等高性能钢铁材料支撑了国民经济相关领域的发展，保障了北京奥运会、上海世博会、西气东输、三峡工程、京沪高铁、载人航天、灾后重建等国家重大工程和重点建设项目的顺利实施。

进入“十二五”时期后，我国钢铁工业数量上的矛盾已经大大弱化，产品结构调整不再单纯是数量上的增减，而开始着重于提高钢材产品品质，促进下游行业转型发展，推动资源节约和节能减排。这一时期，把提高量大面广的钢铁产品质量、档次和稳定性作为产品结构调整的重中之重。

2010 年以来，伴随下游产业加快转型升级的步伐，我国钢材产品结构也进一步优化，高档特种钢材国产化率显著提高。如大型变压器用高磁感取向硅钢、轿车用超高强钢板、机械装备用高级齿轮钢和高档轴承钢、发电设备用耐高温高压锅炉管等高档特种钢材国产化率不断提高。减量化用钢成为行业发展趋势，以Ⅲ级螺纹钢、高强度汽车板、高强度造船板等产品为代表的量大面广的高强节材型钢材产品产量及比例均有所提升，带动钢材产品结构进一步优化，以及钢材产品质量进一步提升。例如，我国高强度钢筋产量及所占比例稳步提高。2004 年，我国Ⅲ级（HRB400）及以上高强钢筋产量只有 340 万吨，占全国钢筋产量的 5.8%；2015 年，Ⅲ级及以上螺纹钢筋产量达 1.4 亿吨，占总消费量的 92.2%。我国汽车板、家电板、硅钢等高端产品产量也是大幅增长。2004 年，我国冷轧及镀锌汽车板产量仅为 320 万吨，到 2015 年产量达到1639 万吨。2005 年，我国取向硅钢产量仅 13.2 万吨，自给率仅为 33.8%，到 2015 年，取向硅钢产量已达 90.4 万吨，基本上实现国内自给，产品质量与性能也显著提升。

（2）服务质量发展历程。长期以来，我国钢铁工业重视生产、建设、经营，轻视与下游行业用户的协调合作，重视制造产品，轻视提供服务，与下游产业的融合程度低，钢铁产品研发、生产和应用环节的联系不紧密。特别是 2005 年以前，钢铁企业往往以钢老大自居，服务意识淡薄以及售后服务水平低，下游用户普遍对钢企抱怨较多。

钢铁行业服务质量和意识不高会影响到钢材产品升级和新产品的推广。例如，高强螺纹钢筋等一些生产技术成熟的高性能钢铁材料经历了较长推广期；已具有生产条件的核电蒸发器管、超超临界电站锅炉用不锈钢炉管等高端产品国内产业化应用也经历了较长过程。

近年我国钢铁企业总体服务水平有了一定提高，但绝大部分企业只注重改善生产工艺装备，提高产品质量，而对满足下游客户诉求重视不够，一些紧密双方关系的措施实际操作不到位，在适应制造业发展方面还存在一定差距。例如，我国钢铁企业与下游用户产品联合研发、先期介入方面与国外企业比还有很大差距。这些年，国内钢铁企业只有宝钢等少数几个企业真正做到了与下游客户进行前期介入、产品联合研发。

我国钢铁企业缺乏与下游用户合作的主动性，只是被动地接受下游用户对材料性能要求，钢材产品开发滞后，而不能先期介入获得一手钢材需求信息，从而更好地指导钢材产品的研发。目前，德国蒂森克虏伯、日本新日铁和 JFE 在汽车板生产研发方面已做到了全面的先期介入，新日铁、JFE 已经和日本、美国和德国等汽车生产企业深度合作，在其新车型研发设计的先期阶段，就介入到钢材的设计、选型、冲压试模等，引导用户钢材选用。

正是因为看到服务质量的重要性，国家层面、企业层面在“十二五”时期，纷纷转变观念，强调钢铁企业要转变服务理念、增强服务意识，建立与下游用户间的战略合作机制，促进钢铁企业由钢铁材料生产商向服务商转变。

3. 品质化企业成长历程

品质化，即重视品牌建设和产品质量提升，是实现企业可持续发展的重要保障。因此，品质化企业成长之路也就是品牌建设和产品质量建设提升之路。

（1）品牌建设。从品牌方面来看，品牌可有效地使产品和服务差异化，降低购买的风险和复杂性，并传播产品或服务所能够提供的利益，培养情感，建立信任。在过去，相比工业品领域生产企业，从事消费品领域的企业对品牌更加重视。随着工业品市场上同质化产品和个性化需求之间矛盾的日益增长，预示着未来的营销竞争将是品牌之战，是为获得品牌主导权而进行的竞争。

企业品牌优势包括品牌稳定性、品牌领导力和国际知名度。从长远来看，要在所有这三个维度获得成功，品牌建设一般采用以下五个步骤：品牌计划、品牌分析、品牌战略、品牌建立和品牌审计。

品牌计划：品牌计划的关键问题就在于在持续性和涉入程度之间取得平衡。为了取得持续性和涉入程度的平衡，必须在企业内部整合以下过程、步骤和程序：一是营造持续变革的氛围，管理层重点关注品牌战略方向；二是确定及时递送信息的流程，完成品牌定位以及品牌识别的竞争力分析报告；三是在品牌竞争力分析的基础上，制定相关行动计划；四是确保强有力的执行过程；五是人人参与计划。

品牌分析：在充分市场调研的基础上，对消费者、竞争者和企业自身进行详细分析，确定和形成符合企业愿景的品牌使命、个性以及品牌价值。

品牌战略：品牌战略制定包括品牌目标市场和定位以及品牌架构。其中，品牌架构包括公司主导、产品主导和混合主导三种模式。

品牌建立：包括建立恰当的品牌识别、创造合适的品牌意义、引导正确的品牌反应和培养与消费者恰当的品牌关系。

品牌审计：品牌审计旨在评价既定品牌或品牌组合的优势和弱点。品牌审计往往由内、外部调查构成。

（2）质量建设。质量观念是企业价值观的重要组成部分，是品牌意识的核心内容。没有高质量的产品作基础，企业创名牌是不可能的。要创立名牌产品，仅靠推行质量标准和确保质量水平是不够的，关键是该产品的质量水平能否最大限度地满足消费者要求的质量水平，是否形成了优秀的质量文化。良好的质量文化有助于品牌战略的长期实施，是品质化企业成功必不可缺的关键因素。营造良好的质量文化包括以下几个方面：

一是树立质量理念，制定严格的质量管理规范；二是用行动传播质量意识，通过管理工具创新确立质量意识，靠组织机构贯彻质量意识；三是通过国际上通行的标准认证强化质量意识，推动内部质量管理水平的提升；四是逐步形成自己特有的质量管理哲学和质量文化，如海尔就形成了自身特色的大质量理论、OEC 管理模式、6S 现场管理办法和 6 个希格玛质量管理办法等质量文化；五是质量文化的应用性扩散，如海尔利用质量文化这一无形资产的应用性扩散形成的企业文化，成功地兼并了多家企业，为企业做大做强提供了有力支撑。

（二）现状分析

1. 当前国内钢铁企业品牌建设情况

长期以来，我国部分钢铁企业，例如宝钢、鞍钢、太钢等持续实施基于企业文化的品牌形象战略、基于技术创新的精品战略、基于服务创新的客户满意战略、基于核心价值的整合传播战略，形成了企业自己的品牌培育体系，并能够保证始终恪守自己对市场和顾客的承诺，树立了企业品牌。《中国500最具价值品牌》排行榜是由诺贝尔经济学奖得主、“欧元之父”罗伯特·蒙代尔担任主席的世界品牌实验室（World Brand Lab），依据财务分析、消费者行为分析和品牌强度分析而评价出的中国品牌名单，其研究成果已成为许多企业并购过程中无形资产评估的重要依据，具有国际权威性。在2016年（第十三届）《中国500最具价值品牌》排行榜中，在这份基于财务、消费者行为和品牌强度分析而获得的中国品牌国家队阵容中，共有5个钢铁行业品牌荣登排行榜，见表7-1。

表7-1　2016年《中国500最具价值品牌》排行榜钢铁行业品牌排名情况

排　名	品牌名称	品牌拥有机构	品牌价值/亿元
41	宝钢	宝钢集团有限公司	887.73
56	鞍钢	鞍钢集团有限公司	447.18
104	首钢	中国首钢集团	280.57
141	沙钢	江苏沙钢集团有限公司	237.59
258	太钢	太原钢铁集团有限公司	129.64

2013年，中国钢铁工业协会结合工信部、发改委等部门联合印发的《关于加快我国工业企业品牌建设的指导意见》，印发了“关于开展钢铁企业品牌培育试点工作的通知”，其工作目标是指导一批实施品牌战略企业建立完善品牌培育管理体系，提高品牌培育的能力和绩效，引导更多企业提升品牌培育科学化水平，为加快培育一批具有国际影响力的自主品牌奠定基础。沙钢、包钢、柳钢、盛隆冶金等钢铁企业先后被列入工信部品牌培育试点企业名单，我国更多钢铁企业已进入品牌建设的快速成长期，品牌培育体系日渐成熟，品牌培育能力和绩效提升明显。但纵观我国钢铁行业品牌建设整体现状，作为世界钢铁生产大国的地位早已确立，但放眼全球，无论是板材、长材还是管材，在全球市场上真正“拿得出”“叫得响”的中国钢材品牌却是屈指可数，品牌影响力不够依然是中国钢铁企业面临的重要问题之一。其实，我国绝大多数钢铁企业并不是没有重视品牌建设，有所不同的是各企业把品牌建设置于什么样的高度，以及如何去系统地管理好与品牌价值提升相关的培育活动，使它的效率更高，效果更好。问题主要表现在以下三个方面：品牌经

营意识不强、品牌建设系统策划不够、重点产品的品牌培育和宣传不够。

我国钢铁行业正处于全面深化改革的关键时期，推进钢铁品牌建设、提高钢铁企业的品牌培育能力，具有更为重要的战略意义。钢铁企业应以诚信为基础，以提高产品服务质量为核心，以提升产品和服务的价值为导向，以科学的品牌培育方法为抓手，注重技术创新与产品质量的保证，科学合理地确定品牌培育战略、目标和管理方法，推进品牌建设持续进行。

2. 当前国内钢铁企业产品和服务质量情况

（1）产品质量现状。我国钢铁工业经过近十年的快速发展，生产的钢材产品质量基本能够满足国内需求。

例如“十二五”期间，钢材质量有了大幅提升，有效地满足了下游行业转型升级。达到国外先进实物质量水平认定并获得“金杯奖”的钢材产品已达 500 余项，生产量占钢材总产量比重达到 40%左右。高铁钢轨、600℃超超临界火电机组用钢管、核电用 690U 型管、LNG 船用镍系低温钢、EH36 以下级别海洋平台用钢等关键钢材品种开发取得突破性进展。第三代汽车高强钢、高牌号取向硅钢、T4003 不锈钢等产品处于世界领先水平。

钢筋产品：高强钢筋、抗震钢筋生产比例大幅提高。精轧钢筋系列化，最高强度可达 1080 兆帕。精轧钢筋 PSB500、PSB785、PSB830、PSB930、PSB1080 已可批量生产，并应用于大型水利工程、工业和民用建筑以及公路、铁路大中跨度桥梁等工程。1230 兆帕级高强度精轧钢筋已进入研发阶段。

汽车板产品：国内宝钢、武钢、鞍钢为代表的大型钢铁企业能够大批量生产汽车和家电行业所需的各品种钢材，质量稳定可靠。国内能够为国产以及韩系、日系、德系等合资品牌轿车供货高端冷轧汽车板。据了解，国内美的、格力、海尔等龙头家电企业用钢材大部分采用国产钢材。

优特钢棒材：我国优特钢棒材的开发和生产取得显著进步，轴承钢、齿轮钢实物质量已经接近国际先进水平。以轴承钢为例，中特集团轴承钢的平均氧含量为 $5.5\times10^{-4}\%$，钢水纯净度高，成分偏析小，制造的轴承疲劳寿命高，质量达到国际先进水平，获得 SKF 等世界知名轴承制造企业的认证。东北特钢轴承钢产品氧含量可控制在 $5\times10^{-4}\%$，钛含量可稳定在小于 $20\times10^{-4}\%$，氮含量可实现小于 $60\times10^{-4}\%$，Ds 小于 1.0 级。

当然，目前国内钢材产品质量也还存在不少问题。如国内部分钢材执行标准不够严格，难以引导产品优化提升；部分生产技术含量较高的钢材品种，产品质量和性能稳定性始终与国外产品以及国内下游需求有一定差距；国家淘汰落后成效不明显，落后生产能力依然大量存在。另外，我国钢铁工业基础研究积累不够，钢铁产业技术进步主要依靠引进消化吸收，原始创新供给不足，企业与用户协同创新滞后，行业前沿技术、关键共性技术研发投入及应用不足，制约了钢材产品品牌质量的进一步提升。

未来，钢铁工业应牢固树立质量意识，构建以质量为核心的品牌体系。企业应积极采用洁净钢生产、精准轧制、产品质量管理一贯制等质量提升技术，利用信息化、智能化手段和装备，减少人为因素对质量控制的影响，提高钢铁产品实物质量的稳定性和一致性。围绕质量标杆，加大品牌培育力度，力争取得更多的国际同类产品实物质量水平的优质产品。

（2）服务质量。目前，国内部分先进的钢铁企业能够做到以用户为中心，服务内容和质量较好，并开展了符合用户要求的服务标准化作业。许多钢铁企业都延伸钢材深加工服务，完善配送与物流体系，提供标准化的产品库存管理和及时配送服务，拓展产品销售渠道，并加强技术支持和售后服务，在材料加工使用过程中提供材料检测、节约钢材、低成本应用技术等服务。有些钢铁企业开辟电子商务、钢铁互联网金融等服务新领域，推进服务升级，与用户共创共享产业链价值。

近年，钢铁企业服务意识虽然有所加强，但服务质量仍然与下游用户发展有差距。我国钢铁企业与下游用户合作的主动性在提高，但仅部分钢铁企业能够做到先期介入获得一手钢材需求信息，指导钢材产品的研发。大多数钢企还缺乏与下游用钢用户深度合作，很少在其研发设计的先期阶段就介入到钢材的设计、选型、工艺试制等工作中，引导用户钢材选用。

今后，钢铁企业还要继续加强产业链建设。需要重视与下游用户建立紧密的合作关系，及时了解、甚至引导客户需求。随着社会的进步，下游用户不仅仅对钢材品种质量不断产生新需求，对相关服务也提出了更高要求。钢铁企业必须紧密联系用户，及时掌握用户各方面需求的变化情况。面对日益激烈的市场竞争，钢铁企业要加快转变服务理念，提高客户管理和服务水平。与销售产品相比，提供服务的要求更高，内涵更广，覆盖了从产品研发、生产、应用再到回收利用的全生命周期过程。钢铁企业只有以用户为中心，建立为下游用户提供完整材料解决方案的开放式服务体系，才能不断提高服务水平，在市场竞争中占得先机。

3. 竞争力强的钢铁企业品质化发展现状

目前国内钢材总量供给矛盾已经解决，但品种质量问题一直存在，特别是我国关键钢材发展滞后，阻碍了钢铁行业进一步转型升级。我国已成为钢铁净出口大国，但关键钢铁产品还严重依赖进口，一些关键领域如海工、航空、能源等用钢材还不能自给，为下游行业发展带来了瓶颈。国内宝钢、河钢、太钢等竞争力强的钢铁企业，强化品牌建设，通过技术创新、企业文化建设，全面提升产品质量和服务质量，走品质化发展之路。

宝钢作为我国改革开放的新型企业，其建设之初就肩负着尽快缩短国内钢铁工业与世界先进水平的差距，实现我国钢铁工业跨越式发展和现代化，满足国民经济建设对高质量钢材需要的历史重任。经过 30 多年的建设，宝钢的整体装备和技术水平已达到国际先进水平，成为国内钢铁工业的领头羊，综合竞争力居国际钢铁业前列。宝钢生产的汽车板、家电板、管线钢、电工钢、船板、锅炉压力容器板、工程机械用钢、核电用钢等产品极大地满足了国家经济建设的需要，为汽车、家电、电力、造船、能源、机械等行业的发展提供了有力的支撑。特别是宝钢确定以汽车板为战略产品，先后在国内成功开发出 O5 板、冷轧高强钢等汽车用钢，确立了在国内汽车板领域的领先优势，汽车板的整体质量已达到国际一流水平，并成功跻身世界汽车板供应商的第一方阵。

（1）市场占有率。目前，宝钢汽车板市场份额约占国内一半。宝钢汽车板的销售量和市场占有率已连续多年位居国内第一，图 7-1 是近几年宝钢汽车板在国内的销售量和市场占有率[1,2]。

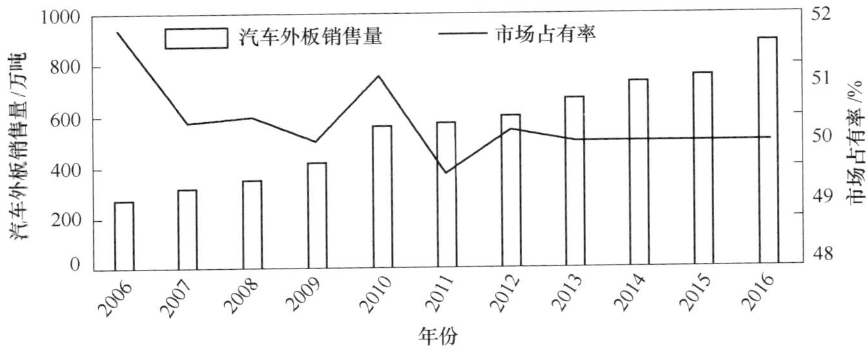

图 7-1 宝钢汽车板销售量及市场占有率

（2）技术研发。在推进品质化发展的路上，宝钢重视人才队伍建设和技术研发投入，加大技术创新力度，尤其是加强未来创新产品的储备。

研发人员：宝钢拥有国内实力最雄厚的汽车板开发和使用技术研发队伍。2016 年，股份公司研发人员共有 1060 人，占公司总人数的比例为 2.8%。

研发投入：2016 年，宝钢股份 R&D 费用高达 36.62 亿元，R&D 费用投入率达到 2.0%。2015 年，国内新增知识产权数量 623 件，其中发明专利授权数 326 件，试用新型授权 253 件，软件著作权 44 件。

新产品和新技术开发：近年来，宝钢新产品开发取得突出进步，第三代汽车用钢 QP1180GA、中锰钢实现全球首发；BW300TP 新型耐磨钢成功用于中集集团搅拌车的生产，使机械服役寿命延长两倍以上；S 级超高韧性钻杆成功钻探 8038 米，打破塔里木油田最深井纪录；有力支撑我国装备制造业和重大工程发展；高磁感取向硅钢 B27R080、B30R090、连续油管 CT110 这三项产品实现全球首发。宝钢自主集成国内第一条薄带连铸连轧工业化示范生产线生产的产品已批量投放市场，标志着我国薄带连铸工艺流程技术创新实现重大突破。

（3）科技成果。宝钢坚持走技术创新道路，低温高磁感取向硅钢制造技术的开发与产业化、600℃超超临界火电机组钢管创新研制与应用等成果获得了国家科技进步一等奖；UOE 焊管生产工艺自主集成技术研究等成果获得了冶金科技进步一等奖；先进高强（超高强）薄带钢产品工艺与装备一体化技术研发、高等级无取向硅钢制造技术的开发与产业化等成果获上海市科技进步一等奖。

（4）标准体系。为满足汽车板生产、科研和销售的需要，宝钢通过实施技术标准战略，发挥标准的引领作用，加快新技术、新产品的标准化速度，力争在国内外标准中体现和反映宝钢的技术，扩大宝钢的影响力，掌握市场竞争的主动权。陆续研制了一系列企业标准，初步构建了宝钢的汽车板企业标准体系。在冶金行业标准主管部门的支持下，宝钢策划、编制了我国汽车用钢国家标准体系，填补了国家标准的空白。同时，通过实施技术标准战略，一方面使创新成果实现产业化，使创新成果的价值得以体现；另一方面进一步提高了宝钢汽车板产品的市场竞争力。

（5）质量文化。以大众汽车事情为契机，宝钢提出了“两个转变”，即产品质量由满足标准转到满足用户使用要求，并提出了“标准+α”概念，α

即是用户在供货标准以外提出的附加技术条件；质量改进由封闭型（解决企业自身问题）转向开放型，把研究用户的需求、研究用户对产品的意见放在第一位，逐步形成了“以用户为中心”的经营理念。随着“以用户为中心”经营理念的内涵不断丰富，用户服务已渗透到产品的售前、售中、售后等各个阶段，内容涉及产品咨询和试用、代理订货、结算、合同执行、供货渠道、仓储运输、剪切配送、看板供货、异议处理、技术支持及对用户培训、先期市场介入等各个方面，逐步形成了宝钢为用户服务的特色。

宝钢倡导“以用户为中心”的经营理念，坚持“不断满足用户需求”的战略，“重用户，重改进，重效率，重价值，为社会提供世界一流的产品和服务”突出了以消费者为中心的理念，把持续改进、快速响应、提高效率作为一切工作的出发点，把为社会提供世界一流的产品和服务，实现企业和社会价值的最大化作为一切工作的落脚点，成为公司持续发展、不断追求卓越的指导方针。

根据“成为全球最具竞争力的钢铁企业和最具投资价值的上市公司”战略目标，宝钢把提高竞争力、实现卓越经营成为企业质量文化建设的努力方向。先后建立市场“快速反应”机制，通过推行 ESI 建立六西格玛精益运营持续改进机制，实施大规模定制，创建学习型组织，开展诚信体系建设，精简机构，重组业务，实现再造，进一步提高工作效率、管理效率，提升宝钢核心竞争力。

（6）品牌核心。多年来，宝钢致力于成为“领先汽车制造商的最佳业绩伙伴”，这需要有国际一流同步的质量保证、同步的执行能力、同步的研发水平、同步的反应速度。因此，“同步”成为了宝钢汽车板坚实的品牌核心。“同步”这一品牌内涵，充分体现了宝钢汽车板与我国汽车制造业不断发展的同步，与用户不断提高的需求的同步，与世界汽车板技术不断更新的同步，与社会全面协调、可持续发展的同步，更是宝钢品质化发展的最佳诠释。

二、发展环境和政策导向

（一）发展环境

习近平总书记在关于《中共中央关于制定国民经济和社会发展第十三个五年规划的建议》的说明中指出：“十三五”时期我国发展仍处于可以大有作

为的重要战略机遇期，但战略机遇期内涵发生了深刻变化。具体而言，我国发展的重要战略机遇期正在由“加快发展速度”向“改变发展方式”转变，由“规模快速扩张”向“提高发展质量和效益”转变。这不仅与我国自身发展变化相关，而且与国际环境的变化密切相关。认清当前国际、国内经济和市场环境的新特征，对钢铁行业品质化建设的重要性认识将更加全面、深刻。

1. 品质化建设是钢铁行业适应经济全球化的必然选择

（1）世界经济中低速增长加速经济全球化。世界经济在经历了过去几十年“黄金发展期”后，2008 年美国次贷危机引发了全球金融和经济危机，世界经济进入了一个较长时期的深度调整期。无论是发达国家还是发展中国家，都面临着深刻的调整压力，经济中低速增长成为新常态。

据国际货币基金组织（IMF）2017 年 4 月发布《世界经济展望》更新报告，指出在活跃的金融市场以及制造业和贸易领域期待已久的周期性复苏支持下，2017 年、2018 年全球经济增长分别为 3.5%和 3.6%。从中长期来看，全球经济将逐步走出金融危机影响。据 IMF 预计，到 2020 年，全球经济增长将达到 4.0%。IMF 认为，全球经济增长面临的下行风险主要包括：一是贸易保护主义抬头，对全球贸易和移民的限制增加，这将损害生产率和收入，对市场情绪产生不利影响；二是发达经济体私人需求长期不足以及改革进展不利，可能导致经济增长率和通货膨胀率持续下降；三是一些新兴经济体依然存在企业债务高企、利润下降、银行资产负债表薄弱、政策缓冲单薄等潜在脆弱性，容易受到全球金融环境收紧、资本流动逆转以及货币大幅贬值产生的资产负债表效应影响；四是地缘政治风险和其他非经济因素继续影响各地区的经济前景。对于发达经济体而言，持续低通胀的风险依然存在，必须保持宽松的货币政策，并视具体情况采取非常规战略。但宽松的货币政策本身不足以充分提振需求，因此，财政支持对于发达经济体形成增长势头至关重要。新兴市场和发展中经济体应加强金融韧性、加强风险管理，有效应对全球金融环境收紧、汇率大幅波动和资本流动逆转带来的挑战。

经济全球化是指贸易、投资、金融、生产等活动的全球化，即生产要素在全球范围内的最佳配置。从根源上说是生产力和国际分工的高度发展，要求进一步跨越民族和国家疆界的产物。经济全球化是当代世界经济的重要特征之一，也是世界经济发展的必然趋势。在新的世界经济环境中，市场开放成为推动世界发展的重要动力，经济全球化为企业的发展提供了更广阔的发展空间，也带来巨大的挑战。对于企业而言，国际水平的品质化建设，既有助于企业的发展，也为各个国家和地区的用户认知和分享企业的产品及服务带来便利。面对世界经济中低速增长的新常态，经济全球化速度加快，贸易自由化、生产国际化、金融全球化、科技全球化特征愈发明显。

（2）品质化建设是钢铁企业适应经济全球化、提高国际化经营水平的现实需要。品牌国际化是实施“走出去”战略的重要手段，质量是企业核心竞争力的最直接体现。随着经济全球化进程加快，拥有国际知名品牌和高水平的产品质量，已经成为引领全球资源配置和开拓市场的重要手段，是企业赢得市场和用户的制胜法宝。在世界经济全球化的大背景下，国内钢材市场面临严峻挑战，一方面欧洲、日本和韩国等跨国钢铁巨头纷纷抢滩中国，对中国市场造成巨大压力；另一方面国内钢铁企业竞争日趋激烈，企业亦越来越多地走向国际市场。我国钢铁行业的竞争，已进入到全球钢铁行业的竞争中，而我国钢铁行业“大而不强”的问题一直存在，尤其是缺少全球知名品牌。现代钢铁企业之间的竞争已不仅仅是产品和技术的竞争，更是品质化的竞争。实施品质化战略，成为国内钢铁企业市场营销的利器。面对国内外钢材市场环境巨变，国内钢铁企业的生存和发展面临巨大压力下，实施品质化战略，打造国际化品质、品牌，既有助于企业的发展，也为各个国家和地区的用户认知和分享企业的产品及服务带来便利，是企业做大做强，迎接经济全球化挑战的必然选择。

2. 品质化建设是钢铁行业应对市场新环境的重要战略

（1）行业面临的市场新环境。

1）钢铁行业产能过剩将加剧，竞争态势更为严峻。近年来，随着我国钢铁项目的大规模建设和产能释放，加上钢材需求增速放缓，导致我国钢铁行业产能过剩明显。截至 2016 年年底，我国粗钢产能利用率约为 66%。

2）贸易摩擦加剧，钢材出口难度进一步加大。由于我国钢材品种质量提升和低成本的竞争优势，自 2004 年开始，我国的钢材出口量大幅度上升，2015 年，我国出口钢材 11239.9 万吨，同比增长 19.9%，达到历史最高水平。但随着我国钢材出口量的增长，贸易摩擦也随之增多，贸易保护成为阻碍我国钢材出口的重要因素。2015 年，我国钢铁遭遇的贸易摩擦案件共 37 起，涉案金额达 47 亿美元；2016 年 21 个国家或地区发起立案调查 49 起，涉案金额 79 亿美元，案件数量和金额同比上升。受此影响，2016 年，我国出口钢材

10849万吨，同比下降3.5%。

3）企业普遍实施产品结构优化，优特钢领域竞争更趋激烈。近年来，随着我国钢铁产业产能过剩的加剧，我国钢材各品种也进入全面过剩的时代，尤其是钢筋、线材和中厚板过剩严重，甚至取向硅钢、帘线钢、不锈钢等“高精尖”的钢材品种也出现了过剩。因此，我国钢铁企业纷纷提出产品结构调整优化，开发适合自身的具有竞争力的优势品种。很多以普钢为主的生产企业纷纷进入优特钢领域，使得优特钢材领域面临更为严峻的竞争局面。

4）用户对品质提出新的更高要求。下游用钢产业行业都致力于转型升级，对钢铁材料的需求出现了一些新的变化：高强钢材的使用更加普遍，钢材的综合性能要求提高。例如，在机械行业中，工程机械用钢向高强度、高耐磨性、特种性能钢材发展；在船舶工业中，LNG（液化天然气）船舶建造对发展耐腐蚀、超低温、高强度、超宽超长超薄和异形船板提出需求等。同时，用户对钢材产品的稳定性、一致性、适用性要求表现更加迫切，对售前、售中到售后的一体化个性服务更加注重。综合来看，下游用户对钢铁企业的需求已经从数量转为集质量、品种、服务为一体的品质化需求。

（2）品质化建设是钢铁行业应对市场新环境、赢得新竞争优势的重要战略。面对钢材市场内需乏力、外需疲软、产能严重过剩、产品同质化竞争激烈的严峻市场环境，钢铁企业要想改变被动局面，实现企业稳步经营和可持续发展，就必须积极调整企业发展与经营策略，通过细分市场、专业化生产、个性化服务，全力打造高质量、高信誉度、高市场占有率、高经济效益的品牌产品，以品质、品牌优势提升企业核心竞争力，赢得市场认可。品质化建设已成为行业应对市场新环境、赢得新竞争优势的重要战略。

（二）政策导向

面对复杂的国内外经济形势和严峻的市场环境，国家从政策入手，对品质化建设提出了一系列引导性意见，对我国钢铁企业品质化发展具有重要意义。

1.《关于加快我国工业企业品牌建设的指导意见》（工信部联科〔2011〕347号）

2011年7月，工信部、发改委等部门联合印发了《关于加快我国工业企业品牌建设的指导意见》。其主旨是为落实《中华人民共和国国民经济和社会发展第十二个五年规划纲要》中提出的“推动自主品牌建设，提升品牌价值和效应，加快发展拥有国际知名品牌和国际竞争力的大型企业”。意见指出：“加快我国工业企业品牌建设，是促进经济结构调整、转变发展方式，走中国特色新型工业化道路的必然要求；是坚持扩大内需战略，释放消费潜力，增强国际竞争力的客观需要；是推动工业创新发展，促进科技成果向现实生产力转化的重要抓手；是树立和维护质量信誉，打造中国制造的国际形象和影响力的坚实基础。”意见中关于品牌建设的总体目标是：“到 2015 年，我国工业企业创新能力和品牌培育能力显著增强，工业企业品牌成长的市场环境明显改善。50%以上大中型工业企业制定并实施品牌战略，品牌产品市场占有率和品牌附加值显著提高。重点培育一批具有国际影响力的自主品牌。”

该项指导意见，将品牌建设提升到了影响国民经济发展全局的战略高度，对理解和认识工业企业品牌建设具有重要意义。越来越多的钢铁企业将品牌建设纳入企业发展规划，宝钢、首钢、太钢等钢企品牌国际影响力不断增强。根据《中共中央关于制定国民经济和社会发展第十三个五年规划的建议》判断，“十三五”期间，品质化建设依然是制造企业的发展重点，《关于加快我国工业企业品牌建设的指导意见》的主要思想路线将延续。

2.《质量发展纲要（2011~2020 年）》（国发〔2012〕9 号）

2012 年 2 月，国务院印发《质量发展纲要（2011~2020 年）》。纲要中关于发展目标提出：“到 2020 年，建设质量强国取得明显成效，质量基础进一步夯实，质量总体水平显著提升，质量发展成果惠及全体人民。形成一批拥有国际知名品牌和核心竞争力的优势企业，形成一批品牌形象突出、服务平台完备、质量水平一流的现代企业和产业集群，基本建成产品质量安全和重点产品质量检测体系，为全面建设小康社会和本世纪中叶基本实现社会主义现代化奠定坚实的质量基础。”

纲要提出“以质取胜”的工作方针，要求“全面提高质量管理水平，推动建设质量强国，促进经济社会又好又快发展”，这对钢铁行业提高产品质量意识，具有方向性引导作用。

3.《关于加强中央企业品牌建设的指导意见》（国资发综合〔2013〕266 号）

2013 年 12 月，国资委印发《关于加强中央企业品牌建设的指导意见》。

该意见主要目的是提高中央企业品牌建设水平，推动中央企业转型升级，实现做强做优中央企业、培育具有国际竞争力的世界一流企业的目标。意见指出："中央企业作为参与国际竞争的主力军，要通过积极打造国际知名品牌，带动我国成熟的产品、技术和标准走出国门、走向世界，在更宽领域和更高层次与跨国公司开展竞争合作，努力构建与经济实力相匹配的品牌实力。"其指导思想是："坚持以科学发展观为指导，以转变经济发展方式为主线，以自主创新为内核，以高品质为基石，以精致管理为保障，以诚信为命脉，逐步建立健全中央企业品牌培育、保护和发展的体制机制，实现'做强做优、世界一流'的目标。"主要目标是："到2020年年末，涌现一批品牌战略明晰、品牌管理体系健全、品牌建设成果显著的企业；形成一批产品优质、服务上乘、具有广泛影响力的知名品牌；培育一批拥有自主知识产权和国际竞争力的自主品牌。"

该项指导意见，提出了中央企业品牌建设的主要内容及实施措施，为培育世界一流中央企业，提高国际化经营水平，赢得新竞争优势，实现国有资产保值增值指明了实现路径，同时，对国有、民营钢铁企业也有较强的借鉴、指导意义。

4. 工业和信息化部办公厅关于做好2016年工业质量品牌建设工作的通知（工信厅科函〔2016〕104号）

2016年2月，工业和信息化部办公厅发布了2016年工业质量品牌建设有关工作的通知。该项通知旨在要求"各地工业和信息化主管部门、有关行业协会要根据地区和行业相关要求，贯彻落实《中共中央关于制定国民经济和社会发展第十三个五年规划的建议》和《中国制造2025》，加强对质量和品牌建设工作的策划部署，制定地区、行业的质量品牌的规划（行动计划），或在相关规划（行动计划）中，把提升质量和培育品牌作为重要内容，确定工作目标和工作内容。"

质量品牌建设将被纳入"十三五"期间统筹推进重点工作，为实现"十三五"良好开局提供必要条件。钢铁企业在编制企业发展"十三五"规划时，也应将品质化建设纳入重要发展战略，明确企业自身品质化发展方向和建设内容，有序、高效、科学地开展品质化建设相关工作。

三、案例剖析

从国内外一流钢铁企业成长和壮大发展历程来看，产品质量和服务质量，以及构建集质量、服务、创新和文化于一体的品牌体系对打造强大综合竞争力的国际知名企业是至关重要的。

（一）浦项钢铁公司

浦项钢铁公司成立于 1968 年，是韩国最大的钢铁联合企业，也是全球最具有竞争力钢铁企业之一。

20 世纪末是浦项快速发展期的后半段。浦项在这一时期，致力于提高客户满意度，通过高质量产品和有竞争力的技术，成为了世界一流的钢铁企业。浦项成功地将传统的高炉生产工艺和薄板坯等新技术组合在一起，最大程度来确保环境友好和有竞争力的生产工艺，并且通过高附加值产品和适当的产品组合来获得较大的竞争优势。

汽车板是浦项的主打产品，也是浦项保持最优竞争力的关键。尽管汽车板的产量仅占浦项产品总量的 24%左右，但营业利润却占到了其总利润的一半以上。由于浦项的汽车板优异品牌和质量，全球整车制造企业都在使用。目前，浦项汽车板研发方向主要是 TWIP 钢、热成型钢等高附加值产品，同时，还在积极推广镁板材在汽车上的应用。浦项未来发展战略就是稳步提高高附加值钢板的销量，以提高效益。

近年，浦项通过大力发展 WP（World Premium）产品以及解决方案式营销服务，继续保持着强大的竞争优势。尽管全球钢材市场行情低迷，韩国浦项钢铁公司 2016 年财报显示，受碳钢平均销售价格由 2015 年的 60. 6 万韩元/吨同比下跌 6. 6%至 56. 6 万韩元/吨影响，浦项钢铁销售额同比下滑 5. 0%至 24. 32 万亿韩元，但通过扩大高附加值 WP 产品销售及降本增效，其营业利润同比大幅增长 17. 7%至 2. 64 万亿韩元；营业利润率达到 10. 8%，同比增长 2. 2 个百分点，这是自 2011 年以来营业利润率首次达到两位数；净利润为 1. 79 万亿韩元，同比显著增长 35. 4%；负债率降至 17. 4%，为公司创立以来的最低水平。2017 年，浦项钢铁 WP 产品销量计划提升至 1686 万吨，销售占比提高至 52%；通过解决方案式营销销售的产品数量计划增加至 450 万吨以上。

浦项通过高品质钢材产品，高效的营销服务，为企业带来了可观的利润回报，实现了可持续发展，很好地诠释了何谓品质化发展的国际一流企业。

（二）新日铁住金公司

新日铁住金公司（NSSMC）是由新日铁和住友金属公司自2012年合并组建的。多年以来，高强汽车板、高耐蚀船板、高功率电工钢板和钢帘线用特殊线材是新日铁全球领先的四大拳头产品，定位重点是机械、电子、汽车、家电、轻工等行业用高附加值板带材、管材和金属制品用材。这些高等级汽车板、高档长材产品给新日铁带来了巨大的经济效益。

新日铁住金公司技术实力非常强，长期致力于发展高端钢铁产品，可生产供应世界所需绝大部分特殊钢材。目前，包括新日铁在内的日本钢企在高质量、高附加值钢材的产量和出口数量上均居世界首位。

新日铁住金在超高端无缝钢管、特殊工程机械用钢、高级汽车零备件等产品方面一直处于领先水平，并基于其与汽车、能源等行业的紧密合作关系，新日铁住金建立了与客户的长期共同发展机制，并在融合新日铁和住金的制造技术力、商品技术力和研究开发力后，通过工艺革新不断提高生产效率、提升高附加值产品的综合竞争力，进一步稳固了公司强有力的市场地位。

新日铁住金利用其先进的技术和品牌优势，实施全球化战略，抢占新兴高端钢材消费市场。新日铁住金主打产品是高级别汽车板，该公司已经和安赛乐米塔尔成立了合资公司，也和中国龙头企业宝钢成立了合资公司，在全球范围内提高了高级别汽车板生产能力，在汽车板制造领域成为了技术领头羊。新日铁住金高级别汽车板生产基地有墨西哥（TENIGAL，年产量40万吨）、泰国（NSGT，36万吨）、印度（JCAPCPL，60万吨）等；高级别能源用钢生产基地有美国（NSBS，140万吨）、越南（CSVC，120万吨）等。未来，还将继续扩大海外生产线建设，抢占全球市场。

新日铁住金目标是成为“综合实力世界第一的钢铁企业”，新日铁住金不断追求世界最先进的技术和制造能力，为客户提供优质的产品和服务，继续深入推动全球化发展，强化成本竞争力和发挥先进技术优势，构筑最佳生产体制并强化钢铁集团公司体制。品质化助推国际化的发展路径在新日铁住金公司得到很好体现。该公司大力优化产品生产技术，不断提高主打产品的市场占有率，同时加大创新，提升服务，扩大高附加值产品下游产业链，最终实现可持续发展。

（三）安赛乐米塔尔

安赛乐米塔尔是全球最大的钢铁企业，业务遍布世界60多个国家和地区，同时，安赛乐米塔尔也是全球领先的钢铁企业，其下游市场包括汽车、建筑、家用电器、包装等，并拥有世界领先的研发能力和技术，公司业务遍及全球主要的钢铁市场，从新兴市场到成熟市场。

安赛乐米塔尔之所以能成为全球最优秀的钢铁公司，与其围绕产品研发而构建的强大技术创新体系密不可分。安赛乐米塔尔公司的研发工作由集团管理董事会成员、高级执行副总裁负责，经费全部由企业内部筹措，由总裁直接划拨，用于产品与工艺、质量保证及长远战略性研究开发。

汽车业务是安赛乐米塔尔的主营业务之一，在全球汽车用钢领域，安赛乐米塔尔提供的扁平材位列供应商第一，还提供拼焊板、长材和管材产品。在先进高强钢、涂镀钢材领域，以及专利产品方面，安赛乐米塔尔都是技术领先者。公司内设有汽车部，专门从事汽车用钢及其相关产品的生产、研发及服务等业务，并在欧洲有几十家与汽车工业相关的服务中心，有几百名研究人员长期从事汽车板的钢种和用户应用技术的设计与研究，如冲压模拟、部件性能和焊接等研究工作，并在多个国家拥有研发实验室。

安赛乐汽车用钢研发中心与汽车生产厂家建立共同“设计与伙伴”合作关系。这一合作关系的建立使其在汽车开发、设计直至生产的全过程中，确立了与客户的紧密战略协作关系。该中心开发汽车用钢全系列新品种，研究人员与轿车厂家、设备制造商和分销商进行了上百个项目的合作研究。目前，集团公司在美国底特律和日本东京分别成立了新的技术中心，进一步联合开发汽车用系列新钢种和强化与汽车生产厂及设备制造厂的相互合作关系。

安赛乐米塔尔汽车用钢性能杰出，包括涂镀及表面处理，在外部件镀锌钢和热冲压镀层钢技术方面处于前沿地位。通过在轻量化和成型性之间争取最佳平衡，借助自有的国际化网络和合作加工中心、拼焊板生产厂家和冲压厂家，在全球范围内提供产品及技术服务。

安赛乐米塔尔公司这种重视依靠创新而带来的品质化发展，创新促品牌的发展方式，值得国内大型钢铁企业学习。

（四）宝武集团

宝武集团是国内最具实力、最具现代化的钢铁企业，除产品质量独树一帜外，其产品服务理念和服务水平在国内钢铁企业中，也是遥遥领先。

宝武集团在国内最早以“先期介入”模式开展产品研发和用户技术研究，打造“产学研用”战略联盟。为用户创造价值，是宝武集团一直坚持的服务理念。宝武集团面对中国汽车行业的需求和特点，开展“先期介入”工作，参与汽车设计的早期阶段，提供钢铁材料应用技术方案并开展先进材料的研究，使用中提供技术支持，满足汽车厂需求，推进了宝武集团和汽车厂的共同进步。例如，宝武集团先后与国内多家汽车厂签订了长期的技术合作协议，并与上海大众公司开展汽车钢板应用研究，与海南汽车公司开展车身开发与汽车用钢技术合作，与一汽集团公司建立了“汽车用钢联合实验室”；联合上海发电装备制造企业、研究院所和高等院校组成“上海电站装备材料及其大型铸锻件攻关联合体”，加速先进电站装备用关键材料及其大型铸锻件立足国内的进程，提升上海重大装备制造能力；与青岛啤酒股份有限公司科研中心建立了“应用技术联合实验室”，促进镀锡板的推广应用；成立“中国金属包装研究发展中心”，推动中国金属包装行业整体技术水平的提高。

为了增强宝武集团先期介入的机会和能力，向用户提供“一揽子解决方案”，宝武集团还开展了相关产品延伸技术的研究。例如在汽车板方面，开展了热冲压、液压成型等汽车零部件成型技术研究，相关技术实现产业化，推进了宝武集团产品（热冲压钢板、高强钢）在国内车型上的使用，扩大、稳定了市场份额，促进了钢铁主业的发展。

宝武集团还在进一步探索与下游行业发展相适应的“先期介入”，未来以汽车行业的工作模式为基础，向建筑、家电、造船、能源等产业拓展。

（五）中信泰富特钢

中信泰富特钢集团（简称中特集团）是中国中信集团旗下香港上市公司中信泰富有限公司控股的专业化集团公司。目前，中特集团拥有兴澄特钢、新冶钢、新亚星、江都泰富特材等核心企业，集团已经具备年产 900 万吨优特钢的生产能力，是全球生产工艺装备、品种规格配套最为齐全的专业化特钢生产企业之一。

特殊钢是重大装备制造和国家重点工程建设所需的关键材料，是钢铁材料中的高技术含量产品，其生产和应用代表了一个国家的工业化发展水平。特殊钢产品质量要求非常严格，包括窄的化学成分、高的纯净度、良好的表面质量、高的外形和尺寸精度、致密均匀的低倍组织和理想的金相组织等。因此，特殊钢占钢总量的比重、特殊钢产品结构、特殊钢质量和特殊钢应用等是反映一个国家钢铁工业发展水平的重要标志。

中特集团一直在实施创建名牌的战略。兴澄特钢在国内品牌创建方面已取得了知名商标和省内著名商标，在国内外同行中享有很高的声誉。已开发出符合国际质量标准的高品质、高档次、高表面质量、高附加值的特殊钢材，部分产品占领国内和国际市场制高点，满足国内重要客户的需求。“兴澄”牌特钢产品主要包括：高品质轴承钢、高压管坯钢、弹簧钢、高性能齿轮钢、易切削非调质钢、系泊链用钢、汽车用钢等，其国内市场占有率较高，较好地满足了下游市场需求，在国内外特钢行业享有品质优异的盛名。其中，“兴澄”牌高标准轴承钢是国内唯一一家同时通过了世界最大几家轴承生产商瑞典 SKF、德国 FAG、法国 SNR、日本 NSK 等认证的特钢企业；“兴澄”牌锚链钢通过了美、英、德、日、韩、中、挪七国船级社认证；“兴澄”牌工程机械用钢已连续多年获得世界最大的工程机械制造商美国卡特彼勒公司全球合格供应商资格。

中信泰富特钢走专、特、精的品质化发展路线，通过其高品质的特殊钢产品，在国内外市场不断提升品牌影响力，未来目标发展成为全球最具竞争力的特钢企业。

四、品质化趋势展望与路径解析

（一）品质化趋势展望

在新常态下，我国经济增长从高速转为中高速，伴随着经济结构转化、发展动力转换、发展方式转变，我国单位 GDP 钢材消费强度明显下降，钢铁生产消费已过峰值，进入弧顶下行区，产量、消费量的“双降”标志着我国钢铁行业进入了减量发展新纪元。在钢铁减量发展时代，钢铁企业应大力重视品牌建设和产品质量提升，走品质化发展之路。

品质化包括品牌建设和产品质量两个方面。品质化发展趋势是通过重视品牌建设和提升产品质量，打造具有强大综合竞争力的品牌企业。

品牌建设：企业品牌建设是企业决策经营过程中不可或缺的一块，它决定了企业本身和企业产品品牌对外形象的好坏，也直接影响到企业的生存与发展，是每家企业都必须重视的。质量是品牌建设的基石、服务是品牌提升的保障、创新是品牌延续的源泉、文化是品牌推广的精髓。

产品质量：产品质量是企业生存发展的根本，质量稳定和优异的产品是做好各项工作的基础，是赢得市场、走向成功的关键。通过技术创新、文化建设，建设标准化、检验化、可追溯、信息化“四位一体”质量体系，全面提升产品质量和服务质量，全力构建集质量、服务、创新和文化于一体的品牌体系，打造具有强大综合竞争力的品牌企业。

（二）路径解析

1. 品牌建设

企业如何做好品牌建设以支持企业可持续发展，主要围绕产品质量、服务、创新、文化等方面的品牌建设，以及通过这些品质化发展措施来提高企业综合竞争力。

（1）质量文化建设。推进企业质量文化建设，不断提高质量管理水平。一是建立和完善质量管理体系。企业要建立和完善以质量为核心的企业管理体系、产品质量一贯制模式。二是落实质量责任制。全面落实质量责任制度、生产条件确认制度、工序服从制度等制度。三是注重过程控制。加大产品质量内控管理模式、生产过程精益质量管理活动、质量过程信息化平台的建设。四是推进质量文化建设。全面推进“诚信质量”的质量文化建设。

（2）服务体系建设。建立公司、车间二级客户服务体系。公司层面负责对核心产品客户及战略用户的服务保障，负责推进与下游客户产业链的衔接、产品研发的保障，推广 EVI 服务模式，提升双方合作依存度和紧密度，保持企业核心产品的市场地位。各生产厂区层面负责所有产品的质量保证和特殊要求，建立质量异议快速处理办法，对重点客户派驻质量跟踪。车间班组层面负责生产制造环节中的质量保证。

（3）技术创新建设。鼓励技术创新和新产品开发工作。钢铁企业应按照“推广一代、试制一代、研究一代、规划一代”的思路，在研发手段和人才队伍上坚持持续投入，大力开发新产品，实施精品名牌战略。依托内部产销研、外部产学研一体化机制，适应市场变化与挖掘市场潜在需求，加强新产品和新技术的开发与推广，把握用户需求导向的产品创新，占据市场竞争的主动权。

（4）文化建设。

1）建设文明单位。在钢铁行业加快转型升级的关键时期，从“精神文明”“价值创造”“生产安全”“绿色发展”四个维度出发，在企业内部扎实开展文明单位创建工作，对于引导管理层重视基础管理工作，提升全员的思想道德修养和文明素质，进而提升队伍整体的凝聚力、战斗力，促进企业稳定健康发展，提升企业良好形象，具有重要而现实的意义。在企业文件建设的过程中，需要与制度建设相结合，融合到员工责任文化中，使其更加规范有“法”可依，做到建设文明单位工作的落地实施。

2）完善企业文化手册。文化氛围的形成需要规范管理、引导和宣传，因此建立有效的宣传平台非常重要，将文化的正面影响最大化、持续化，企业文化手册是一个有效的正规宣传平台，能发挥持续性影响。

对企业文化手册进一步优化，以建立内部学习和外部传播的文化手册为目标，确保使命、愿景、核心价值观、核心价值观指引下的相关理念、企业精神等内容的完备，结合企业的工作重点进行清晰阐述；对其内容清晰地回答“为什么”“是什么”“怎么做”，并且对组织层面、个人层面和部门层面进行有针对性的描述，从意识到能力，再到行为，再到效果评估，再到完善机制，直至建立制度流程等角度进行撰写。对文化手册的理念和内容进行深入的丰富，增加人才理念、质量理念、营销理念等相关理念、企业精神以及企业形象，同时强化内容与形式的协同，根据手册的整体风格进行设计，针对手册每个部分和每页进行色彩和图片的搭配，通过文化手册达到内强素质、外树形象的目的。

2. 质量提升

（1）完善质量体系要求，优化产品研发生产流程。坚持从合同评审、质量计划到过程控制等环节，实行全过程管理控制，对关键性技术、质量、交货及服务等环节，设置检测点进行评审、分析及总结，提升品种技术水平及关键工序稳定质量的能力，确保产品质量的稳定性。

（2）加强质量管理，提升产品质量稳定性。加强过程质量控制，采取有效的纠正或预防措施解决过程质量控制存在的问题，不断地改进和提高过程质量控制能力，提升工艺管理水平；建立工序质量控制点，采取有效的控制方法，对关键工序进行重点控制，保证工序经常处于受控状态；同时，加强精细化管理，严格操作规程，降低人为因素导致的产品质量问题，提升产品质量整体水平。

（3）强化产学研用合作，加快新产品研发和质量提升。加强产学研合作，与相关高校和科研院所开展技术合作，积极吸取国内外先进的产品开发和生产技术，通过合作合资开发、技术专利转让，实现高端品种的研发、生产和销售服务，逐步提高产品质量和市场占有率。

与科研院所合作的同时，高度重视与下游用户的合作，通过“先期介入”的方式与客户共同开发适合客户需求的专用新产品，将合作关系由简单销售向综合服务延伸，通过第一手信息反馈改善产品质量，提高产品竞争力。

五、行业品质化实践

近年，冶金工业规划研究院在规划咨询过程中，始终积极贯彻品质化发展理念，引导行业和企业走品质化发展之路。

冶金规划院作为中央和地方各级政府部门的参谋部，每年都会参与大量钢铁行业政策研究与编制工作，以及一批钢铁大省和区域产业等发展规划，其中，品质化发展要求贯穿于政策制定与行业发展规划中。如我院参与编制的《钢铁工业调整升级规划（2016－2020 年）》，就有“提升质量水平”和“加强品牌建设”的章节，并且全文反复强调提升产品质量的重要性。

冶金规划院在为钢铁企业做规划过程中，也在往品质化发展方向引导。如在为企业做市场分析与产品定位咨询研究时，会深入了解下游用户对钢材品种、规格、质量的需求，以及市场对产品质量、服务等需求趋势，进而为企业的产品质量提升、品种结构调整、品牌树立提出优化方向。

作为国家级钢铁咨询权威机构，我院不断创新咨询服务理念，发挥创新变革作用，引领行业发展，其中就包括钢材品牌评价和钢铁企业竞争力评级工作。我院研究制定了钢材品牌评价体系，分别从质量、市场、服务、创新、品牌建设五个方面对国内钢铁企业的钢材品牌进行评价分析，并围绕品牌战略、品牌识别、品牌传播、品牌危机、品牌资产、品牌应用等方面，帮助钢铁企业培育品牌，扩大品牌影响力，提升内在素质。另外，我院从 2011 年开始连续 7 年开展并发布了“钢铁企业竞争力评级”。该评级是根据企业基础竞争力、企业发展竞争力、企业经营绩效竞争力三大板块以及 13 项要素和 25 个指标，结合专家研判最终评出，在行业内外有较强影响力。上述两项工作，有效引起广大企业对品牌和质量在提升企业综合竞争力方面作用的重视，有力推动了全行业品质化发展。未来，冶金规划院在切实做好政府参谋部、行业引领者、企业智囊团的同时，将继续做好推行行业品质化方面的实践。

冶金规划院在推动行业品质化方面的实践具体见表 7-2。

表 7-2　冶金规划院在推动行业品质化方面的实践

序号	类　型	主要内容	典型案例
1	政策研究与制定	包括国家钢铁工业发展规划的基础研究和编制工作，钢铁大省和区域产业规划等一系列课题研究	《钢铁工业调整升级规划（2016~2020 年）》《2020 年我国钢铁工业重大问题研究—品种专题》
2	企业规划咨询	包括钢材品种、质量、品牌等方面内容	武钢、河钢、山钢、马钢等一批大中型钢铁企业“十三五”发展规划
3	品牌及竞争力等评价、评级	将质量、创新、服务、品牌建设等方面指标纳入对钢材品牌、企业竞争力的评价	2011 年开始连续 7 年开展并发布了“钢铁企业竞争力评级”

参 考 文 献

[1] 宝山钢铁股份有限公司. 宝钢股份年度报告［R］. 2006~2016.
[2] 宝山钢铁股份有限公司. 宝钢股份公司实录［R］. 2006~2016.

第八章 标 准 化

一、历程回顾和现状分析

冶金标准化工作始终走在工业标准化的前列，20 世纪 50~70 年代，参照和采用前苏联的标准，初步建立标准体系；80~90 年代，参照与采用日本和美国标准，产品以日本标准为主，方法以美国标准为主；20 世纪 90 年代~21 世纪初，实施“国际标准和国外先进标准”战略，积极采用国际标准和欧洲标准；2000 年以来，围绕技术创新和产品升级换代以及满足用户需求制修订标准。目前，钢铁行业材料领域内涉及钢铁、耐火材料、金属矿、非金属矿、焦化、炭素、生铁、铁合金、冶金机电等产品标准及节能与综合利用（冶金固废、冶金节能、冶金节水、清洁生产）、安全生产、标准样品等方面标准。

随着标准工作的开展，现行确立的标准体系和管理措施已不能完全满足实际需要，一是标准范围过窄，主要限于工业产品、工程建设和环保要求；二是强制性标准制定主体分散，交叉重复问题突出；三是政府主导制定标准过多，团体、企业等市场主体自主制定、快速反映市场需求的标准少，导致标准有效供给不足；四是缺少对标准制定、实施、评价、标准化工作等进行监督的具体措施，不利于加强事中事后监管。

目前，《标准化法》正在修订，质检总局、国家标准委联合发布了《关于培育和发展团体标准的指导意见》和《团体标准化　第 1 部分：良好行为指南》（GB/T 20004. 1—2016）。文件指出，将加强强制性标准的统一管理，明确规定强制性国家标准由国务院标准化行政主管部门统一管理，由其负责立项、编号、发布和对外通报；引入团体标准，规定依法成立的社会团体可以制定团体标准，供社会自愿采用；完善企业标准有关规定，要求建立企业产品或者服务标准自我声明公开制度，取代企业产品标准备案要求。

（一）国家标准

1. 原燃料标准

（1）发展现状。目前与铁矿石相关的国家标准有102项，除《铁矿石产品等级的划分》（GB/T 32545—2016）和《铁矿石和直接还原铁术语》（GB/T 20565—2006）两个标准外，其余标准均为铁矿石元素分析测量相关标准。

（2）存在的主要问题。铁矿石标准目前以分析检测标准为主，缺少铁矿石质量方面的标准，特别是对铁矿石中S、P等有害杂质没有强制性标准，导致近十年来我国进口铁矿石质量良莠不齐，甚至出现以次充好现象。

2. 工艺装备标准

（1）发展现状。目前钢铁行业工艺装备的国家标准主要有《烧结厂设计规范》（GB 50408—2015）、《铁矿球团工程设计规范》（GB 50491—2009）、《高炉炼铁工程设计规范》（GB 50427—2015）、《炼钢工程设计规范》（GB 50439—2015）、《型钢轧钢工程设计规范》（GB 50410—2014）、《板带轧钢工艺设计规范》（GB 50629—2010）、《线材轧钢工艺设计规范》（GB 50436—2007）、《冷轧带钢工厂设计规范》（GB 50930—2013）、《冷轧电工钢工程设计规范》（GB 50997—2014）等。标准的发布部门主要为中华人民共和国住房和城乡建设部、中华人民共和国国家质量监督检验检疫总局等，起草单位有中冶京诚、中冶赛迪、中冶南方、中冶东方、中冶长天、中冶北方等冶金设计单位。

（2）存在的主要问题。工艺装备标准化工作目前存在的主要问题是从事工艺装备标准相关工作的人才匮乏，在标准实施过程中未建立有效的问题反馈机制，不利于标准的进一步更新完善，此外，工艺装备标准实施的监督力度还有待提高。

3. 产品标准

（1）发展现状。我国钢铁行业产品标准在经历了20世纪50~70年代采用前苏联标准、80~90年代采用国际标准和国外先进标准的阶段后，2000年以后，钢铁行业制定、修订产品标准主要围绕技术创新、产品升级换代、满足用户需求进行。产品标准化工作实现了从生产型向贸易型转变，并对钢铁行业向市场经济转变起到了支撑作用。“十一五”以来，钢铁产品标准化水平不断提高，标准的适用性不断增强，标龄逐渐缩短。与此同时，我国研制了一批市场急需的新产品标准，填补了国内相关产品标准空白。近年，国家相关钢铁产品标准，不仅起到了淘汰落后产品的作用，还通过积极开展高端金属结构材料和特种金属功能材料标准工作，促进了钢铁行业产品结构调整升级。

（2）存在的主要问题。钢铁产品国家标准制修订流程还是按照多年来的传统模式进行，相关标准制修订主要由政府部门计划立项和批准发布，存在标准化管理体制机制的制约，造成产品标准响应市场速度慢、新兴领域用钢标准制修订不及时、与用钢行业合作协调困难等一系列问题。

4. 能源标准

（1）发展现状。节能标准是国家节能制度的基础，“十二五”以来，国家标准委、国家发展改革委，共批准发布了 206 项能效、能耗限额和节能基础国家标准。截至目前，我国已发布实施能效强制性标准 73 项、能耗限额强制性标准 104 项、节能推荐性国家标准 150 余项，对化解产能过剩、优化产业结构、实现节能目标发挥了重要作用。节能相关的标准委员会包括全国基础能源管理技术标准委员会（TC20）和全国能量系统技术标准委员会（TC459），委员会秘书处设置在中国标准化研究院。冶金工业规划研究院承担了 TC20/冶金能源基础与管理标准化工作组秘书处工作。

（2）存在的主要问题。与当前化解过剩产能、促进产业结构调整优化、推进生态文明建设的迫切需求相比，节能标准体系还不健全，实施基础仍显薄弱，管理机制还不完善，一些重要的节能标准缺失，部分标准技术水平落后、更新不及时，标准体系需要进一步完善，特别是用能产品能效、高耗能行业能耗限额、建筑物能效等标准亟须更新。

5. 环保标准

（1）发展现状。2012 年 10 月 1 日正式施行钢铁行业环保新标准，涵盖《铁矿采选工业污染物排放标准》《钢铁烧结、球团工业大气污染物排放标准》等 8 个排放标准，较老标准大幅加严，见图 8-1。通过在重点产排污工序安装在线监测设施，实现企业排放数据与环保部门实时联网，严控超标。目前以环保标准引领，推进了一批创新型治理技术的产业化应用。

（2）存在的主要问题。钢铁行业烧结工序气体污染物排放标准，随着烧结多污染物一体化脱除技术的成功投运将面临提标升级，特别是针对 NO_x 与二噁英的排放浓度，在标准的修订上应充分征求钢铁行业环保专家的建议。在监督层面上，亟须通过技术创新逐渐在钢铁行业推广二噁英在线监测系统，对其排放浓度做到实时监测，确保环保部门的监督工作有据可循。

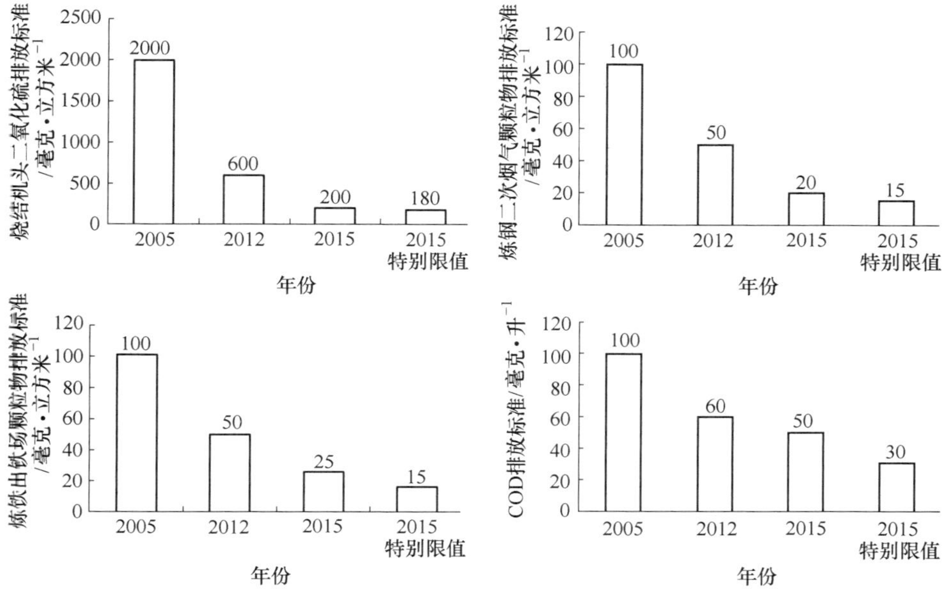

图 8-1　钢铁行业部分环保新旧标准对比

6. 水标准

（1）发展现状。国务院关于实行最严格水资源管理制度的意见（国发〔2012〕3号）提出制定节水强制性标准，加快制定高耗水工业和服务业用水定额国家标准。国家高度重视工业节水标准化工作，尤其是高用水行业的标准化工作正进入一个密集出台的快速发展阶段。近年来，为了保证工业用水和适应新的节水形势的需求，国家加快了节水标准体系建设的步伐，目前已制定发布了一系列标准，主要包括：用水节水基础标准、用水节水考核标准、水质标准、节水设施与产品标准、水处理药剂及材料标准、用水节水设计技术规范等。

《工业企业产品取水定额编制通则》发布，建立了科学、合理的工业企业取水定额标准体系，制定了单位产品用水量的术语和定义以及计算方法。根据该通则相继编制发布了火力发电、钢铁、石油炼制、棉印染、造纸、啤酒、酒精、味精、合成氨、医药、电解铝、氧化铝、选煤等高用水行业的取水定额国家标准。为进一步推动工业行业创建节水型企业，国家先后制定了《节水型企业　火力发电行业》《节水型企业　钢铁行业》《节水型企业　纺织染整行业》《节水型企业　造纸行业》《节水型企业　石油炼制行业》等标准。

其中《取水定额　第2部分：钢铁联合企业》（GB/T 18916.2）标准2002年发布，并经2012年修订，使我国钢铁行业吨钢取水量从40立方米以上下降至目前的3.5立方米，作用十分明显。

（2）存在的主要问题。我国节水尚处于一种较为粗放的管理模式，其中重要的原因之一，就是节水标准体系不健全，目前存在太多的节水标准空白领域，难以适应新时期、新阶段、新技术的社会经济快速发展的需求。节水标准化的严重滞后，制约了节水工作的有序开展以及节水精准管理水平的有效提升。

节水标准的宣贯培训不到位，导致节水管理者层面不能准确理解标准的范围、口径等，在节水管理中引发各种争议，甚至放松对节水标准的执行要求。

7. 循环经济标准

（1）发展现状。循环利用标准体系包括绿色设计与制造、清洁生产、综合利用、产业链接和循环化改造。循环经济标准化试点从2007年启动实施，目前已基本建立、健全了循环经济标准体系，制定了一批填补空白的循环经济标准。截至2017年年初，制定了冶金行业循环经济国家层面标准23项，创建了一批可复制、可推广的循环经济标准化典型模式，培育了一批循环经济标准化复合型人才，取得了显著的经济、环境和社会效益，并利用“互联网+标准”提高了标准化效率。目前的资源循环利用标准体系，是基于资源循环利用的理论内涵和系统架构建立的，依据资源循环利用的分类，综合考虑了生产、流通和消费等生命周期阶段以及废物的循环利用方式，同时强调产业层面的共生与链接。当前正在制定的国家层面标准有5项。

（2）存在的主要问题。循环经济标准化工作目前存在的主要问题是标准体系尚不健全，标准数量少，还有很大的空缺，没有全面覆盖生产、使用领域，与国家政策要求有很大的差距；专业标委会过于分散难以形成合力，实质性参与国际标准化工作的力度不够；现行标准缺失老化滞后、标准交叉重复矛盾、标准体系不够合理以及标准协调推进机制不完善。

8. 物流标准

（1）发展现状。在国家层面，至今我国还没有一套完整的，与钢铁行业供应链物流以及钢铁流通环节物流紧密结合，并有指导规范意义的现代物流标准体系；近期，在全国物流标准化技术委员会（物标委）最新公布的

《物流标准目录手册》中，专业类标准范畴也没有自成体系的钢铁物流标准。只是在物标委的国家标准计划排列中，有5个属于钢铁类范畴的国家标准，钢铁物流行业的标准化工作刚刚处于起步阶段。

（2）存在的主要问题。国家层面缺少钢铁物流标准的相关研究机构。国内相关标准化归口单位是全国物流标准化技术委员会（TC269），之前旗下还没有针对钢铁物流标准化工作研究与编制的工作组（TC269/钢铁物流工作组于2016年11月15日成立，秘书处设在冶金工业规划研究院），致使钢铁物流类标准的制修订工作始终处于较为落后的阶段。在这种情况下，各行业执行相互关联的标准经常出现“各自为政”的局面，造成标准的实用性、可行性出现困难。

缺少钢铁物流标准的顶层设计。至今我国还没有一套完整的、覆盖钢铁全供应链的现代物流标准体系。应从顶层设计角度出发，有效指导钢铁物流标准的制修订具体工作发展。

9. 信息化标准

（1）发展现状。全面推进国民经济和社会信息化是现代化建设全局的战略举措。信息化是我国加快实现工业化和现代化的必然选择，信息化的前提是信息资源共享，信息资源共享的基础就是信息化的标准化。

信息化标准化是指在开发和利用信息技术的各种实践活动中，通过制定、修订、管理和实施各种信息技术标准，坚持与国际标准接轨，宣贯国家标准、行业标准，研制地方实用性标准规范和标准体系，推进信息化应用工程立项、实施、验收及重要信息技术产品的标准符合性测试与认证，以便获得最佳的经济和社会效益。

信息化标准化在标准化方面，包括各种信息技术标准的制定、修订、管理、宣传、实施和复审等环节。在信息技术方面，包括信息的产生、识别、采集、分类编码、存储、处理、传输等环节。目前信息化标准主要包括信息化标准体系、信息技术基础标准、网络基础设施标准、信息安全标准等。

（2）存在的主要问题。我国标准化工作为促进我国经济社会又好又快发展提供了有效支撑。但在信息化标准化方面存在诸多问题，与国家战略部署以及产业发展和市场需求相比，仍有较大差距，主要表现在以下几个方面：

1）参与国际标准化活动的能力与发达国家相比还有较大差距；

2）标准的适应性和有效性有待进一步提高；

3）标准化工作的执行力度有待进一步加强；

4）部分标准尤其是涉及生命健康的安全标准的科学性有待进一步提升；

5）部分标准的检测方法有待进一步改善。

（二）行业标准

1. 原燃料标准

（1）发展现状。目前与铁矿石相关的国家标准有102项，除《铁矿石产品等级的划分》（GB/T 32545—2016）和《铁矿石和直接还原铁 术语》（GB/T 20565—2006）两个标准外，其余标准均为铁矿石元素分析测量相关标准。国家相关部门在煤炭成分检测技术、煤矿生产装备和安全技术条件方面还发布了较多行业标准。

（2）存在的主要问题。铁矿石标准目前以分析检测标准为主，缺少铁矿石质量方面的强制性标准，特别是对铁矿石中S、P等有害杂质没有强制性标准，导致近十年来我国进口铁矿石质量良莠不齐，甚至出现以次充好现象。煤炭和焦炭方面的行业标准较少，主要为国家标准。

2. 工艺装备标准

（1）发展现状。我国钢铁工艺装备的行业标准已经形成了比较完善的体系，涉及烧结、炼铁、炼钢和轧钢全工艺流程的行业标准超过100项，为大型成套设备的设计、制造和使用提供了技术依据，使我国钢铁设备的制造和应用水平有了大幅度提高。行业标准优化了产业结构，淘汰了行业内技术落后、高能耗的装备，提高了我国钢铁行业大型装备的制造技术水平和自主成套水平，为我国钢铁工业的飞跃发展创造了条件。

（2）存在的主要问题。我国钢铁行业特点是规模大、企业工艺装备水平参差不齐，而行业标准多为推荐性标准，中小型民营企业设备整体水平较差，在标准化工艺装备应用方面存在随意性。另外，钢铁冶炼和钢材轧制设备多为大型、成套、生产线设备，针对不同原燃料条件、小批量产品制定统一的标准较为困难，成套设备中单机的制造标准，无论是数量还是技术水平，均无法满足适用性广、高精度、高速度、定制化生产的要求。

3. 产品标准

（1）发展现状。我国钢铁行业的国家标准和行业标准总数达到2370多个，其中产品和方法类标准达到1100多个，占比不到50%，重点标准采用国际标准和国外先进标准的采标率达到75%以上。基本建立了面向市场需求、水平逐步提高、结构趋于合理的产品标准化体系。

（2）存在的主要问题。我国钢铁行业产品标准相对于发达国家和国际标准来说还存在不少差距。主要体现为：品种覆盖少，指标偏低，项目不全，无法满足国际市场的要求；产品标准仍以生产标准为主导，技术内容缺乏自由性和应变性；另外，国家标准和行业标准并不能完全代替企业标准，不能满足顾客个性化要求。

4. 能源标准

（1）发展现状。目前节能方面的行业标准主要有《钢铁企业节能设计规范》《粗钢生产单位产品能耗限额》《电弧炉冶炼单位产品能源消耗限额》《焦炭生产单位产品能源消耗限额》等能耗限额标准，对全行业的节能工作起到了推进与规范化的作用。

（2）存在的主要问题。主要存在以下两方面的问题：一是标准数量较少。钢铁行业作为产业关联度很高的行业，关于行业节能的标准不过十几项，很多方面仍然需要相关标准进行规范。二是标准制修订时间较长。以粗钢生产能耗限额标准为例，最近两版的修订时间间隔达六年之久，与行业的快速发展无法适应。

5. 环保标准

（1）发展现状。钢铁行业作为重要的工业固定源排放行业，在大气、废水、固废处理方面近年来都取得了较为明显的成绩。其中作为主要的非电二氧化硫排放源，十年间通过全面实施烧结烟气脱硫以及回收富余煤气，推进油改气、煤改气等改造项目，实现二氧化硫排放绩效大幅下降。十年间，吨钢二氧化硫排放量由近3千克降为0.85千克左右，完成了约三分之二的废气污染排放削减。烟粉尘是钢铁行业最“直观”的大气污染物，经过持续不断实施除尘改造，增加除尘能力，通过采用布袋除尘等先进工艺，使得吨钢烟粉尘排放量从2千克时代降为2015年年底的0.81千克左右。吨钢废水排放量实现了75%左右的降幅，废水排放总量和强度已在这十年发展期间较大幅度地降低，钢铁行业废水排放总量由“十一五”初期的近12亿立方米降至“十二五”末的4亿立方米左右，吨钢废水排放量由3.8立方米下降至0.8立方米，许多特别限值地区的企业实现了废水“近零排放”。固废综合利用率也由2005年的94.8%提高至2015年的97.5%，吨钢固废产生量由2005年的

628千克降至2015年的585千克。钢铁工业多年来环保成效的提高，一方面得益于日趋严格的环保排放标准与《新环保法》的出台，另一方面也离不开《清洁生产标准 钢铁行业》（HJ/T 189—2006）的正式发布。通过标准的引领与强制性作用，使得钢铁行业由高消耗、高排放的粗放型发展向集约、高效、低排放的清洁生产方式转变。

近年来，大气污染物排放标准化研究工作主要涵盖《铁矿采选工业污染物排放标准》（GB 28661—2012）、《钢铁烧结、球团工业大气污染物排放标准》（GB 28662—2012）、《炼铁工业污染物排放标准》（GB 28663—2012）、《炼钢工业污染物排放标准》（GB 28664—2012）等8个排放标准，较老标准大幅加严。特别是2015年1月1日起执行的特别排放限值，被称为“史上最严”的排放标准，各污染因子排放浓度限值较老标准大幅收严，新标准部分污染物排放限值仅为老标准的十分之一。除排放标准外，冶金行业环保标准还持续出台相关技术与装备类标准，如《硅系铁合金电炉烟气净化及回收设施技术规范》（YB/T 4166—2007）、《电袋复合式除尘器》（GB/T 27869—2011）、《电除尘器性能测试方法》（GB/T 13931—2002）、《高效能环保设备评价技术要求 电除尘器》等系列标准，推进了先进环保治理技术与先进装备的应用，确保生产过程环保设施运行的稳定与性能保障。

（2）存在的主要问题。近年来，冶金行业环保高压态势不断升温，环保产业市场范围日益扩大，潜力巨大，且随着“水十条”“大气十条”“土十条”的相继出台，整个行业产生了对技术装备、产品、设施运行评价等更为迫切的环保需求。但目前冶金行业的环保产业市场仍呈现较为明显的离散特征，产业链上下游亟须规范引导，冶金行业原料系统、焦化、烧结、球团、炼铁、炼钢、轧钢等工序的脱硫、脱硝、除尘、水处理、渣处理等关键环保技术装备普遍缺乏相应的技术要求、效能评估方法，少数环保技术装备即使构建了评价指标体系，也缺少企业环保治理设施实际的应用检验。

因此，结合行业环保领域发展特点，未来应开展针对先进且有工业化应用的环保技术的标准化应用，出台一系列针对行业需求制定的绿色产品标准及其评价规范、企业间环保成本核算标准化方法以及对行业内现有环保设施运行效果评价的相关标准化要求等，全面建立与行业环保领域工作相适应的标准体系的搭建与逐步完善工作。

6. 水标准

（1）发展现状。钢铁行业是高用水高污染行业，用水量约占工业用水量的10%以上，位居工业行业第三位。近些年来，我国钢铁行业节水工作成效显著，钢铁重点统计企业用水量呈逐年下降趋势，至2015年吨钢取水量已降至3.53立方米。钢铁行业制定发布了一部分水标准，主要包括供水水文地质、海水淡化技术、钢铁污水除盐工艺等方面的内容。

钢铁企业节水的行业标准主要有《供水水文地质勘察和供水管井工程》（YB/T 9033—1998），用于供水水文地质勘察和供水管井工程的检查、验收和质量评定；《钢铁行业海水淡化技术规范 第1部分：低温多效蒸馏法》（YB/T 4256.1—2012），用于采用低参数蒸汽通过低温多效蒸馏海水淡化系统制取淡水的钢铁企业；《钢铁污水除盐技术规范 第1部分：反渗透法》（YB/T 4257.1—2012），用于钢铁污水处理膜法除盐系统。

（2）存在的主要问题。由于我国钢铁行业生产结构不同、区域水资源情况不同、企业节水积极性不同，导致先进指标与落后指标并存的情况，体现为南北差异较大。南方钢铁企业因水资源较为丰富，单位产品水资源消耗量普遍较高。随着我国钢铁产品深加工的发展，产业链不断延伸，用水需求有增加的趋势，部分地区水资源紧张与钢铁产业发展的矛盾已经凸现。

钢铁行业节水标准体系还不够完善，一方面基础标准较为缺乏，不利于指导和规范节水标准的制、修订工作；另一方面钢铁行业用水较为复杂，要将标准细化到每个生产工序，标准化的工作还有很长一段路要走。

7. 循环经济标准

（1）发展现状。我国冶金行业尚未建立系统的循环经济标准体系。全国钢标委（SAC/TC 183）虽已专门开展了冶金固废标准工作，但也仅涉及了部分钢铁渣和含铁尘泥的综合利用标准，其尾矿、废石、铁合金渣及有色冶炼渣等综合利用标准仍为空白。此外，冶金生产过程中产生的废水、废气、固废、余热余能等二次资源综合利用技术和产品标准缺失，冶金大型装备及机械再制造、冶金产业园区等循环经济标准化工作尚处初级阶段。截至2017年年初，冶金行业循环经济标准化制定了行业层面标准38项，包括三个方面：基础标准（术语、分类、取制样、堆放、包装标志）、产品标准（冶金渣和尘泥）和方法标准（物理和化学），当前正在制定的行标有11项。

（2）存在的主要问题。循环经济标准化工作目前存在的主要问题是标准体系尚不健全，标准数量少，还有很大的空缺，没有全面覆盖生产、使用领域，与国家政策要求有很大的差距；专业标委会过于分散难以形成合力，实质性参与国际标准化工作的力度不够；现行标准缺失、老化、滞后，标准交叉、重复、矛盾，标准体系不够合理以及标准协调推进机制不完善。

8. 物流标准

（1）发展现状。行业层面，在没有钢铁物流标准体系的前提下，行业标准的制修订工作也较为滞后，并且主要集中在钢铁流通环节的相关内容。现今，公布的钢铁物流行业标准仅有 7 个，关于钢铁全供应链体系的相关物流标准还存在很大缺失。

（2）存在的主要问题。钢铁物流标准化基础薄弱。其一，钢铁物流业起步较晚，基础比较薄弱。钢铁行业物流环节长期运行粗放，管理体制、管理水平、人员素质、基础设备设施等因处于非主业位置，长期存在明显的不足情况；同时，相关从业人员对现代物流理念及物流信息化、物流标准化内容处于一知半解的状态，甚至对“物流”的内涵与外延，都缺乏明确的认识。其二，钢铁物流标准化的市场基础比较薄弱，直接影响到钢铁环节物流标准化的实施。

服务质量和管理水平较低。尽管近年来国家对物流环节重视程度不断提高，并陆续出台多个相关政策，但在钢铁物流环节服务水平和管理水平均一直处于较低位置。如部分钢铁企业库存管理较为粗放，原燃料积压严重；运输部门运送不及时以及管控不利，使物流环节延迟、途中损耗严重；钢铁流通环节仓储管理不善，造成货物内部频繁倒垛，成本居高不下；装卸与运输环节衔接不畅，造成运输车辆、船舶等待时间过长，效率低下。

钢铁物流标准缺乏统一规范。目前，我国钢铁物流系统的发展还处于低级阶段，钢铁物流各环节标准存在着不少问题，主要表现为以下几方面。首先，各钢铁企业以及钢铁流通企业在物流环节运行过程主要遵循自己长年形成的“约定俗成”流程和方法，在装备条件、管控方式等方面均存在落后局面，与国家整体物流产业的发展要求相比仍然有较大的差距。各种钢铁物流设施及装备的技术水平和设施结构不尽合理，管控流程较为粗放，标准化程度较低，无法达到现代物流高效率运行的效果。其次，钢铁物流器具标准不配套，欠缺钢铁行业从供应、生产、销售到流通环节涉及原燃料、辅料、半成品、成品的物流器具标准体系。最后，钢铁物流流程与钢铁物流设施标准、钢铁物流管控标准之间缺乏有效衔接，所以导致了物流无效作业增多，物流成本上升，物流服务质量落后，严重制约了物流效率效益的提高。

9. 信息化标准

（1）发展现状。2016 年以前，钢铁行业层面的信息化标准还几乎没有，电子行业、通信行业发布的标准会包含部分信息化的标准，但也都是通用的标准。2016 年工信部发布了三批行业标准制修订计划，其中关于冶金的标准计划有 108 项，只有一项是关于钢铁行业信息化的标准。2016 年发布的电子行业的标准也只有一项是制造执行系统（MES）规范第 11 部分：冶金行业制造执行系统软件功能，该标准是关于钢铁行业的信息化标准。

（2）存在的主要问题。钢铁行业在信息化标准建设方面相对缺失，为落实《中国制造 2025》的战略部署，加快推进钢铁行业智能制造的发展，发挥标准的规范和引领作用，需要在国家智能制造标准体系建设指南的指导下，加快钢铁行业智能制造相关的信息化标准方面的建设。

（三）企业标准

1. 产品标准

（1）发展现状。产品质量须符合国家和行业有关标准，这是钢铁企业满足一般用户需求的最低质量标准，而企业标准处于标准水平“金字塔”的塔尖，包容性更窄，竞争性更加突出。钢铁企业在当前过剩的市场环境下，纷纷制定了自己的企业标准以提高产品竞争力，另有一些企业为满足高端用户的个性化要求，编制了定制化产品的标准。“国家标准是准入门槛，企业标准才是引领。”正逐渐被钢铁企业认识、接受。

（2）存在的主要问题。目前，我国钢铁企业产品标准在行业的引领作用不突出，这与我国大部分钢铁企业标准化人才队伍的建设还不成熟，缺少为标准化工作设立的机构、岗位和培训有关。因此，钢铁企业要加快培养一批自己的标准化专家，发挥好“企业利益代言人”的作用。

2. 能源标准

（1）发展现状。能源标准是企业实施节能管理的重要基础，也是政府实施节能政策、加强节能监管工作的技术依据。企业标准化是标准化工作的一个重要组成部分，是企业的一项综合性基础工作，贯穿于企业整个生产技术和管理活动的全过程。

随着市场经济体系的不断完善，标准作为市场规范经营运作的主要依据，越来越多的企业在企业内部建立了标准化体系，而能源标准化是体系中的重要组成部分。在冶金企业，可靠的能源保障、确保能源系统自身的安全运行和员工的生命安全具有十分重要的意义，开展标准化工作是一项具有长期性、艰巨性、复杂性的系统建设工程，需要各级、各类管理人员付出长期艰苦的努力，常抓不懈。

（2）存在的主要问题。冶金能源部门是冶金企业的主要生产辅助单位，一般它都担负着冶金企业水、电、风、气（汽）等能源产品（介质）的生产与供应。能源产品（介质）生产的不可间断性、非储存性，决定了生产效果不是有形的实物产品而是效用。加之能源不是冶金企业主要产品，各个能源介质在各自领域均有通用标准，多数冶金企业没有意识到能源标准的重要性，在此方面投入的精力不多。仍有大多数企业未设置专职标准化人员与标准化工作管理机构，尤其是能源标准化专业人员欠缺。

3. 环保标准

（1）发展现状。随着《新环保法》的出台与国家钢铁行业环保标准的日益收严，钢铁企业在贯彻落实清洁生产、实现环保达标排放与全厂环保设施配套稳定运行方面不断予以完善。一方面坚决贯彻执行国家相关标准，如针对企业的环保设施后评价、所在区域对企业的环保达标排放浓度的特别约束等。另一方面以自身企业为参照系，通过《钢铁企业环保管理规章制度》编制、《环境管理体系》认证工作的推进，企业清洁生产审核工作持续推行，以标准化工作引领企业绿色发展转型。随着企业环保意识的逐步增强，企业环境管理逐步规范化、制度化。到 2015 年年底，根据工业和信息化部公布的符合《钢铁行业规范条件（2012 年修订）》钢铁企业名单，有 305 家钢铁企业通过了 ISO 14001 环境质量管理体系认证，占全国钢铁产能的 90%以上。

（2）存在的主要问题。中国钢铁工业飞速发展，使得先进环保工艺技术也得到了快速的推广应用，为提高钢铁企业环保水平奠定了坚实基础。但相应的技术规范、环保设施能效与污染物脱除效果评价、环保排放绩效评价、企业环保成本核算等诸多标准化工作，仍然处于空白或相对滞后期。尽管有宝钢、太钢、唐钢等达到国际先进水平的标杆企业，践行环境经营与绿色发展理念，从企业自身狠抓落实，对标国际先进形成了一套企业的内部标准化评价体系，但就全行业而言，由于地区差异、技术装备水平差异、环保理念差异等，中国钢铁企业间环保水平仍存在不同程度的差距。根据《钢铁工业环境保护统计》，落后企业吨钢排放量达到先进企业的10倍。出现此种局面的问题恰恰就是钢铁行业的上述环保标准未在行业中统一出台，加之资信低、不具备环保设施建设能力较差的环保公司混入其中，造成目前钢铁行业主要环保设施配套良莠不齐，达标效果存在明显差异。未来应以统一的标准约束行业内企业向着资源节约型、环境友好型企业标准迈进。

4. 水标准

（1）发展现状。钢铁企业用水具有多样性，存在焦化、烧结、球团、炼铁、炼钢、轧钢等不同的用水工序，表现为长流程与短流程并存，普通钢铁企业与特殊钢铁企业并存，一次材与二、三次材并存，有自备电厂与无自备电厂并存。因此，由于各个企业的生产情况不同，导致企业用水结构、用水效率会存在一定的差别，给企业节水分析对标工作造成了一定阻力，影响企业节水工作的开展。

钢铁企业生产过程中，内部一般有适用于企业自身的《安全规程》《技术操作规程》《设备运行维护规程》《交接班制度》等制度，并且制定了相关企业标准，主要包括原燃料采购检验标准、产品质量的化验标准、钢铁产品的性能指标标准，用于指导生产实践活动。但是节水方面的标准还属于空白领域，需要制定相关企业节水标准。

（2）存在的主要问题。在钢铁企业内部用水现状存在循环水系统不够完善，存在直流冷却水、提升浓缩倍数等水质稳定措施不到位，水泵等系统设备能耗高等问题，需要一套操控性强、适应企业自身生产运行的节水标准，帮助企业开展节水工作，提升用水效率。

钢铁企业给排水属于公辅专业，在管理方面存在诸多问题，如水系统计量不完善、水质在线监测应用率低、钢铁企业节水意识较差、给排水管理机构不完善、用水管理机制不合理、不重视用水设施技术改造等。在企业节水管理方面，需要规范企业用水管理，加强标准化工作力度。

5. 循环经济标准

（1）发展现状。企业循环经济标准体系为企业的可持续发展提供手段，可全面指导企业开展循环经济标准化工作，同时建立循环经济标准体系，将推动企业系统梳理现有标准，发现不足之处。企业循环经济标准体系主要从资源综合利用、热能回收利用、节电、节水、废气回收资源化等几个方面展开，结合循环经济发展需求，制定一批适合循环经济模式的企业标准，从而完善和改进企业标准体系。如宝钢成功地将矿渣研制成具有抗腐蚀性好、抗微收缩、强度高的矿渣微粉，并将这一科研成果转化为《宝钢高炉渣微粉》企业标准，依靠标准，打开了市场大门，矿渣微粉广泛应用于越江隧道等大型工程，既节约了能源，又实现废物综合利用，每年还可创利润5000万元。

（2）存在的主要问题。企业建立健全了数量众多、内容齐全的与标准化管理相关的管理制度，但在企业的实际运营中，与标准化管理相关的管理制度，有的并没有真正“落实到管理上，体现在实践中”。有些企业在标准化管理推行过程中，没有具体问题具体分析，没有遵循客观规律，管理标准定得太高、太空、太远，缺乏科学性、实践性、可操作性。一些企业在标准化管理运行过程中，甚至会因“特殊情况特殊对待”的理由而被忽视和违背，阻碍了推行和实施。

6. 物流标准

（1）发展现状。钢铁企业层面的物流长期处于配套服务环节，仅以“保产”为第一出发点。近年来随着钢铁行业的形势下滑，物流刚刚成为企业“降本”的重点。但因为一直处于附属位置，再加上受重视程度不够，造成企业在物流标准化工作方面一直处于“约定俗成”的工作状态，没有成体系地对钢铁企业物流标准进行规范与制定。

钢铁流通环节的企业包括仓储、运输、综合性、货代船代、加工配送、物流园区等众多类型的企业，类似企业一直遵循物流、交通、贸易等领域的相关标准。

（2）存在的主要问题。在钢铁行业整体“过冬”的行情下，过去一直处于附属服务角色的物流环节刚刚才被各钢铁企业重视，物流降本成了时髦的名词，但降本的方法却因没有着手点而无从发力，仅仅以指标性的年降低多少费用等命令的模式下达至物流生产部门，在缺少物流历史统计、信息化手段、现代物流集中管控理念以及规范性标准的指导下，降本成了数字游戏。由于缺少规范性的指引，经常出现“按下葫芦，浮起来瓢”的局部降本，而整体运行成本升高的背道而驰情况。

钢铁流通环节物流层面。由于存在仓储、运输、装卸搬运等领域的标准与钢铁物流各环节针对性不强的情况，加之钢铁物流企业一直存在“小、散、乱”的发展现象，所以，相关标准在钢铁物流领域的实用性和普及性存在问题。

7. 信息化标准

（1）发展现状。企业信息化是指企业利用计算机和网络技术，通过对信息资源的深度开发和广泛利用，不断提高生产经营的管理水平、提高企业决策的效率和质量，从而提高企业经济效益和核心竞争力的过程。

企业标准化是企业的一项综合性基础工作，贯穿于企业生产、技术和管理活动的全过程。标准化是企业实施信息化建设最基本的支撑条件，是信息化系统全局化、实现数据共享的基本保证。

近年来，我国钢铁行业信息化发展迅速，越来越多的钢铁企业把信息化作为提高企业核心竞争力的重要手段，企业投入大量资金进行信息化建设。然而，在传统的管理模式下，国内钢铁企业信息化项目运行效果与国际先进企业相比仍然存在较大差距。国内钢铁企业一般存在组织机构庞大、业务流程复杂的问题，导致信息化项目开发周期长、成本高、运行效率低。总的来说，企业信息化标准缺失，企业管理的不规范、标准化工作的滞后，严重阻碍了企业信息化运行效果的发挥。

（2）存在的主要问题。

信息系统与企业管理模式不匹配。许多企业认识不到信息化与管理标准化之间的关系，对于同样标准的企业管理信息系统，管理体系不同的企业应用以后，产生的效果会有很大差距。目前，很多企业存在日常管理体系与软件标准不匹配的问题。

基础数据标准化缺失。数据标准化是企业进行信息化建设的基础保障，企业信息化就是对企业数据集合进行数字化设计、实施、应用及管理，确保数据采集的规范化和标准化是企业信息化项目建设的关键因素。目前，许多企业在信息化项目实施过程中，没有对数据进行规范化和标准化管理。

未实现信息系统开发的标准化。信息系统开发的标准化主要指在系统开发中遵守统一的系统设计规范、程序开发规范和项目管理规范。目前，很多企业进行信息化项目建设时，没有遵守软件工程的设计规范，导致出现用户需求反复更改、系统运行效果不理想、系统更新迭代难等问题。

二、发展环境和政策导向

全面深化改革开放，推动中国经济向中高端水平迈进，国家对标准化的关注和重视前所未有。习近平总书记指出，中国将积极实施标准化战略，发挥标准化的基础性、战略性和引领性作用，以标准助力创新发展、协调发展、绿色发展、开放发展、共享发展。李克强总理强调，要以标准全面提升推动产业升级，形成新的竞争优势，促进经济中高速增长、迈向中高端水平。国务院印发的《中国制造 2025》[1]《关于发挥品牌引领作用推动供需结构升级的意见》《装备制造业标准化和质量提升规划》[2]《消费品标准化和质量提升规划（2016~2020）》等文件也多次明确了以标准引领中国制造质量的提升，推动国际国内标准接轨。

标准化在推进钢铁工业转型升级过程中也发挥着不可或缺的作用，越来越多的标准被纳入到产业政策相关文件中。国务院《关于钢铁行业化解过剩产能实现脱困发展的意见》中明确提出，发挥标准约束和引导作用，助推结构性过剩产能化解。环保方面必须达到《钢铁工业水污染物排放标准》《钢铁烧结、球团工业大气污染物排放标准》《炼铁工业大气污染物排放标准》《炼钢工业大气污染物排放标准》《轧钢工业大气污染物排放标准》等要求；能耗方面必须达到《粗钢生产主要工序单位产品能源消耗限额》等强制性标准要求；安全方面必须达到《炼铁安全规程》《炼钢安全规程》《工业企业煤气安全规程》等标准要求，达不到标准要求的钢铁产能要依法依规退出。

（一）政策法规

1957 年，我国为了加强标准化工作，根据国情组织制定了一批国家和部级标准，我国标准化工作从此走上独立自主的发展阶段。1958 年以后，由于左倾错误的影响，标准化工作遭受严重挫折，直到 1962 年国民经济调整时期，标准化工作才得到恢复和加强，国务院颁发了《工农业产品和工程建设技术标准管理办法》，标准化工作取得了新的发展。十年动乱期间，标准化工作一度处于停顿状态，立法机关遭到破坏，法制建设受到严重摧残。

党的十一届三中全会以后，随着经济工作的全面恢复，标准化工作得到了国家的重视，为了加强对标准化工作的规范，1979 年国务院颁布了《中华人民共和国标准化管理条例》，全国标准化工作进入一个新的发展时期。我国标准化管理体制运行机制逐步完善，标准体系初步形成。1989 年国家颁布了《中华人民共和国标准化法》，进一步确定了我国的标准体系、标准化管理体制和运行机制的框架。随后，国务院于 1990 年颁布了《中华人民共和国标准化法实施条例》，对于落实《标准化法》的实施提出了具体的规定。为了贯彻落实好《标准化法》和《标准化法实施条例》，作为标准化工作的主管部门，原国家技术监督局颁布了一系列更加细化的规章，内容基本涵盖了各类标准的制定、修订，标准出版、标准管理以及工业、农业、能源、交通等行业的标准化管理，这一时期，我国标准化法律法规的体系初步建立。

“十八大”以来，党中央、国务院对加强标准化工作、推进标准化改革发展作出一系列决策部署。十八届二中全会提出加强技术标准体系建设；三中全会要求政府要加强发展战略、规划、政策和标准等制定和实施；四中全会把标准作为依法治国的重要手段；五中全会对标准化的要求贯穿了“创新、协调、绿色、开放、共享”五大新发展理念；中央全面深化改革领导小组把标准化改革列为 2015 年度重点任务。

2015 年 3 月，国务院出台《深化标准化工作改革方案》[3]，大力推动我国标准化工作改革。力主把目前我国政府单一供给的现行标准体系，转变为由政府主导制定的标准和市场自主制定的标准共同构成的新型标准体系。政府主导制定的标准由 6 类整合精简为 4 类，分别是强制性国家标准、推荐性国家标准、推荐性行业标准和推荐性地方标准；市场自主制定的标准分为团体标准和企业标准。政府主导制定的标准侧重于保基本，市场自主制定的标准侧重于提高竞争力。同时，建立并完善与新型标准体系配套的标准化管理体制。

2015 年 5 月，国务院发布《国务院标准化协调推进部际联席会议制度》，质检总局（国家标准委）为牵头单位，共由 39 个部委组成，在国务院领导下，统筹协调全国标准化工作。研究提出促进标准化改革发展的重大方针政策，协调解决标准化改革发展中的重大问题；对跨部门跨领域、存在重大争议标准的制定和实施进行协调，审议确定需报请国务院批准发布的标准。

2015 年 12 月，国务院印发的《国家标准化体系建设发展规划（2016～2020 年）》[4]要求，到 2020 年，“中国标准”国际影响力和贡献力大幅提升，我国迈入世界标准强国行列。标准体系更加健全，政府主导制定的标准与市场自主制定的标准协同发展、协调配套，强制性标准守底线、推荐性标准保基本、企业标准强质量的作用充分发挥，在技术发展快、市场创新活跃的领域培育和发展一批具有国际影响力的团体标准。标准化效益充分显现、标准国际化水平大幅提升、标准化基础不断夯实。

2016 年 2 月，质检总局、国家标准委印发《关于培育和发展团体标准的指导意见》，激发社会团体制定标准、运用标准的活力，规范团体标准化工作，增加标准有效供给。意见要求，到 2020 年市场自主制定的团体标准发展较为成熟，团体标准数量和竞争力稳步提升，团体标准化工作得到社会广泛认可，形成一批具有国际知名度和影响力的团体标准制定机构。

2016 年 5 月，中共中央、国务院印发的《国家创新驱动发展战略纲要》，从党和国家工作全局高度，专门用一个部分部署“实施知识产权、标准、质量和品牌战略”，要求“提升中国标准水平”，标准化已成为实施创新驱动发展战略的重要内容。

2017 年 2 月，国务院总理李克强主持召开国务院常务会议，会议通过《中华人民共和国标准化法（修订草案）》，决定将草案提请全国人大常委会审议。这将是标准法修订的一个重要里程碑节点，意味着自 1989 年起施行的《中华人民共和国标准化法》将迎来首次修订。现行的《中华人民共和国标准化法》[5]仅仅涉及工业生产和工业产品标准问题，“标准缺失老化滞后”“标准交叉重复矛盾”“越重要的标准越难产”等问题困扰着标准化的发展。新《标准化法》将在完善工业品标准的同时，着力在服务标准制修订上下更大工夫，鼓励企业通过标准创新促进行业标准提升，推动产业转型和经济结构调整升级。意见稿还强调，禁止利用制定标准从事行业壁垒、地区封锁、不正当竞争等。

随着党中央、国务院以及全社会对标准工作的重视，以及一系列法律法规的制修订与落实，我国标准化事业发展已经站在了新的历史起点上。

（二）行业发展

中国钢铁工业已进入减量化发展阶段，但对铁矿石需求仍处于高位，冶金工业规划研究院预测到 2030 年我国铁矿石对外依存度仍将处于 85%以上，并且全球高品位资源逐步减少，平均品位正呈下降趋势，在我国环保、能耗政策趋严背景下，以标准规范进口铁矿石秩序是重要手段之一。

我国的冶金工艺装备方面各类设计机构已有几十余家，已形成包括冶金地质、矿山、冶炼、加工等方面学科齐全的强大工程设计队伍。在“一带一路”战略的部署下，我国冶金工程设计单位积极“走出去”，承包大量钢铁冶金方面国际产能合作项目，相关工艺装备标准必须迎头赶上，为实现钢铁行业提质增效、转型升级的战略目标积极开展冶金工艺装备标准化工作。后续工作重点：一是加强标准化顶层设计和管理工作，国家层面以《中国制造2025》为主线，以《中国标准化体系建设发展规划（2016~2020）》为指导，支持和引导制造标准体系，特别是对冶金重大装备标准体系重点关注和扶持。二是加快工艺装备的标准制修订步伐，充分满足市场、行业发展需求。根据市场要求，完成了一批行业急需的标准的制修订任务，例如，目前4000立方米及以上高炉等装备相关标准。三是更加注重冶金成套设备中关键零部件和配套件技术的研制与标准制定工作，以及成套冶金设备生产过程中的安全、环保、节能减排标准，以提高冶金设备的技术水平和配套水平。

为执行国家实施最严格的水资源管理和考核制度，落实《国家标准体系建设发展规划》，实施节能减排标准化重大工程；落实《关于推进合同节水管理促进节水服务产业发展的意见》，建立合同节水管理技术标准体系，有必要编制一系列的钢铁节水标准，加快推动切实落地。我国水资源紧缺，工业用水供需矛盾突出，而钢铁行业属于高耗水行业，用水量巨大，水资源是钢铁行业可持续发展的重要制约因素，需要尽快有效推进钢铁行业节水标准化工作，突出标准引领作用。我国钢铁行业节水标准数量少、质量低、操作性差，节水标准化工作十分薄弱，节水标准体系尚不健全。随着钢铁行业节水工作逐步深入，节水标准体系滞后的局面凸现，难以适应行业节水管理的需要，急需专业机构完善、创新、研制、更新钢铁行业节水相关标准体系，规范有效推进钢铁行业节水标准化工作。钢铁行业节水管理落后，节水意识不够，不能适应国家最严格的水资源管理制度要求，需要尽快出台一系列钢铁行业节水标准，全面覆盖行业节水管理各个环节，加强标准研制和宣贯工作，规范引导行业企业节水管理。

循环经济是一种新的技术范式，一种新的生产力发展方式，为产业结构调整、企业激励和社会追求可持续发展的新模式提供新的思路和新的机制。目前，经济发展与资源短缺环境破坏之间的矛盾越来越激烈，因此，如何处理资源与发展、环境与发展之间的平衡，是我国统筹人与自然协调发展的重大课题。标准化是开展循环经济活动的基础，在整个循环经济制度体系中具有基础性地位。循环经济标准体系的构建既是循环经济标准化的顶层设计工作，也是标准化的地基建设工作。因此，建立工业循环经济标准体系，对促进经济、社会、环境可持续发展具有深远的意义。

作为专业类物流标准，钢铁物流标准化是物流标准体系的重要一环，钢铁物流标准体系包含物流安全、物流诚信、绿色物流、物流信息、先进设施设备和甩挂运输、城市共同配送、多式联运等物流业发展内容的方方面面，需要通过加强该专业标准的制定，实现钢铁物流作业各环节、各种物流设施设备以及物流信息的衔接配套，同时保证物流的诚信及安全运行。最终，通过标准的实施，实现促进钢铁物流服务体系高效、安全、顺畅、绿色运转的目标。

我国钢铁企业基础自动化水平和信息化建设水平良莠不齐，分别处于工业 1.0、工业 2.0、工业 3.0 的不同发展阶段。信息化系统建设标准数量少、质量低、实操性差，标准体系尚待完善。为提高钢铁行业两化融合水平，实现钢铁行业转型升级，有必要完善相应信息化标准体系的建设。由于钢铁工业半连续半离散的生产模式，其信息化建设存在一定复杂性，信息化系统实施范围较广、周期较长、难度较大、成功率较低，而且钢铁企业信息化系统类目繁多，针对钢铁企业的信息化标准体系尚不完善，因此，有必要编写一系列针对钢铁企业信息化的标准，约束和规范钢铁企业的信息化建设，提高信息化系统实施成功率。2015 年 5 月，国务院正式印发《中国制造 2025》，其中第二项就是推进信息化与工业化深度融合。2016 年 5 月，国务院印发《关于深化制造业与互联网融合发展的指导意见》，部署深化制造业与互联网融合发展。为加快落实国家政策，真正提升钢铁企业两化融合建设水平，需要编制一系列的钢铁信息化建设标准，突出标准引领的作用，实现智能升级。

（三）生态环境

1. 环境约束不断增强，生态环境质量仍需改进

我国近些年相继出台了一系列与环保相关的法律法规，针对钢铁行业的污染物控制达到了空前收严的历史节点。2015 年 1 月 1 日，新修订的《环境保护法》已经正式实施，与新环保法配套的《环境保护主管部门实施按日连续处罚暂行办法》《环境保护主管部门实施限制生产、停产整治暂行办法》同时实施，超标排放等环境违法行为将受到“按日计罚、上不封顶”“治安拘留、刑事责任”等手段的严惩。随后，4 月 25 日出台的《中共中央国务院关于加快推进生态文明建设的意见》明确提出全面推进污染防治的具体目标，指出地方各政府应谨守环保责任红线，监督污染企业严守环保质量底线，深入持久地推进生态文明建设。同年 8 月，《中华人民共和国大气污染防治法》重新修订，被称为“史上最严”的大气污染防治法，建设性地提出了加强对

燃煤、工业等大气污染的综合防治，对颗粒物、二氧化硫、氮氧化物等气体污染物实施协同治理，结合《水污染防治行动计划》和《土壤污染防治行动计划》的全面出台，环境约束持续加强，治理压力空前提高。

目前，全国 SO_2、NO_x、一次 PM2.5 及 NH_3 的环境容量分别约为 1360 万吨、1260 万吨、620 万吨和 630 万吨。仅 2010 年全国 SO_2、NO_x、一次 PM2.5 和 NH_3 实际排放量就分别超过环境容量的 66%、81%、96%、52%，主要大气污染物排放量均远超过所在区域环境容量。其中在重点排放限值区域中，京津冀地区又成为严重超载区域，北京、天津、河北 SO_2、NO_x、一次 PM2.5 超载率均大于 150%，NH_3 超载率超过 100%。31 个省市区中，空气污染较严重的河南、河北、天津、安徽、山东及北京 6 省市 4 项污染物排放量均超过环境容量 1 倍以上。长三角区域 25 个城市第一季度平均优良天数比例为 71.0%，同比提高 7.6 个百分点。PM2.5 浓度为 61 微克/立方米，同比下降 10.3%；PM10 浓度为 86 微克/立方米，同比下降 15.7%。2017 年 2 月，长三角区域 25 个城市平均优良天数比例为 67.6%，同比下降 1.7 个百分点。PM2.5 浓度为 63 微克/立方米，同比持平；PM10 浓度为 87 微克/立方米，同比下降 11.2%。珠三角区域 9 个城市第一季度平均优良天数比例为 87.4%，同比下降 10.9 个百分点。PM2.5 浓度为 46 微克/立方米，同比上升 43.8%；PM10 浓度为 62 微克/立方米，同比上升 31.9%。2017 年 2 月，珠三角区域 9 个城市平均优良天数比例为 90.9%，同比降低 8.3 个百分点。PM2.5 浓度为 41 微克/立方米，同比上升 28.1%；PM10 浓度为 55 微克/立方米，同比上升 17.0%。虽然环境质量总体来说逐年改善，但形势依然不容乐观，特别是改善大气环境质量时间紧迫、任务艰巨，随着保持较快经济发展速度的客观需求，生态环境质量态势依然严峻。需坚持依法治污，提高环境容量负荷过大区域的污染物排放指标，出台标准化监测与重点产污节点监测方法，全面强化环境监管执法，着力推进环境质量持续改善。

2. 绿色发展是钢铁企业转型升级的必由之路

钢铁行业作为我国国民经济的支柱产业，经过了 21 世纪以来的快速发展。但逐步积累的无序的产能规模扩张，长期以来的粗放式发展，已造成资源能源的过度消费，严重影响生态环境，中国环境承载能力已经达到上限，随着过剩产能与工业源污染的日益凸显，资源环境约束已经无法支撑经济的可持续发展，近年来的雾霾污染事件进一步加剧了公众对钢铁行业污染的担忧，环保部公布的主要城市环境空气质量状况，20个污染最严重的城市中，绝大多数都有钢铁企业。因此，钢铁工业向绿色化转型发展刻不容缓。以宝钢、太钢、河钢集团为代表的中国钢铁企业已经开始在绿色经营、绿色发展、绿色转型方面展开积极探索，并取得了明显的成绩。2015年3月25日，在中央政治局会议上，习近平总书记在“新型工业化、城镇化、信息化、农业现代化”的基础上首次提出“绿色化”，绿色发展被提到了前所未有的高度，随后绿色发展理念也成为中国“十三五”规划的五大发展理念之一。钢铁企业必须适应新时期中国经济发展绿色转型的现实要求，大力实施绿色化发展模式，秉承“绿色矿山、绿色采购、绿色物流、绿色制造、绿色产品、绿色产业”六位一体发展方略，提升综合竞争力，做好钢厂与城市的互生共融工作，实现全面协调可持续发展。

目前，钢铁行业末端环保治理设施的运行效果不容乐观。基于国家有关部门对18个省区市82家钢铁企业的207台烧结机的抽查结果发现，行业中钢协会员单位应用比例达70%以上的湿法脱硫工艺保持较高的脱硫效率，其中应用石灰-石膏法、镁法和氨-硫铵法脱硫装置实际运行效果可达95%以上，而应用CFB循环流化床、SDA旋转喷雾法、密相塔半干法技术的大部分企业脱硫效率可达85%以上，烟气中SO_2排放浓度可稳定保持在200毫克/立方米以下，绝大多数企业可满足180毫克/立方米以下的特排限值要求，中钢协会员单位脱硫设施的整体同步运行率可达90%上。然而通过走访调研，也发现少数民营钢铁因脱硫设施建造之初缺乏对脱硫技术的总体判断，以低价中标的方式将工程交予一些资信较差的环保公司，导致设备选型和材料选择的质量不佳，故障率较高，某些脱硫设施实际运行效果不足设计能力40%。另外，由于钢铁烧结脱硫装置运行费用高，企业负担重，加之政府监管无法实现落实到每台脱硫设施的运行上，企业环保违法成本太低、守法成本又太高，因此，也造成部分企业脱硫设施运行不正常，对监测数据采取调整系数、弄虚作假的不法手段。太钢、江苏永钢、宝钢应用的活性焦干法脱硫工艺，在实现95%以上运行率的同时，也保持了较高的脱硫效率，外排烟气中SO_2排放浓度控制在100毫克/立方米以下。

造成以上企业间环保水平巨大差异的根本原因，还是对相关环保治理技术、工艺参数与装备水平未出台相应的技术规范与后评价标准。排放标准的收严，加之工程技术标准的滞后，形成了部分资信较差环保企业“蜂拥而上，只求利润”的市场乱象。现阶段国家与行业层面已意识到此类问题，正在加紧出台相关约束标准，加强市场监管与环保工程实施准入门槛，最大限度地消除最低价中标、劣币驱逐良币的畸形市场现状。只有通过对末端治理技术的规范化与对全行业钢铁企业环保设施配套、环保成本统一核算标准的制定出台，才能使中国钢铁环保工作步入正轨，促进行业内所有企业间的公平竞争，良性发展，真正走上绿色发展的转型升级之路，用深度治理措施的标准化引领生态环境稳中向好，人与自然和谐共处的可持续发展趋势。

三、案例剖析

（一）宝钢

1. 宝钢标准化作业概述

宝钢建厂之初，在成套引进国外先进设备和生产技术的同时，也引进了成套的先进管理技术。在学习、消化、掌握国外先进管理技术和科学管理经验的基础上，宝钢结合国情、厂情，不断改革、开拓、创新，逐步形成了“以社会化专业协作为条件、以集中一贯管理为核心、以基层管理为基础、系统优化”的管理体系。将管理中心下移，通过“权力委让”，强化基层管理，形成了“以计划值为目标、作业长制为中心、标准化作业为准绳、设备点检定修制为重点、自主管理活动为基础”的基础管理模式。

2. 宝钢标准化作业的内容

宝钢标准化作业内容包括基准、标准规范化，管理方法标准化，行为动作标准化，时间、系列标准化，工作程序标准化，安全工作标准化，礼仪、环境标准化，服装、标志标准化等八个方面，主要涵盖内容如图 8-2 所示。

（1）基准、标准规范化。基准、标准包括基准标准和技术标准，使其规范化是宝钢标准化作业的前提和核心内容。基准标准分为通用基准和专用基准两类，技术标准包括产品标准、原材料标准、工艺标准、设备标准、安全卫生环保标准，以及产品质量验收、包装、标志标准等。

（2）管理方法标准化。包括管理层次、管理业务、管理方式和管理工具的标准化管理，以及运用标准化的原理和方法，对管理制度实行规范化管理。

（3）行为动作标准化。包括方法研究和作业测定、作业动作、联络语言等标准化作业内容。

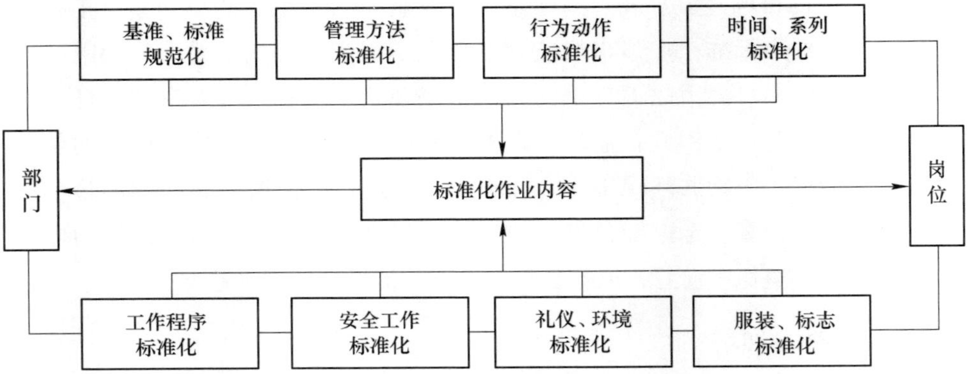

图 8-2 宝钢标准化作业的主要内容

（4）时间、系列标准化。包括要求员工严格遵守作息制度，讲究计划作业时间控制精度，追求工作时间的标准化。

（5）工作程序标准化。包括工艺流程标准化、作业工序标准化和办事程序标准化，涉及企业技术、工作和管理领域，是制订岗位工作（作业）标准的基础和前提。

（6）安全工作标准化。包括制订安全或劳动保护标准（或制度），实施安全标准等。

（7）礼仪、环境标准化。包括厂区环境标准化、作业环境标准化、会议管理标准化、礼仪社交标准化等。

（8）服装、标志标准化。包括着装标准化、标志符号标准化、企业视觉识别系统标准化。

3. 宝钢标准化作业的基本推进体系

公司设有标准化推进委员会，下设标准化作业推进办公室；各二级单位设有部门标准化作业推进小组；各二级单位设有部门标准化作业推进联络员。

公司标准化推进委员会负责确定公司标准化作业推进工作目标、工作总结；根据公司现场生产情况，进行公司标准化推进工作会议及现场巡视；审核公司标准化作业先进集体及个人的激励。

公司标准化推进办公室负责公司标准化作业推进工作计划的制定及工作总结、筹备会议、现场巡检等。

部门标准化作业推进小组负责制定本部门标准化作业推进管理办法、阶段推进工作目标的确定及本部门现场的检查。

部门标准化作业推进联络员负责建立本部门标准化作业推进联络员网络体系，负责日常标准化作业推进工作。

4. 宝钢标准化作业推进的认识与实践

经过近二十年的推进，宝钢标准化作业内容不断完善，推进的要求、标准、实践不断提升，对于提高企业现场管理水平，提升职工队伍素质，满足现场生产作业安全、持续、顺行，保证持续实现企业经营目标发挥了重要的促进作用。

在企业内部实现标准化作业的同时，宝钢不断探索尝试，在标准制定、产品认证、科研标准化管理、技术法规研究等方面均取得积极成效。近年来编制完成了具备国际先进水平的《深冲压用冷轧钢板及钢带》《集装箱用钢板及钢带》《石油天然气输送管用热轧宽钢带》《彩色涂层钢板及钢带》《彩色涂层钢板及钢带试验方法》等一系列国家标准。同时，组织公司标准化工作人员参加 ISO、IEC、API、欧洲卷涂协会、美国卷涂协会等机构或国家组织的会议，参加与美国材料试验协会（ASTM）的学术交流活动，参加 GM 钢铁产品工作组的工作，跟踪 LCA 和环境报告为企业满足绿色标志做准备等。

（二）鞍钢

1. 鞍钢标准化发展战略

鞍钢是辽宁省第一批 26 家企业标准化示范单位之一，是 20 余个国内技术委员会或分技术委员会的委员，制定了企业在市场调研、产品开发、生产制造、市场营销、售后服务等生产经营管理活动中的相关标准，先后完成了 80 余项国家（行业）标准制修订工作、300 余项企业标准的整顿和修订工作，使钢铁企业趋于规范化、通用化和系列化。鞍钢集团公司将标准化发展战略纳入公司整体发展战略，提出标准化工作的指导思想是：深入贯彻落实科学发展观，服务公司经营发展、支撑公司科技创新、最终实现技术引领。制定了公司“十二五”标准化工作的发展目标：

（1）企业标准做大做强。优化企业标准体系和结构，制定和完善覆盖全流程的企业标准；与国际标准相关联的企业标准达到和高于国际标准水平的比例要超过 85%；推动标准有效实施，实施效益明显增强。目前，鞍钢已建立了覆盖生产全流程的企业标准体系，形成了配套的原燃料采购标准、中间品标准、产成品标准和检验方法标准体系，为企业的生产经营提供了有力的保障。

在鞍钢现有的与国际标准相关联的企业标准中，达到和高于国际标准水平的比例超过50%，其中，热连轧和冷轧、涂镀产品的企业标准已超过90%，鞍钢标准的采标率远远高于行业水平。通过推动企业标准的实施，用户已广泛认知并认可了鞍钢标准，热连轧、冷轧产品已全部使用鞍钢标准。

（2）国家标准多点覆盖。鞍钢积极参与钢标委等行业标准化技术委员会活动，全面介入国家标准的制修订，并逐步在重点领域将鞍钢核心技术转化制定成为国家标准，使鞍钢成为国家标准工作的领跑者。

借助国家近段时间提出的健全和完善国家标准体系，大力发展重点领域国家标准的有利时机，公司全面介入国家标准化工作，并加大对国家标准制修订工作的力度和投入。全面参与全国钢标委、铁矿石与直接还原铁、生铁及铁合金标委会，成为三大标委会及其下设的22个分委会的委员单位，并与之展开合作，开展国家标准的申报立项与制定；完善了公司科研与标准化工作的协同机制，科研工作与标准化密切合作，开展国家标准的研究和制定。

（3）国际标准积极参与。鞍钢作为国内钢铁行业的龙头企业，“技术专利化、专利标准化、标准国际化”已成为共识，制定国际标准成为公司战略目标的一部分。通过领导推动，公司建立了国际标准化工作的长效机制，国际标准的研制与公司科研管理工作一体化，参与国际标准化工作取得了新的突破。自1998年鞍钢成为ISO/TCl7/SCl7“盘条和钢丝国际标准分技术委员会”秘书处主席单位以来，鞍钢作为国内的召集人或参与者，先后制定了5项国际标准。其中，由鞍钢主持制定的ISO 7989-1：2006等两项国际标准获2009年度中国标准创新贡献三等奖，鞍钢参与制定的ISO 22034-1：2007和ISO 22034-2：2007两项国际标准获2010年度中国标准创新贡献一等奖。初步实现了鞍钢国际标准化工作的目标，逐步实现了从国际标准化工作的跟跑者向实质参与者的转变。

2. 鞍钢标准化工作实效

鞍钢的标准化工作为鞍钢带来了较好的经济利益和巨大的社会效益。通过采用欧洲标准、国际标准和国外先进标准，鞍钢的重轨、造船用钢板和集装箱用钢板获得了中国名牌产品称号，标准化工作通过产品创优，带动了产品质量的提高，推动了企业名牌效应。由鞍钢制定的连铸钢坯低倍枝晶组织检测方法系列国家标准，仅鞍钢一个企业每年可节约检验成本50万元，如推广到全国，将产生巨大的直接效益，且为连铸生产的现场操作、工艺参数和设备调整提供了相关参数，对产品成材率的提高也起到了十分显著的效果。

标准化管理工作也为鞍钢公司带来了较大效益。公司开展了“GB/T 2828抽样检验程序在钢铁产品检验中应用”研究，部分钢材产品由原来的批批检验改为抽检或免检，节省检验费用每年达 700 万元，而且仍在不断进行深入研究和持续改进。

3. 标准化工作目标

（1）继续开展企业标准体系建设，提高标准的先进性与适用性。在“十三五”期间，使鞍钢的企业标准达到和高于国际标准水平的比例超过 80%，其中，热连轧和冷轧、涂镀产品的企业标准达到 100%；完善企业标准的结构，实现全部产品按市场需求分类细化并制定企业标准，达到绿色产品标准，更好地适应市场需求。

（2）进一步提高鞍钢在国家标准化工作中的竞争力，发挥引导作用，使鞍钢制定国家标准的数量在国内同行业中名列前茅，其中列入“十二五”重点领域的国家标准数量占 50%。

（3）全面参与国际标准化工作。以鞍钢为主制修订的国际标准每年不低于一项；同时尽快培养出既懂国际标准化规则，又可独立起草及参与国际标准交流的专业化国际人才。

（三）新日铁住金

新日铁住金株式会社（以下简称新日铁住金）是世界大型钢铁公司之一，是日本最大的跨国钢铁公司。除日本总部外，其在亚洲、欧洲、美洲、中东和非洲均设有制造基地，产品涵盖厚板、薄板、棒线材、钢管等。

日本拥有一整套工业标准，即 JIS 标准，JIS 标准是日本国家级标准中最重要、最权威的标准，由日本工业标准调查会（JISC）制定。JIS 标准细化分为汽车、铁路、船舶、钢材、纤维等 19 项。其中，钢材标准包括碳素结构钢、合金结构钢、不锈及耐热钢、弹簧钢、含铬轴承钢、工具钢和电工用硅钢等。

除上述国家标准外，日本钢铁行业普遍应用的标准为日本钢铁联盟标准JFS。日本钢铁联盟属于非营利法人中的社团法人，其中一项主要功能是推动钢铁产业标准化建设。结合下游用钢行业的情况开展钢材规格标准化活动，日本的许多技术法规、标准都是由日本企业提出，通过行业协会上报给政府主管部门，并由政府发布实施。现任日本钢铁联盟会长进藤孝生即为新日铁住金社长。

日本钢铁联盟一直注重日本国家标准与国际标准的接轨，以增强日本企业在国际市场上的竞争能力。基础标准或方法标准等同采用，产品标准尽量等同采用，如果不能等同的，尽量等效采用，不能等效的，保持固有标准，这为新日铁住金的全球化业务提供了方便的生产标准参考。

早在20世纪，新日铁接受订货签订合同时，在技术条件中即注明国家标准JIS或国际标准+a，为了满足顾客要求和在市场竞争中取胜，新日铁制定了a，即产品标准或补充技术条件。这不仅反映顾客的要求，也反映企业的技术创新水平。

新日铁住金在钢材生产制造过程中按照市场需求采取多种标准规范生产。如新日铁住金所生产的油气输送用管等钢管产品采用全球通用的美国石油协会标准（API标准），汽车用钢棒线材多采用日本汽车工业协会标准（JASO标准）或美国机动车工程师学会标准（SAE标准），机械结构用钢、弹簧钢、轴承钢等棒线材和不锈钢管一般采用JIS标准生产。

新日铁住金在不断进行产品研发、提高技术含量的同时，形成了高于国家标准的企业标准。新日铁住金生产的“ABREX”系列厚板，作为建设机械等各种产业机械的耐磨损部件材料，有效延长了机械和部件寿命，为轻量化做出贡献，实现经济性。“ABREX”系列厚板具有标准类型4种、高韧性类型3种，供广大客户适用于各种各样的用途。新日铁住金生产的适应环境型电子配件钢板，即“ECOTRIO”系列钢板，应用于电器和电子元器件行业，是通过对电镀Ni、Sn、Zn三种金属后的钢板施加合金化处理而获得Ni-Sn-Zn合金镀层产品。

（四）浦项

1. 企业标准化总结概述

韩国浦项制铁公司的标准化体系发展从20世纪80年代起步，主要是根据韩国KS标准要求，制定企业的技术标准以及操作标准。从1986年开始在全公司范围内推广标准化体系，1993年引进ISO9002标准，对职责、业务程序、权限等细化内容进行标准化处理，1995年启动标准管理体系，1997～

1999 年间相继通过了 QS9000、ISO9002、ISO14001 等体系认证。从 2000 年起，随着“以客户为中心”的 PI（Process Innovation）项目正式启动，浦项制铁公司对原有的业务程序进行适当调整，同时对原有标准文件内容进行简化，对部门间类似或重复的标准文件进行清理，制定符合 IT 形式的标准文件，对标准体系进行了进一步的修改完善。2012 年建设 POSDMS 标准管理系统，构建网络化的管理体系，标准注册和查询的功能大幅改善。

2. 企业典型标准介绍

除了积极调整内部标准体系之外，浦项还联合研发机构制定了有关先进钢材产品等一系列标准，在韩国国内具有领先优势。

（1）超高层建筑用钢 HSA800。浦项与浦项产业科学研究院（RIST）联合开发的超高层建筑用超高强度钢 HSA800（High Performance Steel for Architecture）采用 TMCP 工艺制成，其抗拉强度为 800～950 兆帕，屈服强度为 650～770 兆帕，与现有建筑结构用钢 SM570 相比，最低抗拉强度提高了 40%以上，可以确保均匀的强度质量。该钢种屈服比限制在 0.85 以下，因而确保了稳定性和抗震性。除了超高强度以外，如果作为厚度为 100 毫米的极厚板材料使用，还可以确保其变形性能，适于建筑结构系统。采用 HSA800 钢组装的悬臂梁没有采用焊接工艺，与 SM490 钢相比，采用 HSA800 钢的承重结构可以减轻 30%的重量，也可以缩短 10%的建造周期。该钢种于 2011 年 10 月 26 日被韩国技术标准院（KATS）采纳为一项新标准 KSD 5994（高性能建筑结构用轧制钢）。

（2）LNG 储罐用高锰钢技术。2014 年 3 月，浦项与韩国科学技术院（KAIST）联合研制出了大容量 LNG 储罐，贮藏量为 2 万立方米，与现有储罐 1000 立方米的贮藏量相比，足足提高了 20 倍左右，其材质是由浦项研发的高锰奥氏体钢，该产品是能经受超低温度的能源用钢，尤其适用于在零下 162℃储存 LNG，与目前采用的不锈钢相比，不仅焊接性能更为优秀，还易于制造储罐罐体。2015 年 1 月与韩国产业通商资源部联合制订了《低温压力容器用高锰钢板标准》（KSD 30131）、《高锰钢用电弧焊条》（KSD 7142）、《高锰钢用电焊药芯焊丝》（KSD 7143）、《高锰钢用埋弧焊丝和焊剂》（KSD 7144）等一系列新标准。这些标准的制订可以减少焊接次数，不仅为客户提高了生产效率，还节省了制造成本。

3. 点评

浦项制铁公司通过走访厂区，掌握实际情况，借鉴最优操作法制定标准，采用图表对标准内容进行精准标识，清理不必要的、形式化标准。根据 PI 项目对体系运作手册进行修改，对不同部门的重复业务标准进行删减，统一业务指南方针，改善业务指南运作体系，提高效率。通过外部合作，制定行业标准，并全面提高技术标准和作业标准的实用性，大力推广新技术和新产品，引领行业快速发展。

四、标准化趋势展望与路径解析

“十三五”期间，我国钢铁工业进入全面推进供给侧结构性改革的攻坚阶段。《钢铁工业调整升级规划（2016~2020）》提出，钢铁工业面临着产能过剩、自主创新水平不高、资源环境约束增强、企业经营亟需规范等问题，其中很多问题需要标准来引领和规范，化解过剩产能需要运用环保、能耗、质量、安全和技术等标准来淘汰产能，钢铁行业管理和企业生产经营活动也需要标准来规范和指导。

（一）原燃料标准

1. 标准化趋势

我国钢铁行业原燃料方面的标准化工作起步相对较早，标准化体系建设相对完善。铁矿石、焦炭、煤炭、耐火材料、石灰、铁合金炭素等原燃料在国家层面和行业层面发布有相应的质量、分类、检测等标准，部分产品质量标准分类已很精细，如焦炭就出台了冶金焦、铸造焦、气化焦、兰炭等不同品种的质量标准。此外，部分企业还制定了适合企业发展需要的企业标准，用于保障钢铁生产精料战略的实施。

目前基于单个原燃料品种的质量、分类、检测标准基本完善，未来原燃料标准化工作重点主要在原燃料商品验收、高效利用、产品等级细分以及相关团体标准等方面，比如炼焦煤验收技术规范、焦炭分级供应评价导则、废钢利用效率评价导则等。

2. 路径解析

（1）继续完善我国钢铁行业原燃料标准化体系，借鉴以往在国家、行业、企业、地方标准化方面的工作经验，完善原燃料的团体标准体系。

（2）重点在原燃料等级细分、利用效率评价、绿色供应链、资源保障技术指南等方面开展标准化工作，促进原燃料稳定供应，满足钢铁行业转型升级需要。

（二）工艺装备标准

1. 标准化趋势

我国钢铁行业工艺装备方面均已形成相对完善的标准体系，并且随着工艺装备水平的不断提升，标准体系不断改进，在国家标准、行业标准、企业标准等方面均有所体现。进入21世纪之前，我国钢铁行业工艺装备方面的革新主要体现在单体设备的大型化和高效化，如高炉替代冲天炉、转炉替代平炉、连铸替代模铸、高速线材代替复二重轧机、机械化焦炉代替土焦等。进入21世纪以来，我国钢铁行业工艺装备的进步主要体现在工序间协同高效技术、洁净钢平台技术、智能制造技术的应用上，如高炉专家系统、铁水一罐到底、转炉一键炼钢、薄板坯连铸连轧、热带无头轧制、大规模定制的钢材智慧制造系统等。因此，未来我国钢铁行业工艺装备方面的标准化工作重点，将聚焦在新型工艺和智能化方面，例如ESP无头带钢轧制技术规范、7米及以上大型焦炉智能化技术规范等。

2. 路径解析

（1）继续完善我国钢铁行业工艺装备标准化体系，借鉴以往在国家、行业、企业、地方标准化方面的工作经验，完善工艺装备的团体标准体系。

（2）钢铁行业工艺装备方面的标准化工作，以新型工艺和智能化方面为重点考虑范围，此外，除整套设备的标准外，可制定完善某些特定零部件的标准。

（三）产品标准

1. 标准化趋势

（1）使冶金产品标准使用更自主。1989年3月，我国首次颁布了《中华人民共和国标准化法》，将国家标准、行业标准分为强制性标准和推荐性标准，并规定：保障人体健康，人身、财产安全的标准和法律，行政法规规定强制执行的标准是强制性标准，其他标准是推荐性标准。强制性标准必须执行。推荐性标准，国家鼓励企业自愿采用，企业一旦在合同或协议中采用了推荐性标准，那它就受法律制约成为强制性。逐步放开推荐性标准自愿采用的程度，给用户更多的选择余地和生产企业更大的自主权，以体现适应市场经济下标准的灵活性、时效性和经济性的特点。目前，冶金产品国家和行业标准已全部由强制性的调整为推荐性的。

（2）使冶金产品标准更适应市场需要。我国钢铁行业转型升级优化调整，对钢材的需求发生了很大的变化，消费结构也更加多层次、多样性。通过科技进步，淘汰落后，提高产品质量和效益，加快产业结构调整和产品升级换代的步伐，是我国冶金工业满足市场需求与提高竞争力的根本保证，同样也是冶金标准化工作的中心与重点。

（3）使冶金产品标准更国际化。标准是当前国际市场竞争的重要手段。单个产品之间的差异化竞争逐步演变成所在行业的标准竞争，控制或影响标准的制修订成为市场竞争新的焦点，标准竞争优势是一个国家（地区）在国际市场竞争中分配更多利益的重要基础。越来越多的国家和地区将主导制定国际标准作为促进产业升级、提升市场竞争力的重要手段，依托先进的技术标准掌控国际市场竞争的主导权。通过采用国际标准和国外先进标准可以加快我国钢铁行业标准与国际接轨，减少了与国际差距；推动中国标准“走出去”，可以加快提高标准国际化水平，以标准输出带动钢材产品输出和产能合作。

2. 路径解析

（1）坚持标准的先进性和实用性相结合，把先进性放在首位。在当今的市场竞争中，标准已成为市场竞争最有力的手段。谁掌握了标准的制定权，谁的技术成为标准，谁就掌握了市场的主动权。技术标准已经成为产业特别是高新技术产业竞争的制高点。在传统的大规模产业化生产中，是先有产品后有标准。在知识经济与科技飞速发展的时代，则往往是标准先行。从一定意义上说，未来的产品竞争首先是产品标准的先进性和实用性的竞争，是看谁能更好地满足用户的需要和引导未来的发展，为用户的发展创造更多的价值。

（2）积极参加国际标准化活动，推动和加快与国际接轨。标准是当前国际竞争最重要的话语体系，标准竞争的胜利者可以在相当长时期内控制相关技术发展方向和市场创新方向，对国际市场产生广泛的控制力和行业领导力。应积极参加国际标准化活动，积极采用国际标准，提高标准水平；在重点领域全过程跟踪和派专家代表直接参与国际标准起草工作；承担更多的秘书处和工作组，控制具体国际标准的制修订项目等，推动和加快我国产品标准与国际接轨，扩大中国在国际标准化领域的影响以及维护产业的贸易利益。

（四）能源标准

1. 标准化趋势

冶金行业是节能减排的重点行业，同时也是最具有潜力、最具有条件继续开展节能标准的行业。目前钢铁行业仅主要生产工序有相关能耗限额标准，而对于企业节能量、能源利用状况等基础能源利用方面的行业标准十分匮乏，不利于企业基础能源管理工作的标准化和行业基础节能工作的发展。以目前的行业发展形势来看，行业迫切需要企业以节能减排为抓手，积极转变发展方式，利用行业节能标准提升企业管理水平和竞争力，促成行业的绿色转型，走科技含量高、经济效益好、资源消耗低、环境污染小的新型工业化道路。

2. 路径解析

（1）建立起金字塔形模型结构，打破以往标准之间关联性小、能动性差的格局。国标是强制性标准，是所有企业开展生产活动中必需严格遵守的基础标准，处于金字塔的底层。行业标准是行业准入门槛，在国家标准的基础上结合行业耗能特点以及产业发展趋势所形成的第二层标准体系。团体标准应代表行业内节能技术的先锋联盟，是以国标、行标、地标为基准制定的第三层标准体系。

（2）加强重点领域节能标准制修订工作。加快制修订钢铁、有色等行业节能标准，形成覆盖生产设备节能、节能监测与管理、能源管理与审计等方面的标准体系。

（3）实施节能标准化示范工程。选择具有示范作用和辐射效应的冶金园区或重点钢铁企业，建设节能标准化示范项目，推广低温余热发电、吸收式热泵供暖、冰蓄冷、高效电机及电机系统等先进节能技术、设备，提升企业能源利用效率。

（4）推动节能标准国际化。跟踪冶金节能领域国际标准发展，实质性参与和主导制定一批冶金节能国际标准，扩大冶金节能技术、产品和服务等国际市场份额。加强冶金节能标准双边、多边国际合作，推动与主要贸易国建立节能标准互认机制。

（五）环保标准

1. 标准化趋势

随着大气污染现象频发，水资源形势日益紧张，钢铁行业大气污染防治与节水标准化工作越发得到环保与相关部门的高度重视。未来将会出现政府主导制定的环保领域国家层面标准与各区域针对辖区内环境容量与产能规模的不匹配程度，对钢铁企业出台不同约束条件的污染物排放标准与地方环保设施配套、技术应用范畴的标准化内容，做到与国家现有环保标准协同发展、配套从严执行的发展趋势，充分发挥标准化工作强制性属性，满足区域内大气污染逐年减量，废气与废水治理设施不断提标改造，使钢铁企业有法可依，有标准可寻，改善全国范围内大气污染频发现状与水资源尚未达到优化使用，环保成本无法统一核算，钢铁企业末端治理设施功效与设备使用寿命存在较大差异的现实问题。

随着钢铁企业市场竞争激烈，标准化效益将会充分显现。在钢铁产品竞争中，针对绿色设计产品的标准化工作将会使钢铁产品能源资源消耗、全生命周期设计理念方面有迹可循，通过对钢铁企业自身与产品绿色化程度的评价，形成钢铁企业间对标挖潜，提升能源资源利用效率，切实满足国家与地方环保要求的市场正能量。通过标准化引领与强化约束作用，倒逼以牺牲环保投入换取生产成本优势的不良企业尽快退出钢铁行业，从而提升环保合规、遵循绿色设计理念的钢铁企业钢材产品的市场竞争力，并由大做强，逐步实现《中国制造 2025》的高端品质化转型要求，实现整个钢铁行业的绿色、有序、提质增效全面可持续发展。

诚然，聚焦国内钢铁工业环保排放标准与水资源化利用指标，部分指标达到甚至优于国际先进水平，表面来看，我国钢铁行业环保标准国际化水平大幅提升，但实际上与排放标准相配套的大气与水污染治理设施运行效果与技术指标相对滞后，极大地制约了对全部企业环保治理设施实际效果的评价机制，此类问题将有望通过未来的标准化内容的出台予以完善。此外，我国在钢铁行业环保领域标准化的人才储备还有待加强，只有通过对钢铁行业所有工序节点与现行问题的深入了解，才能在完善钢铁行业相关领域环保标准的同时，不断深化标准化工作认识，为标准化工作提出切实可行、具有前瞻性的意见建议。未来通过培养出更多的钢铁环保标准化专业人才，参与国际钢铁环保领域标准化活动，我国钢铁环保标准将比肩世界，甚至形成国际标准，引领全球钢铁工业环保标准化工作。

2. 路径解析

我国先后出台了《大气污染防治行动计划》《水污染防治行动计划》《土壤污染防治行动计划》等诸多宏观层面的法规制度，其中对大气污染防治与用水总量、用水效率、防止水污染等方面均有提及，但是仍需配套适应本行业特征属性的环保标准来实现法规中提及的环保预期性指标。《中共中央关于制定国民经济和社会发展第十三个五年规划的建议》明确提出了对大气污染物排放的约束指标，且应通过“实行最严格的水资源管理制度，以水定产、以水定城，建设节水型社会”。另外，《国家标准体系建设发展规划》也将实施节能减排标准化重大工程摆在突出的位置。钢铁行业“十三五”期间污染物排放标准的修订将又在一定层面上带来环保改造市场的震动，《钢铁工业调整升级规划（2016~2020 年）》中提及的焦炉烟道气脱硫脱硝、烧结烟气脱硝等重大绿色改造工程也将逐渐配套建设。《关于推进合同节水管理促进节水服务产业发展的意见》指出，需建立合同节水管理技术标准体系。为了深入贯彻落实上述政策文件，建立抓手是关键，通过制定操作性较强的配套治理与监管措施，发挥环保领域标准化工作的核心作用，将环保标准化工作细化落实到各个具体实施路径上去。

现阶段我国钢铁行业环保标准体系尚不完善，我国钢铁环保标准化工作需要具有深厚行业背景的第三方权威咨询机构作为技术支撑，全面梳理研究钢铁行业环保相关标准出台与具体实施情况，对已发布实施标准进行后评估工作。对存在的问题及时向 SAC/TC207/冶金环境管理标准化技术委员会和 SAC/TC275/冶金环保产业标准化技术委员会提出相关标准的有效性、修订或者废止的建议。同时组织钢铁行业环保标准的宣讲、解读、培训、研讨和论证工作，组织或参与钢铁行业环保相关标准的制修订、论证和审查工作等。

冶金环保产业与环境管理标准化工作组将开展我国钢铁行业全封闭原料场、烟气脱硫、脱硝、除尘、湿式静电除尘器、焦化废水深度处理、冷轧废水处理等环保治理关键装备与产品的标准化制修订工作；开展钢渣法烟气脱硫技术装备、活性焦烟气协同治理技术装备、焦炉脱硫脱硝一体化装备、焦化废水处理装备、循环水泵的全生命周期评价、高效能评价、能效评价标准制修订工作；开展焦炉、烧结烟气脱硝催化剂、水处理药剂、静电除尘器高压电源等产品标准化制修订工作；组织冶金行业相关环保装备与产品标准的宣贯、解释工作，对已发布标准实施情况进行调查、评价分析以及信息反馈，并作出书面报告，向国家标准化管理委员会和有关主管部门提出本专业标准化成果奖励项目的建议等；组织我国钢铁企业及各生产单元环境绩效评估、钢铁企业环境信息公开、钢铁企业环境成本核算等环境管理及评价关键要素的标准化制修订工作；针对即将发布的钢铁行业排污许可制度技术规范的细化与重点环节的标准化延伸，组织申报绿色设计产品评价规范等多领域标准化工作，全面提高钢铁行业环保标准的覆盖面与精准化实施，规范市场环境，引导企业走入绿色化、规范化、系统化的钢铁工业转型升级之路。

（六）节水标准

1. 标准化趋势

随着水资源形势日益紧张，钢铁行业节水标准化工作将会逐步引起重视。将会出现政府主导制定的标准与钢铁企业根据市场形势自主制定的标准协同发展、配套执行的情况，充分发挥强制性标准、推荐性标准作用，满足节约钢铁企业区域水资源、资源化利用钢铁企业废水、降低钢铁企业用水成本、延长钢铁企业水处理设备使用寿命等需求。

随着钢铁节水标准化工作的不断开展，钢铁节水标准基础将会不断夯实。依托钢铁节水工作平台，钢铁行业节水工作更加标准化、规范化，推进钢铁行业节水标准建设，发展培养出一批钢铁节水标准化先进企业，形成钢铁行业节水标准化工作的牵引力。

随着钢铁企业市场竞争激烈，标准化效益将会充分显现。在钢铁产品竞争中，标准化工作将会使钢铁产品能源资源消耗有迹可循，并且使钢铁企业提升能源资源利用效率，满足地方环保要求，提升产品竞争力，实现可持续发展。

我国钢铁行业用水指标已经处于国际先进水平，钢铁行业节水标准国际化水平大幅提升。未来，我国在完善钢铁行业节水标准的同时，将会培养出更多的钢铁节水标准化专业人才，参与国际钢铁节水标准化活动，将钢铁节水标准推向世界，引领全球钢铁节水标准化工作。

2. 路径解析

我国先后出台了《实行最严格水资源管理制度考核办法》《水污染防治行

动计划》等制度，从用水总量、用水效率、防止水污染等方面提出了要求。《中共中央关于制定国民经济和社会发展第十三个五年规划的建议》明确提出，“实行最严格的水资源管理制度，以水定产、以水定城，建设节水型社会”。《国家标准体系建设发展规划》，实施节能减排标准化重大工程；《关于推进合同节水管理促进节水服务产业发展的意见》，建立合同节水管理技术标准体系。要贯彻落实这些政策文件，就必须要有抓手，有可操作性的措施，那么标准化工作将会是节水工作核心，是将节水工作细化落实到各个领域中的重要途径之一。

应该看到，我国钢铁行业节水标准体系尚不健全，我国钢铁节水标准化工作需要专门的平台机构调查研究钢铁行业节水相关标准实施情况，对已发布实施标准进行后评估工作，对存在的问题及时向国家标准化管理委员会和全国节水标准化技术委员会提出相关标准继续有效、修订或者废止的建议。同时组织钢铁行业节水标准的宣讲、解读、培训、研讨和论证工作，组织或参与钢铁行业节水相关标准的制修订、论证和审查等。

通过钢铁行业水系统研究，结合钢铁行业用水特点，钢铁行业节水标准主要涉及节水术语分类和定义、节水管理和统计、水量水质监测和计量、取用水定额和水效标准、合同节水管理计算和考核评估、水平衡测试方法和评估、节水考核评价等标准。

钢铁节水标准工作组将开展钢铁行业节水标准体系研究工作，梳理、建立、完善钢铁行业节水标准体系框架。重点从基础标准、用水定额、合同节水管理、废水零排放、计算方法、考核评估等六个方面开展钢铁行业节水标准研制工作。

（七）循环经济标准

1. 标准化趋势

大力推动冶金资源综合利用与循环经济标准化工作，加快推进冶金二次资源回收利用的规范化管理和先进节能、环保、资源综合利用技术的推广应用，主要从以下三方面着手。

技术产品标准：冶金尾矿、废石、冶炼废渣、尘泥、废旧物资和社会废物等固废综合利用技术、产品和装备标准；围绕冶金废水、废液、废气、余热余能等二次资源综合利用技术、产品和装备等标准。

冶金产业园区标准：园区空间布局与产业结构标准、园区产业链建设和循环运行标准、园区资源利用标准、园区污染防治及信息化建设与管理等方面的标准。

关键共性标准：冶金废水、废气、固废，以及余热余能等二次资源的统计、检测、回收、储存、运输等基础管理和减量化措施标准；现有资源综合利用技术评价标准，钢铁企业循环经济指标体系评价标准等。

2. 路径解析

以循环经济理论为依据，深入剖析循环经济实施模式。采用生命周期分析方法，以实现技术为基础，结合发展管理要求构建循环经济体系框架。构建覆盖工艺、设备、检验、计量、能源、安全、环保、质量管理等诸多环节的技术标准体系、管理标准体系和工作标准体系架构。另外，从发展循环经济实际出发，结合产业特点，以标准化为手段，组织相关标准的制修订。标准化工作应继续挖掘和制定缺失标准；而且要将生产管理运营中的先进技术成果、经验转化为标准。例如：冶金渣方面应重点加强资源利用化技术与标准化结合，将新技术和工艺纳入标准中。含铁粉尘污泥方面急需制定相应标准推动行业清洁生产，推进科研成果转化为生产力，减少粉尘污染物的堆弃。

（八）物流标准

1. 标准化趋势

在“互联网+”飞速发展的当下，传统的物流行业，在互联网技术和发展模式的影响下，正在提升运行效率，转变行业生态，互联网技术将整合物流资源，对物流行业产生革命性的改变。主要发展方向包括物流系统集成向智能化的方向发展、企业物流系统与企业生产系统一体化、物流系统集成单项技术沿多样化的方向发展、物联网技术将被大量应用、物流系统建设向低碳环保方向发展。

在物流行业飞速发展、积极拥抱互联网的发展态势下，物流标准化工作的步伐会进一步加快。钢铁物流体系标准化，硬件设施的标准化是基础，软件的标准化是升华，在信息标准、设施与装备标准实现统一的基础上，钢铁作业流程标准和管理标准、服务标准的提升是该专业领域物流业实现服务升级的重点和发展趋势。

2. 路径解析

（1）建立以钢铁企业为供应链核心单元的钢铁物流标准体系。物流标准体系是在物流标准化活动范围内，各类标准按其内在联系形成科学的有机整体。钢铁物流标准体系是涉及钢铁行业物流相关标准的体系框架。该标准体系的建立是促进钢铁物流标准化工作范围内的标准组成达到科学化和合理化的基础，是包括钢铁物流领域内现有应用和预计发展标准的蓝图，是指导钢铁物流标准制修订工作指导性、基础性工作。

根据钢铁企业在钢铁供应链系统核心的位置以及包括对物流量、物流服务、物流信息巨大的聚集效应，建立以钢铁企业为供应链的核心单元及涵盖钢铁流通领域的钢铁物流标准体系，是全面覆盖钢铁供应链相关物流标准的有效措施（完整框架）。该标准体系的设定范围能够有助于社会物流与企业物流的有效衔接，提高钢铁企业物流环节的社会化程度，间接推动企业物流社会化、产业化，能够有效提高企业物流效率、降低企业物流成本。

（2）以国家物流标准体系为指导，搭建钢铁物流标准体系框架。按照钢铁物流从供应、生产、销售、流通领域等整个供应链的覆盖范围对钢铁供应链体系进行环节细分；同时参照国家物流标准体系的框架，将上述细分环节按照物流技术标准、物流服务标准、物流信息标准、物流管理标准等进行二次分解，初步搭建钢铁全供应链物流标准框架。该框架重点关注钢铁行业微观物流领域相关物流标准的内容，将钢铁全供应链体系涉及的物流技术和工作方面的标准包含在内。在主要框架——钢铁物流标准体系的“主干”搭建完毕之后，具体的“枝叶”便可以根据现有钢铁物流标准以及预期要制定的标准进行“填充”，最终形成完整的钢铁物流标准体系。

（3）以重点标准的制定为突破口，带动钢铁物流标准制修订工作有序开展。虽然钢铁物流相关标准的制修订工作开展还处于起步阶段，较多钢铁物流标准还存在空白，但相关标准的制修订工作应该遵循以重点标准的制定为突破口，并有序带动其他钢铁物流标准的制修订工作为基本原则。重点标准应该具备市场需求度强、能够立竿见影解决现今钢铁物流运行过程中存在的问题、能够为行业及企业提高物流运行效率和降低物流运行成本等多方面特点。只有在重点标准制修订工作的带动下，才能够凸显出钢铁物流标准制修订工作的重要作用，从而促进其他钢铁物流标准的编制工作。

（4）重视钢铁企业生产物流的标准化工作。钢铁企业生产物流环节物流量巨大、物流流程复杂，但因属于企业内部物流环节，所以一直以封闭式发展的模式，独立于社会物流体系之外，社会化程度较低，并且钢铁企业生产物流因封闭的发展模式物流运行均采用“约定俗成”运行准则，物流标准存在严重的缺失，物流运行效率、物流各环节的衔接程度、物流运行成本均不尽理想。面对钢铁行业整体“寒冬”的严峻形势，钢铁企业生产物流标准化工作迫在眉睫，同时钢铁企业生产物流标准应该与社会物流相关标准有效结合，打通企业内部与社会物流的通道，并逐步向非钢铁主业业务社会化模式的方向发展，扩大企业物流外包程度，降低企业人员数量，提高企业劳动生产率。

（九）信息化标准

1. 标准化趋势

工业和信息化部印发的《钢铁工业调整升级规划（2016~2020 年)》中指出，夯实智能制造基础。要全面开展钢铁企业两化融合管理体系贯标和评定工作，推进钢铁智能制造标准化工作。

工业和信息化部、国家标准化管理委员会联合发布的《国家智能制造标准体系建设指南（2015 年版)》指出：到 2020 年，力争建立起较为完善的智能制造标准体系。制修订 500 项以上智能制造标准，基本实现基础共性标准和关键技术标准全覆盖，智能制造标准在企业得到广泛的应用验证，在制造业全领域推广应用，促进我国智能制造水平大幅提升，我国智能制造标准国际竞争力显著提升。

根据《建设指南》，钢铁行业的信息化标准趋势也会从生命周期、系统层级、智能功能等 3 个维度展开，内容分为基础共性、关键技术和钢铁行业标准。智能制造标准体系与钢铁行业标准体系之间不是从属关系，内容存在交集。交集部分是智能制造标准体系中的钢铁行业应用标准。例如，钢铁工业标准体系用于指导钢铁相关生产、设计、管理等，智能制造标准体系中的钢铁行业重点标准涉及钢铁制造环节中的互联互通等智能制造相关的内容。

2. 路径解析

智能制造是我国钢铁行业实现转型升级的最有效途径。智能制造具有较强综合性，不仅仅是单一技术和装备的突破与应用，而是制造技术与信息技术的深度融合与创新集成，所以今后一段时间内钢铁行业的信息化标准都将围绕智能制造标准体系从以下几方面展开：

（1）以《国家智能制造标准体系建设指南》为立项提供依据。《建设指南》是指导未来一段时期内智能制造国家标准和行业标准立项及制修订工作的依据。

（2）按照“共性先立、急用先行”原则，主要面向跨领域、跨行业的系统集成类标准，通过统筹标准资源、优化标准结构，重点解决当前推进智能制造工作中遇到的数据集成、互联互通等基础瓶颈问题。

（3）立足国情，开放合作。结合我国智能制造标准基础差、行业发展不平衡等特点，充分考虑标准的适用性，加强具有自主知识产权的标准制定与产业化，加强与先进制造国家和国际标准化组织的交流沟通，适时将我国自主知识产权标准上升为国际标准，同时，将适合我国制造业发展需求的国际标准适时转化为国家标准，建立兼容性好、开放性强的智能制造标准体系。

（4）与时俱进，持续推进。智能制造是一个动态发展的庞大系统，产业界对智能制造的认识将是一个不断深入的过程。随着智能制造技术、产业的发展，新模式新业态的不断涌现，智能制造标准体系将进行动态调整和完善。

（5）构建钢铁行业智能制造的应用标准。在智能制造相关共性标准的基础上，根据钢铁行业的特点，加快制定钢铁行业智能工厂、智能物流、网络协同制造、大规模个性化定制、远程运维等钢铁行业的应用标准，取得钢铁行业在智能制造领域的突破。

（6）建立政府主导制定与市场自主制定的标准协同发展、协调配套的新型标准体系。

五、行业标准化实践

冶金工业规划研究院承担了 TC20/冶金能源基础与管理、TC207/冶金环境管理、TC275/冶金环保产业、TC442/钢铁节水、TC415/冶金资源综合利用以及 TC269/钢铁物流等 6 个标准化工作组秘书处工作。承担了中国特钢企业协会、中国钢结构协会、中国循环经济协会、河南钢铁工业协会、中国冶金矿山企业协会等 5 个团体标准化工作委员会秘书处工作。冶金规划院可为企业提供全方位、成体系的标准化咨询服务，包括国家、行业、团体、企业标准制修订，企业标准化体系建设和战略规划、企业标准化知识培训，企业标准公开声明、评价和改进，国内外标准分析研究与宣贯等，具体见表8-1。

表 8-1 冶金规划院在推动行业标准化方面的实践

序号	类型	主要内容	典型案例
1	国家标准	致力于冶金节能环保、资源综合利用以及钢铁物流领域标准化工作，力求促进冶金行业绿色、循环、低碳转型，促进钢铁物流高效、安全、优化运转。依托 6 个标准化工作组平台，为有需要的企业提供相关国家标准的立项、制修订、组织与协调、标准化培训和宣贯等方面服务	为《钢铁行业节水量计算方法》《钢铁企业能源审计方法》等国家标准的制修订工作提供技术服务
2	行业标准	开展钢铁行业产品、节能与综合利用、环保、物流、绿色制造、两化融合等领域行业标准研制、开展标准化试点，促进我国冶金行业转型升级和绿色可持续发展。为有需要的企业提供相关行业标准的立项、制修订、组织与协调、标准化培训和宣贯等方面服务	为《钢铁企业绿色制造工厂评价导则》《钢铁企业物流成本构成及计算》《钢铁行业电力需求侧管理平台技术规范》《4000 立方米及以上高炉入炉原燃料技术要求》《钢铁行业高级计划排程系统（APS）规范》《高炉冲渣水余热利用技术要求》《高炉法处理含铬重金属废物技术规范》《绿色设计产品评价规范 厨房厨具用不锈钢》《烧结/球团湿法脱硫烟气旋流管式静电除尘净化技术规范》等行业标准的制修订工作提供技术服务
3	团体标准	致力于形成一系列适应市场需求、引领行业发展、填补空白的标准；通过团体标准促进钢铁行业践行供给侧改革，满足产业链上下游行业对钢铁产品的定制化需求。依托 5 个团体标准化工作平台，冶金工业规划研究院可提供相关团体标准的立项、制修订、组织与协调、标准化培训和宣贯等方面服务	为《索氏体高强不锈结构钢热轧带肋钢筋》《索氏体高强不锈结构钢热轧盘条》《索氏体高强不锈结构钢热轧钢板和钢带》《索氏体高强不锈钢冷轧钢板和钢带》《不锈钢冶炼用工业废渣制烧结矿产品》《合金方钢》《内燃机气阀用钢及合金银亮棒材》《冷镦用不锈钢盘条》《大直径厚壁锻管》《高合金热作模锻模条》等团体标准的制修订工作提供技术服务

续表 8-1

序号	类型	主要内容	典型案例
4	企业标准	为企业提供全方位、成体系的标准化咨询服务，包括企业标准制修订，企业标准化体系建设和战略规划，企业标准化知识培训，企业标准公开声明、评价和改进，国内外标准分析研究与宣贯等	开展《郑州永通特钢有限公司产品标准体系建设》《江苏申源特钢有限公司产品标准体系建设》《天津源泰德润钢管制造集团有限公司标准化提升战略》等咨询服务

参 考 文 献

[1] 中国政府网．国务院关于印发《中国制造 2025》的通知［EB/OL］．［2015-05-19］. http：//www. gov. cn/zhengce/content/2015-05/19/content_ 9784. htm.

[2] 工业和信息化部网站．装备制造业标准化和质量提升规划［EB/OL］．［2016-08-02］. http：//www. miit. gov. cn/n1146285/n1146352/n3054355/n3057497/n3057498/c5180111/content. html.

[3] 国务院．深化标准化工作改革方案［EB/OL］．［2015 - 03 - 26］. http：//www. gov. cn/zhengce/content/2015-03/26/content_ 9557. htm.

[4] 国务院办公厅．国家标准化体系建设发展规划（2016-2020 年）［EB/OL］．［2015-12-30］. http：//www. gov. cn/zhengce/content/2015-12/30/content_ 10523. htm.

[5] 中国政府网．中华人民共和国标准化法［EB/OL］．［2017 - 11 - 05］. http：//www. gov. cn/xinwen/2017-11/05/content_ 5237328. htm.

第九章 差异化

采取差异化战略，提供具有特色的产品与服务，赢得顾客的信任，是未来钢铁企业，尤其是中小型钢铁企业的重要发展方向。具体来讲：一是发展战略差异化，加强对市场需求和竞争对手的研究，在“做大做强”“做精做专”“适度多元”“相关多元”中找准企业定位，制定相应的发展战略，实现产业链差异化和区域差异化。二是产品差异化，优化产品结构，提高拳头产品份额，并注重实现产品系列化，提高“一站式”供货能力。三是产线差异化，通过装备技改，实现专业化生产，大幅提高生产效率，降低生产成本。四是服务差异化，针对不同客户、不同区域，采用不同的服务模式，提高针对性和认可度。五是销售差异化，普通产品以电商平台销售和大客户直销为主，减少中间环节，降低销售费用；优特钢以技术销售、战略用户、先期介入、持续跟踪等模式为主，紧跟客户需求，逐步拓宽市场。六是控制差异化，对于普通产品，大力实施低成本生产战略，提高其竞争力；对于优特钢，强化产品质量，以开拓市场、提高客户辨识度为主。

一、历程回顾和现状分析

改革开放以来，我国钢铁业以较强的成本竞争力为支撑得到快速发展，也客观上造成了钢铁业以数量扩张为主的粗放型增长方式。近几年国家把钢铁产业的发展重点定位在产业结构调整上，这就意味着按传统方式的规模扩张已经行不通了，再加上节能减排政策的持续实施，都在一定程度上制约着钢铁的消费增长。随着企业产品结构的不断调整和技术进步，产品的同质化现象越来越严重，竞争日趋激烈。

目前，我国钢材市场低端产品无序竞争激烈，主要表现为三个方面。一是价格无序。我国钢铁产能过剩、下游需求低迷，各企业低端产品处在同一水平，品种、规格、质量上无明显差距，为了抢占市场，钢铁企业相互压价，利润微薄甚至亏损，无序竞争。二是出口无序。我国出口钢材主要为低端产品，附加值较低，平均出口价格明显低于进口价格，2016 年，进出口平均价差 493.1 美元/吨。我国钢材出口还存在出口流向集中等问题。这种低端产品的无序出口，加剧了国家间的贸易摩擦，造成欧美等国家对我国钢材产品进行多方位的反倾销。三是以次充好。“地条钢”冒充热轧钢筋、以穿水冷却钢筋充当微合金化或超细晶粒钢筋等“以次充好”产品的存在，也是国内部分地区钢材市场产生“恶性竞争”的重要原因。“地条钢”等产品我国许多小钢厂都有生产，虽然这些产品质量不高，但由于成本较低，企业负担少，往往采取低价倾销的经营方式，进一步恶化了市场环境。

钢铁企业迫切希望从中低端产品的同质化竞争中摆脱出来，近年来纷纷上马高端产品生产线，装备水平非常接近，但是很多企业的产品结构雷同，缺乏科学合理的市场定位，造成了高附加值产品同质化竞争也日趋严重。例如，截至 2016 年年末，我国已建成投产的 2000 毫米以上的热轧宽带钢轧机 15 套（表 9-1），合计产能 7150 万吨，装备水平高，产品定位普遍是汽车板、家电板等，造成了大量高端装备重复建设，产品定位雷同。以管线钢为例，我国武钢、宝钢、鞍钢、太钢、首钢、马钢、本钢等大型钢铁企业新建热轧宽带钢轧机产品定位均有管线钢，产品同质化严重，产能过剩明显，供大于求矛盾突出，直接导致管线钢价格大幅下降，最终使所有企业管线钢的盈利空间都大幅收缩。

表 9-1 我国 2000 毫米以上热轧宽带钢轧机情况

序号	企业	轧机规格/毫米	产能/万吨	轧机类型	投产年份	装备水平
1	宝钢	2050	400	3/4 连续式	1989	国内先进
2	武钢	2250	450	半连续式	2003	国内先进
3	柳钢	2032	350	半连轧	2005	国内先进
4	鞍钢	2150	500	ASP	2005	国际先进
5	太钢	2250	450	半连续式	2006	国际先进
6	首钢迁安	2160	450	半连续式	2006	国际先进
7	马钢	2250	550	热连轧	2007	国际先进
8	首钢京唐	2250	550	半连轧	2008	国际先进
9	邯钢邯宝	2250	450	半连轧	2008	国际先进
10	日照	2150	500	半连续式	2008	国际先进
11	本钢	2300	550	半连轧	2009	国际先进
12	华菱涟钢	2250	450	半连轧	2009	国际先进
13	攀钢西昌	2050	450	半连轧	2011	国际先进

续表 9-1

序号	企业	轧机规格/毫米	产能/万吨	轧机类型	投产年份	装备水平
14	包钢	2250	500	半连轧	2014	国际先进
15	宝钢湛江	2250	550	半连轧	2015	国际先进
	合计		7150			

随着钢铁业面临的环境与资源等条件约束趋紧，受上下游产业周期性调整、产业布局不合理、各地区无序竞争带来产能过剩严重等因素影响，钢铁企业的经营压力巨大。“同质化竞争”是造成目前钢铁行业种种乱象和弊端的罪魁祸首之一。产品同质化造成企业间恶性竞争；企业同质化竞争，使钢铁工业发展不协调、不均衡、不可持续现象愈演愈烈。为此，我国钢铁业完成转型升级，出路在于大力推进差异化战略。

美国战略管理大师、“竞争战略之父”迈克尔·波特指出，差异化的经济学意义是制造稀缺，是企业在供求平衡或供大于求的市场结构中制造某一方面或经营过程中某一环节的有别于竞争对手的稀缺，即“局部的供不应求”，从而使自己的企业产生竞争优势，以及获得创新的超额价值。正如迈克尔·波特所指出的：一个企业具有优势或劣势的显著性，最终取决于企业在多大程度上能够以相对低成本和差异性来应对市场。通过实施差异化战略，凭借创新产品、创新品牌、创新市场，开辟属于自己独享的市场空间，实现价值最大化，赢得丰厚的市场回报，理应成为每个钢铁企业转型发展最重要的目标。

“十二五”期间，我国多数钢铁工业开始考虑推行差异化发展战略，在坚持适度规模经营的同时，不断调整经营品种结构，扩大差异化竞争优势。但目前，我国钢铁企业差异化战略仍处于起步阶段，对差异化战略认识以及实施部署还有待进一步加强。目前钢铁市场的竞争环境中，有两点值得重视，首先是相似营销的压力，钢铁产品大都是标准化的同质产品，不同企业的产品之间差别很小，营销的策略和手段类似；其次是技术因素同质化竞争，先进的工艺技术被大型的钢铁企业广泛采用，这也是产品相似的原因之一。

二、发展环境和政策导向

（一）发展环境

1. 经济环境

当前，全球经济仍处于深度调整阶段，复苏动力不足，不稳定、不确定因素纷繁多变，经济形势错综复杂，发达经济体复苏基础较为脆弱，主要新兴经济体国家面临经济降速、结构调整等压力。从国内环境看，我国将深入推进发展方式转变和经济结构调整，经济增长将在中高速阶段保持新常态。另外，随着我国新型工业化、信息化、城镇化、农业现代化和绿色化的深入推进，国内需求将逐步释放，消费成为拉动经济增长的中坚力量，第三产业增加值比重超过第二产业跃居首位。同时，随着我国“一带一路”、京津冀协同发展及长江经济带等国家战略实施推进，新的区域经济增长极将逐步形成。国内经济形势困难中孕育着机遇，特别是“一带一路”战略为钢铁产能国际合作带来了前所未有的机遇。总体上看，今后一段时期国内外宏观经济环境仍然趋紧。

2. 行业环境

全球钢铁行业竞争格局正在发生深刻变化调整。随着国际金融危机后发达国家纷纷实施“再工业化”战略，重塑制造业竞争新优势，特别是随着德、美、日、英、法等国纷纷发布振兴制造业的计划或战略，以新一代信息技术与制造业深度融合为特征的新技术革命正在引发影响深远的产业变革，形成新的生产方式、产业形态、商业模式，必将大大提高老牌强国的钢铁产业竞争力。一些发展中国家也紧抓全球产业再分工的机遇，利用局部区域钢铁需求加快增长、劳动力和资源优势等，积极参与承接产业及资本转移，拓展国际市场空间。可以说，我国钢铁工业正将面临发达国家和其他发展中国家的“双重挤压”。

我国正处于全面建成小康社会的决定性阶段，作为国民经济的重要基础产业，钢铁工业进入了生产消费峰值弧顶后半期、市场格局深度调整期、建成钢铁强国关键决定期和创新发展历史机遇期。今后，我国钢铁工业面临的风险挑战主要表现在国际贸易保护不容乐观、化解过剩产能任务艰巨、经营困难资金断链风险加大、核心地段钢铁企业搬迁风险加剧等。总体看，我国钢铁行业环境不容乐观。

3. 市场环境

国际钢铁市场需求总体上仍将保持不愠不火的状态，贸易救济措施盛行，资源民族主义有所抬头，钢铁企业间的国际市场竞争将进一步加剧。我国经济增长依赖投资的格局正在发生改变，单位经济总量的钢材消费强度进一步下降，钢铁生产消费在峰值弧顶区呈现下行趋势，行业已经进入减量发展的艰难阶段。随着需求结构的升级和产业结构的调整，市场将在品种质量、服务方面对钢铁企业提出更高的要求。此外，资源环境及人力资源瓶颈制约将进一步加强，钢铁制造成本上升压力增大。全面深化改革各项措施将激发各种经济要素的活力，营造公平竞争的市场环境，同时也要求钢铁企业加快改革创新和转型发展，以适应快速变化的外部市场环境。市场竞争由数量扩张和价格竞争，正逐步转向质量型、差异化为主的竞争。

当前及未来较长时期，钢铁市场最大特征仍然是供严重大于求，市场残酷竞争局面难有较大改观。新常态下我国钢铁市场消费质量提升和个性化需求比重增加将愈发明显。“十三五”期间，随着国内经济结构调整转型中的重消费、重服务的布局调整，以及下游需求减弱，预计我国钢材市场消费量峰值弧顶区或将延长，从消费品种结构看，随着《中国制造 2025》[1] 推进实施，以及工信部、建设部成立钢结构推动组推广绿色建筑，未来装备制造业和钢结构建筑将保持较快增长速度，将拉动板带材需求量，我国板带材市场份额未来将会扩大。

4. 生态环境

钢铁行业是大气污染防治的重点行业。2015 年起，新环保法和新的钢铁行业系列标准全面实施。被称为史上最严厉的新环保法增加了政府追责、公益诉讼、按日无上限记罚、责任人刑事拘留等举措，新环保法形成的高压态势将长期威慑违法行为。京津冀区域是我国大气污染最严重的地区，根据环保部门的监测结果，京津冀区域内 13 个重点城市无一能实现综合达标，京津冀区域大气污染防治形势十分严峻。

钢铁行业新的系列环保排放标准不仅增加了考核指标，更大幅收紧了排放量。其中，钢铁工业废水排放标准增加了总氮等 14 项水污染物指标，大气污染物排放标准增加了二噁英、氮氧化物等污染物指标，炼焦化学工业污染物排放标准增加了多环芳烃等 15 项行业特征污染物指标。新标准排放指标明显从严，企业环保成本必将较大幅度增加。尤其是京津冀、长三角和珠三角等执行大气污染物特别排放限值地区，钢铁企业面临的环保监管将更加严格，一些钢铁企业将因环保不达标被迫关停。

（二）政策导向

工信部印发的《钢铁工业调整升级规划（2016~2020 年）》提出，未来五年，我国钢铁工业已不再是大规模发展时期，将进入结构调整、转型升级为主的发展阶段，坚持结构调整、坚持创新驱动、坚持绿色发展、坚持质量为先、坚持开放发展，加快实现调整升级，提高我国钢铁工业发展质量和效益。可以看出，今后我国钢铁工业将落实“差异化竞争”，政策导向一改过去盲目追求高附加值的发展战略，而转为鼓励企业根据自身发展情况和市场需求，走差异化、特色化的发展之路。

2016 年 1 月 27 日，国务院月内第三次召开会议，引导金融机构调整信贷政策，支持工业企业增效升级。对于钢铁行业，首次明示对“长期亏损、失去清偿能力或环保、安全生产不达标且整改无望的企业及落后产能，坚决压缩退出相关贷款，支持化解过剩产能”“支持运作规范、偿债有保障的企业发行公司信用债调整债务结构”。从政策影响看，伴随供给侧改革进入实操阶段，钢铁企业融资渠道及融资成本将加速分化。产能落后、运作不规范以及盈利能力弱、自身偿债能力差、严重依赖外部资金支持的钢铁企业，或将面临融资环境收紧引致的周转不畅，进而面临违约或破产风险；符合标准的企业融资渠道（包括股权及债券融资、应收账款融资等）有望拓宽，直接融资比例将上升。

发改委公布《外商投资产业指导目录（2015 年修订）》，指出进一步放开一般制造业，允许外资对国内钢铁企业的控股。《钢铁产业调整政策（2015 年修订）（征求意见稿）》提出，鼓励外资参与国内钢铁企业的兼并重组，构建开放型经济新体制，放开对外商投资国内钢铁领域的限制，境内外企业享有同等的投资政策。这反映出未来我国市场逐步开放，中国钢铁产业链高度成熟，基础设施完善，良好的发展环境将吸引外资钢厂寻求差异化建厂，同时更有利于我国企业走出去参与国际竞争，尤其开拓印度、越南等南亚及东南亚的新兴市场。

三、案例剖析

（一）发展战略差异化——宝钢股份

宝钢近 40 年的发展道路，可以高度概括为：以“争创一流”为战略导向，实施“精品战略”，实现“进口替代”。宝钢的精品战略其实质就是围绕精品展开的差异化战略。长期以来，差异化战略一直是宝钢发展的主导战略，引领宝钢成为具有国际竞争力的世界级优秀钢铁企业。

宝钢从1978年建厂之初，就定位于生产国内市场紧缺、国内钢铁企业不能生产的替代进口的高附加值、高技术含量“双高”精品钢材，并始终全力推动以市场为导向的产品升级，聚焦于发展以汽车板、电工钢、不锈钢、石油天然气用钢、特殊高温合金钢为代表的钢铁精品，形成有竞争力的战略产品群；在质量技术上，通过工艺、装备和产品的进一步开发，发展高品质、高技术含量、高附加值的钢铁产品；通过精品战略的实施，在市场上牢固树立了宝钢高标准、高品质的品牌形象。

宝钢长期坚持“用户第一，用户永远正确”的方针，20世纪90年代走向市场后，开始推进用户满意（CS）工程和实施用户全方位满意（TSM）管理战略，并于1997年提出了“标准+α”这一新概念，实现由满足企业标准转向满足用户使用要求上，实现产品质量的定制化，将满足用户需求作为检验质量体系有效运行的标准。“标准+α”是宝钢形成以用户为中心、实现用户满意的经营理念的集中体现，为用户服务也是为人民服务的具体体现。

早在20世纪90年代初，讨论三期工程产品定位时，当时的宝钢领导层就以高瞻远瞩的独到战略眼光，预见到汽车工业在中国的巨大市场需求和发展潜力，坚决果断地将汽车板列为第一战略产品；并且把已建成的二期工程主要产品定位由机械用钢改变为汽车板，坚持学习创新，在国内超前开发汽车板取得成功。如今，宝钢汽车板已牢牢占领国内汽车板市场的半壁江山。

继汽车板后，2003年宝钢把硅钢列为主导性的第二战略产品。选择汽车板和硅钢作为战略主导产品，除了市场需求旺盛的原因外，更重要的着眼点是作为钢铁精品的主要代表，汽车板和硅钢的研发和生产对宝钢的产品升级具有很强的带动性，是对宝钢管理、创新、生产、技术等水平脱胎换骨的变革和全面提升。尤其是取向硅钢是钢铁精品中的工艺品，其产品质量常被认为是衡量一个国家钢铁制造技术水平的重要标志，其代表了当今钢铁制造技术的顶尖水平。国际上，只有新日铁等少数几家企业能够制造取向硅钢，当时这些企业都对快速成长的宝钢实行技术封锁。因此，宝钢于2004年年底正式决定：硅钢技术自主开发，硅钢工程自主集成。2008年5月，宝钢取向硅钢成功投产。可以说，宝钢领导层的战略远见和勇于攀高创新的决策素质，对汽车板和硅钢的成功开发起到了关键的领导作用。

（二）产品差异化——石横特钢

近年来，面对复杂多变的市场环境，石横特钢充分利用快速反应的决策机制，紧紧抓住市场、效益、创新“三条生命线”，以改革为动力，不断优化产品结构，坚持低成本战略，不断挖掘新的效益增长点，吨钢利润、吨钢税金始终居行业前三名。2016 年企业实现利润 14.2 亿元，入库税金 6.2 亿元；实现吨钢利润 401 元，位列行业第一位。

在钢铁行业市场竞争日趋激烈的发展环境下，石横特钢已摸索出一套成功的企业转型经验。石横特钢牢牢把握住企业的产品适应市场的能力、盈利能力、创新能力，以“做精做强”为目的，实现了运营效率高、市场份额多、资源掌控能力强、总体成本低、经济效益好的总体目标。主要经验做法如下：

一是产品差异化、专业化。石横特钢充分发挥现有装备水平的优势，致力于产品结构优化，确立了差异化战略和产品“五化”方针，即小规格化、高强度化、专业化、微合金化、精品化，创造了自己的竞争优势。锚杆钢在全国的市场占有率达到 50%以上；超细晶粒钢占全部钢材比重的 50%以上，生产技术达到国际领先水平；高强钢筋比例达 100%，500 兆帕高强度钢筋的比例远超过同行业平均水平。

二是依靠技术创新提升企业竞争力。石横特钢在技术创新方面建立了立项、实施、过程管理、成果鉴定、考核与激励的规范流程，形成了信息搜集、课题研究、项目转化的良性循环模式。石横特钢是国内唯一掌握棒材超细晶粒钢轧制技术的企业。持续的装备创新与工艺突破，使其螺纹钢盘条具备了品牌质量领先和成本领先的两项竞争优势。

三是创新管理模式，提升企业效益。首先是强化管理创新的制度建设。健全管理机构，深入推进全员创新，建立科学的立项、管理、评审、奖励模式。其次是建立“高效、长效、有突破”的管理模式。将价值链分为 50 多项核心业务，以每个核心业务为课题创新管理模式，持续推进实施。第三是创建独具特色的经济技术指标体系。确定了 67 项重点经济技术指标，其中创造性地将产品结构、原材料入炉结构、资本运作、性价比采购指数等指标列入其中，对提升企业适应市场的能力发挥了巨大作用。

（三）产线差异化——方大特钢

方大特钢完成改制重组以来围绕做优做强弹扁及“弹扁—板簧”产业链，在技术改造、产品研发、信息技术等多方面发力，采取了一系列行之有效的举措：对原弹扁线进行改造后，又建设一条新的优特钢生产线，使弹扁年产能力由 30 万吨迅速提高到 100 万吨，优特钢比重达到了 45%以上，产品结构更趋合理。

在产业链建设方面，兼并控股了部分国内汽车板簧及悬架企业，已经形成“矿山—冶炼—弹扁—板簧”特色产业链，汽车板簧的国内市场占有率显著提高。

产品开发和检化验设施建设方面，成立弹扁实验室，先后添置了价值 3000 多万元的一系列先进的检验和实验设备，为产品质量检测和弹扁新品研发奠定基础。采用新工艺、新技术，开展攻关活动，提高弹扁质量。加大新产品研发力度，成功开发出矩形圆角厚截面弹簧扁钢等 17 个品种、300 多个规格的弹簧扁钢新品。

自动化控制方面，对弹扁生产制造、质量检测数据实施信息化改造，实现了从弹扁原料下单、生产制造到产品出厂“一条龙”的全程电脑动态监控管理，使弹扁的生产效率显著提高。

这一系列强有力的举措，收到了明显的成效。生产线完善后具有高效、稳定、控制水平高的特点，与国内其他企业形成了差异化竞争。生产线的差异化最终体现到产品上，方大特钢弹扁产品包括国标、日标、德标、美标以及为用户定制研发的 20 多个牌号，规格范围为宽度 44~150 毫米、厚度 5~50 毫米，是国内品种规格最全、产能最大的弹扁生产企业，弹扁产品不断做优、做强、做大，成为金融危机后企业始终保持盈利的产品[2]。

（四）服务差异化——宝钢股份

宝钢在践行“从制造到服务”的转型战略中，汽车板率先在微笑曲线的两端——研发和营销网络进行了资源倾斜，形成了以“供应商先期介入”为名片的研发服务体系和遍布全球的加工配送服务体系，从而将宝钢汽车板原有的产品优势，提升为从产品研发、选材推荐到钢材深加工、JIT 配送等一揽子解决方案的综合竞争优势。

随着钢铁市场的不断发展，宝钢原先的独有领先产品也步入到同质化产品的行列中。为提升这些产品的差异化竞争力，宝钢利用自身的优势，从服务入手，经过多年的经营，实现了服务为宝钢创造价值。目前，宝钢的服务已贯穿于产品售前、售中和售后的各个阶段，同时服务的技术含量也在不断提高。技术服务及技术支持已成为宝钢用户服务的主要特色，如从上门对用户进行宝钢产品使用技术的指导、引导和帮助用户合理选材、提供产品咨询，发展到介入用户的生产、经营乃至开发过程，建立用户使用技术研究中心，帮助用户提高生产率，协同用户开发新产品，形成了一套领先的高效服务体系，培育和形成了具有产销研整体优势的核心能力。得益于差异化战略的成功运用，宝钢取得了领先同行的骄人业绩，综合竞争力在全球钢铁行业中名列前茅。

EVI(Early Vendor Involvement) 是指供应商的早期介入，是以客户为主体、以客户为导向的由供应商全面参与的供应链价值创造活动。在宝钢，EVI是以满足客户需求为目的，促进宝钢自身产品与技术发展，促进市场推广与商务合作的技术营销活动，也是一种创新商业模式。通过EVI，宝钢聚焦客户需求，全面介入客户从研发到量产的各个环节，发挥宝钢自身能力和优势，创造客户价值，从而实现宝钢占领市场竞争制高点。

目前，宝钢EVI已经形成了涵盖从先进工程设计、早期（概念）和车身设计、模（工）具设计开发、车型投产和批量生产等汽车开发制造全过程，面向不同用户需求层次的EVI合作类型，具备向客户提供“以目标成本为导向”和“以轻量化目标为导向”的一揽子解决方案的能力，并与国内所有主流汽车厂商建立了深入的合作关系。同时EVI工作也不再局限于汽车用户，还向家电、电工钢和金属包装等不同行业用户拓展。宝钢EVI工作是实现从制造到服务转型过程中的有效探索与实践。

当前中国汽车产业面临着来自石油、环境和交通等制约发展的问题压力，整体将进入低增长的稳定发展时期。与此同时，钢铁行业国内竞争对手纷纷进入或瞄准汽车行业需求，通过新建机组、新产品开发、提高生产技术水平、“低价渗透”等策略与宝钢展开激烈竞争。尤其是价格因素影响较大，目前宝钢在新车型定点获取和老车型份额维持上面临巨大压力，特别是热镀锌产品的价格竞争力已显著下降。面对如此残酷的市场竞争形势，宝钢需要从产品、技术、服务、营销等多角度全面提升综合竞争能力，维持和巩固目前的市场份额。而宝钢 EVI 工作正突出体现了宝钢“精品+服务”的理念，在为客户创造价值的同时，也大大提升宝钢产品的附加值和竞争力。在产品同质化竞争日益激烈的今天，宝钢通过 EVI 工作，充分体现公司技术优势和服务能力的价值，避免陷入单纯而又低级的价格竞争，从而保持公司产品的市场份额和较高的溢价能力，开创一条服务差异化的竞争之路[3]。

（五）销售差异化——浦项

近几年，国际钢铁市场形势迅速恶化，为了摆脱危机，各个钢铁公司也已经选择了在“品质”上大作文章。浦项将提高钢铁主业的竞争力作为核心战略方向之一。即通过产品技术与营销策略的结合，为客户提供差别化的价值，与竞争对手之间维持 5 个百分点以上的收益差距，由此提高自身的竞争力。

即使生产了优良的钢材，如果不便于客户使用或经济性较差，那么也不会获得客户的青睐。考虑到这一因素，浦项构建了全新的商业模式“TPB”战略（Technology-based Platform Business），把“最高性能的钢材产品”（硬件）与“客户应用技术”及“商业支持”（软件）融入整个营销活动中，使得客户更为便捷地使用浦项的产品，而这正是“解决方案式”营销的初衷。浦项不仅全程参与客户产品的研发，还为客户提供产品的应用技术，甚至提供必要的金融支持，这种全方位的、面向客户的“解决方案式”营销如今已硕果累累，极大地带动了高附加值产品销售的增长。

1. “产品技术服务”解决方案式营销

2014 年开始，随着市场竞争的日趋激烈，为了确保自身竞争力，浦项正式提出了比 EVI 活动更为先进的“解决方案式营销”理念，旨在满足客户的潜在需求，为客户提供差别化价值。

权五俊就任董事长之后，在钢铁业务总部新设了“钢铁解决方案中心”，将公司内部分散的解决方案式营销的职能全部集中于此，为客户提供系统的解决方案，由此开启了全新的经营模式。通过实施与竞争对手差别化的解决方案式营销活动，浦项已经与 LG、三星电子等韩国企业，还有德国大众、印度马恒达等海外知名企业构建了稳固的合作关系。

该公司向大众汽车供应侧围外板已经超过了 10 年，而原动力正是解决方案式营销的策略。侧围外板需要裂纹加工、皱褶矫正等高级模具技术，而且在供应钢板后还需进行严格的质量管理。在全球新兴国家汽车市场，浦项不仅为各大汽车制造企业提供侧围外板所必需的模具技术，还在不断强化汽车材料的锁定效应。浦项通过持续开展模具技术“解决方案式营销”活动，已经向德国大众汽车供应侧围外板10年以上。

2014年3月份，浦项成功中标韩国新世界百货公司在建的东大邱复合换乘中心的建设工程，成为该工程项目H型钢和中厚板产品的唯一指定供货商。该工程项目设计的材料是RH型钢，浦项并不生产该产品，原本也不具备此次招标的条件，但浦项产业科学研究院（RIST）与建筑钢材销售室紧密合作，设计研发出高强度HSA800钢材，该产品能够完全替代RH型钢，并向施工建设方提出了节省成本的预算方案，最终成功中标。与此同时，浦项的中厚板产品也接到了该工程的订单，这完全归功于浦项P&S公司和钢材加工中心所制定的“整体解决方案提供者”战略（Total Solution Provider）。

2014年4月份，浦项与韩国DK Austech公司签订了有关“支持汽车零部件材料海外出口”的谅解备忘录，主要在成型解析、模具技术等方面提供解决方案，促进韩国零部件制造业开拓出口销路。

DK Austech公司从2004年开始与浦项制铁进行业务往来，主要生产汽车悬架、底盘等零部件，并向国内外汽车制造企业供货，公司参与了浦项的“共同发展”活动，并引进了QSS和安全诊断等活动。受益于浦项的“解决方案式营销”活动，产品的成本和出口竞争力都有了不同程度的改善，因而获得了日本汽车企业的底盘零部件订单。去年开始扩大了对日本汽车企业的出口比重。

2. “资金支持”解决方案式营销

浦项的“解决方案式”营销并不仅仅为新钢种的开发或应用提供技术支持，而且为资金运作有困难的客户提供金融解决方案。

NSB公司是一家建筑物大梁的设计企业，尽管技术实力雄厚，但资金实力却明显不足，因而很难进行后期的业务扩张和有效的项目管理。此前，该公司与浦项合作成功开发出拱形钢箱内部专用的“Sbarch复合大梁”，这种施工法可以节省30%以上的钢材使用量，同时，由于内部填充了混凝土，不仅改善了建筑物的抗沉降和抗震性能，还可以体现拱形的造型美。以这项技术为基础，公司承接了釜山外环高速公路的水营江大桥设计和施工项目，工程施工费用达220亿韩元，需消耗8000余吨钢材，公司需投入53亿韩元的钢材采购费用制造大梁。

该公司在项目初期仅获得了合同额的10%，与浦项的信贷交易也需要2个月的周期，初期钢材采购资金明显不足。为此，NSB公司计划将所需钢材交由外包的钢结构制造企业完成，而这些钢结构企业普遍采用低成本的进口钢材。针对这一问题，浦项在向NSB公司提供钢材价格和市场行情等信息的同时，还提出了节省成本的方案，让NSB意识到直接采购钢材制造大梁是非常有利的。为了解决初期采购资金的问题，由浦项技术投资公司（POSTECH Venture Capital Corporation）协助，提供了采购资金的支持服务，并研究了相关信贷方案。

尽管NSB公司是一家中小型建设企业，而且有一定的行业风险，但在经过多次研究之后，浦项技术投资公司还是决定提供10亿韩元的信贷。最终，NSB公司在没有初期资本的情况下采用了浦项提供的降本方案，从而降低了费用。截至目前，由浦项直接供货1200吨，其余由浦项的加工中心东洋STEC供货。

通过向资金周转困难的客户公司提供必要支援，换取客户将优先采用浦项提供的钢材，而不是进口或外购钢材，由此双方实现了共赢。像NSB这样的中小型客户公司还很多，因此，浦项今后会继续提供含有“资金支持”的解决方案式营销。

3. 扩大高端产品销售和技术转让

目前，浦项主要通过扩大高附加值产品的比重来提高自身的收益性。研究方向主要集中在高强汽车用钢、能源用极厚板材、极低温LNG储罐用钢等。在全球钢材产品供应过剩、需求不旺等不利条件下，浦项通过WP产品（World Premium）的差别化战略，不断提高市场的支配力。

浦项在2014年全年选定了220件WP产品，WP产品的销售量保持了良好的增长态势，为客户的长远发展奠定了良好基础，也有助于提升客户的竞争力。2014年WP产品销量为1020.7万吨，同比增长13%，WP产品所占比重由2013年的30.9%提高到33.3%。2015年WP产品销售目标为1215万吨，产品所占比重提高到36.0%，截至2016年，力争将WP产品的销售比重提高到41%。

随着汽车行业的快速发展，汽车产量明显增加，汽车品种也趋于多元化，轻量化汽车对高强汽车板的需求也在与日俱增。为此，浦项将AHSS、MAFE

和 HPF 钢等汽车用钢选为 WP 产品，并强化了营销力度。浦项在国内外不断增加技术服务中心（Technical Service Center）的数量，以构建遍布全球的“解决方案基地”，通过钢铁业务总部、浦项/光阳厂、技术研究院等有关部门的紧密合作，在全公司范围内构建了生产、营销、研发、技术服务的应对机制，大力实施面向客户的“解决方案式”营销。施工企业浦项 A&C 公司在承接各类项目时，从大楼设计开始，到原材料采购，到施工完成，也在大力推广 PosMAC、POS-ALUWALL、POS-BH beam 各类高性能钢材产品。目前，WP 产品的使用效果已经获得了业界的广泛认可，这标志着浦项的技术实力也有了跨越式的提升，由此进一步巩固了其高级产品生产、销售体系的竞争优势。

此外，为了提高钢铁主业的竞争力，浦项正在谋划将自主研发的创新技术向海外销售，提供技术解决方案，以创造新的效益。浦项公司今年的目标就是在全球范围内打造 POIST 业务，所谓 POIST（POSCO's Innovation Steel Technology）意指浦项独创的炼钢技术，作为一种创新的紧凑、综合炼钢工艺，该工艺将炼铁中的 FINEX、炼钢中的 PS-BOP 以及连铸连轧中的 CEM 等三大工艺整合到一起，最大限度地提高竞争力，与传统工艺相比，收益性和环保性都有了划时代的提高。

为了提高生产效率，浦项还在力推 FINEX 后工序 CEM 技术（Compact Endless Casting and Rolling Mill，紧凑式无头连铸连轧工艺）的配套销售。CEM 是一项将连铸与轧制一体化的短流程轧钢专业技术，其核心工艺技术包括高速连铸、无头热带轧制与批量辊轧技术。

浦项 2014 年 5 月底与德国西马克集团签订了有关“CEM 技术转让许可及共同营销”的基础协议书，向全球设备工程企业 SMS 集团转让了自主研发的创新技术 CEM。浦项将对 CEM 技术转让实施必要的管理监督和教育培训，并从西马克集团获得技术转让费用，浦项建设及浦项 ICT 等集团子公司将共同参与项目建设。此次合作标志着 SMS 集团的市场竞争力和浦项的技术实力将实现无缝对接，为了全面推广 CEM 技术，两家企业还将继续深入开展技术合作。

为了搭建全新的技术销售平台，浦项已经将现有的 221 项技术根据不同的级别进行了分类，以区分战略销售与普通销售。这些相关技术共有三个等级：战略销售 S 级，包括 Slim FINEX 技术等 50 件；战略销售 A 级，包括连续热轧极薄板制造技术等 76 件；普通销售 B 级，包括烧结高效操作技术等 95 件。

浦项一直重视提升高端产品及高附加值产品的市场竞争力，同时实施“解决方案营销”活动，以大幅提升收益。浦项不仅全程参与产品的研发，还为客户提供产品的应用技术，甚至提供必要的金融支持，这种全方位面向客户的“解决方案式”营销活动如今取得显著成效，极大地带动了高附加值产品销售的增长。尽管钢材产品平均销售价格下跌，但由于扩大了高附加值产品的销售比重，因此收益性显著改善。近年来，浦项加快了对外出口 FINEX/CEM 技术的步伐，已经陆续与中国、印度及德国等海外企业签订了合作协议，旨在通过高附加值技术的转让，获得全新的收益来源。

（六）控制差异化——浦项

2017 年，世界钢铁动态（WSD）发布了“全球最具竞争力钢铁企业”榜单，韩国浦项制铁公司（POSCO）再次被评为全球最具竞争力钢企，其在技术创新、成本节约、劳动技能、结构重组和投资环境等方面均获得了高分，体现出较高的核心竞争力。自 2010 年以来，浦项制铁已经连续 8 年获得世界最具竞争力钢企的殊荣。

为了实现“成为全球领先的钢铁企业”这一目标，浦项制铁非常注重产品技术研发，并对现有生产工艺和操作规程进行大胆革新，以提升高附加值产品的竞争力、节约生产成本。近年来，浦项制铁把降低成本、提高制造竞争力和创造新的产业需求（“3C”战略）确定为基本发展方向，开启了新一轮的变革发展。

1. 成本控制

浦项人均产钢量是我国钢铁企业该指标平均值的 2 倍以上。尽管我国的工资水平较低，但劳动力总成本已非常接近。浦项制铁在韩国的钢厂布局较为简单，在浦项和光阳两地共有 2 座钢厂。其中，浦项钢厂的粗钢年生产能力为 2100 万吨，由高炉、2 座 Finex 炉、2 个不锈钢厂和 1 个电炉炼钢厂组成；光阳钢厂的粗钢年生产能力为 1900 万吨，由 5 座高炉组成。这种简单的布局结构使得浦项制铁减少了物流成本，并产生了显著的经济效益。

从成本指标来看，浦项制铁在设备、能源、固定成本上均具有优势。该公司的热电联产覆盖率为 70%，由于其以低廉的价格与印尼 Tanggu 公司签订了长期液化天然气采购合同，能源成本仅为 23 美元/吨。浦项制铁开发的新技术采用低品质煤，且使用比例最大可达到 50%，能够使大型焦炉运行更加经济。更多地使用廉价铁矿石和煤等原料，再加上采用经济炼铁 Finex 技术，使浦项制铁在生产成本竞争力上具有显著优势。

从企业整体的成本费用来看，除去原材料、人工费、折旧费等成本，浦项制铁比日本企业更具有竞争力。近几年，为了节省成本，浦项制铁也一直在实施“瘦身计划”。2014 年，该公司采取低价原燃料、回收能源、提高设备效率、利用副产气体等有效措施，将降本目标定为 6030 亿韩元，同比提高了约 20%。其中，原料费用为 3550 亿韩元，维护费用为 570 亿韩元，能源费用为 780 亿韩元，材料费用为 1130 亿韩元。

2. 产品竞争力控制

浦项制铁追求产品的高附加值化，并通过打入新兴市场谋求生存和发展，其高附加值钢铁产品的利润率达到 15%~20%，2015 年浦项制铁的高附加值产品比重达到 38.4%。汽车板是浦项制铁高附加值产品的代表，该公司一直致力于制造全球最优的汽车板，并在新兴市场扩大销售规模，其中印度为 45 万吨，中国为 45 万吨，墨西哥为 50 万吨。同时，该公司的另一高附加值产品能源用钢的销售量也在持续增加。

浦项制铁的钢铁业务研发体系规模庞大，形成了技术管理委员会、技术战略委员会、浦项工科大学、浦项产业技术研究院、浦项技术研究所、全球研发中心、海外研究机构及其合作研发机构的“泛浦项领域产学研协同合作体系”。浦项制铁对研发的投入持续增加，在全世界钢铁企业中处于领先地位，预计到 2020 年其占整体销售额的比重将提高到 2%。该公司核心的钢铁部门共有 1085 名科研人员，其研发方向主要集中在汽车用钢、TMCP 钢、电工钢等，最近的研发成果主要包括超高强度抗拉汽车用钢、先进高强度汽车用钢，以及强度控制技术、高分子聚酯涂层汽车钢板和高强度 TMCP 超厚板的焊接技术等。

3. 市场控制

2010 年以来，为减小现代制铁进入韩国热轧卷市场造成的冲击，并提高盈利能力，浦项制铁适时调整生产销售格局，逐渐降低热轧卷产品的比重，并提高了下游高附加值产品的比重。

在国内市场竞争力持续提高的同时，浦项制铁密切关注海外市场，其出口在过去的5年实现快速增长，出口量占货运总量比例达到40%以上。浦项制铁的首要出口国家和地区是日本和东南亚，占其总出口量的60%，其他40%主要流向北美、欧洲和中东地区。为了与终端客户建立紧密的联系，浦项制铁已经在遍布全球的海外市场建立了一系列生产基地，其中包括1个综合厂、10个下游厂、47个加工中心。浦项制铁的汽车用钢中有20%是作为原料供应给浦项制铁的海外下游工厂，随着浦项制铁在海外市场的大面积扩张，这一比例还将进一步提高。

四、差异化趋势展望与路径解析

（一）差异化趋势展望

1. 市场需要差异化竞争

差异化策略是指为使企业的产品、服务、技术、形象、营销、渠道、品牌等方面与竞争对手有明显的区别，依靠自身某些优势为顾客提供更多的产品附加值，或满足顾客某方面独特的功能需求，以获得竞争优势而采取的策略。目的是为了获得“溢价”，即超出为使产品独特而追加的成本的更高收益。

在告别单纯的产量扩张后，钢铁企业如何适应新形势下的市场环境，差异化竞争将是重要策略。就差异化战略而言，钢铁企业应该综合考虑技术、区域、服务、产业链、专业化等差异。高附加值产品要在“不易复制”上下功夫，用技术差异营造核心竞争力。要从本地区找出钢铁的特色需求，区域差异是最易形成企业核心竞争力的。通过为客户提供解决方案，用服务差异提高服务竞争力，完成从材料供应商向综合服务商的转变。从产业链的各个环节中去寻找差异化策略。把专业化、有特色的战略取向落实到产品开发、标准与用户规范同步衔接的各个环节中去。差异化战略研究落实好了，企业的小产品可以产生大效益，企业的低端装备也可以产生高效益。

德国有一家经营了上百年的钢铁公司，产品定位是只生产超厚板。100多年前，该公司的年产能是20万吨，发展到现在，年产能仅仅扩大为30万吨。该公司在全球一体化的经济浪潮中，创造了两大奇迹：一是面对纷纷扩张的众多钢铁企业，该公司没有被兼并；二是自2008年全球金融危机爆发以来，整个钢铁行业普遍亏损减产，而该公司的生存状况依然良好。这家钢铁公司的发展秘诀就在于他们的全球差异化市场战略。

首先，差异化战略遵循了“适者生存”的基本法则。任何企业的经营者都必然选择其认为对自身最有前途的行业、产品来发展。但是，企业本身是有限理性的，它往往不能对自身和市场做出正确的判断，容易盲目涉足看起来利润丰厚的行业，在竞争中表现为蜂群效应，结果市场很快就达到饱和，利润下降，出现企业甚至全行业亏损。这表明，一旦企业没有差异化优势，在激烈的市场竞争中必定失败。通过进行自身的差异化比较，明确自身的优势，并在适当的环境中能够发挥自身的优势，才能在市场上站稳脚跟。

其次，差异化战略契合了可持续发展战略。从世界发展趋势看，新技术革命的蓬勃兴起，使企业的生存环境发生了巨大的变化，以特有的技术、特有的产品作为核心竞争力支持企业持续生存的工业社会，企业生存竞争模式正在逐渐改变，在新的技术生态下，新技术、新产品不断涌现，没有什么产品和技术是不可模仿、不可超越的，没有哪一个企业能靠一些具体技术、具体产品在竞争中占得优势。因此，把握差异化的战略思维与营销手段，是当下企业摆脱产品同质化的激烈竞争、赢得未来市场的重要路径。随着外部环境和内部条件的变化，企业应随时调整自己的经营战略与策略，寻找差异化优势，创立差异化优势，才能实现可持续发展，不至于在无序的市场竞争中夭折。

2. 正确理解差异化战略

近年来，钢铁业面临的环境与资源等条件约束趋紧，受上下游产业周期性调整、产业布局不合理、产能过剩严重带来无序竞争等因素影响，种种乱象和弊端集中显现。造成目前的状况，“同质化竞争”是罪魁祸首。不仅在微观层面，产品同质化造成企业间恶性竞争，两败俱伤；而且在宏观层面，企业同质化竞争，使钢铁工业发展不协调、不均衡、不可持续现象愈演愈烈。为此，我国钢铁业完成转型升级，出路在于大力推进差异化战略。目前，钢铁企业对差异化战略的认识还有待进一步加强。

首先，差异化战略并不等同于多元化战略。多元化战略又称多角化战略、多样化战略，在我国也有人称为多种经营、跨行业经营，是指企业发展到一定程度后，在多个相关或不相关的产业领域中谋求扩大规模、获取市场利润的经营战略。根据现有领域与新业务领域之间的关联程度，可以把多元化战略分为相关多元化和不相关多元化两种类型。钢铁企业的多元化实践实质上就是发展非钢产业，但多元发展解决的是主业与辅业或者说是一企多业的问题，是企业经营领域拓宽或经营方向调整。

其次，差异化战略不一定就是低成本战略。实现产品差异化有时会与争取占领更大的市场份额相矛盾，它往往要求企业对于这一战略的排他性有思想准备，即这一战略与提高市场份额两者不可兼顾。较为普遍的情况是，在建立差异化的过程中，如进行广泛的研究、更新产品设计、研发高质量的材料或提供周密的顾客服务等，成本都会有所增加。但即便全产业范围内的顾客都了解企业的独特优点，也并非所有顾客都愿意或有能力支付企业所要求的较高价格。因此，差异化战略的实质不在于形式的奇特新颖，关键在于为顾客提供更多的价值，或以较低的成本创造可比性的价值。

美国战略管理大师、“竞争战略之父”迈克尔·波特所指的差异化，在经济学上的意义就是制造稀缺，是企业对某一产品在供求平衡或供大于求的市场结构中制造产品某一方面或产品经营过程中某一环节的有别于竞争对手的稀缺，即局部的供不应求，从而使自己的产品产生竞争优势，以及获得创新的超额价值。拥有较强的差异化能力，企业才能在竞争中脱颖而出。

3. 大力实施差异化竞争战略

消除日趋恶化的同质化竞争，主体在企业，方法在创新。差异化的形式多种多样，包括品牌差异化、质量差异化、规模差异化等，这些是实现差异化战略的核心和基础。

品牌差异化。品牌中的文化传统和取向是唤起人们心理认同的重要因素，有时甚至作为一种象征，深入到消费者的心中，从而能够赢得消费者。目前来看，我国的钢铁企业品牌意识还十分淡薄，大都以缺乏个性的企业名称进行识别。在构建品牌形象竞争优势方面，一要创造差异，在同质化的市场中为品牌树立一种突出的形象，可以帮助厂商在市场中获得较高的市场占有率和利润；二要树立个性，品牌个性的创造，必须整体掌握并细致运用多种因素，包括与产品相关的因素和与产品不相关的因素，使品牌个性凸显、鲜明，加强用户对品牌个性的认知；三要与企业长远目标一致，品牌形象是一种长期的战略，因此要对品牌形象进行长期投资，才能使形象不断地成长丰满，才能累积形成品牌资产。

质量差异化。要创造质量差异首先要树立正确的质量观念，企业对产品的把握既要注重产品的内在质量，又要注重产品的外在质量；既注重服务资源的开发，也要做到品牌服务与品牌商品同步推出。其次，要创造优质产品，根据用户实际需求开发新的产品和开创产品的质量特色，不断推出技术含量高的新产品，树立新的品牌形象，创造自己的品牌优势。“质量是生产出来的，而不是检验出来的”。宝钢产品质量的最高标准不是国家标准或企业标准，甚至也不是合同书上的技术参数，而是用户在实际使用时是否好用，能否为顾客创造良好的效益等指标[4]。

规模差异化。在激烈的市场竞争中，企业仅仅创造出品牌是不够的，还必须在高质量的基础上提高市场占有率，必须根据情况，有选择、有针对性地对有竞争能力的品牌进行扩产、扩能，同时不断开发高技术含量、高附加值的产品，以品牌优势为核心，采用兼并重组等手段，不断向相关产品、产业延伸，以品牌无形资产的优势拉动有形资产扩张。通过重组联合，让大型钢铁企业集中更多的产能，便于在企业内部统一规划，协调产业布局和产品结构，避免重复竞争，实现协调发展。

一个企业具有优势或劣势的显著性，最终取决于企业在多大程度上能够以相对低成本和差异性来应对市场。通过实施差异化战略，凭借创新产品、创新品牌、创新市场，开辟属于自己独享的市场空间，实现价值最大化，赢得丰厚的市场回报，理应成为每个钢铁企业转型发展的目标。

（二）差异化路径解析

1. 发展战略差异化

有句经商谚语“逢俏莫赶，逢滞莫丢”，意思是，某种产品走俏时，不要追赶浪头去跟风；货贱滞销时，不要嫌价低利微而弃之不管。其反映的科学内涵其实就是，不要跟风，要走差异化之路。我国有一句经营战略术语：“人无我有，人有我精”，也是反映差异化战略。对于钢铁行业亦是如此，在坚持适度规模经营的同时，不断调整经营品种结构，扩大差异化竞争优势，在供求平衡或供大于求的市场结构中制造某一方面或经营过程中某一环节的有别于竞争对手的稀缺，即“局部的供不应求”，从而使自己的企业产生竞争优势，以及获得创新的超额价值。

把握差异化的战略思维，是当下企业摆脱产品同质化的激烈竞争、赢得未来市场的重要路径。随着外部环境和内部条件的变化，企业应随时调整自己的经营战略与策略，寻找差异化优势，创立差异化优势，才能实现可持续发展。差异化战略并不等同于多元化战略，差异化战略不一定就是低成本战略。差异化战略关键在于为顾客提供更多的价值，或以较低的成本创造可比性的价值。

大力实施差异化竞争战略的本质是创造出个性突出的产品和服务。一要在技术上不断创新，营造全员创新的氛围，用“技术差异”营造核心竞争力；二要通过市场研究找出区域内钢铁产品的特色需求，在“区域差异”上形成企业核心竞争力；三要建立以客户为中心的企业运营机制，为客户提供完整解决方案，用“服务差异”提高竞争力，完成从材料供应商向综合服务商的转变；四要从产业链的各个环节寻找差异化策略，从钢铁生产这一环节跳出来，通过改善产业链中产品研发、原料采购、仓储运输、加工配送、用户服务等每一个环节，获取更高附加值；五要把专业化、有特色的战略取向落实到产品开发、标准与用户规范同步衔接的各个环节中，探索钢铁与用户行业从产品研发到大规模应用的运作模式，用“专业化差异”提升竞争力。

2. 产品差异化

产品差异化是指产业内相互竞争的企业所生产的产品之间可替代的不完全性。具体来说，是指企业向市场提供的产品或销售产品的过程中的条件，与同产业内的其他企业相比，具有可以区别的特点。产品差别化的存在，决定了在具有竞争关系的企业之间，其市场分割是不均等的，而且不论是同一价格，还是不同价格，差别市场的企业市场份额都不相同。差别化程度对企业间的竞争内容及竞争程度也会产生影响。产品差别越大，获得差别化优势的企业可以高价出售产品，获得越高超额利润，所以企业之间的非价格竞争较为激烈。

企业要做好产品差异化，还需要重点在技术创新、产品质量、产品系列化、品牌形象建设等几方面下大功夫。

（1）加大技术创新。产品差异化是技术创新的表现形式。因此，企业要加大在 R&D 方面的投入，积极追踪世界科技和同行业科技的发展动态，研究本企业所需设备、原材料的最新科技发展趋势，正确地进行技术决策、产品决策，确定发展什么样的新产品。

（2）注重实现产品系列化，提高“一站式”供货能力。产品系列化是指根据客户消费要求的不同，提供不同性能的系列化产品供给，如增加一些功能就变成豪华奢侈品（或高档品），减掉一些功能就变成中、低档消费品。消费者可根据自己的习惯与承受能力选择其具有相应功能的产品。

（3）提高产品质量。质量不仅是包括产品适用性、耐久性、可靠性、安全性和经济性等自然属性在内的狭义质量，而且应包括其社会属性，如消费者的主观感受、满足特定需要的能力与预期之间的差距等，质量的社会属性对于产品的差异化具有非常重要的作用。

（4）优化品牌形象。品牌虽然处在产品形式层，但对于产品的意义已超越了简单的区别于其他产品的标记。它更多地表示产品的形象，它是产品差异化的外在表象。如想在众多的同类产品中引起消费者的注意和知晓，使消费者产生购买欲，就需要企业通过 CI 设计和品牌战略，提升和塑造品牌形象，突出个性，创造品牌形象差异优势。

3. 产线差异化

21 世纪以来，我国钢铁产业出现技术装备同质化建设现象，重复引进国外技术装备的情况很严重，导致企业技术结构、产品结构雷同。需要通过技术改造，实现产线差异化，提高智能制造水平，从而大幅提高生产效率、降低生产成本，实现专业化生产。

（1）大幅提高生产效率。我国钢铁企业的生产效率与浦项制铁等国外先进企业相比差距还很大，企业人均产钢量普遍不足 500 吨/年，需要结合《中国制造 2025》发展契机，大力发展智能制造，提高钢铁企业智能制造水平的同时，大幅提高生产线的生产效率。

因此，通过产线差异化实现生产效率提高，重点是发展智能制造技术。推进钢铁智能制造符合《中国制造 2025》总体要求，两化融合是实现钢铁智能制造的基础支撑。目前，钢铁企业 ERP（资源计划）和 MES（制造执行系统）等两化融合技术已经有了较大规模应用，并开始由单项应用向集成整合迈进，宝钢等企业正逐步向智能化转型。“十三五”将是智能制造取得快速发展的阶段，各企业需高度重视此项工作。重点开展的工作包括继续完善、集成 ERP、MES 等系统，发展产品生命周期管理（PLM）技术、主体工序智能控制系统、基于网络平台的实时生产管理系统、智能决策系统等。

（2）努力降低生产成本。实施低成本战略是行业经营困难时期所有企业均应高度重视的工作，低成本制造在某种意义上需要依赖于生产线的高效运行。因此，通过生产线的升级改造，至少应做好以下几方面工作：一是从全工序低成本对标挖潜，制定更为合理、更加高效低耗的生产工序操作制度；二是开展能源利用和资源利用诊断工作，做到基于全流程的能源、资源利用效益最大化；三是开展全工序工艺流程诊断优化工作，结合品牌及市场竞争力，果断抛弃没有竞争力的产品、工艺直至装备。

（3）力争实现专业化生产。实现专业化生产已经成为钢铁企业尤其是特钢企业的共识。如何优化现有生产线，从而帮助企业实现专业化生产，主要有两方面工作：一是采取必要的工艺技术创新或小型技改措施，使得生产线能够完全适应专业化产品的生产需要，并能够在一定程度上提高产品质量，尤其是提高产品质量的稳定性；二是结合企业发展战略，投资建设开发实现专业化发展的新品种、新产品的项目，较大幅度提高产品附加值。

4. 服务差异化

传统的钢铁产品服务是花瓣式的，只提供基本服务，形象地说：售前服务是“王婆卖瓜自卖自夸”，售后服务是“消防队员救火”。传统服务的核心理念是：“材料能够使用，我的服务到此为止”“材料出现使用问题就马上去处理异议”，这是对售后服务不全面的理解；不出质量异议、少出质量异议才是好材料，这种局限于处理异议的服务与产品本身并没有内在的价值联系，仅是一种因材料出现使用问题而造成损失的补救措施，这种服务固然不可或缺，但并不产生任何增值作用。

钢铁服务的先进模式和未来模式是不断满足用户新需求的产物。如何用好钢铁产品，发挥钢铁产品的潜力，从而提升用户竞争力才是用户真正关心和需要的。先进服务模式是帮助用户用好钢铁产品，提升用户的生产技术，进一步提高产品的附加值，使用户能够消耗最少的资源创造最多的价值。先进和未来服务模式的愿景是：“实现钢铁产品高效率、高效益和高能效；其特征是软硬结合、网络化和全生命周期服务。”服务不仅是为产品销售而服务，服务的价值在于使顾客从对产品品牌的忠诚转移到对企业自身品牌的忠诚。产品只能抓住顾客的视线，而良好的服务，却能抓住客户的心。

5. 销售差异化

一般来说钢铁产品的差异化销售策略主要分为三种，包括钢铁产品差异化、价格差异化以及支付差异化。

（1）产品差异化。产品差异化主要是指企业所销售钢材的性能和质量要明显地优于竞争对手。为了能够与竞争对手产生区别，为客户提供差异化的产品，要改变以往的单一性的产品销售，可以根据客户的不一样的需求，为客户提供不一样的产品，这样才能满足客户的多样需求。对于产品的外观，根据顾客的不同要求进行相应的调整，这样才能扩大钢材的销售面。最后是对于产品的运送，传统的产品运送只是将原本生产的产品运送给客户，客户在拿到产品后还要进行加工才能够开始使用，为了满足差异化，现在生产商在运送产品之前会对产品进行加工以减少客户的麻烦，这样的产品销售会满足客户需求，对于钢材的销售有很大帮助。

（2）价格差异化。不同的客户以及在不同的销售阶段应采取不同的价格策略。例如，针对长期以及需求量比较大的客户可采取适当降价手段，销售的产品价格低于市场价格，这样能够很好地保证与客户的长期合作，也可以加强双方之间的信任；面对购买量小、不太重视产品质量的客户，可根据产品质量提高产品价格。合理的价格差异能够在很大程度上提高钢材的销售量。

（3）支付差异化。支付这个环节在钢材的销售中占据很重要的位置。与客户能否进行长期的合作，采取正确的支付手段是关键。当长期客户面对资金周转困难时，可以让客户采取分期支付甚至是赊账，这是基于对优质客户的信任，信任是双方合作的前提。但是面对其他类型的客户就不能采取分期付款或者是提前赊账的方式，因为在没有对客户进行彻底的了解之前，不能轻易地将产品交给客户，必须要客户用现金进行支付。资金是一个企业能够正常运营的关键，当企业的资金不能正常地周转时，企业会陷入巨大的危机。所以，针对不同的客户应采用不一样的支付手段。

6. 控制差异化

控制差异化，其内涵有两个方面，即对于普通产品，大力实施低成本生产战略，提高其竞争力；对于优特钢，强化产品质量，以开拓市场，提高客户辨识度为主。其实施路径，亦可从“规模+成本”“品种+质量+服务”两方面实现差异化控制。

普通产品可实施“规模+成本”控制。在同质化竞争下，低成本竞争策略是企业扩大市场占有率、提高竞争能力的常规选择，根据公式：利润总额=规模×单位产品利润率，可见，企业要做强做大的必由路径就是扩大规模和内部成本挖潜。在激烈的市场竞争中，企业根据自身情况，有选择、有针对性地对有竞争能力的产品进行扩产、扩能，通过“量产”来降低投入在产品中的成本占比，发挥“规模效应”；采用兼并重组等手段，让大型钢铁企业集中更多的产能，便于在企业内部统一规划，协调产业布局和产品结构，避免重复竞争，实现协调发展。对于钢铁行业来说，降成本作为提升企业竞争力的主要任务，可着力从降低企业的交易成本、税费负担、融资成本、社会成本等外部成本，以及提高劳动生产率、进一步挖潜增效，降低内部成本等方面实施。

优特钢产品应实施“品种+质量+服务”控制。针对客户的个性化、差异化需求，淡化“普钢”营销理念，强化点对点的“特钢”营销思维，将更多资源投放到研发、营销和服务环节，提升产品盈利能力。一方面，技术人员面向生产环节开发市场，从售前、售中到售后全过程参与，“一对一”为用户提供个性化、差异化技术服务；另一方面，企业与用户共建研发平台，将研发链条深度嵌入到战略用户的研发制造环节，持续为用户创造价值，针对渠道打造服务性经营模式，由生产商变成综合性的服务商，与客户变成真正利益的共同体。

五、行业差异化实践

多年来，冶金工业规划研究院抓住钢铁行业差异化发展方向，根据企业特点，采取发展战略差异化、产品差异化、产线差异化、服务差异化、销售差异化、控制差异化等不同差异化战略路径，为用户提供定制化解决方案，包括为企业提供多元化发展战略咨询、市场研究与产品结构优化方案咨询服务、生产运行诊断和技术改造方案研究以及管理咨询等，具体见表 9-2。

表 9-2 冶金规划院在推动行业差异化方面的实践

序号	类型	冶金规划院典型实践案例
1	发展战略差异化	加强对市场需求和竞争对手的研究，在“做大做强”“做精做专”“适度多元”“相关多元”中找准企业定位，制定相应的发展战略，实现产业链差异化和区域差异化。主要工作业绩涵盖：钢铁企业“十三五”规划、发展战略规划、多元发展规划、总体发展规划、产业链延伸规划等。例如：《武钢集团“十三五”发展规划》《河钢集团“十三五”发展规划》《中信泰富集团“十三五”发展规划》《包钢集团“十三五”发展规划》《马钢集团“十三五”发展规划》《山钢集团“十三五”发展规划》《河北敬业集团“十三五”发展规划》等
2	产品差异化	优化产品结构，提高拳头产品份额，并注重实现产品系列化，提高“一站式”供货能力。主要工作业绩涵盖：产品定位研究、产品结构调整及市场分析报告、产品升级和调整规划等。例如：《河钢集团石钢公司产品定位研究》《河钢集团承钢公司产品定位研究》《安阳钢铁股份有限公司产品升级和调整规划》等

续表 9-2

序号	类型	冶金规划院典型实践案例
3	产线差异化	通过装备技改，实现专业化生产，大幅提高生产效率，降低生产成本。主要工作业绩包括：主要产线产能平衡与产品结构研究、产线配置与产品定位研究、产品产线平衡研究等。例如：《邯钢“十三五”主要产线产能平衡与产品结构研究》《安钢电炉钢产线配置与产品定位研究》《徐州德龙棒材产线平衡研究》等
4	服务差异化	针对不同客户、不同区域，采用不同的服务模式，提高针对性和认可度。主要工作业绩涵盖：钢铁企业兼并重整、专项技术论证、绿色工厂创建、标准化信息服务、数据信息报告、装备水平评估等特色咨询服务。例如：《河北省钢铁企业兼并重整方案》《山西太钢不锈钢股份有限公司绿色工厂创建》《江苏申源特钢有限公司标准化服务》等
5	销售差异化	普通产品以电商平台销售和大客户直销为主，减少中间环节，降低销售费用；优特钢以技术销售、战略用户、先期介入、持续跟踪等模式为主，紧跟客户需求，逐步拓宽市场。主要工作业绩涵盖：钢铁企业产品市场分析、电商平台产品销售分析研究、钢铁电商行业定期分析、部分钢铁企业销售模式创新研究、节能环保先进技术推广服务、产品代理转化服务等。例如：《马钢股份公司产品结构调整及市场分析报告》《中国钢铁电子商务行业发展报告》等
6	控制差异化	对于普通产品，大力实施低成本生产战略，提高其竞争力。对于优特钢，强化产品质量，以开拓市场、提高客户辨识度为主。主要工作业绩涵盖：钢铁企业成本体系优化、竞争力分析评估、智能制造体系升级与实施、定岗定编及人力资源管理提升、产品质量标准体系创建等。例如：《瑞丰钢铁成本体系优化》《潍坊特钢成本体系优化》《山西建邦企业竞争力评价》《建龙股份综合竞争力评估》《天津源泰德润有限公司标准化提升战略》等

参 考 文 献

[1] 中国政府网. 国务院关于印发《中国制造 2025》的通知［EB/OL］［2015-05-19］. http://www.gov.cn/zhengce/content/2015-05/19/content_9784.htm.

［2］方大特钢科技股份有限公司．转变发展方式坚持差异化发展实现从落后到先进的巨大跨越［J］．中国钢铁业，2012（8）：18~20.

［3］潘璟华．差异化是钢铁业实现突围的必然选择——宝钢差异化战略运用实践［J］．冶金经济与管理，2014（2）：45~48.

［4］左克军．差异化：我国钢铁企业国际化的关键［J］．华中农业大学学报：社科，2005（3）：1~4.

第十章 服 务 化

一、历程回顾和现状分析

（一）钢铁行业服务化的内涵

1. 服务化的定义

早在 1972 年，Levitt 就指出制造企业应该将服务融入到他们提供的物品当中，将企业关注的焦点集中在发展与顾客的关系上，并提出一个生产线方式的服务。1988 年，Vandermerwe 和 Rada 首次提出服务化（Servitization）的定义：制造业企业由仅仅提供物品向提供物品-服务包转变。完整的物品-服务包包括物品、服务、支持、自我服务和知识，并且服务在整个包中居于主导地位，是增加值的主要来源。此后有许多学者开始了对制造业服务化这一领域的研究，比如，White 等（1999 年）认为，服务化是制造业企业角色由物品生产者向服务提供者的转变，是一种动态的变化过程。2000 年 Reiskin 把服务化定义为企业从以生产物品为中心向以提供服务为中心的转变；Szalavetz（2003 年）认为“业务服务化”并不能完全反映制造业服务化趋势，制造业服务化至少具有两层涵义：一是内部服务的效率对制造业企业的竞争力变得日益重要，这些内部服务包括产品开发、设计、培训、会计、法律及金融服务等；二是与物品相关的外部服务对顾客来说复杂性和重要性日益提高。此外，其他一些学者从战略的角度提出了相似的概念，如 Drucker（1990 年）提出的“服务型制造业”、Berger 和 Lester（1997 年）提出的“服务增强”、Kim 和 Mauborgne（1997 年）提出的“基于服务的价值创新”等。

与国外相比，国内学术界对制造业服务化现象的研究起步较晚，但进入 21 世纪之后，该领域的研究越来越引起国内学术界的广泛关注。尽管目前关于制造业服务化的定义，管理学界没有达成完全一致的意见，但从目前获得的文献看，Szalavetz 的定义得到国内学者较多的认同[1]，即服务化有两方面含义：一是投入服务化，即服务要素（如市场知识、研发设计、内部物流、管理效率、营销、法律、金融等）在制造业的全部投入中占据着越来越重要的地位，工业企业在生产经营中倾向于较少投入实物要素，较多投入服务要素；二是产出服务化，即服务产品在制造业的全部产出中占据越来越重要的地位，工业企业将重心移向服务环节，使其产出中实物要素比重下降，服务要素比重上升。

综合国内外学者对服务化的研究论述，钢铁行业的服务化，从企业价值链角度看，是钢铁企业以更好地满足用户需求为导向，以实现企业价值和获取竞争优势为最终目标，将企业价值链由以制造为中心向以服务为中心转变的动态过程。从产业价值链角度看，是在产业的运行过程中，钢铁企业投入、产出中服务比重不断提高，服务要素日益成为钢铁制造价值创造的主导因素，产业附加值和品牌效益不断提高的动态变化过程。

2. 钢铁行业服务化的必要性

外部环境迫使钢铁行业由制造为中心向服务为重心转移。一是中国的人口红利即将终结，钢铁制造的核心竞争力——低劳动力成本将不复存在；二是环境的高负荷对钢铁制造业的日趋严格，钢铁制造的环境成本越来越难以外部化；三是宏观经济增长方式的转变对钢铁需求强度将会降低，同时对服务的需求会上升。

行业内部环境也要求实施服务转型。从行业内部来看：一是产能过剩已经成为常态，也就意味着有更多的富余生产能力可以转向满足个性化需求和高层次需求；二是钢铁行业同质化的产品竞争日趋加剧，任何一个企业企图以产品独步天下的时代已经终结，需要有企业率先创新竞争方式；三是中国钢铁全行业的产品结构、技术水平经过多年的发展有了较大提高，已经初步具备向服务转型的条件；四是我国钢铁行业转型升级的“硬实力”已基本发挥殆尽，但服务转型所需的“软”实力发挥空间较大。

钢铁行业面向新兴产业的挑战也要求服务转型。首先是战略性新兴产业的崛起将使钢铁企业的服务对象发生根本变化，战略性新兴产业与传统产业的区别不仅在于产业形态的不同，更在于对服务需求的不同；其次是新工业革命对钢铁材料新的挑战。智能制造、互联制造、绿色制造、定制制造等被认为是第三次工业革命的象征，钢铁作为基础材料行业必须适应新工业革命对材料需求的颠覆性变革，这不仅要求中国钢铁企业加快由钢铁到材料的转型，也要求中国钢铁企业加快制造的服务化转型，因为新工业革命将终结同质化大规模批量制造时代，服务将渗透到钢铁产业链的每一个环节。

国际化是中国钢铁行业未来必须要走的一条道路，但是中国钢铁业走国际化发展道路，必须先强化服务能力，制造的服务化是实现中国钢铁业走向世界的前提。当今世界优秀跨国公司阵营已经很难找到纯制造型企业，相反综合服务型企业在这个阵营中的比重越来越高。中国钢铁企业要成为国际化企业不是简单地在海外销售钢材，也不是简单地建设海外钢铁制造基地，更多的是服务能力的国际化。只有在国内先实现了服务转型，才有可能成为一个优秀的跨国钢铁公司。

3. 钢铁行业服务化的意义

钢铁服务化无论是投入服务化还是产出服务化，都是对产业总体发展趋势而言的，从产业层面讲是钢铁行业的发展趋势，从微观层面是钢铁企业的发展战略。在现阶段我国经济发展条件下，钢铁行业服务化并不是“去制造业”，而是钢铁企业根据企业实际和行业发展环境增强自身竞争力的理性选择，其根本目标在于拓展企业价值链，提升产业附加值和品牌效益。对我国钢铁行业而言，服务化是我国钢铁行业转型升级的重要方向和途径，对于我国未来经济发展方式转变和经济结构战略性调整意义重大[2]。

（1）满足用户需求。随着经济的发展，大部分钢材产品用户不再满足于钢材本身，而是需要更多的服务，需要与钢材相伴随的服务，比如物流、库存、深加工、材料设计、模型计算等。把产品重新界定为产品-服务包，符合用户的期望，有助于满足顾客的需求。这样，传统的主要通过单纯制造产品满足顾客需求的做法不再适用，钢铁企业的着眼点越来越多地放在建立和维持与顾客的关系上。钢铁企业日益关注终端用户，积极寻找机会了解自身存在问题，通过提供服务来提高信誉、创造需求。

（2）提高企业竞争力。服务化最重要的作用和推动力就是它可以增加企业的竞争优势，成熟工业行业的管理者把服务作为差异化的工具，延伸产品的生命周期，使企业免遭淘汰。类似地，在钢铁行业这一传统的以成本取向的行业中，服务化战略是创造差异化优势的重要手段。服务的可见度低、劳动依赖度高，很难被模仿，是竞争优势的持续来源。比竞争对手提供更好的服务可以增加企业的竞争优势，使企业的产品更具吸引力，有助于与竞争对手区分开来。

尽管中国加大了淘汰落后力度，但周期性产能过剩和结构性产能过剩问题仍然突出。产能过剩使得钢铁企业之间的竞争日趋激烈，企业收益被摊薄，全行业处于微利或亏损状态。针对这一现状，所有钢铁企业为了确保生存和发展，必须另辟蹊径。管理大师彼得德鲁克说："未来企业的竞争，是商业模式的竞争"。实现企业的服务化发展，实施服务型制造，是钢铁企业商业模式的重大创新，通过服务化建设，可以更好地满足客户需求，提升客户的满意度和忠诚度，从而创造出差异化的竞争优势。

（3）增加经济收益。与产品相关的服务能够增加收益，同时也可以降低现金流的脆弱性和易变性，有助于提高股东价值。制造型企业把服务整合到其核心产品中的经济理由是：企业相当多的收益来自于产品整个生命周期的顾客群；服务通常比产品有更高的利润；服务提供了更为稳定的收益来源。从现实情况来看，服务确实为一些企业带来丰厚的利润。

在激烈的市场竞争下，钢铁企业面临着优胜劣汰的选择。企业之间的竞争已渗透到各个环节、各个方面，想通过某一方面的优势胜过竞争对手很困难。生产的专有技术在各钢铁厂之间趋同，同一类钢铁产品趋于同质，生产制造环节的利润相差甚微，企业的竞争优势已很难从产品的质量和价格上体现。深入开展服务化，赢得服务利润，可以成为钢铁企业新的利润增长点和未来重要的利润来源。

（4）提高企业管理水平。钢铁企业曾长期浸润于"计划经济"和"卖方市场"环境中，宽松的内外部环境使钢铁企业在经营理念、组织架构、管理模式、工作作风方面存在诸多问题。而今天的客户需求呈现出多元化、差异化的趋势。单一规格、大批量订货越来越少，客户需要的往往是多规格、小批量的产品或产品的组合。在此背景下，钢铁企业把握服务化发展趋势，能从根本上实现"以客户为中心"的转变，实现企业经营理念、管理模式、管理方法的巨大跃升，大幅提升企业各项服务能力，全方位推进企业管理水平的提高。

4. 钢铁行业服务化的表现形式

相关研究表明制造企业有多种不同形式的服务可以提供，如咨询服务、设计和发展服务、金融服务、安装和实施服务、租赁服务、维护和支持服务、外包和运营服务、采购服务、知识产权和房地产服务、零售和分销服务、系统和解决方案服务、客运和货运服务等。但又不限于这些服务，实际上，制造业服务化的内涵是十分丰富的，既包括制造业企业产出所能提供的一切服务，也包括制造业自身发展所需的支撑——投入服务化。

钢铁行业可以给下游用户提供的服务，不仅仅是简单的材料，而是从材料供应、质量保证、技术服务、材料半成品加工、零部件制造、物流配送等方面的全方位服务，甚至在用户使用材料过程中最容易产生问题的环节上，如焊接、强度计算、成型、模具设计等问题，都能够给予技术支持和咨询服务。分析全球制造业企业服务化转型的路径，钢铁行业服务化的表现形式主要有以下四种：

（1）基于产品效能提升的增值服务。市场竞争加剧使得企业通过服务不断提升产品价值，满足客户需要，更好地体现差异化竞争，创造利润并锁定顾客，并在新一轮竞争中脱颖而出。产品效能提升的服务方式是多元化的，无论是在产品研发设计的前端，还是在产品交付客户后的运行中，都可以通过服务化手段实现产品增值，并不断创新出新的商业模式。

（2）基于产品交易便捷的增值服务。基于信息技术的广泛应用，钢铁企业可以通过多元化的金融服务、精确化的供应链管理以及便捷化的电子商务等方式，提高钢材产品的交易效率和便捷化程度，从而提高企业的核心竞争力。从国外制造业发展历史来看，越来越多的制造业企业把提高产品交易效率和便捷化，作为提升企业竞争力的重要手段和途径。

（3）产品与服务整合。随着客户需求从单一产品向产品及相关服务的综合方面升级，为客户提供产品的集成及全面解决方案，成为制造业企业提升核心竞争力、赢得市场的重要手段和途径。钢铁行业“从生产到材料，从制造到服务”集成化的专业服务、系统化的产品整合，正成为钢铁企业扩展业务的重要模式和产业竞争的制高点。

（4）从基于产品的服务到基于需求的服务。无论是基于产品效能的提升，或基于产品交易的便捷化，还是基于产品整合的增值服务，其服务化的出发点都是基于有形产品的研发设计、产品交易、功能提升，但这仍是制造业服务化转型的初级阶段。制造企业服务化转型的更高阶段是企业发展战略实现了从基于产品服务向基于客户需求服务的转变，服务模式不再与自身原有产品绑定，而是将制造企业领先于市场的研发、供应链、销售等运营能力向外延展为服务，企业已不再是产品提供商而成为解决方案提供商，而利用其在价值链上的运营优势，提供不依托产品的专业服务。企业将着力于挖掘和洞察客户的潜在需求，利用强大的服务体系帮助客户解决盘根错节、复杂艰巨的问题，交付给客户“一揽子”“一站式”的解决办法和实施成果，从而为客户创造更多的价值[3,4]。

（二）钢铁行业服务化的演变

由于对制造业服务化概念有不同的理解，在制造业服务化演进阶段上也存在着不同观点。钢铁行业的服务化演进大致包括四个阶段：物品阶段、物品和附加服务阶段、服务增值阶段、整体解决方案阶段。

1. 物品阶段

企业依然属于传统制造业，业务中心还停留在产品的生产和销售阶段，企业的身份只是产品生产者与出售者，几乎不存在提供服务这一角色，大多数中国钢铁企业还在此阶段不断探索。

2. 物品和附加服务阶段

这一阶段是微弱服务阶段的延伸，服务作为产品的一种附加品形式而存在，占据主导位置的还是生产与销售。此时的服务只是生产者增加销售的工具，帮助产品增加市场竞争力和份额，一般并不收取费用。

3. 服务增值阶段

企业将一系列无形的服务捆绑在有形物品上提供给消费者。从简单的运输、安装、维修、维护等到复杂的信贷保险、过程支持等都属于服务的内涵。此时，服务可以如同自身是产品而被企业定价销售。之前对产品的辅助和依附作用被服务改变了，转而成为能够让产品价值有所创新和增值的新途径。在这一阶段，许多制造企业都通过增加服务带来营业收入的极大提升。

4. 整体解决方案阶段

此阶段的企业核心竞争力已经不是产品的生产或者销售了，作为服务的一部分，产品只能作为企业吸引消费者的一种载体，只是企业整体解决方案的一个环节。服务和产品同时存在，但位置已经发生了变化，产品已不是企业生产的主要部分，而是服务的一部分。企业开始向服务型模式靠拢，核心竞争力也开始向服务转变。

（三）钢铁行业服务化现状

1. 国外钢铁行业服务化现状

服务化已成为全球制造业发展的重要趋势，发达国家在其经济服务化过程中，制造业率先实现服务化，成为整体经济服务化的产业支撑。20 世纪八九十年代以来，随着信息与通信技术的广泛应用，经济的全球化以及市场环境的变化，服务业与制造业由分工、分化到互动融合，服务化由此成为全球制造业发展与升级的重要趋势。日本、法国、澳大利亚、英国90年代中期制造业对服务业的依赖度比70年代早期增长10个百分点左右，德国90年代中期比80年代早期也增长了近10个百分点；加拿大、美国、丹麦、荷兰，如果考虑90年代中期的数据，依赖度增长幅度也较大。尽管各国制造业对服务的投入增长幅度不同，但总体来看，制造业对服务业的中间投入呈较为明显的上升趋势；制造业产出呈现服务化趋势，越来越多的制造企业把服务作为差异化竞争的重要手段。据德勤公司2010年报告，经济合作与发展组织（OECD）国家制造业产出中服务所占的比重，从20世纪70年代的15%上升到2000年的30%。在其调查的80家制造业公司中，从平均水平看，服务收入占总销售收入的百分比超过25%，其中，有19%的制造业公司的服务收入超过总收入的50%[5,6]。

从国际钢铁行业来看，近年来，构成钢铁产品主要成本的相关价格都有所上升，使得整个钢铁行业的上游企业占有的利润越来越多，而钢铁企业的利润率越来越低。为了与下游钢材用户和上游垄断的原材料供应商形成抗衡，全球的钢铁企业开始超大规模的合并，从而建立大型钢铁集团。为了增强盈利水平，世界一流钢铁生产商开始向专业化服务转型，用设计、分销和产品"定制"等服务来支持生产，有的企业开始提供全方位的后勤、工程、配销等服务，全程参与设计服务，如与用户联合开发汽车用高强度钢板等；提供产品延伸服务，如激光拼焊板、构件等；提供个性化定制服务，如整条船制造所需的钢材解决方案、多品种小批量服务等。通过深化服务，使企业的获利能力得到有效提升。

通过对比20个代表国家不同行业制造业服务化系数（图10-1），相对于造纸/印刷和出版业（6.84%）、皮革制品和制鞋业（5.1%）、化学品及化学制品制造业（5.31%）、电子和光学设备制造业（6.92%）、回收和其他制造业（5.37%），金属制品业的服务化系数相对较低，仅为2.3%。

20个代表国家中，荷兰、波兰、澳大利亚、加拿大、英国、德国等金属制品业服务化系数相对较高（图10-2）。

2. 中国钢铁行业服务化现状

中国钢铁行业服务化尚处于萌芽阶段，大多数企业对此仍然认识不足，

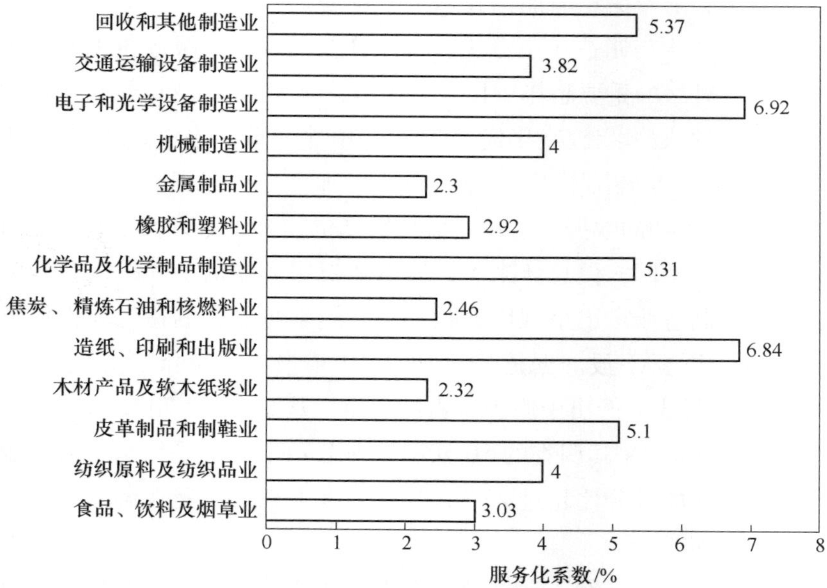

图 10-1　20 个代表国家不同制造业服务化系数比较（2009 年）

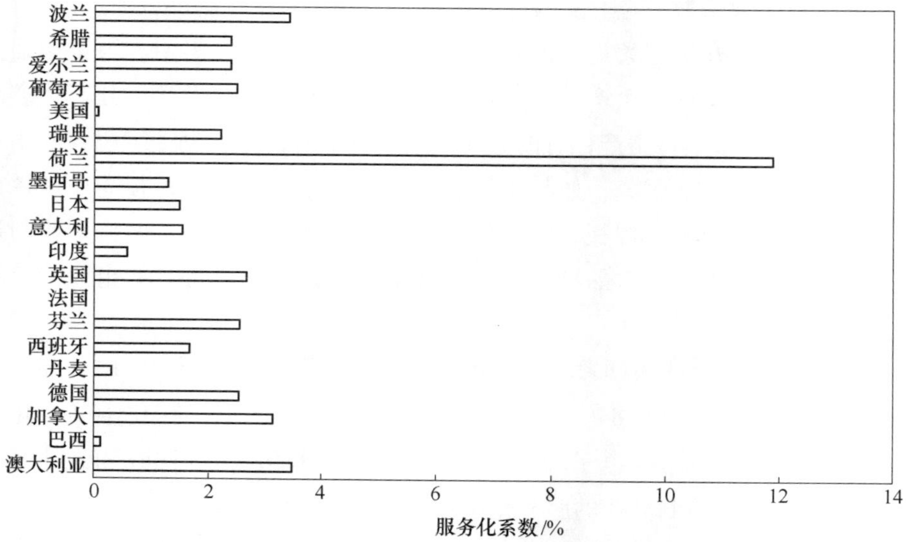

图 10-2　20 个代表国家金属制品业服务化系数比较（2009 年）

还处于物品阶段或附加服务阶段。但是，无论在投入服务化还是产出服务化方面，中国钢铁业的服务化发展已经初见端倪。

（1）加大研发投入，加快培育创新能力。制造的服务化不是削弱研发创新作用，相反研发创新的重要性更加凸显。近年来，不少钢铁企业持续加大研发投入，加快培育创新能力。2016 年 A 股钢铁企业中，宝钢股份以 36.6 亿元研发支出排在各公司首位，太钢不锈、本钢板材分别位于第二和三位（表 10-1）。

表 10-1　2016 年度部分 A 股钢铁企业研发费用支出

排名	股票名称	研发费用总额/元
1	宝钢股份	3662000000
2	太钢不锈	2017030802
3	本钢板材	1437398000
4	鞍钢股份	1002000000
5	河钢股份	1413191379
6	酒钢宏兴	1040726490
7	南钢股份	801780000
8	马钢股份	752570000
9	大冶特钢	238114262
10	凌钢股份	227715650

数据来源：各上市公司 2016 年年报。

以宝武集团为例，宝武集团持续保持高水平研发投入，2014~2016 年研发投入率分别为 2.0%、2.1%和 2.0%。宝武集团重视科技人才的培养与激励机制建设，在形成一系列人才培养和激励政策的基础上，在行业内率先推出股权激励方案，对核心管理人员与技术人才进行股权激励，进一步调动核心人才的创新积极性。2016 年，宝钢股份加大技术创新投入，产品开发、技术进步等方面不断取得进展。R&D 投入率 2.0%，发明专利申请占比超过 70%，新试独有比例超过 71%，高磁感取向硅钢 B27R080、B30R090、连续油管 CT110 这三项产品实现全球首发。宝武集团借鉴国际先进企业专业技术开发机构设置模式，建立了以中央研究院为核心的研发体系。中央研究院建立了面向市场竞争的大类产品开发模块，面向制造工艺技术提升的共性技术开发模块，面向未来发展的前沿技术开发模块，面向新材料研发的项目团队，2013 年建成了“汽车用钢国家重点实验室”。宝武集团通过与高校合作、构建产学研用战略合作联盟、开展产业链和同行的战略合作、搭建国际交流与合作平台等多种途径，不断提高获取外部技术资源的能力。在技术创新基础设施建设方面，宝武集团已经建成从冶炼→热轧→冷轧→镀锌→后处理等全冶金流程的试验平台，具备了中试指导大生产的能力。

（2）向“以顾客为中心”的营销组织模型转型，增强捕捉和创造优质客户能力，提升客户等级。“以顾客为中心”的显性目标是“黏住顾客”，即建立并维护高度稳定的顾客关系，从而防止由于竞争对手入侵而造成的顾客流失。制造企业的服务转型成功与否与这个企业的客户群体关系重大，优质的高端客户群是行业实现服务转型的基本保障。

我国大型钢铁企业中，河钢、宝武集团、济钢等一批企业都在实施大客户经理制，增强捕捉和创造优质客户能力，提升客户等级。

2015 年，河北钢铁集团大客户服务中心运行方案正式实施，集团第一批大客户及客户团队的确定、CRM 管控信息平台建设等各项具体工作已逐项展开。

经过几年的试运行，宝武集团大客户经理制在促进公司建立“以客户为中心”经营理念、增进宝武集团与客户关系、解决客户问题、提升巩固公司产品市场份额等方面起到了良好的推动作用。发展了一汽集团、东风汽车、中集集团等几十家潜在及战略用户成为大客户，主要集中于汽车、家电、石油、运输等六大行业。

（3）提高驾驭大数据的能力，向精准服务努力。服务型钢铁企业，只有更准确地把握客户、员工的细分特征和个性需求，才能更好地提供服务。信息化时代的今天，市场和企业经营活动产生了海量数据。云时代新处理模式下基于大数据的数据挖掘技术的成熟，将有助于企业通过对大数据的分析实现精准服务。

国内已经有钢铁企业开始搭建平台、搜集数据，建立大数据，研究和开展基于平台数据分析的技术服务、技术产业化和产业组织与协同等服务。例如，线上与线下结合的产品技术服务和工程服务：提供产品使用指南、性能数据库、标准对照、材料与使用技术方案库支撑用材技术趋势分析；对创新产品、复杂使用环境提供用材推荐方案：提供用户需求的工程解析服务等。另外，通过技术服务开展数据的分析可获得技术研发趋势和研发来源，进而向钢厂提供用户产品的加工、使用特性解析所对应钢材的使用方案制定；推荐质量异议跟踪反馈及问题解决方案；提供钢铁产品转化为用户产品的成套技术解决方案等多种技术服务。还可以对加工配送服务商提供技术服务，如基于用户需求分析，对钢材产品的改性、改形、改表面等提供材料可靠性数据库、加工方法库、加工方案设计等各种技术服务。在产品研发、生产技术服务领域，可向钢厂提供技术服务。

（4）提高物流优化能力，发展钢铁电子商务。钢铁领域的电子商务是被看好的一个行业。据统计，目前通过钢铁企业、钢贸企业以及第三方搭建的钢铁电商总数已超过 200 家，在全国大宗商品电子商务企业中占 27.6%。以交易而非信息模式构建的创业型钢铁电商约 20 家。自 2011 年以来，通过钢铁电商销售的比重在逐步增加，2016 年全国钢铁电商平台线上钢材交易量达 2.4 亿吨，占全年钢材产量的 25%。目前大型钢铁生产企业的电商发展的整体水平仍处于较低水平，而且出现了非常明显的分化。

但是，钢铁电子商务发展的一个最大瓶颈就是钢铁物流，这跟消费品领域电子商务的大发展需要快递行业的大力支撑是一个道理。钢铁产品的物流配送显然不同于一般的快递物流，不仅需要更严密的组织优化能力，还需要物流基础设施的配套。宝武集团等钢铁企业，以及天物大宗、五矿等钢贸企业正在重塑物流体系，来应对钢铁电商带来的平台经济发展的需要。

（5）建立和完善供应商先期介入（EVI）服务体系。EVI（Early Vender Involvement）意为供应商的先期介入，即供应商以客户为主体和导向，全面介入客户从研发到量产的各个环节，把用户需求即时性、前瞻性地传导到企业内部，促使企业不断提升能力，与用户需求结合得越来越早、越来越深，从而进一步拓展双方创造价值的空间。

近年来，导入 EVI 技术服务模式，成为我国不少钢铁企业加速由制造商向服务商转型的重要战略。尤其在汽车板领域，宝武集团以目标成本为导向的汽车 EVI 服务模式，形成了具有宝武集团特色的强有力的汽车用钢全过程设计与技术支持的汽车 EVI 服务体系。针对汽车厂的程序启动先进工程设计—早期（概念）和车身设计—模（工）具设计和开发—车型投产—批量生产各阶段，实施对应的市场开发—设计支持—工具支持—投产支持—生产监控等全程系统化和个性化支持。对于汽车厂的新车型，宝武集团提出详细的针对自主品牌、合资品牌和外方设计的新车型 EVI 分层原则及 EVI 工作机制。通过汽车 EVI 服务模式的实施，宝武集团实现了汽车板 EVI 服务在成本优化、投产支持、模具设计、车身设计、先进工程设计等方面的 EVI 服务支持型技术降成本，实现了汽车厂和钢厂共赢的良好局面。

2016年，马钢以技术中心为核心，全面启动EVI服务战略，开创差异化竞争新路径。日前，马钢技术中心经过细致谋划，反复论证，正式推出首批涵盖公司八类产品的十个EVI技术服务行动方案。

（6）发展深加工，延伸钢铁产业链。钢材深加工是企业向服务化转型的途径之一。我国一些钢铁企业在服务用户和钢材深加工方面做了许多工作。在钢铁市场蓬勃发展的时候就把服务用户放在首位，在钢铁市场低迷、产能严重过剩的今天，发展钢材深加工更有助于钢铁企业实现由单纯材料生产向技术服务、材料服务的转变。

我国钢铁企业在营销型深加工和产业型深加工两方面均取得不少突破。在营销型深加工方面，为了使用户更方便，为用户提供中间产品使营销增值。例如按照用户要求，通过建立钢材剪切加工配送中心，将金属产品经过矫直、清理、剪切、冲压、彩印等工序，并通过仓储、运输等物流环节，供最终用户直接使用。营销型深加工就是服务用户的一系列业务，是连接最终用户的增值链，由于具有社会化、现代化服务所产生的效率高、成本低的优势，对冶金产品供需双方和社会都能产生巨大效益。

在产业型深加工方面，以钢材为原料，加工成用户直接可以使用的产品。目前，我国冶金企业涉足产业型深加工最多的领域是建筑钢结构、金属包装、紧固件、五金家具、汽车零部件、钢帘线、桥梁缆索等。

（7）规模化定制服务。数字化、网络化、智能化技术，使规模制造与定制化有机地融为一体，不仅将用户需求充分体现在产品设计、生产和使用的各个环节，形成了全新的产业模式，还将工业互联网应用到制造业，实现产业形态从生产型制造向服务型制造的转变。更为重要的是，在钢铁行业产能过剩、微利运行的情况下，从客户需求出发，建设以客户驱动的现代冶金企业集成制造管理系统，在质量、生产、成本、物流管理等各方面形成规模化定制生产体系，能够实现大规模定制下的个性化服务管理创新，精益制造下的生产全过程动态成本控制，以及生产制造过程的敏捷化。

宝武集团已经在规模化定制领域进行了有益的探索，并初见成效。作为中国技术最为领先的大型钢铁企业，针对规模大、流程长的特点，宝武集团在ERP、MES系统的基础上，自主研发了炼钢—轧钢流程生产组织优化系统，研制了虚拟制造和离散事件仿真平台，实现了人机互动的自适应优化，使得按订单排产时间从 4 小时缩短到 10 分钟，大幅提升了计划系统效率和生产适应能力。

唐钢推行“定制化”服务，以生产经营理念的迅速转变应对市场变化，为用户进行定制产品生产，以特色服务培育用户忠诚度。唐钢可为用户定制生产非常规定尺螺纹钢、硬线、加硼角钢、非常规定尺角钢、非标厚度角钢、低硫埋弧焊丝用钢、加硼气保焊丝用钢等产品。唐钢还摸索出一套“定制化”精准研发方案，建立了高端产品技术研发与市场开拓的全新模式。

河北敬业集团除生产常规定尺 9 米、12 米高强螺纹钢产品外，还提供“规格+材质+包装”的高强螺纹钢定制生产服务，其规格、材质、包装任客户选择，此举可为客户节约 11%的钢材成本，而且 500 吨即可起订。

二、发展环境和政策导向

（一）发展环境

1. 宏观外部环境

（1）我国经济步入新常态，经济增速放缓，消费成为主要拉动力。2016 年国内生产总值（GDP）增长率为 6.7%，增速比上年减缓 0.2 个百分点，拉动 GDP 增长的“三驾马车”中，消费继续成为拉动经济增长的主引擎，投资、出口拉动力减弱。2016 年，消费对社会经济增长的贡献率达到 64.6%，比 2015 年提升了 4.9 个百分点，消费动力还在不断增强。

步入经济新常态以来，我国努力调整经济增长模式，减少对投资的依赖度，刺激个人消费。今后，我国消费对经济的带动作用将进一步增强，消费对中国 GDP 的贡献率稳步提升，个性化、多样化和定制化消费渐成主流，服务消费比重增加。

（2）国际经济缓慢回升，发展前景不容乐观。由于大部分主要新兴市场国家呈现不同程度的疲软态势，加上大宗商品价格维持低位、贸易以及资本流动放缓等因素的影响，未来几年全球经济恢复较慢。全球经济增速放缓，迫使企业更加注重产品质量和服务的提升。

2. 行业内部环境

（1）我国钢材需求进入峰值弧顶区，需求将波动下降。目前，我国钢材消费已经进入峰值弧顶区，2015 年我国钢材实际消费量 6.64 亿吨，同比下降

5.4%，为1996年以来首次下降；2016年我国钢材实际消费量有所回升，达到6.73亿吨，同比增长1.36%。根据未来我国经济发展形势及经济结构变化，结合我国钢材消费特点和下游产业发展态势，预测我国钢材生产和消费将呈下降态势。钢材需求的进一步下降对钢铁企业提出了严峻的挑战，使得钢铁企业在提高产品质量和性能的同时，不断提高服务水平、延伸服务链条、提供个性化和定制化产品服务。

（2）企业普遍重视服务，未来市场竞争更趋激烈。近年来，随着我国钢铁产业产能过剩的加剧，我国钢材进入全面过剩的时代，尤其是钢筋、线材和中厚板等品种过剩严重，甚至取向硅钢、帘线钢、不锈钢等“高精尖”的钢材品种也出现了过剩。因此，我国钢铁企业纷纷调整优化产品结构，开发适合自身的具有竞争力的优势品种，扩大服务范围和服务品种。同时，各钢铁企业更加重视服务水平提升，完善服务模式，在服务范围、层次和深度上不断提升。

3. 新兴产业的挑战

（1）钢材替代产品的发展。在当前乃至今后相当长时间内，钢材都将是支撑我国经济和下游行业发展的基础原材料，但其发展和应用面临着其他替代金属材料的威胁。例如，随着汽车轻量化的发展，铝合金在汽车上的应用不断扩大，汽车车轮等部分零部件已经在一定比例上被铝合金材料所取代；未来，随着节能减排要求的不断提高，铝合金、镁合金和钛合金等材料在汽车、高铁车辆等领域对钢铁的替代将加快。

（2）新材料的出现。近年来，随着科技的不断进步，碳纤维、碳纳米管、纳米陶瓷和石墨烯等一批先进新材料涌现，这些材料普遍具有较高的强度和较低的重量，是未来钢铁材料替代产品的主要选项。碳纤维具有密度低、强度和模量高、耐腐蚀和疲劳性能好等优点，广泛应用在建筑、医疗卫生、汽车和航空航天等领域。碳纳米管的密度仅为钢铁的六分之一，但其强度是钢材的100倍以上，在美国已经用于军事和航天等高端领域。

4. 国际化发展道路

2000年以来，我国钢材出口整体呈上升态势，2016年钢材出口量在经历持续六年的快速增长后，首次下滑，钢材出口量1.08亿吨，同比下降3.5%。我国钢铁企业的服务也伴随着钢材出口走向世界，服务层次也从最初的为出口国当地经销商提供简单的产品配送，到与国际贸易商开展深层次合作，进而发展到对出口国大型客户的直供服务，最终提高到在国外建设剪切加工配送中心提供产品延伸服务和精准服务。

（二）政策导向

1. 我国宏观政策对服务愈加重视

随着我国工业制造能力和产品性能质量的不断提升，我国政策对服务越来越重视。我国《国民经济和社会发展第十三个五年规划纲要》明确提出，推动制造业由生产型向生产服务型转变，引导制造企业延伸服务链条，促进服务增值。

《中国制造 2025》（国发〔2015〕28 号）提出，引导和支持制造业企业延伸服务链条，从主要提供产品制造向提供产品和服务转变；鼓励制造业企业增加服务环节投入，发展个性化定制服务、全生命周期管理、网络精准营销和在线支持服务等；支持有条件的企业由提供设备向提供系统集成总承包服务转变，由提供产品向提供整体解决方案转变；鼓励优势制造业企业“裂变”专业优势，通过业务流程再造，面向行业提供社会化、专业化服务。

2. 服务型制造引领中国制造发展

服务型制造，是工业化进程中制造与服务融合发展的一种新型产业形态，是制造业转型升级的重要方向。发展服务型制造，重塑制造业价值链，是增强产业竞争力、推动制造业由大变强的必然要求，是顺应新一轮科技革命和产业变革的主动选择，是有效改善供给体系、适应消费结构升级的重要举措。

为贯彻落实《中国制造 2025》，工业和信息化部会同国家发展改革委、中国工程院制订并印发了《发展服务型制造专项行动指南》（工信部联产业〔2016〕231 号，简称《行动指南》），这是推动服务型制造发展的指导性文件。

《行动指南》提出，制造与服务全方位、宽领域、深层次融合；通过三年的发展，服务型制造水平明显提升，对企业提质增效和转型升级的促进作用进一步增强。《行动指南》提出，推动创新设计发展，推广定制化服务，优化供应链管理，推动网络化协同制造服务，提供系统解决方案。

3. 钢铁行业相关政策对服务不断推进

近年来，我国发布的与钢铁相关的政策和规划大多提出支持钢铁行业转变服务理念、延伸服务维度、提高服务水平。《国务院办公厅关于进一步加大节能减排力度加快钢铁工业结构调整的若干意见》（国办发〔2010〕34 号）提出，积极引导钢铁企业以品牌、标准、服务和效益为重点，全面提升产品质量，增强国际竞争力。

《钢铁工业调整升级规划（2016~2020 年）》重点任务（四）提升钢铁有效供给水平中提出，要推动服务型制造，全面确立以用户为中心的产品理念和服务意识，推进钢铁企业由制造商向服务商转变；鼓励钢铁企业与下游用钢企业主动对接，围绕用户需求，结合先期研发介入、后期持续跟踪改进（EVI）模式，创新技术支持和售后服务，完善物流配送体系，提供材料推荐、后续加工使用方案等一系列延伸服务，创造和引领高端需求。

三、案例剖析

（一）宝武集团

经过 30 多年发展，宝武集团已成为中国现代化程度最高、最具竞争力的钢铁联合企业。集团制定的使命是“成为世界一流的钢铁产品、技术、服务供应商”，发展路径是继续推动“从钢铁到材料、从制造到服务、从中国到全球”的战略转型。宝武集团将服务提升到集团战略层面，并把服务放在至关重要的位置，体现出宝武集团对于服务的重视。宝钢股份践行集团战略，通过服务先期介入、大客户总监负责制、电子商务交易平台，快速响应完善的营销服务体系，以遍布全球的营销网络，为客户提供一流的产品、技术和服务，在满足国内市场需求的同时，产品出口日本、韩国、欧美等七十多个国家和地区。

1. EVI 在宝武集团的应用

EVI(Early Vendor Involvement) 即供应商的早期介入，是以客户为主体、以客户为导向的由供应商全面参与的供应链价值创造活动。在宝武集团，EVI 是以满足客户需求为目的，促进宝武集团自身产品与技术发展，促进市场推广与商务合作的技术营销活动，也是一种创新商业模式。通过 EVI，宝武集团聚焦客户需求，全面介入客户从研发到量产的各个环节，发挥宝武集团自身能力和优势，创造客户价值，从而实现宝武集团占领市场竞争制高点。

目前，宝武集团 EVI 已经形成了涵盖从先进工程设计、早期（概念）和车身设计、模（工）具设计开发、车型投产和批量生产等汽车开发制造全过程，面向不同用户需求层次的 EVI 合作类型，具备向客户提供“以目标成本为导向”和“以轻量化目标为导向”的一揽子解决方案的能力，并与国内所有主流汽车厂商建立了深入的合作关系。同时 EVI 工作也不再局限于汽车用户，还向家电、电工钢和金属包装等不同行业用户拓展。宝武集团 EVI 工作是实现从制造到服务转型过程中的有效探索与实践。

当前，中国汽车产业面临着来自石油、环境和交通等方面制约发展的问题和压力，整体将进入低增长的稳定发展时期。与此同时，钢铁行业国内竞争对手纷纷进入或瞄准汽车行业需求，通过新建机组、新产品开发、提高生产技术水平、“低价渗透”等策略与宝武集团展开激烈竞争。尤其是价格因素，目前宝武集团在新车型定点获取和老车型份额维持上面临巨大压力，其中热镀锌产品的价格竞争力已显著下降。面对如此残酷的市场竞争形势，宝武集团需要从产品、技术、服务、营销等多角度全面提升综合竞争能力，维持和巩固目前的市场份额。而宝武集团 EVI 工作正突出体现了宝武集团“精品+服务”的理念，在为客户创造价值的同时，也大大提升了宝武集团产品的附加值和竞争力。在产品同质化竞争日益激烈的今天，宝武集团通过 EVI 工作，充分体现公司技术优势和服务能力的价值，避免陷入单纯而又低级的价格竞争，从而保持公司产品的市场份额和较高的溢价能力，开创一条服务差异化的竞争之路。

近年来汽车行业轻量化发展趋势和需求明显，进一步推动了汽车板材料和制造工艺的进步。“环境友好、安全、长寿命和低价格”成为推动汽车工业发展的持续动力。从欧、美、日等国近 20 多年来的汽车材料发展趋势来看，钢板的用量在减少，轻金属（铝合金和镁合金）和塑料等用量在增加。但钢板仍然是今后汽车板的主导材料，占车重的 55%~70%，而钢板的内涵却发生了很大变化。未来汽车板将向高强、轻量化、高耐蚀、环保化方向发展，同时需向用户提供技术解决方案。今后高强钢、超高强钢及汽车外板仍是宝武集团重点关注及推进的产品，汽车板产品无害环保性以及应用技术的创新发展是未来发展方向。

宝武集团是目前国内唯一具有轿车底盘和结构件使用的热轧及酸洗（HR-PO）、车身使用的冷轧（CR）、热镀锌纯锌（GI）、锌铁合金（GA）和电镀锌（EG）汽车板全品种生产能力的钢铁供应商，既能满足自主品牌开发的汽车板产品需求，更能满足合资品牌国产化和本土化的汽车板产品需求。

同时，宝武集团也是目前国内唯一具备第一、二、三代超高强钢研发和批量供应能力的钢铁厂商，并建立了完善的材料数据库和应用知识库，具备汽车整车用材品种和强度全覆盖能力。2013 年 7 月，宝武集团 Q&P980 钢种成功全球首发，实现了宝武集团汽车板产品研发应用从“跟随”到“引领”的重大突破。2015 年 10 月，1700MS 钢（马氏体钢，抗拉强度为 1700 兆帕）在宝武集团试制成功，这是宝武集团在汽车高强钢研发与生产上的又一个新突破。1700MS 钢是目前世界上抗拉强度最高的汽车高强钢钢种，主要用于保险杠、车门防撞杆等零件制造，用于前后保险杠时可大大改善防撞性能和减重。在保证碰撞安全的前提下，1700MS 钢相比之前的高强度钢，具有 10%至 20%的减重潜能，能够最大限度地保障行车安全。

产品发展和技术进步是企业发展的基础，宝武集团 EVI 正是宝武集团钢铁产品发展与技术升级的助推器。今后，宝武集团坚持 EVI 工作理念，坚持以用户为导向，发挥产销研协同效应，加快重点产品和关键技术的研发和突破，加强汽车板装备技术和制造技术的研发投入，加快研发成果产业化，不断满足用户需求。宝武集团要进一步挖掘汽车发展对材料的需求，提炼技术本质，在轻量化技术领域，向高强度、高耐蚀、高表面技术的汽车板方向发展。

宝武集团的 EVI 工作是公司在实现从制造到服务转型过程中的有效探索与实践，团队成员充分践行了宝武集团文化的要求，并与业务特点紧密结合，形成了具有鲜明特点的 EVI 文化。EVI 文化是宝武集团 EVI 团队在长期工作探索与实践过程中逐渐形成的，其核心理念主要包括：

用户思维——源于用户、服务用户、成就用户；

协同思维——同一目标、网式工作、众口同声；

进取思维——精于专业、成于奉献、超越期待。

这些理念已渗透在 EVI 活动的方方面面，并在此基础上，逐步形成宝武集团 EVI 团队共同的行动准则以及一些生动的故事和典型人物。这些也是宝武集团 EVI 活动能够成功开展的关键所在。通过宝武集团 EVI 文化的践行与传播，丰富了宝武集团“构筑共享价值”的品牌内涵，提升了宝武集团汽车板的品牌价值，体现了服务化的软实力。

2. 欧冶云商扩大服务范围

（1）发展历程。在钢铁产业制造端集中化、标准化和客户端需求海量化、个性化的发展趋势下，针对钢材流通领域长期存在的信息不对称、流通成本高、贸易效率低下、钢贸信用环境崩溃等问题，宝武集团整合原有钢铁电子交易相关资源，思考和重构了全流程业务每一个环节，以全新商业模式建立了欧冶云商钢铁服务平台。

欧冶云商股份有限公司（简称欧冶云商）于2015年2月13日成立，注册资金为20亿元，目标是依托互联网、物联网、大数据、移动互联等全新技术手段，打造钢铁流通领域集资讯、交易结算、物流仓储、加工配送、投融资、金融中介、技术与产业特色服务等功能为一体，钢铁生产企业、钢铁贸易公司、物流加工服务商、钢材用户等多方主体共生共赢，服务范围覆盖全国的生态型钢铁服务平台。

（2）业务范围。欧冶云商包括欧冶电商、欧冶物流、欧冶金融、欧冶材料、欧冶数据五大业务平台。这五个业务平台既协同发展，又保留相对独立性，各自均可向外拓展。

欧冶电商是钢铁交易平台，也是整个钢铁服务平台的入口界面，集智能交易和专业服务为一体，可以支持自营、寄售、撮合等多种交易模式，拥有专属的第三方支付通道东方付通。欧冶电商围绕钢铁交易、信息、物流、金融、研发、再生资源等六大功能定位，打破所有制界限，实现跨所有制联合行业龙头企业中的央企、民营企业、地方企业强强联合，打造钢铁行业国际领先的网上电子服务平台，形成以大生产、大流通、大市场为特点的钢铁供应链服务体系，提升我国钢铁行业在国际市场上的定价权和话语权。欧冶电商以创新的交易模式，促进钢铁产业链实现数字化经营；通过建立物流、仓储标准运营体系，促进钢铁物流行业的规范运作；通过产、融结合促进钢铁行业和中小企业融资环境健康发展；基于规模化的真实交易，形成钢材交易和服务的“上海价格”和“上海标准”，形成现代化钢铁供应链服务体系，引领钢铁流通变革，打造成为国内领先、可持续发展的B2B（公司与公司间的交易）服务平台。

欧冶物流打造面向大宗物资流通领域的专业化在线物流服务平台，平台业务范围包含大宗物资物流过程中的仓储服务、运输服务、加工服务、物流交易、融资监管等。在运输能力方面形成运能交易第四方物流平台，提供安全、便捷的一站式物流服务。通过仓库产权抵押、信息系统监控、人员派出管理等多维度手段实现物流监管，为钢铁产品交易及融资实物风险管控保驾护航。

欧冶金融致力于为大宗商品全产业链提供互联网金融专业化服务，为客户提供融资服务、投资理财、在线支付、资产管理等互联网金融产品，打造大宗商品行业互联网金融服务生态圈。作为全国最具竞争力的互联网+产业链金融服务平台之一，欧冶金融可以为客户提供一站式服务，实现金融领域的“一网通”。

欧冶材料整合欧冶标准，为客户提供技术及深加工服务、贸易商务支撑服务及钢材应用整体解决方案。

欧冶数据汇集万亿级规模交易量的全产业链数据，为客户提供数据存储、数据挖掘、需求预测、精准营销、价格预测、物流优化等行业大数据服务，以及平台设计、系统建设、系统托管等电商平台服务。

（3）运营模式。欧冶致力于成为真正属于全行业的第三方钢铁服务平台，秉承“服务型生产体系”商业模式，倡导“共建、共享、值得信赖”的价值理念，并且以最大的诚意首创股权开放的全新模式。

基于目前各钢厂电商业务当前开展深度、未来发展定位等方面存在差异，欧冶电商平台为各钢厂参与合作提供了多种合作模式选择。

1）业务合作模式。

大卖场模式：针对希望快速扩充现货销售渠道的钢厂而设计的最直接、便捷的合作模式。即将现货产品上挂至欧冶电商平台，借助欧冶电商成熟的定价销售、物流仓储、支付结算等功能和庞大的用户群体实现低成本高效率的网络销售。

专卖店模式：针对希望迅速建立起相对独立运营的电商销售平台（期货及现货）而设计，由欧冶利用成熟的平台建设技术解决方案提供支撑服务。以宝武集团旗下宝钢股份东方钢铁为例，将营销服务与生产管控紧密对接，借助互联网手段提升运营效率、优化用户体验。该模式下钢厂既满足自身品牌经营的独立性，享受私有云数据库，又能够借助欧冶在用户引流、金融服务和仓储物流等方面的支撑。

电商联盟模式：针对已发展自有电商平台（或计划建立）的钢厂而设计，以联盟形式共享 1+1>2 的共赢效应。即在此模式下，欧冶电商与其他电商平台进行数据互通，立即实现用户数量、挂牌资源量、仓储物流网络及可选金融服务等多种资源的共享。对于用户信息开放存在顾虑的，欧冶可承诺用户数据单向透明，即欧冶平台用户可访问联盟平台进行采购，而联盟平台用户不能访问欧冶平台进行采购。

2）电商平台股权合作模式。欧冶计划通过多轮引资，以 3 年左右时间实现公开上市。欧冶电商将作为率先上市的运作平台，分别引入钢厂、钢贸商及其他战略投资方等多重投资主体，打造成为真正的第三方公众化钢铁服务平台。

合作钢厂可通过参与以有限合伙企业形式专门搭建的持股平台，以上市前累积贡献的平台交易量为份额分配依据，以低价格锁定电商平台股份，既享受欧冶电商平台带来的业务模式转型升级的效益，也通过资本市场实现资产价值最大化。

（4）发展态势。欧冶电商是钢铁交易平台，也是整个钢铁服务平台的入口界面，目前已拥有超过 5 万家注册用户。欧冶电商可以支持自营、寄售、撮合等多种交易模式，拥有专属的第三方支付通道东方付通，业务成交范围已覆盖中国所有省市（包括台湾地区），并将在 2015 年年内开通跨境电商交易功能，推出英文版交易界面。平台作为钢材业的淘宝，主要销售产品范围覆盖热轧、酸洗、冷轧、镀锌等全方位钢种。在供应商方面，上海钢铁交易中心与 152 家社会钢材生产制造企业保持稳定联系。已加入平台开立商铺的主要供货商有宝武集团、鞍钢、首钢、沙钢、马钢、包钢、太钢、宁钢、梅钢等国内大型钢厂。在贸易商方面，与社会钢材贸易商也有广泛的合作基础。目前共有包括浙江物产、五矿集团、南京华能等在内的 428 家社会现货长期交易对象。自成立以来，欧冶电商平台交易量不断增大，2015 年实现交易 1018 万吨，2016 年实现 3876 万吨。未来，欧冶电商将发展成为全球最大的第三方钢铁交易平台之一。

欧冶物流目前已在全国范围内拥有资本加盟仓储企业 60 余家，协议加盟仓储企业 200 余家，管控覆盖仓储企业 500 余家，具备全年仓储周转能力 5000 万吨。

欧冶金融已拥有支付、典当、保理 3 张金融牌照和近 2000 亿元的银行授信，可为客户提供质押融资、信用贷款、贸易融资、第三方支付、在线理财等多种互联网金融服务。业务上线 1 个月时间已为 40 余家企业提供累计超过 1 亿元融资服务；理财客户数 4300 余家，累计金额超过 1 亿元。

（二）河钢集团

河钢集团积极努力从制造向服务转变，满足企业个性化用钢需求。在营销模式、钢铁电商、定制化生产、EVI 服务、延伸产业链等方面，不断探索创新。河钢集团在围绕客户开展服务化方面的举措如下。

1. 实施大客户营销服务，搭建优质客户关系网络和服务机制

“客户群的高度决定了一个企业产品的高度”“对待客户和产品的态度决定了产品的价值”是河钢集团营销模式转型的思路和发力点。河钢集团各单位着眼高端客户需求，进一步强化与高端客户对接，力争以差异化、个性化服务，搭建起优质客户关系网络和服务机制，加速实现钢铁制造商向钢铁服务商转变。

唐钢以市场部为基础，组建成立大客户服务中心，搭建全方位客户服务体系，强力推进大客户经理制，策划、组织、实施、管理战略用户的开发和服务工作，借此实现“销售保客户，生产保销售”的局面，加快建立战略用户群。唐钢大客户服务中心是唐钢战略直供用户开发和服务的核心管理机构，其搭建方案包括建立全方位客户服务体系和推进大客户经理制这两项核心内容。主要职责包含设计和搭建大客户服务体系，策划和制定大客户开发战略，建立和完善大客户经理制营销制度，建立客户 VIP 管理机制，组建客户关系网，对战略客户进行管理，并推进客户需求向产线传递，倒逼内部机制变革等内容。唐钢以大客户经理制为“桥梁”将用户和唐钢有效衔接，对外深耕市场和用户，对内推进产销研运行，真正实现“为客户而销售，为销售而生产”的生产经营模式。目前，唐钢围绕重点产品和重点用户，已组建成立包括凌云汽车大客户团队、长城汽车及保定地区大客户团队、集装箱板大客户团队等 14 个“大客户经理”服务团队，精准锁定和开发战略用户，创新业务方案，提升客户满意度。为确保大客户经理制的顺利推进，唐钢搭建全方位的客户服务体系，调动和整合一切可用资源，对外建立完善的客户需求获取、传递、落实的完整流程，对内进行专业化的用户分类、分级管理，为不同类别、不同等级用户配备相应的专业化服务资源，确保所有用户得到满意服务的同时实现公司有限资源的合理配置。

承钢积极推进营销转型，在市场管理部单独成立“承钢大客户服务中心”。该中心定位明确，借助河北钢铁集团“大客户服务中心”平台资源、渠

道、技术等综合优势，承钢大客户经理、客户经理、客户工程师、营销系统无缝衔接；开发并稳定高端产品需求渠道、高端客户群；实现产品全面提质、提量、提价。新设置的 9 名大客户经理以销售、技术、研发方面主要领导为主并与战略品种大类一一对应，对高端客户贴身服务，主要负责产品在售前、售中、售后过程中反馈问题的协调、解决和处理，全权监督客户经理和客户工程师管理工作，负责客户定期回访，落实客户个性化要求。目前，承钢全力建设“一站式”服务大厅，旨在进一步提高营销服务效率。大客户服务中心正加紧制定严格的绩效激励及考核制度，充分体现绩效与业绩挂钩，提升大客户经理及其团队的积极性，确保高端产品销售稳步上量，持续扩大市场份额，实现钒钛特色产品售价的持续提升。

邯钢设立了 20 家大客户经理，开通了客户服务热线、电子质保书查询系统等一系列服务客户平台；宣钢实施客户经理制，构建以客户经理为核心的快速反应机制，完善服务体系，并依托“客户经理”机制，实现分层负责制度；衡板进一步明确了客户合作方向与目标客户群，对客户知名度、合作稳定性进行等级划分，建立起战略紧密层 VIP、核心合作紧密层、一般合作客户，全力打造全新的营销模式；宣钢进一步加强对服务代理商的管理和考核，通过优化配件中心库和完善库存品种结构，提高服务反应速度，并开通客户服务热线等，与客户建立起无阻碍的信息沟通渠道。

2. 河钢云商，打造北方最具影响力的钢铁供应链服务平台

河钢云商有限责任公司（原名称：河北钢铁交易中心）是经河北省人民政府批准、河北省国资委注册成立、河钢集团运营管理的全民所有制企业，于 2012 年 5 月注册成立。

河钢云商依托现代电子商务手段，通过整合产业链上的商品、客户、物流、金融等各类优质资源，以交易服务为基础，以物流、金融服务为配套支撑，同时辅以数据信息服务，帮助钢厂以客户为中心创新营销服务模式，不断提升营销服务能力与水平，帮助下游经销商及终端用户方便快捷地获得钢厂直供货源及优质产品，以资源带渠道、以渠道促资源，逐步形成专业化、规模化的网上交易市场。

河钢云商自 2012 年 10 月 23 日上线试运行，陆续打造完成了钢厂网上现货直销、钢厂网上协议销售、原燃料网上询比价采购、循环物资网上竞拍、化工产品网上竞拍、在线产能融资、在线订单融资、在线仓单融资、在线代

理订货等多个在线服务产品。经过两年来的探索与实践，河钢云商充分依托河钢集团资源优势与规模优势，深化交易、物流、金融服务，打造完善客服体系，创新多元服务格局，逐步发展成为钢铁供应链网络服务商。河钢云商入选国家工信部“2013 年电子商务集成创新试点项目”，并在河北省实施电子商务“十百千”工程活动中，被列为 10 个大宗商品电子交易平台之一被重点推进。

截至目前，河钢集团螺纹钢全部资源及部分热板、冷板、型带产品实现了上线交易，铁合金、煤炭、焦炭、铁精粉等大宗原燃料均通过网上进行招标采购，废次材、废旧物资、闲废设备等循环物资全部通过网上进行竞价销售。2015 年，河钢云商平台在线交易总量达到 4043 万吨，实现总交易收入 626.5 亿元，较上年分别增长了 141%和 105%。

3. 定制化服务

河钢唐钢推行的“定制化”服务，以生产经营理念的迅速转变应对市场变化，为用户进行定制产品生产，以特色服务培育用户忠诚度。在长材方面，唐钢可为用户定制生产非常规定尺螺纹钢、硬线、加硼角钢、非常规定尺角钢、非标厚度角钢、低硫埋弧焊丝用钢、加硼气保焊丝用钢等产品。2016 年 1 月，唐钢长材部线材定制品种总量已达 7852 吨，占总产量的 23%，占比较去年同期提高 5%，其中重点用户定制销量 7737 吨，占比较去年同期提升 60%，逆势实现走高。唐钢热轧部积极进行角色转变，改变过去按订单自主组织生产的模式，启动“高端定制”服务，主动出击寻找高端市场，进行深度技术服务，根据用户需求为其定制个性化产品，同时与终端客户达成高于普板的价格意向，达到互惠双赢的目的。唐钢摸索出了一套“定制化”精准研发方案，建立了高端产品技术研发与市场开拓的全新模式。

4. EVI

大力推行 EVI 模式（供应商先期介入），是河钢 2016 年谋划市场和产品实现新突破的重要部署。

邯钢依托国家级企业技术中心优势，通过共建联合实验室等合作模式，使大客户经理营销团队参与客户的产品设计、模具开发、现场工艺等各环节，实现技术引领及合作开发，为其提供增值服务。以山东时风为例，很多山东时风产品在研发阶段，邯钢的技术人员就开始介入，以 EVI 技术营销模式与客户共同攻关。目前，山东五征汽车采用邯钢 7 个规格普通低碳钢零件材料升级方案，已经制作了样车。

石钢在齿轮钢、易切削非调质钢、弹簧钢等品种方面开展“前期介入”甚至“合作研发”。作为牌号固定的轴承钢，同样实现了“前期介入”。石钢的EVI技术服务还不止于国内，2015年曾为印度某高端商用车企业进行前期技术服务，这是石钢首次将“前期介入”技术服务推广到国际市场。

5. 河钢控股海尔特钢，延伸产业链

2015年，河北钢铁与海尔集团签署了海尔特钢项目的股权合作协议。根据协议，河北钢铁集团控股海尔特钢70%股权，双方共同运营彩钢板业务。河北钢铁集团与海尔集团联手，要从钢铁制造商转型为家电服务商。

海尔特钢是海尔旗下进行彩涂板研发和生产的子公司，年产规模30万吨，也是中国家电彩涂板市场份额最大的企业。海尔特钢主要在海尔内部销售，约占80%，外销约20%。订单合作期内，河北钢铁全面进入海尔供应渠道，并享有同等条件下产品的优先供应权。这意味着河北钢铁与海尔集团，从过去的贸易合作转变为股权合作。这将有助于河北钢铁向产业链条下游延伸，实现产线、产品与终端用户的深度对接。

尽管目前海尔特钢的年产规模较小，对河北钢铁的家电板规模不会产生实质性影响，但是通过这次合作，河钢可以稳固海尔这一销售渠道，进一步向高端家电领域拓展。

（三）鞍钢

鞍钢服务化总体战略是转变服务理念，提高服务水平，通过高效、快捷、精准和延伸服务，提升产品价值，实现与客户“共赢”。

1. 建设大连船板加工配送公司，提供定制化服务

为稳固和发展造船板市场份额，提升服务水平和效益，2004年鞍钢与中船重工在大连合资建设了鞍钢股份-大船重工大连钢材加工配送有限公司，该公司是国内第一家专业化的造船钢材加工配送企业。该合资公司的成立实现了钢铁企业与造船企业的战略同盟，通过构建稳定的供需链，大大提高了企业的市场竞争能力，共同抵御市场风险。

该合资公司于2008年10月正式投产，年设计加工能力60万吨，主要从事造船用钢材的加工、结构件制作，投产后的2010年基本达产。合资公司原料的采购价格由大连船舶重工与鞍钢通过协商，签有长期价格协议，保障双

方的效益，共同抵御市场风险。鞍钢通过与下游有实力的企业合资建立钢材深加工企业，延伸了钢铁产业链，并与下游客户结成牢固、可靠的合作关系，为鞍钢钢材主业提供了稳定的市场。

2. 实施钢材加工配送战略，提供精准、高效和增值服务

鞍钢积极实施钢材加工配送战略，先后在沈阳、上海、天津、武汉、潍坊、大连、长春和郑州等地建立了十多家钢材加工配送中心。这些钢材加工配送中心多数由鞍钢与当地大型物流企业强强合作建立，通过钢材剪切配送来满足区域市场的需求。

鞍钢钢材加工配送中心分两种类型，一种为营销型钢材加工配送中心，另一种为专业型钢材加工配送中心。鞍钢在上海、沈阳和天津等地设立的钢材加工配送中心属于营销型，通过在这些中心城市设立钢材加工中心，服务周边的机械、钢结构等行业大量的中小客户。同时，为了满足国内汽车、家电等下游产业需求，鞍钢设立了专业型钢材加工配送中心，如长春一汽鞍井钢材加工配送中心和鞍钢蒂森克虏伯钢材配送。这些加工配送中心针对汽车和家电等行业重点客户，提供高水平的精准、高效和增值服务。

（四）蒂森克虏伯

在蒂森克虏伯集团的发展战略中，提高服务的能力、向下游用钢产业延伸产业链、从生产导向转变为用户导向是重要的内容之一。

1. 钢铁材料系统服务及解决方案的提供商

为实现集团整体发展战略，蒂森克虏伯集团采取了高附加值产品差异化，强调企业不仅是钢铁材料的提供商，而且还是面向客户需求的钢铁材料系统服务及解决方案的提供商。蒂森克虏伯针对特定客户提供高附加值产品的商业运作模式（即在钢铁业务基础上提供加工等产品增值服务），为其可持续经营奠定基础。

2. 全球加工配送服务网络

蒂森克虏伯原料服务分部主要从事钢材（包括钢管）、有色金属及塑料等工业原料的加工、仓储、物流、销售和维护，并提供库存和供应链管理、工程系统、钢轨和土木工程设备等方面的技术服务，在全球 40 多个国家拥有 500 多家加工配送企业。

以德国为例，蒂森克虏伯拥有60个仓储中心，有500辆运输车辆，加工服务类型多样，主要是将各类钢材剪裁、热处理、矫平、弯曲、磨光、去毛边、镀层、机加工、焊接、火焰切割等。

3. 在欧洲及全球推广电子商务

面对进口产品冲击和市场供应过剩，蒂森克虏伯还积极探索新的产品销售方式，包括电子化销售。在电子商务方面，蒂森克虏伯材料服务部门在欧洲市场开发了一套完善的在线解决方案。蒂森克虏伯表示，目前在欧洲市场开展钢材电子商务的时机已经成熟，生产企业和客户对电子化解决方案的需求与日俱增，网络使双方之间的合作更为便捷和高效。目前，蒂森克虏伯在欧洲为已有用户和新用户提供三家在线商店，可以按照用户需求为其提供定制化解决方案。

针对已有用户，在线商店不仅提供详尽的产品目录（包括15000种以上的产品）、库存情况、格式合同和使用说明书下载，可实现在线下单采购和物流配送管理；更为人性化的设计是，在线商店可以根据用户需求提供在线加工服务，只要客户提供CAD设计图，就可以自动化实现产品的定尺加工。

针对新客户，在线商店可以面向小型企业甚至是终端用户提供标准尺寸的小批量产品零售。这一做法是基于美国市场线上销售多年（2007年以来）的经验总结，有利于蒂森克虏伯开发潜在市场，以接近目标客户，并最终实现大批量供货。目前提供的产品品种多达65000种。

除了在德国和美国推广在线解决方案之外，蒂森克虏伯的目标是将这一服务推向每一个欧洲国家，2016年陆续在比利时、荷兰、卢森堡、丹麦、瑞典、瑞士等国家推广。其中，针对新客户的在线商店已经在英国市场取得成功，并在西班牙上线。

此前，蒂森克虏伯提出“one steel”振兴战略，其核心就是加强以市场和客户需求为导向，进一步提高生产效率，优化产品结构，加快创新成果转化以促进发展，改善供应链效率。而电子化销售恰恰是响应了这一战略，不仅能及时了解客户的需求变化，还可提高订单执行效率，降低生产成本。目前，蒂森克虏伯在线解决方案服务的客户数量已经超过9万家，每年为蒂森克虏伯带来的订单超过15万份，创造了可观的经济效益。

（五）浦项

1. 建设覆盖全球的钢材加工配送中心

为了推动国际化发展，浦项制铁在全球布局钢材剪切加工配送中心。目前，投资或控制的加工配送总能力超过1000万吨，加工钢材产品基本覆盖热轧板带、宽厚板、冷轧板带、硅钢和不锈钢等产品范围，海外拥有加工中心超过40家、产能超过400万吨，涉及国家包括中国、新加坡、越南、泰国、印度和巴西等国家和地区。

通过遍布世界各地的钢材加工中心，浦项能够按客户需求加工产品，为客户提供及时、精确的钢材剪切加工及物流服务，还通过收集相关地区钢材需求动态，为客户提供更高层次、多样化、个性化的优质服务。

2. 提供钢材综合解决方案

近年来，浦项持续提升服务水平和能力，尝试为下游客户提供整体解决方案，取得了良好的效果。浦项认为即使钢铁企业生产出优质钢材，但如果客户使用不方便或经济效益差，也无法吸引客户。因此，浦项同时为客户提供硬件——“最佳钢材”和软件——“客户应用技术”与“商业支持”，不仅让客户能更加方便地使用浦项钢材产品，还能享受到更具经济效益的解决方案。

2014年起，浦项成功推行钢材综合解决方案，并与国内汽车、家电等行业主要客户签署了100多项技术合作及销售协议。通过钢材综合解决方案的服务新模式，浦项实现了从开发高品质钢材到提供应用技术和商业支持，具备了提供综合解决方案的差异化竞争力，提高了公司的收益，并携手客户实现“双赢”。

四、服务化趋势展望与路径解析

（一）服务化趋势展望

随着社会生产力的发展、钢铁生产技术的进步、市场竞争的日趋激烈、客户需求的多样性和差异化，钢铁业的服务化发展趋势已经引起人们的重视。钢铁企业作为材料制造商，服务化发展已成为企业核心竞争力的重要组成部分和适应新形势的有效举措。同时，服务化发展进程在不断加快，服务化和服务功能日益突出，向服务化转型已是大势所趋。而钢铁企业如何向服务化转型，采取什么样的应对措施，则关系到企业的生存发展大计。

1. 树立全新服务理念

树立系统服务的思想。企业给用户提供的是需求服务，而不仅仅是产品。用户所希望的是第一时间获得所需要的产品和服务，钢铁企业不仅应解决产品的质量问题，做到服务热情、高效，提高用户满意度，而且应将服务理念贯穿企业生产、经营和管理的全过程，从市场需求调研、产品设计到生产、销售、售后服务各个环节为用户着想，使用户利益最大化，在第一时间满足用户的需求，将满足顾客需求作为企业所有活动的立足点和出发点，作为企业一切经营活动的基本原则。

树立人人服务的思想。为用户服务已不是某个部门、某些人员的责任，而是企业每一名管理人员和员工的责任，只是分工不同。任何一个人的不负责任或不称职都可能形成服务的欠缺。所有设计、研发、生产、营销、管理人员都应将为客户服务作为根本使命，做到为客户随时服务、快速服务、超前服务、终生服务。

2. 由“制造”向“创造”转变

钢铁企业竞争的根本是产品的竞争，制造起着基础性的作用。一个钢铁企业如果没有核心技术、核心产品，根本谈不上竞争力。因此，钢铁企业的服务化，并不是说钢铁企业对生产制造和研发等能力的忽视，而是从更高的角度，即从全方位服务顾客的高度来不断加强和改进钢铁企业的生产制造和研发能力。钢铁企业应在不断提高产品质量的基础上，不断提高研发能力，开发新产品，由“制造”向“创造”转变，不断开拓新市场。钢铁企业应在服务转型中不断增强生产制造、研发、营销等系统能力。

3. 构建新的信息网络、物流平台

（1）构建新的信息网络平台。信息经济时代，企业所处的商业环境已经发生了根本性变化，电子商务在现代企业管理中的作用和地位越来越重要。钢铁企业应加快建设现代化服务体系，充分利用现有信息网络技术，实现低库存生产数字化定制生产、网上营销、网下客户关系管理，创造公开、公平、公正的生产经营环境，加强与经销商和用户的信息沟通，为客户提供更具个性化、专业化和主动化的服务，提高销售成功率和效率。

（2）构建高效物流平台。钢铁企业应通过连锁经营、加工配送等经营模式，建立高效、方便、低成本物流运输体系，提高服务水平。

4. 调整组织架构再造流程

钢铁企业应以客户为中心，构架企业的业务流程，设立相应机构。传统的直线职能管理机构设置已面临较大考验，在反应的速度和效果上暴露出不足。应建立有利于对客户需求的快速反应以及管理者快速决策的系统和组织架构，规范以客户为核心的工作流程，提高组织的反应速度和竞争力，使得新的机构有快速应变能力、调控能力和更新能力，使服务更加精准。

5. 实现钢铁企业服务国际化

钢铁企业应有服务世界的眼光。对于出口产品和服务，钢铁企业应将质量问题上升到国家的高度，坚持产品和服务出不了国门就出不了厂门，并做到服务化的全球化。基本要求就是服务网络国际化、服务理念国际化和服务团队国际化。

（二）路径解析

1. 推动钢铁产业链向上下游两端延伸

（1）产业链延伸方向。

1）产业园的建设是推动钢铁企业产业链延伸的新动力。各地方的工业发展逐步园区化，随之配套建设上下游产业链，其中包括各种钢铁产品深加工产业链的项目。例如，汽车产业园配套建设板材仓储、加工、配送项目，激光拼焊板项目，标准件生产项目，悬挂簧生产项目等；靠近板材生产企业的物流产业园配套建设钢构项目、船板预处理项目、板材涂镀层项目及板材加工配送项目；靠近不锈钢生产企业的产业园，配套建设各种不锈钢板材深加工及制品生产项目，以及不锈钢长材深加工项目。

2）多方合作建设产业链延伸项目。钢材深加工产业链的巨大市场已经成为各行业的投资热点，钢铁企业、下游企业、钢材贸易商、物流企业，甚至IT企业等是目前钢铁企业产业链建设的主体，可以组成不同形式的合资、合作企业，推动钢铁企业产业链延伸良性发展。上下游企业共同出资合作建厂是双方企业在抵御市场风险时的共同需求，也使得钢铁企业和下游企业之间建立了更为密切的战略合作关系。通过合作，钢铁行业为下游行业提供更加满意的综合解决方案，打造牢固的上下游产业链，共同提升市场竞争力。

3）积极参与工程项目建设，扩大企业产品知名度。随着国内社会和经济发展进程的加快，基础设施和工业产品需求日益增加，一批重大的工程项目陆续开建并投入使用。这其中包括用钢需求巨大的项目，如鸟巢、三峡工程、高速铁路工程、石化基地建设、核电厂建设等，这些工程对特定品种钢材需求量大、质量要求高，钢铁企业可以瞄准这些重点工程用钢需求，通过和工程承建方签订钢材供货协议，保障国家重大工程建设的原料供应，同时，钢铁企业也获得了产品应用的机会，并获得利润。

（2）产业链延伸展望。我国钢铁行业已进入高成本、低效益时代，随着铁矿石、焦煤等原燃料成本的居高不下，以及钢铁下游行业发展的放缓，钢铁行业竞争将越来越激烈，钢铁工业将进入结构调整的关键时期。延伸产业链、发展钢材深加工，是钢铁企业应对钢铁行业的严峻经营形势、向高附加值的服务要效益的重要举措。宝武集团、鞍钢、河钢等国内先进钢铁企业均以钢铁为主业，向上下游产业链延伸，实现了多元化发展，提高了企业的核心竞争力，开辟了新的利润增长点。未来，在钢铁企业利润率持续保持低位，以及产业链建设意识逐渐增强的情况下，下游产业链建设速度将进一步提速，竞争也将日趋激烈。钢铁企业延伸产业链应充分了解钢材加工配送厂址周边地区市场条件，以及周边地区钢材深加工现状，结合自身钢铁产品的生产情况和发展规划，做好深加工产品的产品定位和市场定位。

2. 借力电商，转型发展

（1）加快钢铁电商平台整合。与其他大宗产品的电商相比而言，钢铁电商相对较为成熟。目前，这一市场已经涌现出大型成熟的钢铁电商龙头企业。建议以龙头钢铁电商企业为依托，充分发挥钢铁企业及第三方平台的核心竞争力，通过开展多维度和不同层面的合作，加强平台间的互联互通，完善钢铁生态圈，以实现产业整体升级。通过采取并购、整合以及退出等方式，提高钢铁电商领域的行业集中度，打造领先的行业级钢铁电子商务平台。同时，还要充分发挥钢铁电商在横向钢铁企业方面与纵向产业链方面的整合作用，有效引导行业提升生产标准和降低产能，促进电商行业和钢铁实体企业健康有序地发展。

（2）鼓励钢铁电商平台专业化运作。明确钢铁电商平台的定位，由贪大求全向专业化运营转变。结合钢铁行业的发展特色，探索成熟的电商盈利模式，由简单的“信息费”“会员费”向增值服务转变。加快与钢铁生产销售相关的金融服务、仓储物流服务的专业化发展，建立电子商务技术、物流、支付和信用的支撑体系，形成钢铁生产、贸易、用户、仓储、加工、物流、银行和保险等多方共赢的闭环网络。加强钢铁电商平台的品牌建设，利用专业的电商团队，逐步完善系统建设，打造行业级电商平台，提供专业化服务，而不是利用“互联网+”概念进行圈钱。

（3）利用钢铁电商契机，加快向服务型制造转型。钢铁电商不但有助于实现各种资源的整合，更重要的是有利于实现信息的互联互通，形成大数据积累，而这将成为服务型制造的基础。可以将钢铁电商作为服务型制造的突破口，鼓励钢厂与下游用户紧密互动，促使不同类型的钢材用户及有色金属材料用户与钢厂顺利对接，推动钢厂根据需求开展大规模的定制化生产，促进钢铁产业链的高端化发展。钢铁电商也可以与钢铁物流园开展合作，增强服务功能，提升产品的服务价值，搭建提高行业效率的 O2O 组织结构，减少钢厂与用户之间的中间层级，进而推动整个行业的结构调整。

（4）稳步、谨慎开展钢铁跨境电商业务。根据海关数据显示，2015 年和 2016 年，我国钢材出口量均达到亿吨以上。可见，对外出口正成为我国钢铁电商发展和产能消化的“蓝海”。目前，已有部分平台开始接触跨境业务，凭借庞大的海外客户群体，已开展跨境撮合交易。但与此同时，跨境电子商务也面临着进出口贸易融资、跨境文化、流程把控以及反倾销等一系列风险。

3. 做好物流服务

目前，我国钢铁物流行业尚处于由粗放式向集约式发展的重要阶段，国内钢铁物流的市场份额存量依然很大。紧跟钢铁行业调整产品结构，不断转型升级发展的步伐，钢铁物流行业未来的发展趋势，也离不开兼并重组、转型升级、提高行业集中度、做大做强企业的道路，并通过创新经营模式，由传统物流企业向多功能、一体化的综合物流服务商转变。而在这个过程中，大规模的钢铁物流企业无疑占据着有利的优势，在行业整合的过程中，规模企业将会分享更大的市场份额。而钢铁企业发展物流产业，要拥抱互联网，凭借现代物联网技术，开拓“物联网+钢铁物流”将是钢铁物流行业的重要发展方向。

4. 推广大客户经理制

营销作为服务的关键一环，在服务体系中起着至关重要的作用。营销的最终目的是将产品卖给用户，营销的过程本身就是一系列服务。河钢集团推行的“大客户经理制”取得了良好的效果，是营销模式的一次创新，值得钢铁行业同仁学习借鉴。

从客户服务中心的职能定位、客户服务中心架构及管控平台、客户经理管理体系、第一批大客户及客户团队的确定，以及大客户服务中心工作目标等环节入手，重点围绕销售目标，认真把握处理好大客户服务经理制与原有销售模式的关系：一是在重点保合同基础上，挖掘集团各产线优势、产品价值，在原来直销基础上确定开发重点目标，与有实力的直供企业建立对接关系，提升现场维护和服务质量；二是在大客户开发目标上，组建客户关系网，进一步确定大客户开发类别；三是实施客户经理、业务经理的去行政化管理。对区域内的重点用户、大企业列出名单，确定新产品开发、重点大客户开发具体责任人，安排专人跟踪开发，进行系统服务。打破行政级别待遇，真正实现市场化激励机制，调整完善营销考核机制与责任绩效挂钩考核，用机制催生动力，激发活力；四是进一步管控好整体市场开发运作，加强与子公司沟通联系，统筹规划集团各产线高端大客户、名牌企业渠道开发方案，共同确定开发方案措施和时间表，协调好集团整体市场开发工作。

紧紧围绕市场和产品，积极推进营销模式转型，以全面市场化服务和品种结构调整为营销主线，选拔专业基础扎实、思想品德过硬、开拓能力强的技术人员充实营销队伍，聘任为大客户经理，着力为大客户提供精品化、标准化、个性化的“一对一”服务。大客户经理应积极对接和发展高端客户，努力以高端客户、高端品种拉动产线升级，在区域市场以及国际市场树立企业产品良好的品牌形象，稳固与大客户间的合作关系，实现市场销售大跨越。在细化客户等级制度的基础上，为大客户、战略核心客户、重点工程客户配备大客户经理、客户经理、客户工程师，迅速建立起三级客户服务体系，构建大客户营销、生产、技术服务一体化管理网络。通过加强市场管理与客户服务的协调统一，持续完善大客户服务体系，拉动产销研同步运行。同时，紧贴客户需求，建立 24 小时问题响应机制，对大客户订单产品售前、售中、售后服务以及计划排程、生产过程、工艺质量、发货运输、产品使用、客户反馈、问题落实和改进等所有事项协调、督办，真正通过优质服务使大客户获得比产品本身更多的增值服务，持续提升营销增值能力及产品创效水平。

5. 推行“定制化”服务

近年来，我国钢铁行业产能过剩严重，市场竞争激烈，钢铁企业在提高产品质量、降低生产成本的同时，根据不同客户的特殊要求，开展相应的个性化服务。随着供需关系和市场的变化，客户对钢材产品提出更高要求，钢铁企业服务由“个性化”向“定制化”转变。宝武集团和河钢在这方面走在行业前列，从客户产品设计之初就参与其中，与客户共同研发满足需求的钢种，并提供一系列成套服务。

定制化服务是以质量为基础、信誉为保证、品牌为依托的多元、立体化营销模式。积极开展市场服务工作，通过上门走访、电话沟通等形式进行市场推介工作，建立起与用户畅通的联络方式，及时了解用户潜在品种需求，争取更多订单。针对用户个性化需求，以技术中心、品种钢攻关组、研销梯队等形式，将产品研发、技术攻关、产品销售结合起来，形成产品研发有市场、市场需求促研发的攻关体系，展开“私人定制”模式，根据产品新材质、规格、尺寸，结合装备及技术水平，初步判断、评估，开发、设计工艺路线，制定钢轧操作要点，进行必要的工艺、设备升级改造，制定相应生产计划，钢轧全工序配合，协调组织生产，并全程跟踪生产过程，不断进行改进总结。强化市场服务理念，加强产销结合，将订单细化到钢轧生产、检验入库、发货等各个环节，确保用户交期，不断提升客户的依赖度和忠诚度。

五、行业服务化实践

随着钢铁下游用户需求的不断提升，钢铁行业逐渐由生产制造中心向综合服务中心转变，钢铁企业对于如何提升自身服务水平有迫切需求。冶金工业规划研究院作为钢铁行业的龙头咨询机构，在企业由生产型向服务型转变的过程中，提供了诸多支持，先后为武钢、包钢、河钢、山钢、中特、南钢、河北敬业等多家国内大中型钢铁企业编制产业链延伸发展规划、营销贸易规划、钢铁电商发展规划、物流园发展规划等多项提升服务化水平的专项规划和措施建议，为推动钢铁行业和钢铁企业转型升级与科学发展出谋划策。

冶金规划院在推动行业服务化方面的实践具体见表 10-2。

表 10-2　冶金规划院在推动行业服务化方面的实践

序号	类　型	主要内容	典型案例
1	钢材深加工及产业链延伸规划	主要包括中厚板、热轧卷板、冷轧板、钢筋、线材、棒材等多个钢材品种的延伸加工方案和延伸产业规划	《南钢钢材深加工产业发展研究报告》《包钢深加工产业发展规划》《河北敬业集团深加工板块“十三五”发展规划》

续表 10-2

序号	类 型	主要内容	典型案例
2	物流园发展规划	包括物流园的功能定位，钢材仓储、运输、钢材加工配送等方案	《玖隆钢铁物流服务业集聚区发展规划》《五矿无锡西站钢贸城项目可行性研究》《五矿兰州钢铁物流园项目可行性研究》《唐钢物流园预可行性研究报告》
3	电商平台发展规划	电子商务平台发展现状及趋势，企业电商平台的功能定位、目标及运营模式等	《南钢电子商务平台发展方案》
4	钢材营销规划	转变营销服务理念，提升服务水平，优化营销模式，针对重点用户采取 EVI 模式，开展定制化服务等	《河钢集团“十三五”规划》《山钢集团钢铁产业“十三五”发展规划》《河北敬业集团“十三五”发展规划》《东特集团“十三五”规划》等均含有市场营销专项职能规划篇章

参 考 文 献

[1] 郭怀英. 制造业服务化：国际趋势及其启示 [J]. 全球化，2013，9：100~108.

[2] 郑晓蕾，严力. 关于钢铁企业向“服务型企业”转型的探讨 [J]. 冶金经济与管理，2011，6：27~29.

[3] 王一德，唐荻，孙蓟泉，等. 钢铁企业服务化转型与产业链延伸 [J]. 中国钢铁业，2014，31 (4)：6~9.

[4] 年猛，刘峰. 如何看待制造业服务化 [J]. 开放导报，2014 (5)：67~70.

[5] 周大鹏. 制造业服务化演化机理及发展趋势研究 [J]. 商业研究，2013，55 (1)：12~21.

[6] 同慧群，霍景东. 全球制造业服务化水平及其影响因素——基于国际投入产出数据的实证分析 [J]. 经济管理，2014，1 (517)：1~10.

第十一章 智 能 化

加快发展智能制造，是培育我国经济增长新动能的必由之路，是抢占未来经济和科技发展制高点的战略选择，对于推动我国制造业供给侧结构性改革，打造我国制造业竞争新优势，实现制造强国具有重要战略意义[1]。我国钢铁工业在铁矿石等原料受制于人、能源环保等环节压力巨大的情况下，只有以较低成本向市场提供有竞争力的产品才是唯一选择，因此，应将利润率作为衡量我国钢铁工业综合实力的关键指标。钢铁智能制造从提升钢铁制造过程中新钢种高效研发能力、产品质量稳定生产能力、柔性化生产组织能力、能效成本综合控制能力等方面实现产品规模化生产与定制式制造相融合，提升以利润率为关键指标的钢铁企业综合竞争力，从而实现我国从钢铁大国到钢铁强国的跨越。

一、历程回顾和现状分析

钢铁企业智能化的初始形态是信息化，在这一阶段实质上并不算真正意义上的智能化，但是作为智能化的先导形态，却是智能化发展不可或缺的基础阶段。

国际先进钢铁企业应用智能化起源于20世纪70年代初，从降低成本、提高效率的目的出发，不断完善从生产现场到管理决策的纵向集成，以业务协同为核心的数字化工厂全面支撑着企业的生存与发展。我国钢铁行业的智能化建设相对发达国家起步要晚10~15年，但相对国内其他行业，钢铁企业的智能化与信息化整体水平在国内各工业行业中处于先进水平和领跑位置。

（一）历程回顾

1. 国外钢铁企业信息化发展历程

国外钢铁企业信息化的发展过程主要分为三个阶段，初期建设以大型主机为主的集中式信息系统，在20世纪八九十年代扩大其应用功能，在核心信息管理系统的基础上扩充开发新的应用功能，增加许多分布式信息系统，信息化系统成为企业运行不可或缺的支柱。90年代后期，由于电子商务的兴起，信息建设的方向根据产业环境的变化而调整，主要表现在加大了电子商务的建设力度，信息系统的应用扩大到与客户、供应商间的应用，甚至同业间的应用整合，以业务协同为核心的数字化工厂全面支撑着企业的生存与发展。

（1）生产管理一体化。计算机技术开始应用于钢铁行业始于20世纪60~70年代，带来了钢铁企业信息化的开端，随后美国、英国、日本等相继展开钢铁企业的信息化建设，从美国麦克劳思的热轧信息化，到英国rtb钢铁的计算机分级管理系统，到日本住友鹿钢铁著名的生产管理一体化系统，再到日本新日铁先进的生产管理计算机系统，生产一体化系统信息化在钢铁行业的发展越来越成熟，逐步实现钢铁企业的生产转型，智能化在钢铁行业中也初见端倪。

（2）经营管理一体化。随着计算机和信息技术的广泛应用，20世纪80年代，钢铁企业不断扩大生产范围，借助信息技术，更加侧重经营管理一体化。钢铁企业的信息化系统不再是传统的生产管理一体化系统，而是扩大范围，逐渐覆盖原来的钢铁企业的信息化系统，建设完成包括市场、经营、生产、销售、物流为一体的企业ERP系统，缩短钢铁产品的生产周期，提高钢铁交货完成率，实现经营管理的一体化。例如，日本住友金属建立了全公司的销售、生产、物流一体化管理系统，把总公司、各销售公司、各生产厂联结起来，统一计划管理。

（3）战略管理一体化。随着市场经济和社会化大生产进程的发展，钢铁企业必须从长远观点出发来谋求企业的生存和发展，同时互联网技术广泛应用以及钢铁企业信息化的快速发展，都促使钢铁企业信息系统之间的横向互联和纵向集成，催生战略管理系统以及智能商务的开发。20世纪90年代，国际上先进钢铁企业均致力于战略管理系统的开发，侧重于战略管理的一体化。如韩国浦项钢铁公司、日本住友金属等。钢铁行业的智能化雏形开始显现。

2. 国内钢铁企业信息化发展历程

钢铁行业的信息化发展大致可分为三个阶段，2000年以前是起步探索阶段，主要是钢铁企业的信息化初始阶段；2000~2010年是飞速发展阶段，钢铁企业的信息化向集成化发展；2010年至今是成熟转化阶段，钢铁企业信息化建设逐渐成熟，向智能化转变。

（1）部门信息化：基础设施建设和环境营造，信息技术应用到各关键业务环节。20 世纪 80~90 年代初是尝试摸索阶段，信息系统在原有的人工作业流程上进行电子记账，实现功能电子化。90 年代后期，认识到管理信息化的重要，部分钢铁企业（宝武集团、马钢等）加强投资于生产自动化，开始考虑系统集成和产销、财务管理等业务需求，注重信息系统项目投资的效益回收——应用功能的建立，少数领先者开始引进外界咨询及技术转移，建设“产销一体化”的信息系统。

据中国钢铁工业协会统计，1996~2000 年，钢铁企业用于信息化建设的投资达到 1 亿元的企业占 5%，如包钢、珠钢、宝钢等，达到 5000 万~1 亿元的企业占 2%，达到 2000 万~5000 万元的企业占 19%，达到 1000 万~2000 万元的企业占 10%，达到 500 万~1000 万元的企业占 14%，达到100 万~500 万元的企业占 35%，100 万元以下的企业占 15%，见图 11-1。

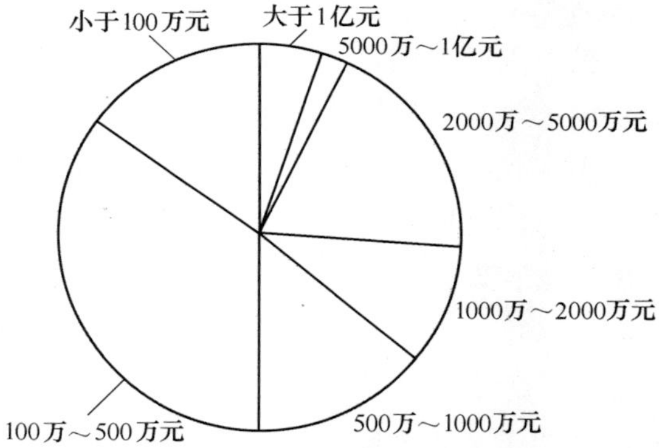

图 11-1　1996~2000 年国内钢铁企业信息化投入比例

20 世纪 90 年代后期这一阶段的关键任务是信息技术与业务流程的结合，将计算机技术应用关键业务环节，通过建立单项应用系统以及逐渐全面覆盖提高钢铁企业生产和管理效率。钢铁企业的智能化建设发展阶段主要是切入管控一体化系统、集成制造系统（CIMS）及企业资源计划（ERP），管理扩大范围，由原来覆盖生产的企业信息化系统发展到包括市场、经营、开发、分配为一体的企业资源管理系统。

（2）企业信息化：集成提升——向综合集成应用发展，实现业务流程、生产经营模式等变革创新。进入 21 世纪，钢铁企业信息化建设的方向随钢铁行业环境的变化而调整。钢铁电子商务的建设、钢铁信息系统的应用扩大到与客户、供应商之间的应用，甚至同业之间的应用整合。钢铁企业开始完善从生产现场到管理决策的纵向集成；在核心信息管理系统的基础上扩充开发新的应用功能；增加许多分布式信息系统；企业在信息系统建设上的投资增大，信息部门组织更加扩大，人员增多；信息管理系统成为企业运行不可或缺的支柱。

功能扩展阶段的重点在产销系统的基础上，横向和纵向深度集合，加速企业内的客户导向战略落实，推动业务流程和各系统的集成，进一步完善ERP系统和MES系统中的部分功能模块，完成了设备状态管理、自动仓储管理、生产计划编制等功能的建设，生产管理一体化向战略管理一体化转变，实现生产工序、经营管理和企业战略管理的一体化。

（3）深度信息化：智能制造——智能决策、创新突破、关键业务环节应用系统之间，实现协同和集成，智能化决策支持。深化提升是一个创新突破阶段，通过关键业务环节以及应用系统之间的协同和集成，实现智能制造和智能化决策。2010年以来，随着智能制造、两化融合以及“互联网+”等政策的提出，钢铁企业将流程工业特点与现代互联网信息技术深度融合，借助智能化和定制化的智能制造技术，努力打造钢铁企业的柔性生产。企业的集成信息化系统逐渐开始向以实现规模制造和定制生产为主要目标的钢铁智能制造系统转变。在这一阶段，钢铁企业不再把规模效益放在第一位，转而更加注重品质与质量效益，从粗放式经营向集约化经营转型升级。

2012年，工信部选定了钢铁、有色金属等27个行业、218家企业作为国家级两化深度融合示范企业，钢铁行业中宝钢、济钢等十家钢铁企业成功入选[2]。深化提升阶段的重要特点是制造智能和商务智能，表现为钢铁企业的智能化生产和智能化管理，打造的是一条集管理和生产于一体的智能化路线。

（二）现状分析

1. 国外钢铁工业智能制造现状

国外钢铁工业的信息化发展较早，如今已经逐渐成熟。企业投资重点已经向信息技术装备转移，信息基础设施建设也初具规模，越来越多的钢铁企业通过企业资源计划（ERP）、供应链管理（SCM）、商务智能（BI）等管理系统实现生产经营决策的科学化。

目前，国际先进的钢铁企业已经完成从生产现场到管理决策的纵向集成，增加了许多分布式信息系统，信息化建设的方向随产业环境的变化而调整，电子商务的建设、信息系统的应用扩大到与客户、供应商之间的应用，甚至同业之间的应用整合。

下面列举世界著名的冶金企业的信息化建设情况。

（1）德国蒂森克虏伯公司是世界著名的钢铁生产企业之一。2000 年，在北美分公司实施了财务/管理会计、固定资产管理、物料管理、生产管理、质量管理和销售/分销管理系统，集成了从供应链到财务的所有数据。

（2）浦项是世界最大的钢铁公司之一，从 1974 年开始建设企业的管理信息系统，1999 年，随着设备的不断扩充和对市场分析的需要，重新构筑以客户为中心的销售体系及 ERP 系统，包括了从综合销售计划开始到订单的处理、生产制造管理、发货流程管理直至售后管理等经营管理全流程，缩短了交货期，提高客户满意度。

（3）美钢联和中国台湾中钢建成了新一代钢铁企业信息系统。该系统以订单（合同）处理为龙头，以生产销售为主线，以财务为核心，质量监控贯穿全线，实现了物流、资金流、信息流动态同步。这个系统以销定产、以产定料、资源优化配置，降低了库存，缩短了交货周期，改善了客户服务，降低了成本，显著地改善了企业的经营管理。

钢铁工业的信息化始于英美，发扬光大于日韩，其中的代表企业分别是新日铁和浦项制铁。浦项和新日铁较成功的信息化建设及面向客户的制造系统展示了智能生产的雏形及可能性，其信息化路径基本一致，即先纵向集成制造流程，再横向集成供给链信息，最终实现降本增效。为了适应市场环境的不断变化，提高客户满意度，国外发达国家的钢铁工业已基本实现了钢铁制造业的信息化，现在正朝着高度智能化和网络化的方向发展。

2. 我国钢铁工业智能制造现状

在两化融合政策的指导下，“十二五”期间，信息化技术在生产制造、企业管理、物流配送、产品销售等方面应用不断深化，关键工艺流程数控化率超过 65%，企业资源计划（ERP）装备率超过 70%[3]。随着两化融合贯标体系的推进，我国设备较先进、设备自动化水平较高的钢铁企业，包括几个大型钢厂和发展较快的一些中型钢厂，已经基本实现了生产过程的自动控制、处理和数据采集；以宝武集团为代表的具有成套自动化生产线和较高生产管理水平的钢铁企业，已建有较为完善的基础控制和管理信息系统，可以做到企业级的产供销信息一体化管理以及全生产过程的自动控制和数据的采集处理。

（1）钢铁企业智能制造发展现状。

1）过程控制与生产执行。目前，冶炼过程控制自动化的系统技术除大型高炉和转炉的系统平台仍存在依赖于国外的情况外，其他基本上是采购相关系统，或自行开发应用软件。轧制过程自动化，特别是带钢冷热轧过程自动化，由于系统庞大，对控制速度、通信速度要求高，大部分企业引进国外系统，部分企业采用自主设计、自主集成过程计算机控制系统，并自主开发控制模型及各项控制功能。

生产制造执行系统（MES）是钢铁企业信息化体系结构中重要的组成部分，是连接企业经营管理与生产控制的桥梁。统计显示，全部或部分产线建设了车间级制造执行管理系统的企业比例约为82%，实现全部或部分磅称计量数据自动采集的企业比例为87%，实现全部或部分检化验数据自动采集的企业比例为77%。半数以上的企业建设了能源管理系统，大多数企业建设了环保监测管理系统，但对业务范围的支持比较薄弱，功能范围也仅仅停留在数据采集上，在分析、优化、执行、智能模型等方面缺乏有效支撑。

2）经营管理。在经营管理上，大部分企业的内部供应链管理信息系统已基本建成，多数企业建设了公司统一财务管理系统，在总账、固定资产、应收、应付等财务管理业务上覆盖情况较好，但企业预算管理的信息化基本缺失。采购管理、公司层面生产管理、公司层面质量管理、销售管理、协同办公管理、人力资源管理、综合统计、数据分析已基本实现信息化，但是电子商务、工程项目管理信息化还需加强。

大中型重点钢铁企业基本实现了业务与财务的无缝衔接，但财务系统与周边业务系统的衔接须进一步提高，如与采购系统、销售系统、物流系统、设备系统、工程项目系统等系统之间的紧密相连。

3）系统集成。目前，部分重点大中型钢铁企业实现了管控衔接。制造执行系统与企业资源计划系统、过程控制系统之间实现自动数据交互的企业不到统计企业的50%，其中，实现“双向集成”的企业比例仅为20%，集成程度较低，说明钢铁企业在管控衔接上还处于浅层次的应用。

目前，13%的企业已经实现了研发、生产制造、服务流通三大系统的整体系统集成，其中研发与制造集成的企业占到30%。这说明在三大系统集成方面，企业当前重点关注的是研发与制造集成。

目前，信息系统的人性化交互得到了企业的重视，已经有接近半数企业的企业门户与主要系统或全部系统进行了集成，但在信息系统的管控能力支撑上还须进一步努力。在当前钢铁企业信息化建设硬件设施取得较大进展、软件开发取得初步进展的情况下，只有50%左右企业能及时获取信息并下达指令，而对这些指令进行有效执行的只有1/3。

4）供应链协同。供应链集成主要体现在企业通过电子商务平台的建设进一步建立了与客户和供应商的综合集成。企业与客户的协同方面较为欠缺。有44%的企业开展了客户的协同信息化工作，其中主要是在订货、生产计划、结算和物流配送方面。可以说客户协同应用仍然较少，但得到了很大的发展。而企业在供应商协同的应用更少，多达65%的企业还没有实行供应商协同。

5）产品全生命周期管理。钢铁产品的全生命周期管控主要体现在对新品的研发、产品的生产制造和产品的客户服务上。目前，大部分企业在信息化建设系统中采用了统一编码，系统统一编码方面做得较好。在统一研发系统、生产系统、流通系统这三大系统的建设方面，统一的生产系统建设情况较好，其中由于全厂质量监控系统和产供销系统可以给企业带来直接的管理效益，其建设的比例超过或接近50%。统一的客户服务标准、建设统一的流通服务系统也得到了约1/3的企业认可，说明企业不断重视对客户的服务。

可以说，我国钢铁行业在工业化、信息化的过程中取得了举世瞩目的成绩，而这些与我国两化融合政策的出台有着密切的联系。国家两化融合政策的出台，大大地推动了钢铁企业两化融合水平的提高。而智能制造是两化融合发展的高级阶段，两化融合水平的提高为钢铁行业智能制造的发展奠定了坚实的基础。

总体来看，根据信息化和自动化的应用情况，我国的钢铁企业主要分为三类：1）设备自动化水平低、年限长、资金薄弱的钢铁企业，这些企业基本不具备实施大型信息系统的条件，尚不能借助自动化降低成本、提高劳动生产率和保证产品质量；2）设备较先进、设备自动化水平较高的钢铁企业，包括几个大型钢厂和发展较快的一些中型钢厂，以中信泰富为代表，企业基本实现了生产过程的自动控制、处理和数据采集，实现了信息技术的广泛应用；3）具有成套自动化生产线和较高生产管理水平的钢铁企业，以宝武集团为代表。这些企业具有较高的管理水平和生产自动化水平，已建有较为完善的基础控制和管理信息系统，可以做到企业级的产供销信息一体化管理以及全生产过程的自动控制和数据的采集处理。

（2）钢铁行业智能制造存在的问题。

1）行业智能制造标准缺失，市场无序发展现象初显。标准的制订是智能制造实现互联互通和信息融合的必要前提。《国家智能制造标准体系建设指南》的发布标志着中国智能制造顶层框架的构建完成，但基于行业的智能制造标准尚未有序开展。钢铁行业是我国自动化程度最高、制造工序流程最长的行业之一，工业机器人、物联网等关键技术已有不同程度的应用，但在面向未来智能制造发展过程中缺乏清晰路径，国内外的系统实施企业由于对智能制造理解的差异及构建产品竞争壁垒的需要，在产品兼容性及集成度方面较差。企业在智能化改造过程中经常面临系统无法集成而导致的资源浪费风险。标准的缺失给智能制造的互联互通带来巨大挑战，加大了行业智能制造示范推广的难度。

2）智能制造投资比例过大，企业改造升级动力不足。钢铁行业属于长流程的资产密集型行业，在智能化改造过程中涉及众多装备的技术革新、全厂工业互联网的布局改造、过程控制系统的集成、MES、ERP 等工业软件系统的互联互通、优化建模与仿真技术的应用等诸多内容，整体投资成本过大。在投资比例方面，由于基础设备大多引自西马克集团、西门子奥钢联合集团公司、达涅利集团等国外厂商，在某些智能关键技术上必须配套引进国外系统，从而进一步提高投资成本。在企业投资意愿方面，国有钢铁企业基础设施较好，智能化改造热情较高；中小钢铁企业尤其是中小民营企业基础设施较差，人工作业比例较高，在钢铁去产能及环保监管的大背景下资金压力较大，智能化改造升级的动力不足。

3）核心知识产权掌控不足，原始创新应用比例不高。智能制造发展规划（2016~2020 年）提出到 2020 年，建成较为完善的智能制造技术创新体系，一批关键共性技术实现突破，部分技术达到国际先进水平；核心支撑软件市场满足率超过 30%。我国钢铁行业在信息系统和物理系统的开发、管理、集成方面，创新能力仍然较弱。产品生产工艺设计与智能管理决策支持系统的综合集成、业务系统向产业链前端延伸，缺乏成熟的行业解决方案。目前，国内多数软件和集成技术处于产业价值链末端，技术水平、劳动生产率、工业增加值率、产品附加值都比较低。在研发方面尚未形成以产学研用为主的创新研发体系，原始创新研发积极性不高，政策扶持力度有待加强。

4）智能制造体系认识不深，工业软件地位有待加强。低端机器人进入壁垒低，产能过剩风险加大。随着智能制造的兴起，机器人产业快速发展。然而钢铁行业属于长流程行业，在引进机器人方面更多地考虑生产节奏的匹配协同以及与上下游系统的无缝对接，单纯移植其他行业的机器人很难满足钢铁生产流程的需要，一些低端的且无钢铁行业属性的机器人将很快面临市场饱和及产能过剩。

智能制造的难点是在建模，焦点是在仿真。目前在钢铁行业的“新四基”，即“一硬”（自动控制和感知）、“一软”（工业核心软硬件）、“一网”（工业互联网）、“一平台”（工业云和智能服务平台）中，硬件装备投入比例较大，宝武集团、沙钢、日照等自动化机器人比例显著提高，但工业软件的投入比例相对较低，重视智能化硬件建设轻智能集成升级问题突出。

（3）我国钢铁智能制造可复制性及推广性评估。

1）技术水平愈发成熟，进入壁垒大幅降低。目前互联网、大数据、云计算、物联网等新兴技术广泛应用于各行业，技术进入壁垒大幅降低。钢铁行业自动化、信息化水平较高，在系统集成及实施路线上均有多年的行业积累及实施企业，因此，在技术上相对容易复制与推广。

2）系统实施企业背景复杂，第三方实施机构优势明显。智能制造的示范推广必然会推动先进管理理念及技术的推广。以宝信、中冠等为代表的具有钢铁企业背景的信息化系统提供商为众多钢铁企业实施了 ERP、MES 等系统解决方案，然而越来越多的钢铁企业尤其是具有市场竞争关系的企业对其实施的系统存在担忧：系统技术的不共享、管理理念是否先进、系统设计是否满足企业发展战略等。以冶金规划院等为主的第三方实施机构越来越受到企业的关注，由于具有公正独立、行业权威等身份属性，在系统实施过程中更多考虑企业的战略目标、先进理念的输出、先进技术的共享，因此，更易推进智能制造的复制和推广。

3）投资回报率难以量化，民营企业发展动力不足。钢铁智能制造一次性投资较大，而在效益指标方面主要是通过服务水平、管理水平的提升等难以量化的方式并且需要较长时间运行后才能统计得出。宝武集团 1580 智能车间投资 4 亿元，国家还提供了资金支持，这使得行业内将智能制造与巨额投入画上等号，严重影响到试点示范项目的推广性，特别是对于大多数民营企业和中小企业而言，更是如此。民营企业对成本管控意识更加严格，一次性大规模投资的项目更加谨慎。因此，针对民营企业智能制造需要加强政策指导扶持，复制推广任务较为艰巨。

二、发展环境和政策导向

作为《中国制造 2025》的主攻方向，国家关于智能制造的相关政策密集出台。智能制造的示范项目已经选定，“十三五”规划建议也重点提到智能制造。国家主席习近平表示，中国已将机器人和智能制造纳入了国家科技创新的优先重点领域，而工业和信息化部部长苗圩称，要将智能制造作为《中国制造 2025》的主攻方向。

（一）政策环境

2011 年 4 月，工业和信息化部、科学技术部、财政部、商务部、国有资产监督管理委员会以工信部联信〔2011〕160 号印发《关于加快推进信息化与工业化深度融合的若干意见》，意见提出要以科学发展为主题，以加快转变经济发展方式为主线，坚持信息化带动工业化，工业化促进信息化，重点围绕改造提升传统产业，着力推动制造业信息技术的集成应用，着力用信息技术促进生产性服务业发展，着力提高信息产业支撑融合发展的能力，加快走新型工业化道路步伐，促进工业结构整体优化升级。

2013 年 8 月，工信部印发《信息化和工业化深度融合专项行动计划（2013~2018 年）》，《计划》中指出将开展 8 项主要行动推动信息化和工业化深度融合，分别为“企业两化融合管理体系”标准建设和推广行动；企业两化深度融合示范推广行动；中小企业两化融合能力提升行动；电子商务和物流信息化集成创新行动；重点领域智能化水平提升行动；智能制造生产模式培育行动；互联网与工业融合创新行动；信息产业支撑服务能力提升行动。

2015 年 5 月，国务院印发《中国制造 2025》并下发通知，部署全面推进实施制造强国战略。工业化和信息化是“中国制造 2025”的主线，而智能制造是“中国制造 2025”的主攻方向。要加快推动新一代信息技术与制造技术融合发展，就要把智能制造作为两化深度融合的主攻方向，全面提升企业研发、生产、管理和服务的智能化水平，推动我国制造模式从“中国制造”向“中国智造”转变[4]。

2015年10月，中国共产党第十八届中央委员会第五次全体会议通过了《中共中央关于制定国民经济和社会发展第十三个五年规划的建议》（以下简称《建议》），11月正式向外进行了发布。《建议》明确指出：实施智能制造工程，构建新型制造体系，促进新一代信息通信技术、高档数控机床和机器人、航空航天装备、海洋工程装备及高技术船舶、先进轨道交通装备、节能与新能源汽车、电力装备、农机装备、新材料、生物医药及高性能医疗器械等产业发展壮大。

2015年12月，工信部网站发布关于工业和信息化部贯彻落实《国务院关于积极推进“互联网+”行动的指导意见》的行动计划（2015~2018年）的通知。该行动计划以加快新一代信息通信技术与工业深度融合为主线，以实施“互联网+”制造业和“互联网+”小微企业为重点，以高速宽带网络基础设施和信息技术产业为支撑，从技术路线、产业模式、政策保证等全方位细化生态体系建设，致力于打造新形势下产业竞争新优势。

2016年5月20日，国务院以国发〔2016〕28号印发《关于深化制造业与互联网融合发展的指导意见》，部署深化制造业与互联网融合发展，协同推进“中国制造2025”和“互联网+”行动，加快制造强国建设。意见指出要面向生产制造全过程、全产业链、产品全生命周期，实施智能制造等重大工程，支持企业深化质量管理与互联网的融合，推动在线计量、在线检测等全产业链质量控制，大力发展网络化协同制造等新生产模式。

2016年12月7日，工信部正式公布《中国智能制造“十三五”规划》（以下简称《规划》），为中国制造业智能化转型确定两大时间节点和十项重要任务。根据《规划》，在2025年前，我国将推进智能制造实施“两步走”战略：第一步，到2020年，智能制造发展基础和支撑能力明显增强，传统制造业重点领域基本实现数字化制造，有条件、有基础的重点产业智能转型取得明显进展；第二步，到2025年，智能制造支撑体系基本建立，重点产业初步实现智能转型。

2017年1月，经国务院同意，工信部、发改委正式印发了《信息产业发展指南》（工信部联规〔2016〕453号，以下简称《指南》）。《指南》提出了增强体系化创新能力、构建协同优化的产业结构、促进信息技术深度融合应用、建设新一代信息基础设施、提升信息通信和无线电行业管理水平、强化信息产业安全保障能力、增强国际化发展能力7大任务，确定了集成电路、基础电子、基础软件和工业软件、关键应用软件和行业解决方案、智能硬件和应用电子、计算机与通信设备、大数据、云计算、物联网 9 个领域的发展重点。

2017 年 3 月 5 日，李克强总理在强调 2017 年的重点工作中指出，要深入实施《中国制造 2025》，加快大数据、云计算、物联网应用，以新技术、新业态、新模式，推动传统产业生产、管理和营销模式变革，把发展智能制造作为主攻方向，推动中国制造向中高端迈进。

“中国制造 2025”以促进制造业创新发展为主题，以提质增效为中心，以加快新一代信息技术与制造业融合为主线，以推进智能制造为主攻方向，以满足经济社会发展和国防建设对重大技术装备需求为目标，强化工业基础能力，提高综合集成水平，完善多层次人才体系，促进产业转型升级，实现制造业由大变强的历史跨越。

（二）技术环境

新一轮工业革命的本质是未来全球新工业革命的标准之争，各个国家都在构建自己的智能制造体系，而其背后是技术体系、标准体系、产业体系。近年来，以物联网、移动互联网、大数据、云计算为代表的新一代信息技术，以 3D 打印、机器人、人机协作为代表的新型制造技术，与新能源、新材料与生物科技呈现多点突破、交叉融合，智能制造技术创新不断取得新突破。

未来一年智能制造领域最值得关注的几大核心技术主要包括：工业互联网、云计算、工业大数据、工业机器人、3D 打印、虚拟现实、人工智能等。

工业互联网：工业互联网由美国通用公司提出，代表全球工业系统与智能传感技术、高级计算、大数据分析以及互联网技术的连接和融合，其核心三要素包括智能设备、先进的数据分析工具、人与设备交互接口。工业互联网是智能制造体系和智能服务体系的深度融合，是工业系统产业链和价值链的整合和外延。

云计算：在互联网虚拟大脑的架构中，互联网虚拟大脑的中枢神经系统是将互联网的核心硬件层、核心软件层和互联网信息层统一起来为互联网各虚拟神经系统提供支持和服务，而云计算就是互联网虚拟大脑中枢神经系统。

工业大数据：工业大数据是掌控未来工业的关键。工业大数据是以新兴技术的发展为背景，通过工业传感器、无线射频识别、条形码、工业自动控制系统、企业资源计划、计算机辅助设计等技术来扩充工业数据量。工业大数据在工业企业中的生产线上高速运转，是机器所产生的一种非结构化数据。

工业机器人：工业机器人是工业 4.0 的最佳助手。工业机器人是面向工业领域的多关节机械手或多自由度的机器装置，它能自动执行工作，是靠自身动力和控制能力来实现各种功能的一种机器。工业机器人由主体、驱动系统和控制系统三个基本部分组成，具有可编程、拟人化、通用性的特点。它可以接受人类指挥，也可以按照预先编排的程序运行，现代的工业机器人还可以根据人工智能技术制定的原则纲领行动。

3D 打印：3D 打印的本质——增材制造（AM）技术，依托计算机辅助设计（CAD）、大数据、云计算、计算机辅助制造（CAM）、物联网、虚拟现实等技术支撑，将数字化或电脑模型，通过逐层堆积的方法而直接形成 3D 物体的制造工艺。3D 打印的主流工艺包括挤出成型、光聚合成型、粒状物料成型等。

虚拟现实：虚拟现实技术是一种可以创建和体验虚拟世界的计算机仿真系统，它利用计算机生成一种模拟环境，通过多源信息融合的交互式的三维动态视景和实体行为的系统仿真，使用户沉浸到该环境中。虚拟现实是多种技术的综合，包括实时三维计算机图形技术，广角立体显示技术，对观察者头、眼和手的跟踪技术，以及触觉与力觉反馈、立体声、网络传输、语音输入输出技术等。

人工智能：人工智能是研究、开发用于模拟、延伸和扩展人的智能理论、方法、技术及应用系统的一门新的技术科学。人工智能是计算机科学的一个分支，它企图了解智能的实质，并生产出一种新的、能以与人类智能相似的方式做出反应的智能机器，该领域的研究包括机器人、语言识别、图像识别、自然语言处理和专家系统等。

未来，智能制造技术创新应用将加快向系统集成应用迈进，以物联网为代表的“互联网+”与制造业的深度融合将加快催生智能制造系统平台。

三、案例剖析

在先进企业的示范带动下，钢铁行业经过自主创新、消化引进再创新，近年在基础自动化、过程自动化和企业经营管理系统建设方面取得了很大进步，为钢铁行业智能制造奠定了较好基础，代表性企业有浦项、宝武集团、沙钢、中信泰富、荣程等。

（一）韩国浦项制铁集团公司

浦项信息化始于20世纪70年代，但随着钢厂整合、产品结构升级及市场环境的变化，原有的系统已无法满足生产、管理需要。1999年，浦项开始重构以客户为中心的销售体系及ERP系统，实现从销售计划、订单处理、生产制造管理、发货流程管理到售后管理的全流程覆盖，改善了交货期及客户满意度。

1998年，韩国政府开启浦项的私有化进程，浦项开始资产重组、结构调整和产业升级。然而，信息系统的割裂成为浦项的发展瓶颈，具体表现在：（1）三级系统功能不完整——分别由浦项、光阳两厂开发的系统年代跨越大、代码和冶金规范设计不统一，缺乏对品种钢、冷轧卷板生产中的资源优化、排程优化和工序协同等重要功能；（2）四级系统无法实现信息共享——两个公司的财务、人事、物料等的管理流程与应用系统不统一，信息交换困难，围绕安全的内部流程设计缺乏适应市场的灵活性，严重影响浦项的海外市场扩张。

当时，钢铁正在从卖方市场转向买方市场，因此浦项信息化改革的方向是提高制造执行力、产品竞争力和客户满意度，同时对信息系统的整体构想是：在信息高度集成的基础上，增加客户价值作为管理的基础，以建设“面向客户的业务流程改进”作为重点。

浦项的流程变革（PI项目）分为两大阶段：在第一阶段，对销售、采购、财务和人力等全体部门，启动基于ERP的全公司管理系统POSPIA；在第二阶段，推进了基于互联网的制造执行系统项目。2004年11月，浦项将制造执行系统应用于浦项钢厂的炼铁、化学转化工艺以及整个光阳钢厂，两个钢厂的81个工厂可以像一个整体一样有效运作，交货周期和客户满意度得到进一步改善。通过优化供应链，浦项实现了全球冶金企业成本最优的目标；同时，通过对物料代码及质量标准的统一管理，显著提高了企业的运行效率和管理的标准化程度。

2002~2005年，浦项通过ERP/SCP和电商分别整合内部流程与外部流程，完成泛企业的基于互联网的管理系统的构建。首先，通过建立集中式财务、人力、采购、供应链计划四级管理系统，确立以客户为导向的业务流程，实现资金流、物流、信息流的统一及商务智能化。此外，三级系统得以重新规划，设备维护、计划编制及成本管理等核心生产管理内容全部移植到 ERP 中进行统一监管，增加了针对品种钢生产中的配方优化，以及冷轧薄板生产中的连铸和连轧优化、钢卷加工配送优化等方面的支持功能，实现了“总体成本最优、质量最优”战略。内部资源配置优化、供应链一体化运作、电商技术降本增效，从而使浦项可以在经营管理的高层次上超越国际竞争对手。

浦项的信息化发生在其转型和面临危机之时，这与中国钢铁工业面临的环境较为相似，浦项通过信息化走出危机，中国的钢铁工业也可以在内部通过两化深度融合、提高生产效率，摆脱目前的困境。浦项的信息化路径是先纵向集成制造流程，再横向集成供给链信息，最终实现降本增效。之后，浦项凭借其信息化建设、运营积累的技术和经验，开始对外提供解决方案，实现由解放生产力到创造生产力的过程。

（二）宝武集团

宝武集团以宝信为两化融合战略执行单元，自主开发为主，根据中长期规划和年度计划，整体规划分步实施。宝信软件作为集团下属企业，承担了宝武集团的 IT 贴身服务工作，一直以来，坚持以宝武集团的发展战略为导向，配合宝武集团运营改善体系，将企业信息化规划纳入公司战略规划，两化融合以中长期规划、年度计划为实施依据，使实施项目围绕公司战略需求，通过两化融合的方法，支撑企业战略目标的实现。

从 30 多年前宝钢工程建设开始，信息化建设走“引进学习—优化集成—自主创新”之路，整个信息化经历了四个发展阶段，见表 11-1。

表 11-1　宝武集团的信息化发展历程

发展阶段	管理发展	信息化建设
以生产为中心（1978～1992 年，建设一期、二期工程）	（1）提出“三高一流”目标，以集中一贯管理为核心； （2）“五制”配套，保证生产稳定； （3）主辅分离，使生产管理更精干高效	信息化建设与工程建设同步，实现产线级、区域级信息化起步

续表 11-1

发展阶段	管理发展	信息化建设
以财务为中心（1992～2000 年，建设三期工程）	（1）计划经济向市场经济转变，确立财务在企业管理中的核心地位；（2）由生产导向向用户导向转变，认识到满足用户需求的重要性	信息化建设与管理发展同步，着力制造基地级信息化提升，建成覆盖一、二、三期工程、自上而下纵向集成的四级计算机体系
面向用户，以提升竞争力为中心（2000～2005 年，实施 ESI 工程）	（1）提出“建设全球最具竞争力钢铁企业”目标；（2）树立“以客户为中心”的经营理念，面向企业管理业务，实施企业系统创新 ESI 工程	宝钢股份实施 ESI 工程，开展电子商务，建成面向客户的 SCM 系统、数据仓库，在核心业务上实现了信息化升级。一钢、五钢、梅钢、宁波宝新制造管理系统投运
提升软实力，实现跨越式发展（2005 年至今，推进钢铁主业一体化）	（1）宝钢股份完成增发收购，推进纵向一体化管理与横向协同管理相结合的新型管理体系；（2）实现从“精品”战略到“精品+规模”战略的转变和从“新建为主”到“兼并重组与新建相结合”扩张方式的转变	开始向支撑一体化运营管控模式的信息化迈进。基本建成一体化经营管理系统，为一体化运营和规模扩张提供了系统平台，提升了宝武集团的软实力

随着宝武集团战略定位的不断变化，宝信依据不同时期的战略重心为宝武集团提供了全层级、全流程的信息化服务。在确保生产的稳定顺行阶段，从基础自动化做起，到自行建立四级计算机系统架构，实现对生产制造和钢材产品的全面管理；在适应社会主义市场经济阶段，以整体产销系统支撑“以财务为中心”的经营管理思想；在面向客户提升竞争力阶段，构建客户驱动的敏捷制造管理信息系统，以提升询单快速应答、优化排程、交货期快速应答等能力；在规模扩充、兼并收购阶段，以一体化销售、采购、财务、人力资源等系统实现管理快速复制，有效支撑跨地域、跨组织的规范高效的管理需求。宝武集团自动化-信息化-智能化发展历程见图 11-2。

经过 30 多年的不懈努力，从前期的借鉴学习到后期的自主研发，宝武集团已经成为国内制造企业信息化的排头兵。但是，对比国外先进同行企业，在大数据的智能化应用以及智能机器人的使用等方面还存在很大的差距，具

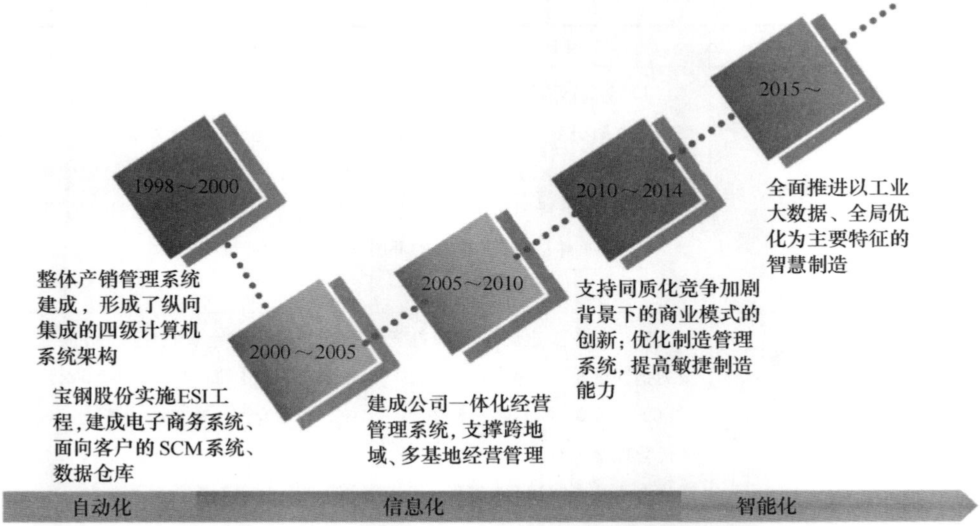

图 11-2 宝武集团自动化-信息化-智能化发展历程

体表现在大数据分析、工厂虚拟仿真应用、高级优化排产、工艺优化模型研究、远程设备监控与故障诊断、绿色环保及资源利用等方面。

因此，研究基于互联网、物联网、云计算、机器人、大数据分析等技术的智慧制造模式，对于进一步缩小与国外同行业先进企业的差距、提高宝武集团在国际钢铁市场的核心竞争力具有重要意义。目前，宝武集团正在推进“一体两翼”的战略格局，即以钢铁为主体，在制造一翼，基于现有精细制造优势的基础上，布局智能化转型和智能工厂的建设；在服务一翼，利用“欧冶云商”打造“共建、共享”的钢铁服务生态圈。

（三）中信泰富特钢集团

2011 年 9 月，中信泰富确立了信息化战略发展方向，以“打造数字化、现代化、国际化的中特集团管理新模式，建成具有国际钢铁信息化先进水平的信息系统”为建设目标，以“规划建设的信息系统具备跨地域的业务覆盖能力、实现远程实时数据传输能力、远程业务管控能力”为建设任务，以“集团主导，归口管理；统筹规划，分项实施；效益效率优先，急用先上；业务为主，统一规范”为基本原则，以“集团一张网，三个平台”为建设思路，实现了集团、异地企业在一张专网上的互联互通。

2012年利用中信网络公司“奔腾一号”第二张企业网，实现集团上海本部、兴澄特钢、新冶钢、新亚星、泰富特材、集团网站（香港云平台）等异地互联互通，使得信息系统具备跨地域的业务覆盖能力和远程业务管控能力成为可能。同时，中特开始部署数据中心通讯项目，实现集团企业间业务系统数据通讯的功能。

集团层面，建立了统一的业务平台系统，主要包括：集中采购系统，根据集团集中采购业务需要，把原离散的“集中采购系统”及“网上招投标系统”集成到一个平台上；外贸销售信息系统，建成覆盖国贸公司“合同录入、合同审批、合同跟踪、生产制造、成品转运、码头库存、外运发货、外贸制单、结算”等全过程业务管理；人力资源管理系统，2013年8月，集团统一的人力资源管理信息系统开始实施，2014年年底系统已覆盖整个集团；集团统一财务信息化平台建设，建设集团统一的企业财务信息平台，实现集团企业财务管控一体化、会计科目标准化，满足集团财务管理需求和中信泰富财务管理标准化需要。建设集团统一的软件系统平台，为集团新增企业提供统一的财务管理的系统平台。

企业层面，兴澄特钢信息化建设始于2000年，至今总投资已超过1亿元人民币，从最初的管理电子化，到现在的“产供销一体化”“信息化与主体工程同步规划、同步实施、同步上线”，兴澄特钢已实现信息化与工业化的融合；新冶钢信息化建设经过多年来的发展，形成了以生产线过程自动化控制为基础，以各二、三级系统进行计划执行、数据采集和管理，以产供销一体化信息系统作为核心，对企业的供应链、销售、生产、财务进行系统、高效的整合和管理，BI系统对提供的大量业务数据进行挖掘、分析，为企业管理层的科学决策提供坚实的基础；新亚星根据公司发展的实际，结合焦化行业的生产特点及对信息化的核心需求，按照“企业经营管理系统-制造执行系统-过程控制系统（ERP-MES-PCS）”三层架构集成组合，统筹规划，分步实施，推进“管控一体化”建设，现初步形成一个集人、财、物、供、产、销为一体，涵盖过程控制、生产执行与企业经营多层次的整体自动化、信息化系统；扬州泰富已经建设完成港区和球团MES系统、视频监控系统、网络布线和机房系统、协同办公和一卡通系统、皮带秤计量系统等主要的信息应用系统。

总体来看，中信泰富的信息化建设有效地支撑了集团企业经营运营的发展需要，信息化工作逐步由业务平台建设转向数据分析平台和信息服务平台建设，标志着信息化建设层面开始迈上新台阶。

作为特钢行业的突出代表，中信泰富在推进两化深度融合方面作出了许多有益的探索，也取得了骄人的业绩，总结中信泰富的经验主要有：

注重遵循先进的管理理念与发展战略。中信泰富的信息化建设，以提升生产能力为中心、以质量为核心、采用集中一贯的管理方式，体现了适合钢铁行业的先进生产组织方式和管理理念。

注重全面覆盖、强化研发。中信泰富坚持信息系统对业务流程的全面覆盖，将生产、库存、销售等各个环节纳入到信息化的掌控之中。同时将信息化建设作为支撑新产品研发的重要手段，模拟研发系统的逐步完善，实现了通过信息化手段强化研发设计能力，从而抢占产业链上游。

注重自主创新、掌握自主知识产权。中信泰富通过消化吸收现有信息化业务系统的关键技术，立足于自身条件，开拓创新，进行软件二次开发，紧密结合企业的生产经营管理需求，快速开发新功能、新流程，注入信息化系统新的生命力，高度满足企业创新管理需求。

（四）天津荣程联合钢铁集团有限公司

天津荣程祥泰投资控股集团有限公司（以下简称荣程集团）坐落于天津滨海新区金融街，是以钢铁为主业，涉足科技金融、文化健康、资源开发等多领域的大型现代化企业集团。荣程集团把握《京津冀一体化》及《中国制造2025》战略机遇，以《“互联网+”行动计划》为指导，坚持创新驱动，与冶金工业规划研究院签署战略合作，共同打造行业领先、国内外知名的标杆式“互联网+智能制造”示范，充分发挥信息技术在运营和决策优化中的积极作用，提高资源利用效率，融合创新发展，全力促进集团转型升级。

1. 荣程“互联网+”示范基地

荣程集团“互联网+”示范项目是以覆盖荣程集团全局、横跨多个不同行业板块的商务智能系统为核心，在业内乃至国内均属创新典范，融合了业务创新、管理创新、技术创新、产品创新和服务创新。BI 系统是在广泛提取企业全局性数据的基础上，对企业数据进行分类、汇总、分析等操作，并为企业各类决策用户提供科学、可靠的决策支持，其核心是数据仓库和数据挖掘技术。

荣程“互联网+”示范基地主要包括智能决策、供应链协同和产业融合。

智能决策：智能系统作为信息技术的一种深层次应用，能够为企业提供各种决策信息以及许多企业运营问题的解决方案，提高了决策的质量和效率。荣程商务智能系统的建设，可以将企业中现有的数据进行有效的整合，快速准确地提供报表并提出决策依据，帮助企业做出明智的业务经营决策，实现生产经营决策的智能化。

供应链协同：“互联网+”可以有效地消除信息壁垒，整合上下游资源，形成供应链协同。荣程借助 9 大电商平台的发展，可以向客户提供包括金融服务、健康服务、产品交易服务、物流服务等在内的、跨板块的综合性服务。借助此优势，荣程可以有效地整合产业链资源，实现企业间信息的互联互通，有助于企业之间合理配置资源，实现供应链协同。

产业融合：打造“互联网+”示范基地，荣程可以促进产业之间的不断融合，强化区域优势和规模优势，有效地促进产业结构优化，实现集团利益的最大化。

2. 荣钢智能制造管理与执行系统

针对荣钢信息化现状规划并设计荣钢智能制造管理与生产执行系统（RS-MES）整体解决方案，分别包括荣钢生产管理系统（RS-PMS）、荣钢生产执行系统（RS-PES）、高级计划与排程系统和二级数据综合管理平台四大部分。

RS-MES 服务于整个荣钢的“研产销一体化”管理。其中，RS-PMS 覆盖整体的生产经营管理功能，包括订单、计划、调度、物流、质量、成本、工器具、报表等方面。RS-PES 分布于各条产线，实现各条产线的作业管控和数据采集等功能，包括生产执行、检化验、物料跟踪和物料消耗等方面。高级计划与排程系统（APS）覆盖生产经营过程中的采购计划、订单计划排程、钢轧一体化等方面，APS 集成于 RS-PMS 中，通过与 RS-PMS 的数据交互，实现模型算法的输入和输出，从而达到智能优化和决策的作用。二级数据综合管理平台通过统一采集管理一级设备数据，识别匹配 RS-PES 的信息实绩反馈，同时接收 RS-PES 下达的生产指令。RS-MES 向上衔接公司级管理系统，实现与生产、销售、财务等系统的集成；向下衔接各条产线，实现与各作业区 PCS 的集成。

3. 荣程集团电子商务产业

依托荣程现有资源，以钢材交易、钢材深加工、二级品拍卖、金融、物流为业务主体，逐步扩充健康食品、文化产品、木材、跨境产品等业务，最终打造一个覆盖荣程集团全产业链的线上电商平台，构建互联网生态体系。

荣程集团电子商务产业整合了荣程集团全局资源，横跨了多个行业板块，构建滨海云商综合电商平台。荣程电商产业由滨海云商集团统筹管理，分为钢铁板块和非钢板块，钢铁板块整合融通物贸、联合冶金交易所、荣易购等资源，统一建设钢铁领域电商平台；非钢板块包括放心购、时代记忆、荣程酒业、木材资源等领域，依托荣程现有资源，自主发展，开放合作，打造独具特色的 B2B、B2C 电商平台。

荣程以大金融为核心，本着产融结合、全局优化的原则，通过统一用户管理和决策优化与支持系统，实现荣程集团电子商务产业板块之间的业务融合与数据共享。决策优化与支持系统方面，以实现企业产业融合、全局优化、供应链一体化为目标，着重进行四个方面的建设，分别为产品研发支持、产品推荐支持、企业驾驶舱和钢铁板块；大金融方面，荣程各电商平台以融宝支付作为第三方支付通道，荣联金融、交易所等提供金融服务，通过金融贯穿所有电商平台的业务流程，实现数据共享、业务融合。

荣程集团“互联网+智能制造”示范项目是以覆盖荣程集团全局、横跨多个不同行业板块的决策优化与支持系统（RDOSS）及智能制造管理与执行系统（iMES）为核心，融合了业务创新、管理创新、技术创新、产品创新和服务创新，通过整合供应链上的企业和合作伙伴，实现客户资源、产品设计、生产经营等环节的信息共享，将生产过程协同扩大到全供应链条甚至是跨供应链条，实现全业务优势资源、优势企业的网络化配置，促进相关产业融合，真正实现了社会化大协同生产。

智能制造深刻改变企业的生产与运作模式，为钢铁行业的竞争力重构创造新机会。作为钢铁智能制造的重大科技专项攻关项目，智能车间、智慧矿山、大规模定制等试点示范项目对于引领钢铁智能制造的发展方向具有重要作用。冶金规划院与荣程集团联手打造的“互联网+智能制造”模式在顶层设计阶段就充分考虑企业实际需求，着眼于生产过程、业务经营和企业决策等核心环节，为企业带来实实在在的经济效益。通过双方合作，将打造一支素质过硬的高级人才队伍，储备一批智能制造核心技术，真正推动企业的智能转型，为行业提供可借鉴、可操作、可复制、可推广的智能制造范式。

四、趋势展望与路径解析

“中国制造2025”总体思路是坚持走中国特色新型工业化道路，以促进制造业创新发展为主题，以提质增效为中心，以加快新一代信息技术与制造业融合为主线，以推进智能制造为主攻方向。以“中国制造2025”为契机，国家将促进工业互联网、云计算、大数据在企业研发设计、生产制造、经营管理、销售服务等全流程和全产业链的综合集成应用，推进制造过程智能化，建设重点领域智能工厂/数字化车间。钢铁企业应紧抓新一代信息技术发展应用的历史机遇，培育市场竞争新优势。

（一）趋势展望

智能制造是智能制造技术和信息技术的结合，涉及众多行业产业，聚焦智能制造试点的关键环节，有助于准确把握与其相关的产业投资机会。对于钢铁企业而言，企业的智能化即实现产品研发、生产、采购、销售、服务的智能化，通过知识和信息的共享，突破部门之间的边界、实现快速有效的协同，进而实现集约化生产，为客户提供个性化服务。

1. 智能制造迎来发展黄金期

2015年，政府和企业联合发力，推动智能制造进入发展快车道。国务院相继印发《中国制造2025》和《国务院关于积极推进“互联网+”行动的指导意见》，明确了智能制造作为两化深度融合的主攻方向，指出了“互联网+”协同制造等11个重点行动领域。工信部组织开展了《2015年智能制造试点示范专项行动》，批准实施了94个智能制造专项项目，开启了我国智能制造发展的新篇章。

未来，随着智能制造政策红利的持续出台，钢铁工业的智能制造将迎来发展的黄金期。钢铁企业将加速推进工业化和信息化的深度融合，积极打造智能工厂，提高企业的智能化水平；市场上将涌现一批智能制造解决方案提供商，智能制造的解决方案将日渐成熟；智能制造标准体系将更加完善。

2. 云计算、大数据、移动互联等技术将实现大规模应用

目前，以云计算、大数据、物联网、移动应用、智能控制技术为核心的“新IT”浪潮风起云涌，“十三五”期间将重塑传统的信息化应用模式。

一是信息系统将进入移动应用时代。目前，移动互联网的兴起正在演化为一场作用广泛、影响深远的颠覆性革命，新的业态和新的商业模式不断涌现。移动互联网的创新，新业务形态、新商业模式的不断涌现，对传统产业的发展和转型升级形成倒逼机制。随着移动互联网和智能终端的兴起，信息系统也将快速进入到移动互联时代，积极拥抱移动互联网思维，跟上移动互联网时代发展速度，实现业务创新和移动互联网转型是未来信息化建设的重中之重。

二是云计算将从底层（IaaS）向中间层（PaaS）跃升。近几年，云计算基础资源加紧布局、核心技术逐步完善、服务租赁的意识日趋深入人心，这些都为云计算技术的广泛应用提供了良好的条件。在“十三五”期间，云计算的 PaaS 层将逐步成熟，将会真正重塑 IT 的架构模式：IT 基础构架是由标准化的底层（IaaS）加上抽象化的中间层（PaaS）构成，抽象化的中间层包裹标准化的物理层形成新的 IT 基础构架，支撑最上层的个性化应用，实现应用的快速开发和部署，最终支持业务的个性化、快速化变革。

三是大数据与云计算的融合将得到深入和广泛的应用。“十三五”期间，大数据技术将与云计算融合，市场中将会出现大量面向行业应用的大数据云平台，为政府和企业提供面向海量媒体数据的深度信息分析技术服务，将使政府和企业拥有更多可获资源和数据服务，进而提升其信息利用和决策能力，真正使这一技术飞入寻常百姓家。

四是物联网及智能管控技术将进一步进入实践应用。未来几年，基于传感技术的“物物互联”和基于移动互联网的“人人互联”以及它们的集成应用，将使采购、生产、销售、物流等走向更高水平。

3. 数据应用将成为智能制造的核心

随着信息化水平的不断提高，越来越多的政府和企业积累了大量的业务数据，如果说信息系统是企业的“血管”，那么这些数据就是“血液”了。随着大数据等技术的成熟，信息化建设的重心将逐步从 IT（信息技术）向 DT（数据技术）转化，从以流程为中心向以数据为中心转化，未来信息化建设的重心将是如何对组织内外部的数据进行深入、多维、实时的挖掘和分析，以满足决策层的需求，推动信息化向更高层面进化。

此外，工业大数据应用正由企业单一营销环节向全生命周期、全产业链扩展延伸，成为驱动制造业创新发展的关键要素。随着国家大数据战略的落地实施，社会各界将会掀起工业大数据应用热潮，大量的钢铁企业将认识到工业大数据的潜在价值，探索应用工业大数据分析技术，挖掘工业数据价值，打造数据驱动型企业以获取市场竞争优势。

4. 钢铁工业将加速互联网化

对于钢铁行业而言，“互联网+”概念的引入将推动钢铁行业由单一企业竞争转变为平台经济体的竞争，将推动整合钢铁产业链上的生产商、贸易商、用户、金融机构、物流配送机构、技术服务机构等多种资源，实现共同经营、共享成果、共担风险，提升效率，降低成本，并能更高效地服务于客户，促进我国从钢铁制造大国向钢铁制造强国的转变。因此，在“互联网+”战略下，充分利用钢铁电商的平台优势，消除信息壁垒，优化资源配置，同时以创新思维、创新机制、创新模式和创新技术为核心，实现钢铁的敏捷制造、精细管理、智能决策和优化运营，是寒冬期钢铁企业的变革之路。

此外，钢铁跨境电商发展迅猛，钢铁行业将加快“出海”征程。一方面，跨境电商正成为钢铁产能过剩的化解器，以跨境电商加强出口导引，将产能输送向东南亚、南美等世界各地，缓解库存压力；另一方面，钢铁跨境电商突破了传统贸易的多重环节遏制，解决了贸易出口流通环节的信息不对称，将合作钢厂产品直销海外用户，提升钢厂盈利、提高货物周转。随着国家“一带一路”政策的战略引领，跨境电商将逐步演变为钢铁企业“出海”的重要通道。目前国内钢铁电商在渠道、物流、支付各方面逐渐成熟，未来将业务线向海外延伸是发展的必然趋势。

（二）路径解析

结合钢铁行业和中国智能制造的特点，对于钢铁行业智能制造的推进工作，应该分阶段、有重点、有序开展。钢铁智能制造可以同步推进实施四个路径：一是着重实现钢铁制造过程的智能化；二是在第一阶段数据标准、流程规范的基础上，实现企业决策的智能化；三是整合行业数据资源，重点推动大数据的集成应用；四是在企业智能化的基础上，实现钢铁产业链各节点的互联互通，重点推进产业的协同应用。具体见图 11-3。

1. 推进制造过程智能化

钢铁制造流程是复杂的、动态的、整体性的系统工程，是多因子、多尺度、多单元、多层次整合——集成而成的整体，具有涌现性而非简单加和性[5]。

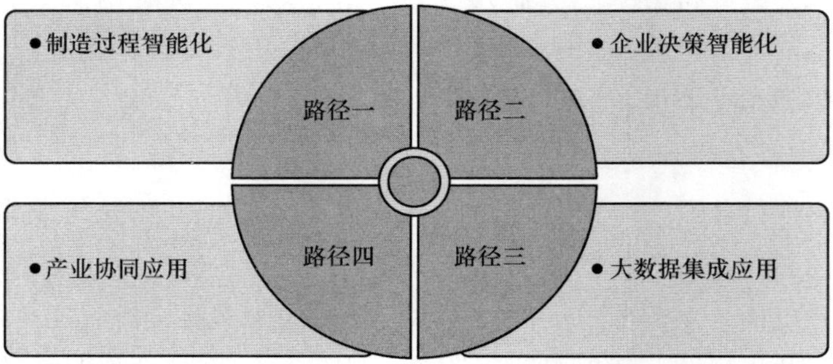

图 11-3 钢铁智能制造实施的四个路径

推进钢铁制造过程智能化，需要在重点领域试点建设智能工厂/数字化车间，加快人机智能交互、工业机器人、智能物流管理等技术和装备在生产过程中的应用，促进钢铁制造工艺的仿真优化、数字化控制、状态信息实时监测和自适应控制。同时，在此基础上全面实施高级计划排程（APS）系统，实现敏捷制造及精准交货。

2. 推进企业决策智能化

钢铁智能制造的核心是对信息资源的有效开发和高效利用，目标是提高资源的全局利用效率，其重点在于决策的智能化。为提高资源和能源利用效率，钢铁企业应采用系统优化的思想，建立具有冶炼技术和经济成本的双重模型，实现单部门局部优化与多部门一体化全局优化的平衡。

3. 推进大数据集成应用

大数据是传统数据库、数据仓库、商业智能概念外延的扩展和手段。健全钢铁工业信息化基础设施，整合冶金数据资源，突破钢铁工业大数据核心技术，提升钢铁大数据分析应用能力，提高数据安全保障能力，培养复合型大数据人才，组织实施制造业大数据创新应用试点，以推动制造模式变革和冶金行业的转型升级，培育发展冶金行业新业态。

4. 推进产业协同应用

云制造是先进的信息技术、制造技术与信息网络的融合[6]。推进产业协同应用，需要制定互联网与钢铁工业融合发展的路线图，发展基于互联网的个性化定制、云制造等新型制造模式，推动形成基于消费需求动态感知的研发、制造和产业组织方式，建立优势互补、合作共赢的开放型钢铁产业生态体系，培育智能监测、远程诊断管理、全产业链追溯等工业互联网的新应用。

（三）发展建议

1. 抓好三个层面的科技攻关

钢铁工业发展智能制造需要抓好三个层面的科技攻关。一是国家层面的重大科技专项，二是行业共性技术攻关，三是企业层面技术革新。先进钢铁企业可以与相关科研院所合作，共同研究重大科技专项，利用最新科技成果，提高行业智能制造的水平；其他企业可以两化深度融合为切入点，利用行业研究成果，逐渐推进企业的智能制造。

2. 制定完善的智能制造标准体系

“智能制造、标准先行”，为解决标准缺失、滞后以及交叉重复等问题，并充分发挥标准在推进智能制造发展中的基础性和引导性作用，建议政府主导制定与市场自主制定的标准协同发展、协调配套的新型标准体系。

3. 打造中等规模企业试点示范

推动钢铁智能制造的过程中，中等规模企业更需要通过智能制造来实现转型升级。中等规模企业智能制造基础相似，打造中等规模企业试点示范，才能真正推动钢铁行业的智能转型。目前，冶金规划院与荣程集团联手打造的“互联网+智能制造”模式，着眼于生产过程、业务经营和企业决策等核心环节，培养专业人才，储备核心技术，用实际效益驱动企业智能转型，为行业提供可借鉴、可操作、可复制、可推广的智能制造范式。

4. 支持第三方机构，产学研用结合

发展钢铁智能制造，需要自主研发符合中国特色的钢铁智能制造集成应用解决方案。以规划院等为主的第三方实施机构具有公正独立、行业权威等身份属性，在系统实施过程中更多考虑企业的战略目标、先进理念的输出、先进技术的共享，因此，更易推进智能制造的复制和推广。

5. 统一规划，持续推进，深度参与

钢铁企业的智能制造是一个持续推进的过程，企业战略演进，管理理念、生产组织模式不断优化，经验积累促进知识转化，都需要对智能制造系统进行迭代更新。这就要求企业在智能转型过程中做好统一规划，深度参与，自建团队，持续推进。

五、行业智能化实践

为积极响应“中国制造2025”的号召，冶金工业规划研究院提出建立“一体两翼大平台”及“一业多地，多业并举”发展战略，通过规划咨询深入分析企业发展遇到的问题及瓶颈，制定科学严谨的整体解决方案，以标准为引领推动企业产品工艺的提升，以智能制造为落脚点为企业降本增效。

冶金规划院创造性地提出了面向钢铁行业的智能制造管理与执行系统（iMES）和决策优化与支持系统（DOSS），并与荣程集团建立战略合作，打造行业“互联网+智能制造”示范，引起行业广泛关注；与本钢、昆钢等针对智能制造和“互联网+”协同制造等课题展开深入研究；长期关注钢铁电子商务领域，定期发布《中国钢铁电子商务行业发展报告》，引起强烈反响，研究成果被广泛报道和引用。冶金规划院在推动行业智能化方面的实践见表11-2。

表11-2　冶金规划院在推动行业智能化方面的实践

序号	类型	主要内容	典型案例
1	政府课题	承接政府研究课题，把握课题关键问题，剖析钢铁行业发展态势，结合智能制造、“互联网+”等新兴业态，为政府决策提供有价值的参考	工信部研究课题《钢铁行业智能升级战略实施路径及关键措施》
2	专项规划	基于对钢铁智能制造理论研究，结合钢铁行业智能制造发展现状及趋势，剖析企业信息化发展现状，为企业量身定制智能制造专项规划，助力企业智能化转型升级	《本钢集团智能制造三年行动计划》《昆钢互联网+协同制造智能服务重大工程可行性研究报告》《昆钢信息产业规划》《荣程集团“十三五”信息化规划》
3	系统实施	以打造“符合中国国情，体现国人智慧的钢铁行业智能化综合性解决方案”为愿景，在深刻把握工业企业特征的基础上，密切跟踪先进的智能制造理论、方法和技术，着眼于生产过程、业务经营和企业决策等核心环节，以经济性、先进性、适用性为原则，着力打造钢铁智能制造典范	《荣钢智能制造管理与执行系统（iMES）》《荣程集团决策优化与支持系统（RDOSS）》《德龙钢铁炼铁厂实时库项目》

续表 11-2

序号	类型	主要内容	典型案例
4	标准制订	冶金规划院两化融合管理体系贯标咨询服务机构资格，并与中国两化融合服务联盟建立密切的合作关系，积极开展钢铁行业两化融合标准制定	《钢铁行业高级计划排程系统（APS）规范》
5	研究报告	钢铁电商研究报告旨在全面反映中国钢铁电子商务行业现状和发展态势，并努力挖掘行业发展遇到的问题和难点，从而为相关各方，特别是政府监管部门提供决策参考，为行业健康、有序发展营造有利环境	《中国钢铁电子商务行业发展报告（年度/季度）》

参考文献

[1] 中华人民共和国工业和信息化部．智能制造发展规划（2016-2020 年）[EB/QL]．[2016 - 12 - 08]．http://www.miit.gov.cn/n1146295/n1652858/n1652930/n3757018/c5406111/content.html.

[2] 李新创，施灿涛，赵峰．工业 4.0 与中国钢铁工业 [J]．钢铁，2015 (11)：1~13.

[3] 中华人民共和国工业和信息化部．钢铁工业调整升级规划（2016-2020 年）[EB/QL]．[2016 - 11 - 14]．http://www.miit.gov.cn/n1146295/n1652858/n1652930/n3757016/c5353943/content.html.

[4] 中华人民共和国国务院．中国制造 2025 [EB/OL]．[2015 - 05 - 08]．http://www.gov.cn/zhengce/eontent/2015-05/19/content_9784.html.

[5] 殷瑞钰．过程工程与制造流程 [J]．钢铁，2014 (7)：15~22.

[6] 干勇．制造业的数字化网络化智能化及产业模式 [J]．中国科技产业，2017 (1)：18~19.

第十二章 多元化

一、历程回顾和现状分析

（一）钢铁行业多元产业发展历史阶段

回顾我国钢铁行业多元产业发展历史，可以看到钢铁行业发展多元产业经历了三个重要的历史阶段，按照时间顺序依次可概括为工厂办社会阶段、剥离辅助聚焦主业发展阶段和跨越式发展的新阶段。

1. 工厂办社会阶段（中华人民共和国成立初期~1990年）

该阶段是我国钢铁行业多元产业发展的雏形，又可细分为4个阶段：

（1）修复起步阶段（1951~1955年）。中华人民共和国成立后，以鞍钢、包钢、上钢、马钢等为代表的1949年之前遗留下来的钢铁企业包含其配套社会服务设施，经过3~5年修复，如自有矿山、医院等都已恢复正常运行，那时多元产业规模非常小，创造的产值也非常低。

（2）规模发展阶段（1956~1965年）。经过“一五”恢复，“二五”我国钢铁工业迎来了大发展，1957~1958年我国开始新建杭钢、新钢（新余）、南钢（南昌）、济钢、青钢、涟钢、通钢、兰钢等一大批地方骨干钢铁企业，同时新建了相应配套的企业医院、中小学校、招待所等，对部分社会功能进行完善补充。多元产业规模有所扩大，但能创造产值的基本仅矿山一项，其他大多为社会功能，创产值业务比较单一。

（3）业务扩展阶段（1965~1975年）。20世纪60年代末，根据毛主席全国各行各业都要办成“一个大学校”，即“学政治、学军事、学文化，又能从事农副业生产，又能办一些中小工厂，生产自己需要的若干产品和与国家等价交换的产品”的“五七指示”，我国大多数钢铁企业都陆续新建了“五七干校”和“五七工厂”，多元规模进一步扩大，创造产值的新业务也大量增加，如新建了一大批钢企建筑施工队、机修厂、钢材深加工工厂、招待所等。

(4) 快速发展阶段（1976~1990 年）。1978 年改革开放后，为修正“文化大革命”错误，大批知青返城和新毕业学生大量增加，就业问题突出，根据当时政策，社会安排一部分，大部分由企业自行安排员工子女就业，为此，钢铁企业以安置职工待业子女、实行生产自救为主，围绕钢铁主业的设备制造、建筑、运输、钢材深加工、招待所、资源综合利用等产业应运而生。与过去国有企业性质不同，这些企业基本归钢铁企业下属集体（或劳服公司）所有，员工身份也是集体所有制，是当时新开创的社会主义集体所有制经济形式。

据《中国钢铁工业年鉴》统计，截至 1990 年年底，属于钢铁企业三产，也就是以后转为多元产业的厂办集体所有制企业（未含国营矿山部分）有 4238 个，职工总人数 87 万人，1990 年拥有固定资产约 30 亿元，实现经营（销售）收入 107.5 亿元、利税 10.2 亿元。生产产品品种 4488 个，产品规格 28091 个。1979~1990 年间钢铁企业整体三产销售收入每年增长 20%以上，累计安排 99 万多名青年就业，年均 8 万多人[1]。

2. 剥离辅助聚焦主业发展阶段（1991~2000 年）

20 世纪 90 年代初期，为落实国企改革，剥离社会辅助职能，我国钢铁企业开始加快多元化经营的步伐，提出“精干主体、分离辅助”的改革思路，不少钢铁企业的附属产业开始脱离主体，按照发展、维持、萎缩的市场定位，逐步向社会化过渡或者退出。

1992 年，武钢率先在全国国有大型企业中实行“精干主体、分离辅助”改革，大力培育和发展非钢产业；鞍钢从 1995 年开始实施“精干主体、分离辅助”的总体改革方针，成立鞍钢实业发展总公司，对矿山公司、修建公司、机械制造公司等 22 个辅助单位实施主辅分离改革。

“精干主体、分离辅助”的方针改变了“企业办社会”“大而全”的组织结构，从主体分离出来的人员，积极发展多种经营，逐步走上自负盈亏、自我发展的道路。随着现代企业制度的完善，以及市场经济条件下的竞争需求，“精干主体、分离辅助”改革工作进展较快，1996 年，国家重点冶金企业中，已有 56 家不同程度地实行了“精干主体、分离辅助”改革。同年，原冶金工业部首次召开了钢铁企业“精干主体、分离辅助”的工作会议，提出大中型钢铁企业“一业为主、多种经营、综合发展”的新战略。1997 年，钢铁企业主辅分离工作取得明显成效，据对 51 家钢铁企业统计，分离辅助单位 786

个，职工 83.5 万人，分别占辅助单位及其职工总数的 68%和 76%，分离单位中 53%实现自负盈亏，鞍钢分离的辅助单位减亏 5.6 亿元，宝钢分离的子公司创利 4 亿元。主辅分离改革有力地推动了钢铁企业多种经营的发展，钢铁行业多元产业发展出现转折，从最初的简单为钢铁主体和职工生活服务向自我生存自主发展的新阶段转变。

这一阶段，钢铁企业通过实施“精干主体、主辅分离”的改革，钢铁主业从业人员精简，劳动生产率大幅提高，到 2001 年年底，国有重点大中型钢铁企业主业职工人数降至 102.3 万人，人均年产钢 134 吨[2]；钢铁企业对非钢产业投入增大，销售收入明显增加，非钢产业得到良性发展，步入盈利发展轨道，成为新的经济增长点。1999 年钢铁企业非钢产业销售收入占总销售收入比例超过 20%的大中型钢铁企业有 19 家，近 70%从事非钢产业实体实现自主经营、自负盈亏、自我发展。

尽管钢铁企业发展多元产业在该阶段取得了新的成效，但从行业整体水平看，多元化经营发展仍然很不平衡，尚处于初级阶段，大多数钢铁企业仅是按照生产、经营、服务等类型将下属非钢单位从钢铁主体简单分离，承担的主要责任是完成保产任务，实现减亏目标，稳定职工队伍。多元产业主要问题表现在：内部服务强于外部开拓，过分依赖钢铁主体，自主能力较差；产业交叉庞杂，缺乏支柱产业和主导产品，竞争能力较弱；缺乏高素质人才，资金和技术投入较少，限制产业发展壮大。

3. 跨越式发展的新阶段（2001 年至今）

进入 21 世纪后，钢铁企业紧扣时代发展脉搏，大力发展多元产业，实现了多元产业的跨越式发展，部分企业多元产业已经和主业平分秋色。2002 年，为适应行业发展新形势，中国钢铁工业协会成立了多种经营工作委员会，进一步促进了钢铁行业多元产业快速发展。之后多元产业进入最快的黄金十年发展时期，业务领域向电子信息、工业自动化、房地产等高新技术和新兴产业聚集，产业规模不断扩大，盈利能力和发展水平不断提高，基本建成了较为完备的多元产业体系。2013 年，冶金规划院会同中钢协多种经营委员会组织召开了首届钢铁行业非钢产业大会，回顾总结已往发展经验，共同研讨未来多元产业发展方向，这次大会的成功召开将多元产业推向企业发展战略第一线。回顾十几年飞速发展的历史，可以看到钢铁行业多元产业经历了三次重大历史转折。

第一次转折是“十五”（2000~2005年）期间，实现了从探索发展到形成产业基础的转变。“十五”期间是多元产业投资的热潮，钢铁企业为分散经营风险，纷纷开展“一业为主多业并举”的发展模式，大胆探索尝试进军新领域和新业务，产业面广而全，涉足的主要产业有：设备制造、物流贸易、钢材深加工、信息、建筑、化工、旅游服务等产业，部分企业如宝钢、武钢、首钢、天津天铁、攀钢等已建成较强的多元产业基础，并形成一定的产业规模。

第二次转折是“十一五”（2006~2010年）期间，实现了从产业规模到质量效益的转变。“十一五”期间，钢铁企业对发展多元产业进行了重新定位，将发展重心放在优化多元产业结构上，不断提升多元产业竞争力和盈利能力，多元产业发展水平明显提升。这一时期的产业重心主要在信息技术开发利用、钢结构、废弃资源和二次能源利用以及房地产等高新技术产业和新兴产业，一批多元产业新的经济增长点逐步形成。宝钢、武钢、鞍钢等钢铁企业已闯出一方市场，取得了成功经验。到“十一五”末期，多元产业收入、实现利润以及占总收入的比例均有了大幅度的提升。比较突出的是首钢、武钢等企业多元产业利润占集团利润总额的50%以上，多元产业实现了整体盈利，另外宝钢、太钢等企业多元产业收入和实现利润均占集团的25%以上。

第三次转折是“十二五”期间（2011~2015年），实现了从经济增长点上升到发展战略的转变。进入“十二五”，钢铁企业均将发展多元产业纳入企业总体发展规划的重要组成部分，发展多元产业已上升到和主业同等重要的战略位置，全面加快了多元产业的发展步伐。期间，全行业多元产业的经济运行质量明显提高，多元产业的投入进一步加大，项目结构更加科学合理，产业发展思路更加符合国家相关政策，多元产业收入攀上了新的高度，如首钢、宝钢、武钢等特大型钢铁企业的非钢收入已超过或接近了1000亿元的水平。

钢铁行业发展多元产业历史阶段见图12-1。

（二）钢铁行业多元产业发展现状

1. 产业规模和时代特征

当前，钢铁企业发展多元产业已不再只是“三产”“服务公司”“安置再就业”的概念，专业化、规模化、产业化的发展方式正在逐渐形成，涌现出

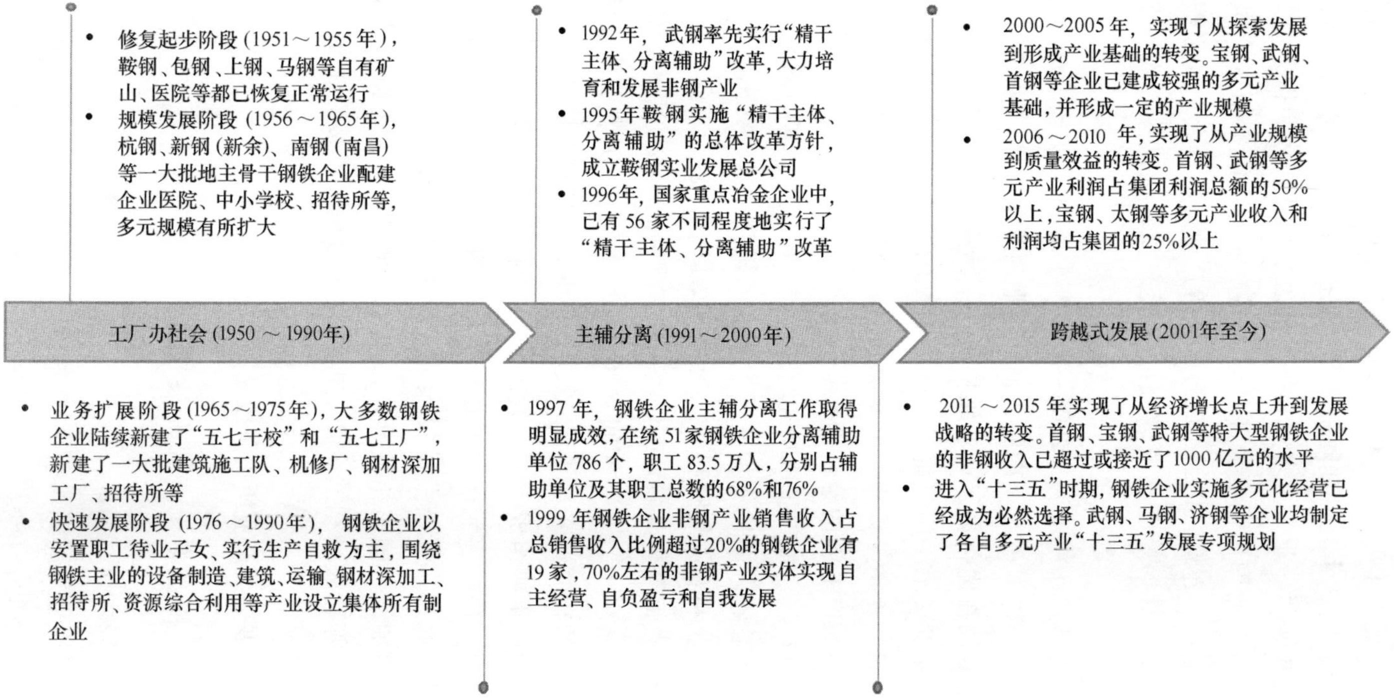

图12-1　钢铁行业发展多元产业历史阶段

了许多新的产业发展模式和子产业。钢铁企业涉足的多元产业按照和主业的相关性分为钢铁关联产业、新兴产业和传统产业。其中，钢铁关联产业主要包括资源产业、钢材深加工产业、物流产业、工程技术产业、商贸产业等；新兴产业主要以国家近年大力鼓励发展的战略新兴产业为主，包括装备制造产业、节能环保产业、信息技术产业、新材料产业、生物制药产业、3D 打印产业等；传统产业包括金融投资、食品、房地产、教育、医疗、旅游等配套服务产业等。

通过规模化和专业化发展多元产业，多元产业对主业的支撑和协同作用越来越强，其不仅可以大幅降低钢铁主业的运营成本，提高主业产品的销售附加值，而且更是可以直接创造价值和效益。根据中国钢铁工业协会相关统计数据，2014 年，钢协统计大中型钢铁企业钢铁主业利润亏损 44 亿元，多元产业利润 270 亿元，全年实现利润 226 亿元，多元产业利润弥补了钢铁主业利润亏损；2015 年钢铁主业利润亏损 1127 亿元，多元产业利润 481 亿元，全年实现利润-646 亿元。可以看出，近年来钢铁企业多元产业的利润贡献要远大于钢铁主业，在钢铁产业产能严重过剩、企业钢铁主业亏损的背景下，多元产业已经成为还原钢铁主业先进性，提升钢铁企业市场竞争力和盈利能力，为钢铁企业创造价值的支柱产业。

2. 典型多元产业发展的情况概述

（1）资源产业。

1）产业现状。钢铁产业与上游的铁矿石、焦煤、辅料矿等行业密切相关，产业关联度高、影响力大。经过多年的发展，钢铁企业已越来越能体会到关注钢铁上游原燃料产业链对钢铁产业自身发展的重要性。21 世纪以来，钢铁企业为确保资源稳定供应，加强了对上游相关矿产业的发展。其主要措施体现在两个方面：一是大力发展自有矿山，提高国内自有矿的产能和供给比例；二是主动“走出去”参与海外矿产资源投资，增加海外权益矿资源量。

① 铁矿。截至 2015 年年底，我国铁矿查明资源储量 850.77 亿吨，其中基础储量为 207.63 亿吨[3]。查明资源储量分布在全国 31 个省（自治区）、直辖市，其中位居前三位的省份分别是辽宁、四川和河北，三省储量共计 401.8 亿吨，占全国总储量的 47.2%。

铁矿石是钢铁工业的主要原料，几乎全部用于生产生铁。根据生铁产量反推，2016 年我国铁矿石消费量约为 11.1 亿吨。

2016年，我国铁矿石产量为12.81亿吨（原矿）[4]，分布在26个省（自治区）、直辖市，其中位居前五名的省份分别是河北省、四川省、辽宁省、内蒙古自治区和山西省，五省（区）共生产铁矿石9.6亿吨，占全国总产量的75.2%。

国产矿无法满足需求，因此每年需大量进口，2016年我国共进口铁矿石10.24亿吨[5]，主要来自澳大利亚、巴西和南非等国。为了应对铁矿石的巨大进口需求，国内钢铁企业加大了到海外投资获取铁矿石资源的力度，鞍钢、武钢、首钢等企业先后在澳大利亚、加拿大、秘鲁等地投资建矿，取得一定成绩。但总体来看，中国企业近年来获得的铁矿石资源并没有迅速地转化为对国内的供应能力，效果及收益不容乐观，形成产能并能有效供给国内钢铁企业的项目为数不多。

② 煤矿。2015年我国煤炭查明资源储量15663亿吨[3]，其中探明可采储量约为1690亿吨，居前三位的分别是内蒙古自治区、新疆维吾尔自治区和山西省。按目前已探明煤炭可采储量静态保证年限约为45年。

2015年我国煤炭产量为36.8亿吨，进口煤炭2.04亿吨，出口煤炭0.053亿吨，净进口煤炭2亿吨，煤炭表观消费量约为38.8亿吨。2016年我国煤炭产量为34.1亿吨[6]，进口煤炭2.56亿吨，出口煤炭0.0878亿吨[7]，净进口煤炭2.47亿吨，煤炭表观消费量为36.57亿吨。

从我国煤炭按用途消费来看，燃料（主要包含发电、锅炉燃料、高炉喷吹用煤等）比例最大，占煤炭总消费量的74%~75%，其次分别是焦炭用炼焦煤占15%~16%，化工气化用煤（合成气、合成氨、尿素、甲醇、烃类等）约占9.4%，气化或液化用煤（天然气、液化油、水煤浆等）约占0.5%。

从我国煤炭按行业消费来看，发电和供热行业比例最大，占煤炭总消费量的49%~51%，其次是钢铁行业，占16%~18%，化工行业占11%~13%，其他行业占20%~22%。

目前我国约有70余家国有重点大型煤炭企业（集团）掌握了大部分国内煤炭资源，煤炭产量占比也超过了60%，主要企业有神华、中煤、伊敏、龙煤、开滦、冀中、焦煤、大同、平煤、盘江等。

为满足钢铁企业自身用煤需求，我国仅有少部分钢铁企业涉足或正准备涉足国内煤炭行业，典型企业有昆钢通过投资参股掌控炼焦煤权益资源量4.6亿吨，年产炼焦洗精煤400万吨，首钢、宝钢分别投资参股山西焦煤集团和义马煤业，形成长期战略合作。但总体看，我国钢铁行业掌控煤炭资源量较小，尚未形成规模，与全行业消耗总量相比非常小。从长期看，由于钢铁行业需求量最大的煤种炼焦煤，国内探明资源储量已经划分完毕，新勘探发现的探明煤田较少，因此，钢铁企业若需要掌控国内炼焦煤资源，只能从已有企业购买或直接购买煤炭企业股份，达到掌控炼焦煤资源的目的，但需要投入大量资金。

③ 其他矿产资源。锰矿：截至 2015 年年底，我国锰矿查明资源储量 13.8 亿吨，全国锰矿矿区 481 个，主要分布在广西、河北、湖南、贵州、云南和重庆等地。我国锰矿生产主要分布在贵州、广西、重庆、湖南、云南、辽宁、湖北和陕西等省（市、自治区）。国内锰矿生产主要是地方民采矿山，尚无正式的产量统计。据估计 2016 年我国锰矿产量约为 2800 万吨（成品矿）。2016 年，我国从 29 个国家或地区累计共进口锰矿 1705 万吨[8]，主要来自南非、澳大利亚、加蓬等。

铬矿：截至 2015 年年底，我国铬铁矿查明资源储量 1245.8 万吨，全国铬矿矿区 64 个，主要分布在新疆和西藏两地。我国铬矿资源比较贫乏，按可满足需求的程度看，属短缺资源。国产铬矿主要来源是地方民采矿山，目前尚无完整统计，据估计 2016 年国内生产铬矿量约为 30 万吨。由于国产铬矿无法满足国内需求，需要进口大量铬矿作为补充。2016 年我国共从 23 个国家或地区进口铬矿石 1057.9 万吨[9]，主要来自南非、土耳其等国。此外，我国部分钢铁企业积极“走出去”投资海外铬矿资源，如中钢集团早在 1996 年就在南非成立中钢南非铬业有限公司，从事铬矿开发和生产。此外，太钢也在土耳其投资铬矿项目。

2）存在问题。

① 国内铁矿产量低，难以满足国内钢铁工业需求，对外依存度逐年上升，2016 年超过 85%。

② 国内铁矿资源条件差，具有“贫、细、杂、散”的特点，而且企业税费负担重，导致生产成本高，企业竞争力弱。

③ 钢铁企业掌控煤炭资源量过小，尤其是炼焦煤资源量，不利于钢铁企业焦化稳定生产。

④ 国内锰资源分布不平衡，矿床规模小，矿石品位低，开采条件较差，80%以上锰矿产量来自地方中小矿山，产量很难大幅度提高。

⑤ 国内铬矿资源短缺，而且矿床规模小，分布零散，严重依赖进口矿。

（2）资源综合利用产业。

1）资源综合利用现状。钢铁工业资源综合利用产业主要是指对钢铁工业固体废弃物等资源进行综合利用的产业，重点包括：冶炼渣、粉煤灰、脱硫石膏等工业固废的资源化利用，氧化铁皮、含锌粉尘等含铁尘泥的分类高效利用，废油、废酸以及社会废弃物的再生循环利用等[10]。

① 资源综合利用产值情况。2015 年中钢协会员企业“三废”综合利用产值 339.5 亿元、利润 64.5 亿元，折合吨钢综合利用产值和利润分别为 60.4 元和 11.5 元；较 2011 年吨钢综合利用产值和利润分别降低了 9.6%和 24.2%。2011~2015 年，中钢协会员“三废”综合利用产值及利润如图 12-2所示[11~15]。

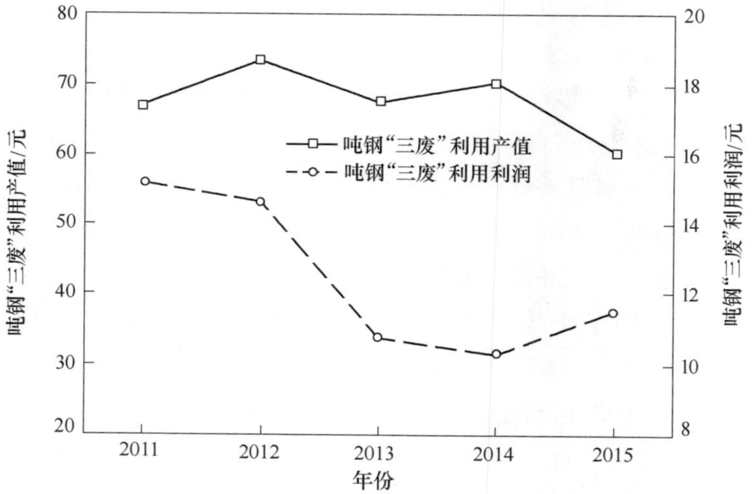

图 12-2 中钢协会员企业吨钢“三废”利用产值和利润

由图 12-2 可见，资源综合利用产值和产品利润率总体呈波动下行趋势，主要是因为近年来我国钢铁、建材行业持续低迷，以及资源综合利用产品同质化、低值化竞争等造成的。

② 资源综合利用产业结构和技术装备情况。近年来，随着国家推进生态文明建设和有关激励政策的推出，我国钢铁工业资源综合利用产业结构不断完善，重点资源综合利用领域技术水平、工艺装备和利用产品附加值等不断增强，资源综合利用整体水平明显提升。

当前，我国钢铁工业资源综合利用已形成了以钢铁企业全资子公司、钢铁企业入股合资公司及专业资源综合利用公司相结合的企业架构。大宗工业固废钢铁渣的综合利用技术水平、工艺装备及利用产品附加值等明显提升。据统计，2016 年我国高炉渣产生量约 2.6 亿吨，高炉渣微粉生产线约 360 条，产能约 2.2 亿吨。2016 年我国钢渣产生量约 1.0 亿吨，钢渣尾渣约 0.8 亿吨，钢渣热焖技术、钢渣辊压粉磨技术等技术装备的应用推广，大幅提升了我国钢渣综合利用的整体水平。此外，含锌、含钾除尘灰的分离提取技术的成熟应用，废耐材、废油、废酸等废旧资源的再生利用和城市矿产资源开发等项目建设，为资源综合利用产业的不断壮大和资源综合利用水平的提升作出重要贡献。

③ 资源综合利用企业发展现状。近年来，我国钢铁工业资源综合利用企业规模、专业化管理水平和科研实力明显增强。如宝钢发展有限公司主要承担宝钢资源再生利用、钢铁生产服务等业务，经过近十年发展其总资产和年销售收入均达上百亿元，其资源再生利用主要产品有：冶金废渣生产新型建材，氧化铁生产磁性材料，以及再生耐材、废油再生等废旧物资再生产品；资源综合利用产业规模、科技实力和管理水平处于行业内领先地位。武钢金属资源有限责任公司承担着武钢废钢的加工配送、冶金渣处理、氧化铁皮深加工利用等业务，年实现营业收入近百亿元。此外，专业化资源综合利用企业如华夏世星公司、鑫联环保公司在钢渣处理领域和含锌尘泥处理领域的影响力不断增强，企业规模和市场占有率不断提升。

2）资源综合利用存在的问题。当前，我国钢铁工业资源综合利用产业虽然取得了显著成效，但仍存在以下主要问题：

① 资源综合利用附加值仍有较大提升空间。当前，我国钢铁工业资源综合利用附加值较低，资源综合利用产值较国外先进钢铁企业仍有较大差距。2016 年，中钢协会员统计钢铁企业吨钢资源综合利用产值 49.7 元，而柳钢集团和沙钢集团吨钢资源综合利用产值分别达到 139 元和 227 元。目前，我国高炉渣、钢渣、粉煤灰、脱硫石膏等工业固废资源，主要用于道路建设、制砖、生产水泥、石膏板等建材产品，综合利用产品附加值较低、产品多样性差，局部地区甚至出现利用产品市场饱和，造成固废利用企业经济效益差、利用意愿低。不同企业钢渣回收金属铁的水平相差较大，造成铁素资源流失；大量的钢铁渣高温余热尚未得到有效利用，造成巨大的资源能源浪费和经济

效益损失。

② 资源综合利用产业集中度和技术水平亟待提升。当前，我国钢铁工业资源综合利用产业总体水平明显提升，但仍存在资源综合利用企业规模小、经营分散、产业化水平低的问题。特别是资源综合利用技术的研发、推广以及装备的产业化不足，已成为制约资源综合利用产业规范化、规模化发展的重要因素。一方面，资源综合利用产品科技含量不高、行业进入门槛较低，部分资源综合利用企业只是进行简单的来料加工处理。另一方面，资源综合利用装备产业化能力不足，部分先进技术和装备依赖进口，自有知识产权不足，资源综合利用装备产业化程度低，资源综合利用产品质量差。

③ 资源综合利用产业政策和标准体系不完善。管理制度不完善，技术研发和推广的促进机制不健全，产学研用衔接不紧密，相关技术、装备标准和产品标准建设相对滞后，产业规范化发展程度低，难以支撑先进技术、装备的推广应用。

（3）钢材深加工产业。

1）钢材深加工产业发展现状。2017 年，我国粗钢产量为 8.32 亿吨，生铁产量 7.10 亿吨，钢材（含重复材）产量 10.48 亿吨，同比增长 0.8%。同年进口钢材 1329.78 万吨，出口钢材 7541.3 万吨，钢材实际消费量为 7.28 亿吨。

2017 年，钢铁行业深入推进供给侧结构性改革，去产能工作取得显著成效，企业效益显著好转，行业运行稳中趋好，但产业结构优化调整压力日渐突出，行业仍面临诸多挑战。寻找新的盈利点，拓宽经营领域，延伸产业链，发展钢材深加工已成为很多企业的选择[16]。

我国钢材深加工的分类大体如下：

① 按深加工产品类型分为线材类、板材类、管材类。

② 按深加工后产品接近终端用户形状、性能要求分为为用户提供半成品和直接提供市场需要的产品。

③ 按产业链上的分工分为生产型深加工、营销型深加工和产业型深加工三类。

我国钢材深加工的分类见图 12-3。

2）钢材深加工产业存在的主要问题。我国虽然是钢材第一生产大国，但

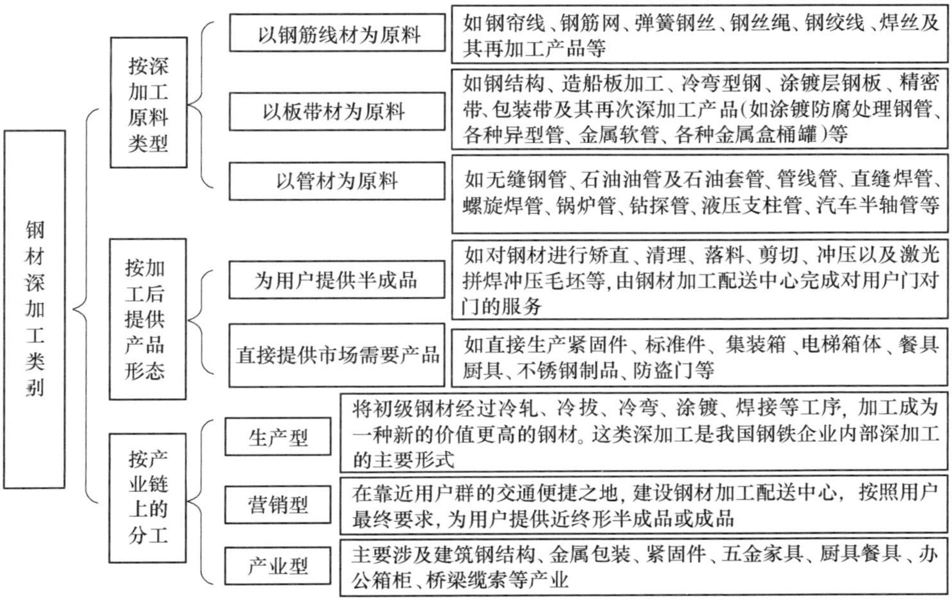

图 12-3　钢材深加工的分类

相当大部分属于一次材、二次材范畴，与工业发达国家相比，钢材深加工比重很低，钢材附加值较小。钢铁企业与下游行业没有形成互利互惠，多数企业销售策略还停留在薄利多销的层次，效益仍在低水平徘徊甚至亏损。与发达国家相比，我国钢材深加工产业存在的主要问题有：

① 钢材深加工比例较低。目前，世界发达国家钢材综合深加工比例已达50%以上，而我国钢材深加工比例仅在25%左右，部分高技术含量的深加工产品还需要进口。

② 企业内部的生产型深加工产能全面过剩。由于历史原因，几乎每个企业的轧钢厂都配套建设各类精整剪切机组，目前这些分散于企业内部的精整加工能力全面过剩。

③ 营销型深加工已形成重叠网络，竞争加剧。进入21世纪以来，国内钢企、钢贸商和外资企业不断在下游行业密集城市建设钢材加工配送中心，已呈遍地开花之势，在主要下游用户聚集地形成同质化竞争。

④ 产业型深加工没有与下游市场形成互利双赢的营销体系。产业型深加工企业缺少与下游行业的合作，没有形成双赢，企业经营收益不稳定。

3）钢材深加工产业今后应关注的重点。延伸钢铁产业链和服务链的钢材深加工是解决当前钢铁企业面临艰难困境的有效途径之一，未来钢材深加工领域下游需求潜力大，发展前景广阔。但从整体上看，国内多数钢铁企业仍然没有完成从钢材生产商、供货商向服务商的角色转变，不能适应钢铁生产和钢材贸易发展的需要。

为了适应这种角色转变，企业一定要找准市场定位，在确定进入深加工以前，应充分做好项目的调研和论证，根据自身产品特点和档次，找准目标市场和客户群，否则难以生存和发展。

为了应对产能过剩、同质化竞争激烈的外部环境，企业选择钢材深加工项目要在精细化、专业化、个性化、高效化等方面下功夫，在材料技术进步上与用户同步研发，做出用户满意的服务及产品，提高企业核心竞争力。

（4）机械维修与制造产业。

1）发展现状。机械维修与制造产业是与钢铁主业强相关产业，具有稳定的内部市场，原材料优势明显，是钢铁企业多元化发展的支柱性产业之一，也是重点发展的潜力产业之一。纵观整个机械维修与制造产业的发展历史，是从钢铁企业内部最初的从事设备修理、简单备件加工和低端成套设备制造的机修和设备制造业务发展起来的。

中华人民共和国成立初期，我国机械工业沿用苏联机械设备管理与维修体制，几乎每个钢铁企业都设有自己的“大而全”“小而全”的附属机修厂或机械厂，配备大量专业维修人员和设备，到 1984 年年底，钢铁企业共有附属机械厂 71 个，承担企业内部生产所需备件加工制造、设备修理以及改造中简单设备的自制任务，专业化协作程度低，工艺、设备、产品落后，带有强烈的自给自足、自我服务的时代特征。

随着我国钢铁工业的发展和生产职能的划分，20 世纪 90 年代，钢铁企业内部机械维修与制造业务开始从生产一线部门独立出来。部分企业机修部门仍以企业内部新建项目、设备大修和装备技改任务为重点；部分企业机修部门有独立法人地位，在服务本企业的同时，又面向社会，实行独立核算、自负盈亏，在市场中求生存和发展。

进入 21 世纪，钢铁企业设备管理体制及维修方式面临新的变革，开始向社会化、专业化进程迈进。2002 年，国务院八部委联合下文，要求国有企业加快实现主辅分离步伐，钢铁行业在前期“精干主体、分离辅助”，增加非钢收入比重的企业改制浪潮中初步实现主辅分离的基础上，把主要为企业内部服务的机械维修与制造业务剥离出去，在充分保证企业内部维修需求的基础上，开始外向型发展。

21 世纪历经十几年的发展，从钢铁主业剥离的机械维修与制造产业不断加强管理和自身改革，提高参与市场竞争能力，生产规模和装备技术都达到了相当的水平，在立足服务钢铁主体的基础上，扩大外部市场份额，发展专业化产品，适应市场化运作要求。

钢铁行业机械维修与制造产业遵循“立足主业市场，拓展国内市场，挺进国外市场”的发展理念，在经历了自给自足、市场改制、深入发展三个阶段之后，逐步成为符合市场发展需要的现代机械维修与制造产业。现阶段，多数钢铁企业已形成具备设备检修保产、备件加工制造、修复再制造、成套设备制造以及技术创新、新产品开发等能力的机械维修与制造产业，在钢铁主业发展中起到十分重要的作用。

2）存在问题。受钢铁行业产能严重过剩、能源环境约束增强、市场需求增速放缓等不利因素的影响，与钢铁主业紧密相关的机械维修与制造产业，陷入市场需求下降、生产能力过剩、产品价格下跌、原料价格上升且供应趋紧的窘境，产业明显处于劣势。主要问题表现在：

过分依赖钢铁主业，对外部市场反应滞后，市场的开拓能力较差；产品研发能力不足，经营理念固守，管控方式落后；市场份额大幅度下滑，内、外部市场同时萎缩；拥有核心技术、核心设备制造能力、工程总承包能力的国外公司构成的竞争威胁越来越大；钢铁企业成本压力向下游供应商转移，生存危机显著增加；装备制造同行业间的竞争进一步加大，机械产品盈利能力始终在一个较低水平上徘徊；缺乏高技术含量、高附加值、有较强市场影响力的拳头产品，在市场上未能形成差异化竞争优势，品牌效益不突出，竞争能力不足；关键技术和核心技术受制于人，遏制了机械维修与制造产业的良性发展。

3）典型企业特点。我国钢铁行业机械维修与制造产业因企业体制和装备水平不同，业务范围和产品结构不一，竞争能力差异较大。大型钢铁企业大多具有相对较长的经营历史，技术实力、品牌、生产能力处于国内领先地位，因其良好的背景及体现国内行业最高技术水平，在市场中占据主导地位。典型企业特点情况见表 12-1[17,18]。

表 12-1　钢铁行业机械维修与制造产业典型企业

序号	企业名称	主要特点	重点产品或技术
1	宝钢	以技术集成和创新能力为支撑，聚焦高端冶金成套装备与高精备件，以及环保、化工、工程机械、塑料成型机械等领域的成套装备及核心部件的开发与制造	连铸机、轴承座、轧机、开卷卷取机、齿轮、高炉冷却壁等专业化装备制造技术世界一流
2	武钢	致力于技术密集型、管理信息化建设，依托建工集团和重工集团，培育、发展壮大工程承包和先进装备制造能力，现已形成冶金工程建设、市政工程建设、修复保产、冶金设备和起重设备制造、修复再制造等业务	拥有高炉冷却壁、冶金渣罐、开卷（卷取）机再制造等优势产品
3	首钢	成立服务于钢铁主业的设备修复、备件国产化和检修基地，并向首钢以外的其他钢厂延伸业务。借助国外的高端专利技术，多途径、多渠道搭建合作平台	以连铸机、高炉炉顶设备等大型冶金中高端设备为主导产品
4	本钢	产品全面满足本钢主体装备改造和运行需要，并打入宝钢、青钢、通钢等企业，远销俄罗斯等国家和地区。推行钢铁产线承包，实施制造、修复和维修维护“一条龙”式服务体系。承接钢铁产业链延伸项目	主导产品涵盖矿山、冶炼、焦耐、水泥、石化等行业所需设备及备品备件制造与修复，是国内主流热风炉备件生产基地之一
5	昆钢	集机械制造、检修、安装为一体，具备大型成套设备研究开发、设计、制造能力，并以冶金修建、维护保产服务为延伸，服务于钢铁产业和非钢产业	大型铸、锻件产品填补云南省空白，湿式溢流型球磨机是云南省重型装备制造企业自行研发生产最大日处理量的球磨机

（5）耐材辅料产业。耐火材料应用于钢铁、有色金属、玻璃、水泥、电力、军工等国民经济的各个领域，是保障上述产业生产运行和技术发展必不可少的基本材料，在高温工业生产发展中起着不可替代的重要作用。

1）行业现状和存在问题。2001~2010 年，在钢铁、有色、石化、建材等高温工业高速发展的强力拉动下，耐火材料行业保持着良好的增长态势，我国已成为世界耐火材料的生产和出口大国。“十二五”期间，我国耐火材料产量呈现了稳中趋降的态势。2016 年，据中国耐火材料行业协会的统计，全国耐火材料产量为 2391.24 万吨，同比降低 8.56%。其中，致密定形耐火制品为 1358.52 万吨，同比降低 11.08%；保温隔热耐火制品为 46.72 万吨，同比降低 1.32%；不定形耐火制品为 985.99 万吨，同比降低 5.19%。目前，我国已成为耐火材料的生产、消费和出口大国，产销量稳居世界第一。

我国耐火材料产品结构进一步调整，更加适应市场需求，也更能够满足节能环保的要求。我国耐火材料行业经过近年来的发展，取得了显著的成效，但仍有很多产能严重过剩、市场无序竞争等不容忽视的问题。

一是产能严重过剩。耐材行业目前处于全面过剩状态，产能利用率不足 70%，甚至更低。我国钢材、水泥、玻璃等耐材用户行业产能也严重过剩，未来几年固定资产投资，特别是新建项目将快速减少，耐火材料需求量将逐渐下降。此外，随着耐火材料的品种研发和质量的稳定提高，单位产品耐材消耗将逐步降低。这意味着耐材行业面临的产能过剩问题将日趋严重。

二是市场无序竞争。产能过剩导致耐材市场竞争加剧，为了争夺市场，部分耐材企业采取低价竞销、先发货后付款等不良竞争手段。直接导致耐材市场价格走低，用户拖欠货款现象增多，严重损害了行业经营秩序和整体利益。目前耐材行业生产集中度低，小企业较多，加剧了行业内的无序竞争。

三是环境和资源保护。虽然我国耐火矿产资源储量丰富，但长期以来对矿产资源配置规划不合理，重开发轻保护，滥采滥挖、破坏和浪费现象较严重。耐材行业作为高温工业中的重要一环，不仅自身需要不断降低能源消耗，也承担着为下游行业提供“绿色耐材”的重要责任。环境、资源保护及国家生态建设战略对耐火材料无铬化和用后耐材回收再利用提出了更高的要求。

四是科研创新能力不足。由于耐火材料行业的利润水平不断下降，全行业的研发投入增长较慢，研发平台建设落后于形势要求；缺乏公益性的研究机构，研发资源的配置不合理，基础研究相对薄弱，创新能力明显不足。研发项目前瞻性不强，生产与应用的衔接不够顺畅，成果转换或者应用过程中的问题解决不够及时，难以很好地引领和支撑耐火材料行业今后的发展。

综上，耐火材料行业的生产经营运行亟需转型升级，提升行业竞争力。

2）行业转型升级经验做法。工业和信息化部《关于促进耐火材料产业健康可持续发展的若干意见》于 2013 年 3 月正式颁布，业内反响巨大。我国河南、辽宁、山东、山西、浙江等耐火材料工业相对集中的各级地方政府也非常重视，相继出台措施，制定实施方案，优化产品结构，优化空间布局，资源集约利用，启动了以淘汰落后产能、推进联合重组、加快转型升级步伐为重点的新型耐火材料产业化示范基地的创建工作。

浙江省把耐材企业最集中的长兴县作为节能减排工作的重点，提出“没有污染的行业，只有污染的企业”的理念，全面推进耐火产业转型升级工作。配合长兴县在推进支撑县域经济发展的工业产业整合改革实践中出台“重组一批、提升一批、淘汰一批”和“要素保障优先、政策兑现优先、服务审批优先”的耐火材料行业整合政策。多地政府部门会同地方协会，采取积极举措，在节能环保、安全生产等方面对企业提出更高的要求，推进了耐材产业的转型升级和健康发展。

北京利尔积极转型，直面困难，在努力争取政策支持和市场保证的同时，以降本增效为中心，加大对标挖潜和管理提升的工作力度，保主体、拓市场，严管理、炼队伍，生产经营考核指标日益改善。此外，公司近几年先后成立了辽宁利尔、包钢利尔和青岛斯迪尔盛新材料有限公司，收购了马鞍山开元新材料科技有限公司和上海新泰山高温工程材料有限公司，以发行股份购买资产的方式对辽宁中兴集团和辽宁金宏矿业公司进行重组。通过一系列的并购重组整合，北京利尔形成了镁质原料合成、镁质制品生产、耐火材料国际贸易三大业务板块，资源配置得到优化，运营和管理成本大幅降低，公司盈利能力明显提高。

（6）新材料产业。

1）发展现状。我国新材料产业体系主要包括特种金属功能材料、高端金属结构材料、先进高分子材料、新型无机非金属材料、高性能纤维及复合材料和前沿新材料等六大领域。新材料在国民经济各领域的应用不断扩大，初步形成了包括研发、设计、生产和应用，品种门类较为齐全的产业体系。进入21世纪以来，我国新材料产业部分关键技术取得重大突破：我国自主开发的钽铌铍合金、非晶合金、高磁感取向硅钢、超硬材料和超导材料等生产技术已达到或接近国际水平。新材料品种也在不断增加，高端金属结构材料、新型无机非金属材料和高性能复合材料保障能力明显增强，特种金属功能材料自给水平逐步提高[19]。

近年来，我国新材料产业规模逐步发展壮大，产业化程度不断提高，技术水平也得到大幅提升。据不完全统计，2016年我国新材料产业生产总值达到2.6万亿元左右，新材料产业在体系建设、产业规模、技术进步等方面取得明显成就。其中，稀土功能材料、先进储能材料、超硬材料、特种不锈钢等产能居世界前列，为国民经济和国防建设做出了重大贡献，具备了良好的发展基础。

2）存在问题。当今世界，科技革命迅猛发展，新材料产品日新月异，产业升级、材料换代步伐加快。发达国家高度重视新材料产业的培育和发展，具有完善的技术开发和风险投资机制，大型跨国公司以其技术研发、资金、人才和专利等优势，在高技术含量、高附加值新材料产品中占据主导地位，对我国新材料产业发展构成较大压力。

我国新材料产业总体发展水平仍与发达国家有较大差距，产业发展面临一些亟待解决的问题，主要在以下几个方面：一是新材料自主开发能力薄弱，大型材料企业创新动力不强，关键新材料保障能力不足；二是产学研用相互脱节，产业链条短，新材料推广应用困难，产业发展模式不完善；三是新材料产业缺乏统筹规划和政策引导，研发投入少且分散，基础管理工作比较薄弱[20]。

3）发展机遇。我国经济发展进入“新常态”时期，传统工业转型升级与战略新兴产业培育是我国“十三五”时期工业转型的主基调，受益于产业环境以及政策环境的双重推动，新材料等战略新兴产业发展前景广阔。经济结构战略性调整为新材料产业提供了重要发展机遇：一方面，加快培育和发展节能环保、新一代信息技术、高端装备制造、新能源和新能源汽车等战略性新兴产业，实施国民经济和国防建设重大工程，需要新材料产业提供支撑和保障，为新材料产业发展提供了广阔市场空间；另一方面，我国原材料工业规模巨大，部分行业产能过剩，资源、能源、环境等约束日益强化，迫切需要大力发展新材料产业，加快推进材料工业转型升级，培育新的增长点。

4）典型案例分析。随着高新技术的发展，新材料与基础材料产业结合日益紧密，产业结构呈现出横向扩散的特点。钢铁等基础材料企业正向新材料产业拓展。高端金属结构材料中的钢铁新材料是我国钢铁企业及科研单位研发创新的热点，代表钢铁新材料研发的主要方向。

例如，纯铁材料是现代高端装备制造业、电炉铸钢和电炉冶炼高品质特种专用钢的高纯金属铁炉料，对高端、高品质专用钢的质量保障和成本至关重要。纯铁材料的需求量逐年增加，国内市场需求量就有 3000 万吨之多；目前国内有很多企业生产工业纯铁，但由于其工艺复杂，冶炼成本较高，并没有形成规模。以工业纯铁为例：据不完全统计，工业纯铁材料年需求量 80 万吨以上，目前国内尚有30万吨左右缺口，特别是高品质工业纯铁，每年需从欧美日本等国家或地区进口。

太钢是中国纯铁的发源地，是国内研发生产纯铁的基地，可以生产除管材以外的所有品种，主要生产设备及路线有80吨和180吨两套炼钢—炉外精炼—连铸生产线，还有多条电渣重熔、真空冶炼手段用于特殊纯铁品种的生产，除常规产品以外，还可以承担尖端工程、科研用纯铁材料的制造，如加速器专用纯铁等。太钢纯铁在国内市场的占有率在60%以上，最高时曾达95%以上，国内历年来重大工程及航天、军工用纯铁均由太钢提供。国内鞍钢、长城钢铁和抚顺特钢等一些企业开始生产纯铁新材料；另外，由于转炉和炉外精炼处理冶炼工业纯铁的成本较高，市场竞争力下降，本钢采用高纯精矿粉制取海绵铁为原料，价格便宜，得到的纯铁材料产品纯净度高，竞争力强。

总之，新材料作为战略新兴产业中最重要的一极，作为传统产业转型升级的基础以及其他战略性新兴产业发展的重要支撑，将是未来最重要和最具发展潜力的领域之一。预计到2020年，新材料产业将成为国民经济的先导产业，主要产品能满足国民经济和国防建设的需要。未来，以新材料为支撑的新兴产业，如计算机、通信、绿色能源、纳米产业等的快速发展，对新材料的种类和数量需求将进一步扩大。

（7）煤化工产业。

1）概述。由于本节涉及的煤化工是指钢铁行业多元部分，因此，也就是特指钢铁行业焦化产业焦化副产品深加工形成的传统煤化工产业部分，即焦炉煤气、粗苯和煤焦油等。

2）主要产品及产量。

① 焦炉煤气。炼焦煤在焦炉高温干馏过程中，产生大量荒煤气，经过鼓冷、脱硫、脱氨、脱苯等工序净化后，变成焦炉煤气。其产率和组成因炼焦用煤质量和焦化过程条件不同而有所差异，通常吨干煤可产生焦炉煤气（标态）290~380立方米。

焦炉煤气属于中热值气，其热值每标准立方米为16.3~18.8兆焦，适合用做高温工业炉的燃料和城市煤气，也可利用焦炉煤气氢含量组分高的特点，深加工生产甲醇、天然气等化工产品。

② 粗苯。粗苯是炼焦煤热解生成的荒煤气产物之一，是荒煤气经脱氨后

回收的苯系化合物，产量占装炉煤量（干煤）的 0.7%~1.2%。

粗苯是中间体产品，可直接用作溶剂、燃料等，用途范围较窄。为此，通常是对粗苯进行加氢精制，分离成纯苯（也称精苯，占比 65%~75%）、甲苯（占比 12%~18%）、二甲苯（占比 3%~6%）、重苯（占比 5%~8%）、非芳烃（占比 2%~4%）和 C_9^+ 馏分（占比 1.5%~2.5%）等组分后，再分别加以应用，生产各种衍生品。

③ 煤焦油。煤焦油也是炼焦煤热解生成的荒煤气产物之一，是具有刺激性臭味的黑色或褐黑色黏稠状液体，产量占装炉煤量（干煤）的 3%~4%，主要成分是以芳香烃为主体的有机混合物，组分达上万种，目前从中已分离并认定的单种化合物有 500 多种。

煤焦油组分非常复杂，直接用途只能作燃料。为充分利用煤焦油资源，使其价值最大化，国内外煤焦油深加工现主要有两个方向：

一是煤焦油加氢，分为轻组分加氢，生产石脑油、轻质柴油等，重组分生产沥青；所有组分全部加氢，生产石脑油、轻质柴油以及其他溶剂油、燃料油等；选择性加氢，将价格高组分分离，深加工或外销，价格低组分加氢，生产石脑油、轻质柴油以及其他溶剂油等。煤焦油加氢是近年新开发的新工艺流程，主要优点是生产的产品如石脑油、轻质柴油等国内市场需求量很大，销售价格仅与国际石油市场价格有关，起伏相对较小，收益较为稳定；缺点是技术还不是特别成熟，不能获得超额利润，销售收入不高，不能形成产业链。

二是传统分离流程，通过蒸馏分离出各种组分，再进行深加工。传统煤焦油加工是国内主流工艺流程，主要优点是技术成熟，各种组分深加工工艺多，选择余地大，产业链长，销售收入高，能多创造价值和就业，选对产品还能获得超额利润；缺点是生产的各种产品销售价格市场波动较大，经常会出现长变短、短变长现象，市场预测较难，精准把握更难。

3）焦化副产品产业链。目前国内外焦化副产品深加工产业链主要有三条，一是以焦炉煤气为原料综合利用生产的深加工产品，二是以粗苯为原料进行深加工生产的化工产品，三是以煤焦油为原料进行深加工生产的化工产品。

4）焦化副产品深加工产业发展状况。经过多年发展，焦化行业煤化工产业已达到了较大规模和较高水平。截至 2015 年年底，据初步统计，我国焦化行业已形成焦炉煤气产业链制甲醇能力1220万吨、制天然气能力36亿立方米、制合成氨能力约200万吨。

粗苯产业链拥有苯精制（苯加氢）装置能力584万吨，其中国内最大单套处理能力为20万吨/年，此外还有很多己内酰胺、己二酸、苯乙烯等后续深加工能力装置。

煤焦油加工产业链拥有传统煤焦油生产装置约77套，处理能力199万吨，煤焦油加氢装置处理能力约100万吨，以及炭黑、洗油、蒽油、工业萘、中温沥青等很多后续深加工能力装置。

据初步估算，2016年我国焦化副产品深加工产业实现销售收入约1615亿元，安排就业人员约7.3万人。

5）典型企业——宝钢化工有限公司。

目前宝钢焦炉煤气全部用于钢材深加工及发电，本身不进行深加工；拥有煤焦油加工装置6套，加工处理能力110万吨/年，煤焦油深加工炭黑生产装置能力25万吨/年，洗油生产装置能力5万吨/年，针状焦10万吨/年。苯精制（苯加氢）装置3套，处理能力25万吨/年。

目前宝钢化工萘系列、洗油系列、高纯苯、炭黑等产品已处于国内领先、国际先进水平，其中焦油加工能力国际排名前列，已具备发展成为世界级煤化工企业的规模优势。

6）存在的问题。

第一、产业集中度偏低，规模经济未体现。据统计，我国焦化副产品加工企业如焦炉煤气制甲醇规模大多为10万~20万吨/年、苯加氢规模大多为5万吨/年、煤焦油加工生产装置大多为15万~30万吨；装置规模普遍偏小，生产工艺和技术装备落后。

第二、产业链延伸度不够，资源利用不足。目前我国焦化副产品产业链普遍延伸不足，产品附加值低，大多属于初级加工产品，如焦炉煤气加工至甲醇，未有深加工；苯加氢后纯苯仅20%获得了深加工，甲苯、二甲苯深加工更少，煤焦油深加工产品只有50多种，与德国工业精制产品200多种、日本工业精制产品70多种相比差距较大。

（8）金融产业。

1）背景。在钢铁行业产能过剩、企业竞争日趋激烈的背景下，低效益甚至亏损已经成为行业新常态，2015年，我国重点大中型钢铁企业实现利润总额-645.34亿元，这是自1980年以来，大中型钢铁企业首次亏损。在企业对利润的追逐驱动下，钢铁产业资本逐步向利润率较高、行业发展较好的金融行业渗透。宝钢、包钢等企业更是明确提出将金融产业作为企业未来发展的主要产业，使之成为集团新的利润增长点。

2）现状。目前，钢铁企业进入金融产业大部分始于组建财务公司，由于钢铁行业属于资本密集型行业，钢铁企业都需要对资金资源实施有效的管控以提升竞争能力，财务公司作为资金的管控平台，在提高资金效益和效率，盘活存量资产，最大限度地实现钢铁企业集团资金流、信息流和物资流的有机结合等方面发挥了重要作用。在金融领域对外投资上，我国钢铁企业对金融机构的股权投资主要集中在银行、证券、保险、信托及基金等金融子行业，但绝大部分属于参股模式[21]。

在典型企业的金融产业发展道路上，宝钢在2007年就成立了全资子公司华宝投资有限公司，将其作为集团金融投资业务板块的旗舰，管控宝钢现有的证券、基金及信托等金融资源，通过对金融资源的有效整合和优化，在市场研究、投融资、收购兼并等方面，为集团提供新的利润点，并逐步将其打造成金融控股型公司实现上市。2014年，华宝投资实现营业收入19.92亿元，利润13.48亿元，管理资产规模达5600亿元。

包钢开展金融产业集中在财务公司和华宸信托公司上，通过成立财务公司，实现对资金资源的统一结算、统一监控、统一调度和统一运作，提高资金效益和效率，而通过投资信托公司，开展融资业务、贷款业务、证券投资业务、债券承销业务、股权投资业务、融资租赁业务以及资产管理等金融业务，有利于集团通过资本市场和货币市场的融资功能达到降本增效、债务优化等目的。2015年，包钢财务公司预计实现营业总收入超过2亿元，营业利润超过1.5亿元。华宸信托公司预计实现营业总收入和净收入均超过2亿元。

3）存在的问题。

① 金融产业缺乏统一管理平台，竞争力弱。目前，钢铁企业对外投资的金融机构往往规模较小，业绩较同行业差，管理较为分散，呈现出“小、弱、散”的特点，下设各金融机构竞争力不强，发展较慢，没有形成品牌。

金融产业发展缺乏统一的管理平台，虽然部分钢铁企业逐步形成了金融控股公司的雏形，但布局和发展仍缺乏统一规划，控股公司下的各金融机构间无法形成合力，协同效益尚未充分发挥，资源未实现最优化配置。

② 管控不到位，缺乏科学的股权管理。目前，我国部分钢铁企业投资控股的金融机构，虽为第一大股东，但对这些金融机构的控制力不强，在其经营管理决策上话语权不大，第一大股东地位的作用没有得到充分发挥，对这些金融机构的股权投资仅停留在财务性投资层面，缺乏科学的股权管理，仅通过获取股权收益来增加企业经济效益，而在对钢铁及其他多元产业的金融服务方面的支持力度较弱。

③ 金融人才匮乏，人才储备弱。目前，我国部分钢铁企业发展金融产业，普遍面临人才严重匮乏的窘境，人才匮乏制约金融产业的发展。

（9）物流产业。

1）我国钢铁行业物流业发展现状。物流业是融合运输、仓储、货代、信息服务等产业的复合型服务业，是支撑国民经济发展的基础性、战略性产业。钢铁物流业是物流行业的一个分支，与钢铁行业的发展紧密相连。

根据 2017 年数据统计，中国粗钢产量 8. 32 亿吨、钢材产量 10. 48 亿吨、国内粗钢表观消费 7. 68 亿吨，同时钢铁生产企业与销售区域广阔的地理分布等综合因素为钢铁物流产业提供了巨大的发展空间。过去十多年的时间，伴随经济的快速增长，粗钢和钢材产量不断创新高，钢材的流通贸易量也不断攀升。在此基础上，钢铁物流需求不断增加，中国的钢铁物流行业也呈现出迅速发展之势，市场规模及增速都表现突出。中国钢铁物流行业市场仅钢材销售物流规模已由 2000 年的 204. 72 亿元快速上升至 2014 年的 2464. 18 亿元，复合年均增长率达 19. 4%，持续保持稳步增长态势。2016 年虽有所下降，但规模依然庞大。

截至 2016 年钢铁行业物流效率稳步提升，物流专业化水平持续提高，但总体来看，我国钢铁物流成本依然较高，根据推算规模以上钢铁企业全供应链物流总成本达 7900 亿元，钢铁物流降本空间以及钢铁物流产业均潜力巨大。钢铁行业物流发展的大体情况有如下特点：① 钢铁物流效率提升；② 钢铁企业物流成本控制有成效[22,23]。

2）国内钢铁行业物流环节存在的问题。以目前产量测算，每年我国钢铁企业各种原燃料、辅料、成品钢材和固体废弃物的物流总量在 41 亿吨左右。近年来，随着钢铁产能的快速扩张，中国钢铁物流业发展迅速，但与钢铁强国相比，距离真正意义上的现代物流仍存在较大差距，主要表现在：① 我国钢铁物流业的市场化程度低；② 物流技术装备相对落后，物流信息资源管理亟待完善；③ 钢铁物流加工配送环节水平较低，不能满足客户多元化需求；④ 熟悉钢铁行业的物流专业人才供给不足；⑤ 钢铁物流企业发展存在诸多问题。

3）国内钢铁行业物流发展趋势。① 设立专门的物流管理部门，实现物流的集中化、专业化管理，并逐步向物流产业进军；② 延伸产业链，追求多元化发展已成共识；③ 以信息化和网络技术为支撑，探索现代化的物流管理；④ 第三方、第四方物流快速发展。

（10）工程技术产业。

1）工程技术产业现状。在经历爆发式增长后，目前，我国钢铁行业建设的重心已由新增工程向已有工程技术升级改造、节能环保和结构性调整转变。钢铁工业工程技术产业则呈现出从传统低技术、低附加值产业向新兴高技术、高附加值和节能环保产业转移，从传统工程设计、设备安装调试向工程总承包、设备成套供应转移，从项目建设向项目运营管理转移等。

① 工程技术企业现状。2015 年全国参与统计的工程勘察设计企业共有 20480 个，其中工程勘察企业 1822 个、工程设计企业 14982 个、工程设计与施工一体化企业 3676 个。2015 年全国工程勘察设计企业营业收入总计 27089.0 亿元，比上年增长 8.6%。其中，工程勘察 743.4 亿元，占营业收入的 2.7%；工程设计收入 3365.3 亿元，占营业收入的 12.4%；工程技术管理服务 377.5 亿元，占 1.4%；工程总承包 12826.7 亿元。工程勘察设计企业全年利润总额 1623.9 亿元，比上年增长 9.4%；净利润 1320.5 亿元，比上年增长 8.6%。2015 年工程勘察设计行业科技活动费用支出总额为 526.4 亿元，与上年相比减少 22.3%；企业累计拥有专利 93885 项，与上年相比增加 33.2%；企业累计拥有专有技术 26798 项，与上年相比减少 18.2%。

我国冶金工程技术企业达上百家，主要分为：改制转型后冶金部直属的冶金勘察设计研究单位；原各省市厅局直属的冶金勘察设计研究单位；各大型冶金企业组建的冶金勘察设计研究单位。我国冶金工程设计产业年产值达上千亿，企业的规模和技术实力要强于全国勘察设计行业的平均值，但较工程设计综合资质单位差距较大。

② 重点工程技术企业概况。近年来，随着大量新增钢铁项目和技改项目的实施，为冶金工程技术产业的发展带来了机遇。各大钢铁企业所属工程设计院在此轮发展过程中综合实力显著增强，业务范围不断扩大，员工素质和

科技水平不断提升，营业收入和盈利能力不断增长。如北京首钢国际工程公司始创于 1973 年，是由原北京首钢设计院改制成立、首钢集团相对控股的国际型工程公司，注册资本 15000 万元，员工 1200 余人。公司主要提供冶金、市政、建筑、节能环保等行业的规划咨询、工程设计、设备成套、项目管理、工程总承包等技术服务，目前，已完成各类项目 6500 余项，其中大型总承包项目百余项，在全国勘察设计企业中营业收入排名一直位居前列。工程业绩覆盖武钢、太钢、包钢、济钢、唐钢、重钢、新钢、宣钢、承钢、湘钢等 60 余家钢铁企业及巴西、秘鲁、印度、马来西亚、越南、孟加拉、菲律宾、韩国、沙特、阿曼、津巴布韦、安哥拉等 20 多个国家。承担了国家“十一五”重点项目、代表中国钢铁工业 21 世纪发展水平的首钢京唐钢铁厂的总体设计。宝钢工程技术集团有限公司成立于 2010 年，由原宝钢工程技术有限公司整合宝钢相关工程技术、钢结构等业务组建而成，注册资本 28.20 亿元，是宝钢集团的全资子公司。宝钢工程具有完整的工程技术产业链，正在重点打造节能环保、城市建筑战略性业务；巩固提升冶金工程技术、装备制造、建设管理咨询等专业化业务；工业技术服务作为再生型业务，保障钢铁主业竞争力提升。公司业务涵盖工程总承包、项目管理和工程咨询、工程设计、工程招标、工程监理、设备设计与制造、成套设备供应、施工管理、运行维护、产品检验等，服务领域从冶金延伸至环保、能源、金融、煤化工和市政等行业。2015 年，宝钢工程全年实现营业收入 106 亿元。此外，济钢集团国际工程技术有限公司和唐山钢铁国际工程技术有限公司等企业，综合实力也实现了跨越式发展，其主营业务已由原本单一的冶金领域向冶金、建筑、市政、节能环保领域发展，由工程设计向工程设计、工程咨询、工程总承包以及技术研发转变。

2）工程技术产业存在的问题。当前，我国钢铁行业工程技术产业综合实力显著增强，企业规模、业务范围、科技水平等不断提升，但仍存在以下问题：

① 传统冶金工程业务量下降。随着我国钢铁产能的全面过剩和淘汰落后产能的加快推进，钢铁行业大规模新增项目的时代已经结束。2016 年全国黑色金属冶炼及压延加工业累计投资额为 4177.4 亿元，同比下降 1.1%；固定投资的下降也表明我国钢铁行业工程设计和项目建设量萎缩。传统冶金工程业务量的下降，会造成工程技术产业的市场竞争压力加大，逼迫工程技术企

业实施转型升级发展。

② 新业务领域竞争压力较大。当前，我国钢铁行业重点工程技术企业不断拓宽业务范围，已逐步实现由传统冶金工程设计向建筑、市政和节能环保等新业务领域发展；但在新业务领域的市场竞争能力和科技研发实力等，较专业的设计院、科研机构等仍有一定的差距，企业面临的竞争压力较大。

（11）其他产业。近年来，众多钢铁企业在房地产以及教育、医疗、餐饮等城市服务业方面取得一定成绩，但面对日益激烈的市场竞争，多数产业运营压力较大，存在进一步提升的空间。

1）特色企业的做法。首钢按照适应首都城市性质和功能定位要求，进军城市服务产业，业务范围涉及房地产、教育、旅游、养老等传统城市服务业和文化创意产业。首钢通过推动北京首钢园区开发建设，将城市基础设施建设、土地开发和产业布局、园区运营等紧密结合，打造国际一流和谐宜居之都的示范区，成为首都创新驱动的承载平台及最有活力的区域之一。通过成立专门运营公司整合首钢电视、出版、演艺、工业旅游等资源，发展文化创意产业，成功举办了二届世界动漫大会暨北京国际动漫周、第六至第十届首钢月季园赏花会、三届光影文化季暨首钢灯光节、“钢铁韵律”钢雕艺术展、中国三大男高音实景音乐会、北京第五届国际电子音乐节等一系列大型活动。首钢园区成为我国首个国家级工业文化旅游 AAA 级景区。

武钢城市服务业主要依托全资子公司城服集团运营，核心业务为物业服务、公共事业、城市服务、制造与运输等四大板块，业务种类约 20 多个，市场覆盖武钢内部所有的生产后勤配套，并拓展到高校、金融、医院、企事业单位等社会团体市场。其中，城服集团是中国物业管理协会常务理事单位、湖北省首家国家物业管理一级资质企业，具有建筑工程和市政工程施工总承包二级、设计（给水、燃气）丙级资质；城服集团是湖北省燃气协会副会长单位，与华润合资成立的武钢华润燃气公司，在青山区拥有 13.6 万燃气用户，供气管道长 600 余公里，并已获得防城港燃气特许经营权；城服集团还主营团餐、超市连锁、饮料、养老、幼儿教育、宾馆旅游、园林绿化，以及食品制造、家具制造、厨房设备、汽车运输以及生态农业等，产业涉及面广，在武汉市甚至湖北省内影响力较大。

昆钢在房地产、养生敬老、酒店旅游等产业方面具有丰富经验。昆钢每年开发的房地产已达 50 万～100 万平方米，并结合云南地震多发地带特点，推广节材、节能、环保、建设周期短的钢结构建筑，立足昆钢内部职工住宅小区开发的同时，积极向外拓展市场，开发范围遍及昆明、红河、楚雄、丽江、大理、石林等地区，全钢结构建筑的丽江民族中学、玉龙中学校舍改造工程受到社会各界好评。昆钢从2009年开始探索健康养老服务产业，首先在昆钢人口最集中的新村社区成立第一个居家养老服务总站，2013年成立云南昆钢养生敬老有限公司，成为云南省第一个国有企业办的养生敬老公司。结合云南丰富多彩的旅游资源，昆钢在四川“阳光花城”攀枝花市盐边投资温泉酒店，在云南迪庆藏族自治州香格里拉建设特色酒店，并投资昆明第一高楼索菲特酒店，在探索发展酒店旅游业方面取得一定成绩。

2）存在的主要问题。一是产业被动转型暴露出先天不足。此类产业初始职能一般都是为企业员工和家属作后勤保障，随着市场环境压力加大，集团发展理念变化，组织机构经过多次改革，如今此类产业多以独立单位形式运转，并面向社会参与严峻的市场竞争。由于产业规模普遍偏小，外部市场拓展经验不足，行业影响力有限，总体竞争力偏弱。

二是人力资源缺乏是制约产业发展的瓶颈。房地产、医疗、餐饮等传统城市服务业多存在人员结构不合理问题，人员年龄偏大，文化水平偏低，对产业规范化、市场化有抵触情绪，专业型、实用型、混合型技术人才较匮乏，综合技术力量不足，人员流动性大。三是资金投入不够造成设备老化。物业管理、医疗、餐饮等产业多数设备使用率高，年久失修，且逐渐进入淘汰期，但由于近年来大多数企业钢铁主业亏损影响集团营业收入，设备更新资金投入存在滞后现象，特别是无对外营业资质的产业，完全依靠集团公司内部业务，在一定程度上影响产业竞争力的提升。

二、发展环境和政策导向

（一）发展多元产业的宏观经济环境

2017年，坚持稳中求进工作总基调，坚定不移贯彻新发展理念，坚持以提高发展质量和效益为中心，以供给侧结构性改革为主线，经济运行稳中有进、稳中向好、好于预期，经济社会保持平稳健康发展。2017年全年国内生产总值（GDP）82.71万亿元，同比增长6.9%，增速同比增长0.2个百分点。其中，第一产业增加值6.55万亿元，增长3.9%；第二产业增加值33.46万亿元，增长 6.1%；第三产业增加值 42.70 万亿元，增长 8.0%。第三产业增加值比重为 51.6%，与 2016 年持平，仍是拉动经济增长的主要动力。对钢材消耗量大的固定资产投资同比增长 7.2%，其中房地产开发投资增长 7.0%，增速同比上升 0.1 个百分点。传统用钢行业采矿业、汽车制造业和金属制品业增加值增速降低，通用设备制造业和专用设备制造业增速上升。其中采矿业增加值下降 1.5%，增速下降 0.5 个百分点，汽车制造业增长 12.2%，增速下降 3.3 个百分点，金属制品业增长 6.6%，增速下降 1.6 个百分点；通用设备制造业增长 10.5%，专用设备制造业增长 11.8%，增速比 2016 年分别上升 4.6 和 5.1 个百分点，促进钢材市场需求回暖。

随着我国经济发展进入新常态，钢铁行业发展环境发生了深刻变化。2015 年，我国钢铁消费与产量双双进入峰值弧顶区并呈下降态势，国内钢铁产能过剩矛盾更加突出，钢铁主业从微利经营进入整体亏损。另外，以互联网、金融、物流、深加工、新兴产业等为代表的一批适合钢铁企业发展的多元产业正保持高速增长的态势，钢铁企业发展多元产业实现的盈利弥补了部分主业亏损，并在很大程度上提高了钢铁企业的竞争力，推动钢铁企业实现转型脱困。2016 年，钢铁行业深入推进供给侧结构性改革，大力化解过剩产能，市场出现积极变化，企业效益好转。但产能过剩基本面没有改变，价格上涨、效益回升的基础仍不牢固，钢材出口出现下滑，钢铁行业投资明显萎缩。2017 年是钢铁行业供给侧结构性改革的攻坚年，钢铁企业在努力提高主业效益的前提下需挖掘新的利润增长极，发展多元产业已是势在必行。

（二）发展多元产业的政策环境

《钢铁工业“十二五”发展规划》（工信规〔2011〕480 号）提出“转变服务理念、增强服务意识，建立钢铁企业与下游用户战略合作机制，发展钢材深加工，完善物流配送体系，提升产品价值和企业服务功能，促进由钢铁生产商向服务商转变”。

《国务院关于化解产能严重过剩矛盾的指导意见》（国发〔2013〕41 号）提出“深化国有企业改革，引导国有资本从产能严重过剩行业向战略性新兴产业和公共事业领域转移”。

《钢铁产业调整政策（2015 年修订）》（征求意见稿）提出“鼓励有条件的钢铁企业开辟电子商务、互联网金融、期货、物流等服务新领域，促进产销供应链的深度融合，加速生产商向服务商转变，实现用户价值最大化，共创共享产业链价值”。

《国务院关于钢铁行业化解过剩产能实现脱困发展的意见》（国发〔2016〕6号）明确提出鼓励企业通过转型转产等途径，退出部分钢铁产能。鼓励商业银行按照风险可控和商业可持续原则，加大对产能严重过剩行业企业转型转产的信贷支持。

近五年来，国家陆续出台相关政策鼓励钢铁企业通过发展多元产业，促进钢铁企业转型、提升竞争力，促进钢铁行业化解产能过剩，积极引导资本向战略性新兴产业和公共事业领域转移，推动国家产业结构调整的进程。因此，钢铁企业针对自身情况合理适度地发展多元产业符合国家的政策导向。

（三）发展多元产业的必要性

发展多元产业是钢铁企业防范系统性风险的必然选择。市场经济具有周期性，钢铁行业属于典型的周期性行业，钢铁产品的价格波动幅度大，钢铁企业必须要有应对风险和周期的预案。全球大型钢铁企业，如新日铁、蒂森克虏伯、安赛乐米塔尔、宝钢等，都有与钢铁主业相关的多元产业。目前来看，中国经济发展进入新常态，经济面临较大下行压力，合理地发展多元产业已经成为大型钢铁企业规避周期、防控风险的普遍选择和必然选择。这一方向符合市场经济的发展规律，符合钢铁企业在市场经济条件下对增强生存能力、应变能力、可持续发展能力的需求。

发展多元产业是推动钢铁企业转型的必然选择。发展多元产业已经成为钢铁企业由生产型制造向服务型制造转型、由产品竞争模式向产业链竞争模式转变的必然趋势。一方面，钢铁企业发展多元产业是我国实现产业结构调整经济稳步增长的必然要求；另一方面，打造以延伸钢铁产业链、拓展价值链为主线的多元产业将实现多元产业与钢铁主业的协同耦合发展，对削减钢铁主业附加成本，还原钢铁主业先进性有重要的战略意义。

发展多元产业是盘活存量资产、提高钢铁企业竞争力的必然选择。“十二五”期间，部分钢铁企业在发展过程中，片面追求“大而全”“小而全”，形成了大量的非经营性资产和闲置资产，通过发展多元产业，开展多种经营，能够把这部分存量资产盘活，使企业增加经济效益。此外，发展多元产业，与通过技术积累和创新来挖掘钢铁主业的更多盈利空间相比，介入深加工、相关金融以及新兴产业可能收益更明显，同时多元产业服务水平与盈利能力的提升，又有利于促进钢铁主业培育核心竞争优势[24,25]。

发展多元产业是钢铁行业化解过剩产能实现脱困发展的必然选择。《国务院关于钢铁行业化解过剩产能实现脱困发展的意见》（国发〔2016〕6号）明确提出从2016年开始，用5年时间再压减粗钢产能1亿~1.5亿吨。按照目前中国钢铁企业人均吨钢生产率粗略计算，钢铁去产能意味着将有50万名左右的钢铁职工面对调整或重新选择。钢铁企业发展多元产业，可提供就业岗位，分流主业人员，防止出现大规模的下岗失业问题，同时压减主业人员，对提高钢铁劳动生产率、降低主业生产成本具有重要意义。

三、案例剖析

（一）韩国浦项钢铁集团

1. 多元产业发展概况

浦项制铁公司（以下简称“浦项”或“POSCO”）成立于1968年，建立了从钢铁到非钢铁，从生产到服务，从传统到未来，从过去以钢铁为中心的业务结构转变为传统业务与新业务相互协调的未来型业务结构的产业体系。

POSCO粗钢规模达4000万吨以上，具有世界上最大规模的浦项制铁所和光阳制铁所，生产热轧、厚板、线材、钛、冷轧、熔融镀锌、电镀锌、硅钢薄板、汽车材料和不锈钢等产品，产品结构以扁平材为主，冷轧比例较高，汽车板、家电板是拳头产品。2010~2017年在世界钢动态（WSD）发布全球最具竞争力钢铁企业排名连续8年蝉联第一。产业特点：构建以钢铁主业为核心，以贸易、工程与建筑、信息技术、能源环保、材料化工等相关产业为辅佐的多元化产业结构[26~28]。

2. 多元产业简述与点评

浦项推行独树一帜多元产业发展战略极具特色。多元产业聚焦于贸易、工程与建筑、信息技术、能源和材料化工等五大业务板块。未来利润增长归功于多元产业，旗下公司由业务依存型转为自主独立发展型企业。通过多元产业拓展业务范围，增加收入来源和客户群，降低经营风险。

（1）贸易。2010年浦项收购大宇国际，专业从事全球贸易和投资，由钢铁金属、化学、石油产品、机械、运输装备、农畜产品等贸易部门，负责海外工厂、发展基建等海外项目部门，负责开发国内外石油、燃气、矿物、粮食等资源开发部门这 3 个部门组成。正在推进国内外制造及流通业务、房地产开发业务等新核心主角事业。在非洲、美洲、东南亚、澳大利亚等地进行铜、铀、锡矿的勘探业务。拓展基础设施建设、复合地产开发和船舶租赁等新业务空间。开展贸易产业产生协同效益，助钢铁主业形成稳定的供应链。

（2）工程与建设（E&C）。POSCO 建设身为建筑部门的代表，凭借建设制铁所的施工经验不断扩张土木、建筑、能源、城市开发等领域，并通过新再生能源和城中心再生业务将业务领域扩展到低碳绿色成长领域。

在韩国本土和海外市场从事工业厂房、民用工程、商业和住宅项目的建设和开发，并有望发展成为以海洋平台、发电设备等高附加值产业为中心的设备制造专业企业。工程与建设主要服务于钢厂施工和装备制造。

（3）能源。能源产业包括电能、可再生能源（废气、太阳能、风能以及能源回收再利用）和燃料电池。钢铁/环保/能源、轻轨、摩天大楼、新型城市发展以及新型/可再生能源设施。

在燃料电池方面处于领先地位，参与国内外废气发电、光伏发电和风力发电、燃料电池等行业，创建基于液化天然气联合循环发电的能源价值链。开展能源产业起到减小企业利润的波动性、构建价值链稳定主业利润的作用。

（4）材料化工。POSCO CHEMTECH 成立于 1994 年，由三和化星（株）和浦项舳舻（株）两家公司合并而成。前者主营碱性耐火材料生产及销售，后者主营各类工业炉的维护及安装。作为一家从耐火材料制造到施工自成一体的综合原材料公司，委托经营石灰烧结设备、化成工厂及经营化工成品销售业务，同时向全球顶级煤炭化学及碳素原料专业制造商飞跃。进军二次电池阴极材料、针状焦炭等化学领域，使公司的业务领域变得多元化。

（5）信息通信技术（ICT）。主要负责生产自动化和 IT 技术设备。通过融合 IT 和工程技术，产生协同效应，实现绿色增长，将“创建绿色 ICT 未来”理念作为其发展愿景，与全球许多公司合作开发解决方案平台，并试图在核能源、云计算、绿色增长和再生能源业上稳固立足点。

提供引领整合时代的 ICT 服务，将工程、工序自动化、IT 服务三大领域作为 ICT 领域的核心业务，并进军 LED 照明、智能电网、云计算等未来成长型业务领域。与此同时，还不断确保环境解决方案、铁路与交通、可再生能源、核电站等绿色业务的核心力量。

3. 小结

延伸上下游产业链，发展与钢铁主业高度关联的资源产业和产品服务业；整合钢铁资源综合利用、余能余热发电等产业发展绿色环保产业；辅助配套钢铁主流程，发展生产性服务业，跨行业、跨区域联合运作，最大程度地发挥耦合作用和协同效益。

新进入的多元化业务离钢铁主业远、投资规模大和投资回收期长，从而导致资金紧张、财务状况恶化、信用等级下降。通过钢铁板块收购、重组进入多元产业板块，避免进入门槛较高的风险。多元产业均为钢铁主业的有效延伸和补充，对于稳定主业利润、打造供应链优势，产业选择上具有耦合性；整合、改造、剥离各多元产业板块，成立专业的合资公司，通过打造各板块的市场竞争力，使整个产业体系的耦合作用最大化发挥。

（二）德国蒂森克虏伯集团

1. 多元产业发展概况

蒂森克虏伯集团的多元产业几乎全是围绕钢铁业的相关产业延伸发展，以钢材深加工能力为依托，发展了原材料加工、钢材剪切配送、激光拼焊、机械零部件等基础业务，汽车系统、造船、电梯等制造业务事实上也是在这些基础业务上的产业化延伸；以资源整合、物流、仓储管理能力为依托发展了原材料服务、工业服务等业务；以钢厂建设经验技术为依托，发展了工厂技术、项目管理等业务。蒂森克虏伯的多元体系中，每一项多元业务都要求确立市场领先地位，通常是定位于全球或区域市场的前三位。

2. 多元产业简述与点评

（1）零部件技术产业。集团的零部件技术产业是已经在许多通用机械工程设备、传送装置、采矿和选矿系统、港口设备、造船、天车和土方机械等方面应用得到证实的大型回转轴承的全球主要制造商。零部件技术产业的业务范围还包括生产和供应用于采矿、林业和农业、挖掘机、推土机、拖拉机的履带和履带组件。此外，零部件技术产业还开发和制造了全球数百万汽车上使用的可以使驾驶者安全达到目的地的转向轴、转向柱和转向齿轮。蒂森克虏伯集团零部件技术产业是全球创新和高技术汽车底盘产品的代名词。其具有生产和供应涵盖整个乘用车和卡车减震器和悬挂部件以及一流系统解决方案的能力。

（2）电梯产业。电梯产业汇集了集团在旅客输送系统方面的全球活动。其范围包括客货电梯、自动扶梯、人行步道、旅客登机桥以及楼梯和平台升降机。除了向大众市场供应产品的系统外，其组合产品还包括定制解决方案和服务，维修和按照用户要求定制的现代化包装等。正是由于其创新和安全可靠的技术以及节能、环保和高质量的产品，蒂森克虏伯集团电梯技术产业持续确立新的市场标杆。

（3）工业解决方案产业。工业解决方案产业提供全方位的专业工程和建筑服务，其历史可追溯几个世纪的造船历史，该产业也是蒂森克虏伯集团核心实力所在。高质量的工程是公司成功的核心，工业解决方案产业可提供化工厂、炼油厂和其他工业设施，水泥和矿物等产业设备，采矿、加工、处理和原料、矿物运输的机械和系统，以及车身和总装设备，包括汽车制造厂和供应商相关控制和实验设备的设计和建造的从头到尾的工程服务。该产业新领域包括汽车替代电池和驱动系统解决方案、创新汽车轻量化设计解决方案以及航空工业的设备和实验系统。凭借其创新和技术专长，工业解决方案产业是全球船舶业的主导者之一，可提供用户高质量军工产品和服务。

（4）材料服务产业。材料服务产业在40个国家有500个分支机构，该产业致力于材料的全球分销和向生产、制造产业提供综合技术服务，集团40%的产品是通过欧洲这些材料服务中心销售的。蒂森克虏伯集团材料服务产业的产品包括碳钢、不锈钢、钢管、有色金属产品和塑料，并提供各种量身定制的材料服务，从加工和物流到仓储和库存管理。该产业的服务中心和分公司拥有大量的加工设备，可以对材料进行切割、裁剪、等离子或激光切割、锯、钻、铣和涂层处理。材料服务产业的发展使蒂森克虏伯集团实现了从材料制造商向材料服务商的转变，大大增强了集团的核心竞争力。

3. 小结

（1）部分多元产业与钢铁产业有很强的相关性，多元产业的发展离不开钢铁材料对其发展的基础支撑。

（2）长时间的积累和强大的技术研发基础和能力，从而形成了目前的高水平，强大的技术创新能力保障其多元产业处于全球领导地位。

（3）对多元产业的发展有着清醒的认识，对业务发展前景不好和市场已经饱和的多元板块坚决退出，如出售激光拼焊板业务。对前景看好的多元业务继续加大投入，寻求获得较高的回报。

（三）宝武集团

2016 年 12 月 1 日，原宝钢集团有限公司与武汉钢铁（集团）公司正式合并成立中国宝武钢铁集团有限公司（宝武集团）。本案例重点剖析原宝钢集团多元产业。

1. 多元产业发展概况

宝钢集团多元产业发展是在实践探索的基础上，分析、借鉴世界钢铁巨头企业多元发展经验，分阶段逐步实施的。其进程大致可分为 5 个阶段。第一阶段（1995 年前）是多元化起步阶段，推出“自我配套、自我消化”经营的决策思路；第二阶段（1995~2004 年）是多元化经营热潮阶段，建立跨国、跨行业、一业为主、多业并举的大型企业集团的战略方向；第三阶段（2005~2007 年 8 月）是多元化业务调整阶段，制定一业特强、适度相关多元化发展的总体战略架构；第四阶段（2007 年 8 月~2012 年 12 月）是多元产业聚焦与优化阶段，确立创新发展模式和动态优化多元化产业结构的战略新思维；第五阶段（2013~2016 年）是宝钢新一轮规划期，聚焦发展、转型发展，构建健康的产业组合[29]。

2. 多元产业简述与点评

截至 2016 年 11 月底，宝钢集团形成以钢铁为核心主业，以资源开发及物流、钢材延伸加工、工程技术服务、煤化工、金融投资、生产服务等为战略性多元业务的“1+6”组合发展模式，以下对每个多元业务板块分别介绍：

（1）资源开发及物流产业。资源开发及物流产业是钢铁主业供应链的上游产业，主要从事铁矿、煤炭等资源的开发经营，确保钢铁生产的资源供应。宝钢资源公司作为该产业板块的主要承接单位，主要从事矿产资源的投资、贸易及物流服务，倾力打造面向钢铁及其他工业领域的资源投资与贸易，以及综合物流服务平台。2015 年，宝钢资源实现营业收入 294 亿元。

（2）钢材延伸加工产业。钢材延伸加工产业是钢铁主业供应链的下游产业，主要是利用宝钢的钢铁生产优势，发展钢材延伸加工产业。宝钢金属作为该产业板块的主要承接单位，主营业务包括金属包装、工业气体、金属制品、汽车贸易等。2015 年，宝钢金属实现营业收入 101.4 亿元，实现利润 3.1 亿元。

（3）工程技术服务产业。工程技术服务产业肩负着提升宝钢自主集成创新能力、支撑钢铁主业精干高效、推进工程技术产业化进程的使命。宝钢工程技术集团有限公司作为该产业板块的主要承接单位，业务涵盖工程总承包、项目管理和工程咨询、工程设计、工程招标、工程监理、设备设计与制造、成套设备供应、施工管理、运行维护、产品检验等，服务领域从冶金延伸至环保、能源、金融、煤化工和市政等行业。2015 年，宝钢工程实现营业收入 106.7 亿元。

（4）煤化工产业。煤化工产业是资源利用型产业，主要从事钢铁企业炼焦后的煤气精制和煤化工产品的生产、销售，实现以焦化副产品为基础的循环利用和产品转化。至 2015 年年底，宝钢化工固定资产原值为 91.1 亿元，资产总额为 53.4 亿元，具有 42 亿立方米焦炉煤气、95 万吨焦油、25 万吨粗苯的处理能力，以及 24 万吨炭黑生产能力。针状焦产品质量进一步提升，已在高端市场上占有一席之地。焦油加工能力国际排名前列，具备发展成为世界级煤化工企业的规模优势。2015 年，宝钢化工实现营业总收入 76.3 亿元，利润 0.4 亿元。

（5）金融投资产业。金融投资产业与钢铁主业相结合，能有效地促进钢铁主业的发展，提升钢铁业的综合竞争力。华宝投资致力于股权投资业务，精选优秀龙头企业进行直接投资；在积极寻求主流金融行业和钢铁主业相关的上下游产业链等投资机会的同时，对公用设施、大消费、医药医疗等抗周期行业，以及节能环保、新材料、高端装备和部分高科技类行业，适时进行重点投资；此外，利用市场化的运作优势，间接参与股权投资业务。2015 年，华宝投资实现营业收入 56.7 亿元，利润 28.3 亿元，管理资产规模 7630 亿元。

（6）生产服务产业。生产服务产业负有为钢铁主业提供高效服务和实现再生资源利用产业化的两大战略任务。宝钢发展有限公司作为该业务板块的主要承接单位，主要业务包括新型建材、磁性材料、环境改善、品质生活、辅助生产、物流配送、工厂物业等服务，能够为工业企业及城市系统提供系统集成解决方案，致力于成为立足宝钢、辐射社会的固废资源综合利用服务平台、品质生活集成服务平台和工业协同服务平台。2015 年，宝钢发展实现营业收入 72.5 亿元，利润 5.9 亿元。

3. 小结

宝武集团多元化经过三十多年的发展，有成功也有弯路。总结过去，面向未来，有以下数点值得总结和思考：

（1）围绕钢铁主业价值链发展多元产业。必须坚持多元化业务的发展方向围绕钢铁主业价值链，选择相关产业适度发展，形成合力型产业结构的产业发展方针，始终以提升钢铁主业核心竞争力作为发展集团事业的第一要素。

（2）核心能力是相关多元产业做强的必由之路。多元化产业做强做大，必须要在钢铁生产产业链上的某一环节找到自身的定位，同主业资源共享，互动发展，培育出自己的核心能力，这是多元化产业成功的关键。

（3）发展多元化产业要坚持市场化原则运作。主辅分离、价值链解构使钢铁企业原有的一些资源富余出来，但要真正培育一个强大的多元化产业，则必须走出内部市场，坚持市场化竞争的原则。

（4）要有效防范多元化经营的风险。新产业进入不是一个简单的“买入”过程。企业在进入新产业之后需要不断地注入后续资源，还必须培养自己的员工队伍，塑造企业品牌等，并尽量不进入自己不熟悉的领域，即所谓“不熟不做”。

（5）完善市场退出机制。由于历史的原因，钢铁企业涉足的多元产业较为分散，业务重叠也很普遍，其中有些产业亏损严重，有的产业不符合公司的总体发展战略。要有创新，有新思路，建立有效的退出机制。

（四）河钢集团有限公司

1. 多元产业发展概况

河钢集团有限公司（以下简称“河钢集团”）是我国第二大钢铁集团，现拥有唐钢、邯钢等 20 家子分公司，职工总数 12.14 万人，资产规模为 3242.87 亿元。近年来，河钢集团积极走多元化发展道路，延伸产业链，拓宽产业面，“无中生有”“有中生新”并举，成效显著。

河钢集团多元产业发展呈现集团与子公司“双层面”格局：集团层面发挥整合优势，先后成立采购、销售、河钢国际三大经营公司和矿业、国际物流、财务等专业公司，控股宣工，壮大财达证券，初步形成了矿山资源、现代物流、金融证券、钢铁贸易、装备制造等五大产业板块；唐钢、邯钢、宣钢等各钢铁子公司层面立足盘活存量资产，优化资源配置，推动多元产业市场化转型，重点培育了资源综合利用、节能环保、钢材延伸加工、工程技术、社会服务等业务板块。多元产业已经成为河钢集团分流提效、利润补充的重要抓手，对集团销售收入占比近 40%，就业贡献率超过了 50%[30]。

2. 多元产业简述与点评

（1）矿产资源。“十二五”期间，河钢矿业公司资源掌控量大幅提升，由8.89亿吨增加到39亿吨，增幅338.7%；铁精粉产量由年产513万吨提高到1000万吨。“十三五”期间，当前在建的7个重点矿山项目也将陆续投产。

（2）现代物流。河钢集团旗下共有8家物流产业经营企业，钢铁主业总物流量达到约1.8亿吨/年，物流资源年价值达200亿以上。但河钢集团层面物流实体企业“资源受限、位高而不强”，各钢铁公司层面物流产业发展“各自为战、参差不齐”，总体未形成合力，物流价值分散且流失严重。

（3）钢铁贸易。河钢国际主要负责河钢集团原燃料的进口及产品出口，设备进口管理与代理，以及海外投资、引资等工作。近年来，矿石进口量约占全国总进口量的5.0%，出口钢材签约量占全国总出口量的7.5%。主要开展的增值服务有两大方面：一是实施大物流战略，自行开展货代业务；二是拓展融资渠道，优化融资结构，实现融资增值。

（4）金融证券。目前，河钢集团开展金融业务的机构主要有河钢财务公司和财达证券公司。2014年，河钢集团金融证券产业完成营业收入19.10亿元，实现利润12.32亿元，资产总额288.95亿元。

（5）钢材深加工。河钢集团钢材深加工板块目前以唐钢华冶（天津）钢材营销有限公司、邯钢（临漳）工业园区和舞钢三和盛机械制造建筑安装有限责任公司为主。截至2014年年底，河钢集团钢材深加工能力约360万吨，深加工能力有待进一步加强。

（6）装备制造。河钢拥有装备制造企业7家。唐钢机械（重机）装备公司、邯钢设备制造安装有限公司、石钢京诚装备技术有限公司运行情况良好，产业整体发展偏弱。

（7）资源综合利用。河钢集团资源综合利用板块主要涉及工业气体和固体废弃物等资源化利用产业。工业气体公司已实现高纯气体、稀有气体以及特种气体等的开发利用，产品附加值和利润率大幅提高，并有效开拓了外部市场，年产值约16亿元、利润总额3亿元。固废综合利用总体水平有待提升，大多固废资源直接外卖，固废利用附加值较低，年主要固废资源产生量约3000万吨，综合利用总产值6.5亿元。

（8）工程技术。河钢集团工程技术产业较分散，目前集团工程技术主要以唐钢唐山钢铁国际工程技术有限公司和邯郸钢铁集团设计院有限公司为主，工程技术板块实现年收入3亿元。

（9）医疗健康。河钢集团医疗健康产业主要包括5家二级甲等附属职工医院，经过多年的发展，培育了综合素质过硬、业务能力强的职工队伍，对保障钢铁主业人员安全健康、保障每个钢铁公司的人员稳定等方面做出了突出贡献。近年来在企业机制体制改革的推动下逐步面向社会，但是多数医院欠缺灵活的面对市场的运行机制，面临的发展困难较多。

（10）社会服务。河钢集团社会服务产业主要包括物业管理、职业教育、餐饮住宿、园林绿化、工业旅游、房地产等。“十二五”期间，集团积极推进子公司生活后勤服务系统市场化转型，依托内部相关市场，全面参与社会竞争，创新管理体制机制，盘活存量资源资产。

3. 小结

经过多年的发展，河钢集团凭借其较强的规模优势、区域影响力和资源整合能力，为集团多元产业发展提供了良好的资源保障，包括资金、土地、人才和技术等方面，为多元产业发展提供管理保障。集团初步形成了矿山资源、现代物流、金融证券、钢铁贸易、装备制造等五大产业板块，唐钢、邯钢、宣钢等钢铁子公司重点培育了资源综合利用、节能环保、钢材延伸加工、工程技术、社会服务等业务板块，各多元产业子公司基本形成了自己的主导产品，并在相关领域具备一定的市场竞争力，已经为多元产业快速崛起打造了扎实的发展基础。

另外，虽然近几年河钢集团多元产业的发展取得的成绩斐然，但与其国际一流钢铁大型联合企业的发展定位仍不匹配。把河钢集团与国内外先进钢铁企业集团相比较，多元产业发展还存在差距。例如，金融产业发展薄弱，产融结合力较弱，对集团整体发展的贡献力不足；管理机制需进一步理顺，各多元子公司之间的协同作用尚未发挥，欠缺共同应对外部市场的能力；人才缺失对产业发展的制约愈发明显，多元产业的人才引进培养等体制机制保障有待进一步完善；人工成本高严重削弱了企业的市场竞争力；缺乏一批具有较强影响力的龙头企业；外部市场开拓不足等问题均需要逐步解决。

（五）昆明钢铁控股有限公司

1. 多元产业发展概况

昆明钢铁控股有限公司（以下简称昆钢）始建于1939年，前身是中国电力制钢厂和云南钢铁厂。经过多年发展，昆钢已建设成钢铁主业与多元产业协同发展的特大型企业集团，是云南省省属最大国有企业，连续多年跻身中国企业500强。2007年昆钢钢铁主业与武钢集团战略重组成立武钢集团昆明钢铁股份有限公司，由武钢集团控股。重组后昆钢工作重心逐步转向发展多元产业，相关多元产业得到了迅猛发展，已建成煤焦化工、矿业开发、装备制造、新型材料、水泥建材、现代服务业等并肩发展的多元产业体系。2015年，昆钢多元产业收入已经超过总营业收入的50%，多元产业已经成为公司发展的重要支撑（图12-4）。昆钢多元产业发展的特点是依托钢铁主业，从钢铁相关产业入手，向上发展钢铁生产必需的资源产业，向下丰富用钢产业和钢铁服务业，向外拓展与钢铁产业具有一定关联度的新材料、现代服务业等产业。

2. 多元产业简述与点评

（1）煤焦化工产业。昆钢通过产能置换、兼并重组、技术改造等多项措施，基本建成煤—焦—化工完整产业链，拥有煤矿及洗煤厂，形成焦炭产能450万吨/年，煤化产品深加工产能100万吨/年，产品品种已经达到24种，并“借壳”重组马龙股份，以“云煤能源”股份成功上市，煤焦化工产业成为昆钢重要的多元产业。昆钢煤焦化产业符合节约、清洁、循环的发展模式，具备煤炭资源控制和行业整合的技术和经济条件，在满足钢铁主业焦炭需求的同时，为企业创造了新的利润增长点。

（2）矿业开发产业。昆钢通过加强找矿及整合资源力度，推进尾矿综合利用，注重选冶新技术研发与推广，实施走出去联合开发战略等措施和路径，不断提升矿业开发产业的整体水平，先后建成9个铁矿山，保有铁矿储量达8亿吨，铁精矿生产能力600万吨/年。昆钢矿业开发产业有效支撑了钢铁主业低成本原料供给，拓宽了资源渠道，夯实了企业可持续发展基础。

（3）装备制造产业。2008年，昆钢剥离钢铁主业公辅检修功能及人员，组建重型装备制造集团，系统提升大型成套设备研究开发、设计、制造能力，优先发展重型起重设备、耐磨材料、大型铸锻件，配置云南省大型设备制造所需的设备，推动装备制造业差异化发展。其生产的盾构机、球磨机、大型铸钢件等产品先进，能满足用户多种个性化需求。昆钢装备制造业在支撑地方装备制造业快速发展的同时，其技术水平也创造了多项地区领跑纪录。

（4）新材料产业。主要瞄准制造业发展用高端材料，致力于不锈钢复合

图 12-4 昆钢多元产业涉足领域

材料、3D 打印铁基系列粉末、冷轧钛板卷、石头纸等系列新材料的研发与生产，多项产品填补了国内空白，产业已基本形成一定规模。昆钢新材料产业瞄准世界先进水平，不断提升创新研发能力和核心竞争力，具有较好的发展前景。

（5）建材产业。昆钢通过直接投资、重组整合、合资控股等多种方式，推进水泥建材产业快速发展，已建成 16 条新型干法水泥熟料生产线，水泥产能达到2000万吨/年。昆钢通过多措并举快速发展建材产业，跨越式发展成为云南水泥建材产业的龙头企业，中国建材500强企业。

（6）现代服务业。在整合昆钢原有服务产业基础上，不断拓展现代服务业领域，形成了以现代物流、房地产、养生敬老、社会民生服务等为主要业务板块的现代服务业产业体系。昆钢现代服务业实现销售收入占昆钢总收入的近30%，有力地加速了其转型发展。

3. 小结

昆钢以产业链延伸为突破口，优先发展熟悉产业，整合相关资源和要素不断拓宽产业体系，很快形成了多元产业创效的良好局面，在助力企业转型脱困方面起到良好效果。昆钢多元产业发展模式容易推进，形成效益规模快，值得钢铁企业借鉴。昆钢多元产业涉及领域广，可达到多点开花的效果，但发展核心不够明朗，需要进一步整合要素，集中优势资源打造多元产业核心竞争力，形成品牌，将多元产业打造成推动企业转型发展的新引擎。

（六）江苏沙钢集团

1. 多元产业发展概况

沙钢集团以“做精做强钢铁主业、做大做优现代物流、做好做实非钢产业”为指导思想，以积极探索、稳步推进、全程风控为基本原则，在发展钢铁主业的同时，积极加快非钢产业的发展进程，有效利用现有资源，循序渐进地推进实施适度多元化的经营战略。目前沙钢非钢产业投资的主要领域有资源和能源、贸易物流、金融投资、产业链延伸、风险投资、房地产等六大类，累计投资金额数百亿元，先后组建了69家非钢产业类公司。其中，资源能源板块已形成年产铁矿、煤炭、焦炭、合金、耐材等冶金原辅料近4000万吨，形成钢铁渣、含铁尘泥等固废资源加工能力1000万吨的规模；贸易物流板块主要包括钢铁产品、冶金原辅料及装备等贸易和玖隆钢铁物流园业务，2016年沙钢国际贸易有限公司原料贸易量达5611.7万吨，实现销售收入370.9亿元，而玖隆物流园则实现营业收入1200亿元；产业链延伸板块已形成年产16万吨钢绞线、30万吨焊接钢管和40万吨煤化工产品规模；截至2015年7月底，金融板块小额贷累计投放贷款41亿元，已累计发债216亿元；截至2014年年底，风险投资板块已完成对23家风险投资企业、1支私募股权投资基金的风险投资，投资总额达到60多亿元；房地产板块已开发总建筑面积达 80 万平方米。2015 年沙钢销售收入 2038 亿元，利润 18.97 亿元。其中，1~8 月份非钢产业创效约占企业总效益的 20%，未来 5 年沙钢要力争实现 50%以上的效益来自非钢产业。

2. 多元产业简述与点评

（1）资源能源板块。为保障钢铁主业生产原料的稳定供应，沙钢集团通过并购、合资等方式，先后投资了铁矿、煤矿、焦炭、合金、石灰石、冶金辅料等配套资源，现已形成年产铁矿石 1438 万吨、煤炭 1550 万吨、焦炭 630 万吨、硅锰合金 15 万吨的规模；同时，具备年加工 600 万吨高炉渣微粉、320 万吨钢渣、45 万吨含铁尘泥的能力，产品除作为冶金辅料自用外，其余高炉渣微粉、钢渣尾渣、钢渣免烧砖等面向市场销售，为钢铁主业的正常生产和经济效益增长作出了重要贡献。

（2）贸易物流板块。贸易业务主要包括钢材产品、大宗原辅料（矿石、焦煤、废钢）、冶金设备等进出口贸易，以及废钢回收、石灰石等冶金辅料采购供应等。2016 年原料贸易量达 5611.7 万吨，实现销售收入 370.9 亿元。其中，钢材出口总量 431 万吨，连续三年位居全国单体钢厂钢材出口量第一。玖隆物流园重点打造钢铁物流“信息中心、交易中心、结算中心、价格中心、加工中心”和“仓储配送、延伸加工、电子商务、保税物流、融资担保、综合服务”六大配套平台。目前，累计入驻企业超过 1600 多家，年营业收入突破 1600 亿元。

（3）金融投资板块。为了实现集团资金的有效配置，发挥资金的最大价值，有效促进集团的良性发展，对钢铁主业形成有益的补充，沙钢集团成立了沙钢财务有限公司等几家公司，在金融投资领域形成了一定规模。截至 2015 年 7 月底，沙钢小额贷累计投放贷款 41 亿元；沙钢累计发行中票 100 亿元、短融 96 亿元、超短融 20 亿元，银行对沙钢授信总额超过 1500 亿元；此外，沙钢投资银行、证券等金融机构，均取得了一定的投资回报。

（4）产业链延伸板块。为延伸钢铁产业链，沙钢集团充分利用自身钢铁产品和焦化副产品等资源优势，通过与行业领先企业合作，共同投资建设了钢材深加工制造企业和精细煤化工企业，进一步提升了产品附加值和企业经济效益，从而实现了资源共享、优势互补并增强了集团的竞争优势。目前已形成年产钢绞线 16 万吨、焊接钢管 30 万吨和 40 万吨煤化工产品的规模。

（5）风险投资板块。为有效利用集团资本优势，以资本投资反哺钢铁主业，沙钢集团与中科招商、金浦投资等国内知名投资机构合作，逐步开展了风险投资业务。2016 年 4 月 26 日，江苏沙钢集团全资控股的注册资本为20 亿元的沙钢集团投资控股有限公司正式成立，在此基础上又在上海、张家港、深圳、香港等地成立了多家股权投资公司和投资管理公司，构建了集团未来重点培育发展第二产业的投资平台。在做好钢铁主业的同时，积极尝试投资，提升企业的盈利空间。

（6）房地产板块。秉承“建筑精品，创造价值”的开发理念，沙钢集团下属宏润房地产公司先后运作过多个房地产项目，开发总建筑面积达 80 万平方米，具有丰富的房产开发经验。目前公司正在运营的项目有暨阳湖壹号和暨阳湖皇冠，2 个项目总规划占地面积近 26 万平方米，建筑面积近 36 万平方米，可售面积近 22 万平方米，是长三角地区顶级的高档社区，其先进的规划理念和精致的建筑品质，赢得了业界的高度赞誉。

3. 小结

沙钢在保持钢铁主业地位的同时，重点选择与钢铁主业关联度大的产业适度发展非钢产业。通过资源能源和贸易物流板块建设，为钢铁生产提供了稳定的原料供应和优质的配套服务，为沙钢绿色、稳定、高效发展奠定基础。尤其物流产业更是沙钢非钢产业发展的战略重点，针对钢铁物流广阔的发展空间，沙钢提出现代物流“再造一个世界 500 强”的目标。同时，以提高经济效益为核心，积极推进产融结合发展，发挥钢铁主业与金融产业的各自优势，提升沙钢的市场反应速率和效率。此外，围绕钢铁产品及二次资源等展开合作，实施产业链延伸，进一步提高沙钢的经济效益和抗风险能力。沙钢非钢产业的发展为集团培育并形成了新的效益增长点，提升了集团的整体实力和综合竞争力，但非钢产业占比及利润贡献率较国内外先进钢铁企业仍有一定差距。

四、多元化趋势展望与路径解析

“十二五”时期，钢铁主业进入“三低一高”，即低增长、低价格、低效益、高压力的发展新常态，行业进入全面亏损状态。面对巨大的生存压力，钢铁企业实施多元化经营已经成为一股崭新的发展潮流。今后，我国大中型钢铁企业的三大发展重任是：做强做精钢铁主业，强化钢铁产业链上下游的延伸，适度发展多元产业。在这一阶段，钢铁企业发展多元产业将更注重从相关多元到非相关多元的转变，更加注重多元产业间的战略协同效应。

为此，对钢铁企业发展多元产业，提出如下发展建议和对策。

（一）科学谋划多元产业发展思路，突出规划先导作用

多元化经营战略是未来多数钢铁企业发展战略的重要组成部分，多元化经营的发展关系到钢铁企业总体发展目标能否顺利实现，关系到企业整体竞争力能否得到有力提升。多元产业发展需要统筹规划、系统安排、突出重点、科学实施。有一些钢铁企业缺乏战略统筹，在主业严重亏损的时刻选择进军多元产业来应急，其缺乏严谨决策的结果，很可能是旧账未结，又添新账。企业应该通过摸清家底、发现不足，梳理自身优势，结合目标行业发展特点和发展趋势，科学谋划多元产业相关业务板块的发展思路，确定合理规模、具体措施、重点项目。建议钢铁企业应将多元产业的规划编制工作提到与主业规划编制工作同等重视的高度，及早部署，科学编制。

（二）塑造市场竞争主体，加快体制、机制创新和管理创新

钢铁主业是钢铁企业发展的基石，多元产业的发展关键在于体制和机制。目前，钢铁企业对多元产业的管理模式主要有两大类，大部分采取集团管控、自主经营的母子公司运作模式，也有少部分企业组建专门的多元产业管理公司，对所有相关产业进行集中管理运营的模式。当前钢企对多元产业的经营管理体制和机制还存在这样或那样的问题，今后要加快管理体制与机制创新，真正建立与自身多元产业发展战略相适应、符合相关发展规律的业务管控体系。同时，加快建立现代企业制度，积极进行产权制度改革，推进产权多元化、投资主体多元化，激发发展活力，努力实现由单一所有制向多种所有制形式的转变，加快由“内生型”转向“市场型”、由企业“多种经营产业化集团”向“非钢集团化产业”的结构转变，使相关企业真正成为产权清晰、权责明确、政企分开、管理科学的法人实体和市场竞争主体，完善企业法人治理结构，规范企业运营机制。

（三）合理配置资源，突出发展重点

“十三五”时期，钢铁主业面临着结构需调整的重重压力，多元产业结构调整也势在必行。按照“有所为，有所不为”的原则，以市场竞争力作为优存劣汰的评判标准。通过综合评估企业生存发展环境、目标产业发展条件和行业发展趋势，建立企业内的淘汰机制，优化整合，将有限的资源重点与这些有发展优势的产业进行配套。尤其要注意抢抓历史机遇，积极参与社会专业化分工和经济结构大调整，特别是特大型企业有能力参与新兴产业的开拓发展。例如，紧抓国家高度重视战略性新兴产业发展的重大契机，加快布局节能环保产业的发展。又比如，城市矿产资源开发项目是具有广阔前景的产业，随着中国工业化和城镇化的发展，城市将是未来最大的矿山，城市矿产资源开发应以企业废钢回收、加工现状为基础，逐步发展。

（四）重视创新能力的培养，加强人才队伍的建设

在发展多元产业方面，国内各钢铁企业都有自己的成功经验和深刻教训。其中，要注重创新能力的培养和人才队伍的建设应是一个重要共识。创新能力不足和人才短缺是当前制约绝大多数钢铁企业多元产业加快发展的一个“瓶颈”。目前，钢企科技创新体系和人力资源结构与非钢产业快速发展的要求还不能完全相适应，特别是高层次人才的培养和引进。在制定多元产业发展战略中，必须要注重培养具有资本运作、国际化经营、国际投资贸易以及业务创新等方面的高端人才，打造一批多元产业发展的领军人才。同时，把自主创新放到企业生存与发展的高度去认识，根据企业发展的需要不断完善企业自主创新发展战略，不断提升企业自主创新能力。这也是在残酷的市场竞争中的生存之本。

五、行业多元化实践

冶金工业规划研究院下设非钢发展研究中心，致力于钢铁企业多元化发展研究，为钢铁企业提升多元产业发展质量和水平出谋划策。非钢发展研究中心以各级政府、行业协会、各类企事业单位和金融机构等为服务对象，长期从事国内外钢铁行业非钢产业发展相关专题研究，开展钢铁企业多元产业

规划和战略研究、资源综合利用与循环经济专项规划、物流园区规划、电子商务和智能制造等相关咨询服务。

多年来，冶金规划院在助力钢铁企业实现多元化发展方面进行了大量探索和实践，先后为鞍钢、武钢、山钢、马钢等企业提供多元化发展相关咨询服务近 30 项，并取得良好成效，具体见表 12-2。

表 12-2　冶金规划院在推动行业多元化方面的实践

序号	业务板块	板块介绍	典型案例
1	企业多元战略规划业务	围绕钢铁行业产业链延伸、循环利用、节能环保、金融服务、物流电商和职能制造等多元产业发展，制定企业“十三五”总体战略规划和多元发展规划	《柳钢“十三五”发展规划》
2			《武钢“十三五”发展规划》
3			《包钢“十三五”发展规划》
4			《山钢集团相关多元产业“十三五”规划》
5			《贵州博宏公司 2015～2020 年实体产业发展规划》
6			《马钢实业公司“十二五”发展规划》
7	资源综合利用与循环经济业务	承担政府和行业循环经济课题研究，开展冶金企业循环经济规划、园区循环经济产业规划、矿产开发和深加工循环经济产业规划等	《“十二五”钢铁行业循环经济发展研究》
8			《鞍钢建设循环型经济示范企业规划》
9			《攀钢钒钛资源综合利用及产业结构调整规划》
10			《甘肃马鬃山循环经济工业园规划》
11			《冀津（涉县天铁）循环经济产业示范区规划》
12			《沈阳金属深加工产业园循环经济规划》
13	物流电商规划业务	围绕钢铁企业降本增效开展冶金企业物流管理整合和系统优化、物流成本优化及专项规划研究。研究钢铁电商发展趋势、产业政策，为企业提供电商平台搭建、运营管理、系统开发等整套电子商务方案设计	《安徽长江钢铁物流成本优化及发展规划》
14			《唐钢物流系统诊断优化与规划方案》
15			《马钢高效物流战略调整及系统优化方案》
16			《沙钢玖隆钢铁物流园区规划》
17			《淮钢物流产业园区总体规划》
18			《南京钢铁电子商务规划》
19			《陕钢物流优化专项规划》

续表 12-2

序号	业务板块	板块介绍	典型案例
20	工业智能咨询服务	密切跟踪先进智能制造理论、方法和技术，着眼于生产过程、业务经营和企业决策等核心环节，打造独具特色的产学研用平台模式，精准对接企业实际需求和为企业提供相关服务	《天津荣程商务智能系统规划》
21			《昆钢“互联网+”协同制造项目可研报告》
22			《柳钢“十三五”信息化专项规划》
23			《本钢智能制造3年行动计划》
24			武钢、包钢、中信泰富、陕钢等专项规划
25	其他专项业务	开展金融、管理和人力资源优化等专项规划服务	《陕钢“十三五”规划及资本运作金融规划》
26			《荣程众和能源战略规划及融资租赁》
27			《马钢“十三五”规划专题研究报告》（资本运作、管控模式、人力资源优化等）
28			《安徽云天冶金科技股份有限公司企业文化咨询》

参考文献

[1] 冶金工业经济发展研究中心．中国钢铁年鉴［M］．北京：冶金工业出版社，1980～1999.

[2] 吴溪淳．新形势下非钢产业发展的思考［J］．冶金管理，2002（12）：20～23.

[3] 国土资源部矿产资源储量司，国土资源部信息中心．全国矿产资源储量通报［M］.2015.

[4] 中华人民共和国国家统计局．铁矿石原矿产量［OL］．［2017-02-18］.http：//data. stats. gov. cn/easyquery. htmcn=A01.

[5] 中国冶金网.2016年12月按国别分类铁矿进口量统计［OL］．［2017-02-20］. http://www. mmi. gov. cn/content-117-6457193-1. html.

[6] 国家统计局.2016年国民经济和社会发展统计公报［M］．北京：国家统计局信息中心，2017.

[7] 海关信息网．海关数据［M］．北京：北京中海通科技有限公司，2017.

[8] 中国冶金网.2016年12月部分锰矿分国别进口统计［OL］．［2017-02-12］.

http：//www.mmi.gov.cn/content-151-6447630-1.html.
[9] 中国冶金网 .2016 年 12 月部分铬矿分国别进口统计 [OL] . [2017-02-12]. http：//www.mmi.gov.cn/content-155-6447632-1.html.
[10] GB 50405—2007 钢铁工业资源综合利用设计规范 [S] . 北京：中国计划出版社，2007.
[11] 中国钢铁工业协会信息统计部和中国统计学会冶金统计分会 .2011 年中国钢铁工业环境保护统计 [R] .
[12] 中国钢铁工业协会信息统计部和中国统计学会冶金统计分会 .2012 年中国钢铁工业环境保护统计 [R] .
[13] 中国钢铁工业协会信息统计部和中国统计学会冶金统计分会 .2013 年中国钢铁工业环境保护统计 [R] .
[14] 中国钢铁工业协会信息统计部和中国统计学会冶金统计分会 .2014 年中国钢铁工业环境保护统计 [R] .
[15] 中国钢铁工业协会信息统计部和中国统计学会冶金统计分会 .2015 年中国钢铁工业环境保护统计 [R] .
[16] 中国产业信息网 . 中国钢材深加工产业发展现状及行业主要细分产品产量分析 [OL] . [2016-02-18] . http：//www.chyxx.com/industry/201602/386826.html.
[17] 冶金工业规划研究院 .2013（首届）钢铁行业非钢产业大会会议交流材料（内部资料）.
[18] 冶金工业规划研究院 .2014（第二届）钢铁行业多元产业发展大会会议交流材料（内部资料）.
[19] 工业和信息化部 . 工业和信息化部发布新材料产业“十二五”发展规划 [EB/OL]. [2012-02-22] . http：//www.gov.cn/gzdt/2012-02/22/content_ 2073383.htm.
[20] 聂尊誉，温杜斌，赵安中，等 . 国内外新材料产业发展现状与趋势研究 [J] . 中国科技纵横，2017（6）.
[21] 马川 . 钢铁行业供应链金融应用研究 [D] . 青岛：中国海洋大学，2011.
[22] 王建林 . 浅议钢铁物流业的现状及发展 [J] . 船舶物资与市场，2017（5）.
[23] 李冰漪 . 钢铁物流的突围之路 [J] . 中国储运，2013（12）.
[24] 万雪明 . 推进多元产业耦合发展助力钢铁产业转型升级 [J] . 冶金经济与管理，2014（6）：12~15.
[25] 张晓芳 . 对钢铁行业多元产业未来发展方向的思考 [J] . 冶金经济与管理，2014（6）.
[26] 韩国浦项（POSCO）简介 [EB/OL] . http：//www.posco-china.com.
[27] 罗晔，袁宇峰，罗学钢，等 . 浦项钢铁公司多元化产业发展现状 [J] . 冶金管理，

2014（8）：41~46.

［28］詹海松．浦项钢铁公司多元化自主产业结构模式探析［J］．冶金管理，2015（2）：14~16.

［29］代铭玉．近年宝钢多元化建设实践［J］．冶金管理，2012（6）：35~38.

［30］谢岚．河钢集团未来两年非钢产业将吸纳五万人就业［EB/OL］．［2016-03-25］. http：//www. ccstock. cn/gscy/qiyexinxi/2016-03-25/A1458851281122. html.

第十三章　国 际 化

一、历程回顾和现状分析

（一）产品国际化

1. 出口总量提升

近年，随着全球经济复苏，多国钢材需求上升，同时我国钢铁企业国际竞争力的提高，使我国钢材出口量得到大幅提升，逐步由世界钢材最大进口国转变为最大钢材出口国。2005 年，我国钢材出口量首次突破 2000 万吨；至 2014 年，除 2009 年外，钢材出口量均超过 4000 万吨；2015 年，钢材出口量持续增长，达到历史最高值，11240 万吨。2016 年，出口钢材 10849 万吨，同比下降 3.5%。

2005~2016 年我国钢材出口量变化情况见图 13-1。

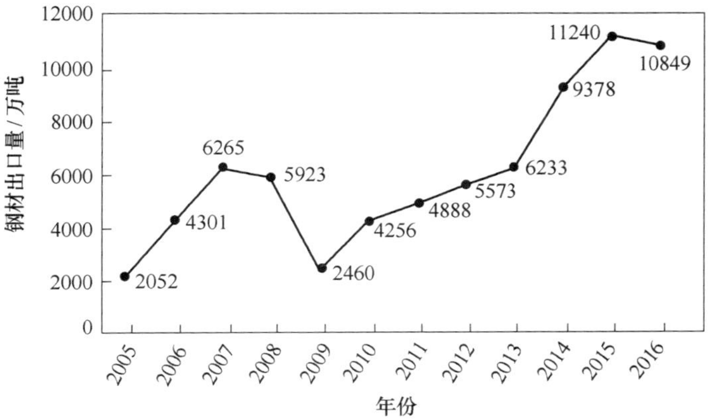

图 13-1　2005~2016 年我国钢材出口量变化情况

2. 出口覆盖区域扩大，主要出口国家集中度下降

我国钢铁企业积极拓展海外市场，出口目的地国家数量呈现逐年增加态

势。2005~2016 年，我国钢材出口区域持续扩大，2005 年我国向 193 个国家和地区出口钢材，2016 年达到 234 个，钢材出口覆盖面达到了 96%，较 2005 年上升 10 个百分点。

随着我国钢材出口量激增，发达国家发起的出口反倾销案件频发，另受发达经济体经济增速下滑导致钢材需求下降影响，我国钢材出口重心向东南亚及新兴经济体国家转移。2016 年，钢材出口的主要国家及占比为韩国 13.2%、越南 10.8%、菲律宾 6.0%、泰国 5.7%、印度尼西亚 5.4%、马来西亚 3.1%、印度 3.1%、沙特阿拉伯 2.9%、新加坡 2.7%和巴基斯坦 2.7%。

从主要出口目的国变化情况来看，2016 年，我国出口前十位的国家和地区钢材出口量占比为 55.6%，较 2005 年下降 16.9 个百分点[1]。2005 年、2016 年我国钢材出口目的国及地区出口量占比情况分别见图 13-2、图 13-3。

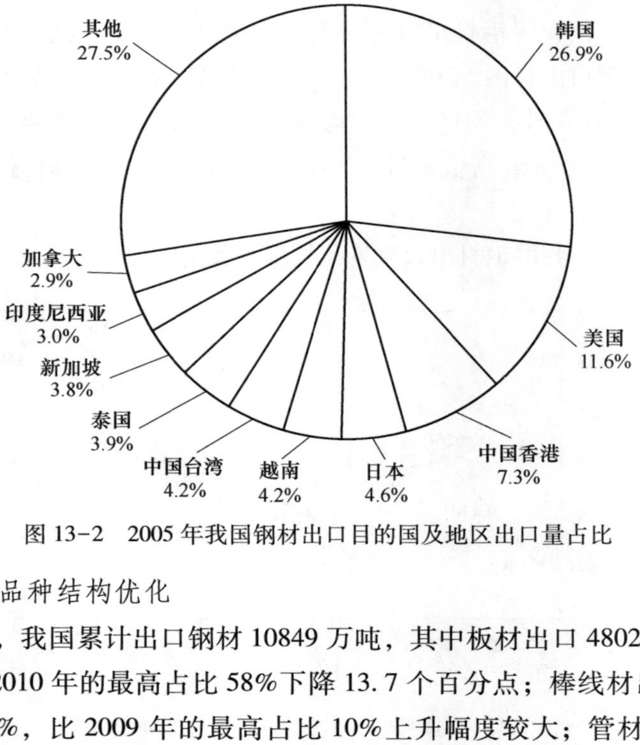

图 13-2　2005 年我国钢材出口目的国及地区出口量占比

3. 出口品种结构优化

2016 年，我国累计出口钢材 10849 万吨，其中板材出口 4802 万吨，占比 44.3%，比 2010 年的最高占比 58%下降 13.7 个百分点；棒线材出口 4125 万吨，占比 38%，比 2009 年的最高占比 10%上升幅度较大；管材出口 967 万吨，占比 8.9%，较 2009 年的最高占比 26%下降 17 个百分点，棒线出口占比大幅上升。

受我国出口政策导向性，以及我国钢材产品结构调整影响，我国钢材出

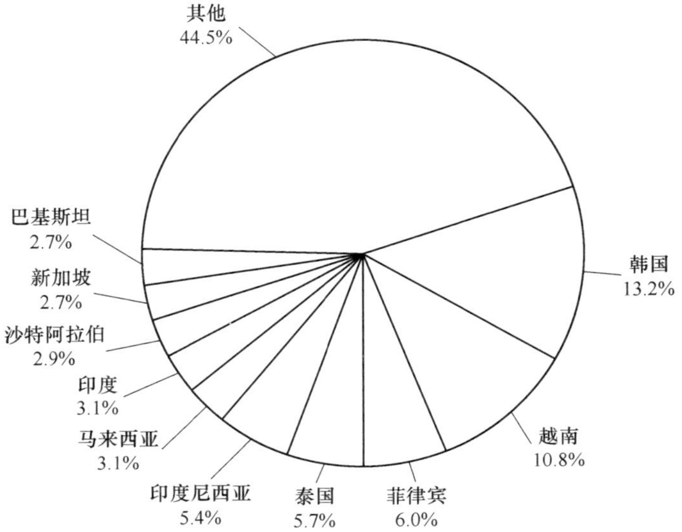

图 13-3 2016 年我国钢材出口目的国出口量占比

口结构不断优化，高附加值出口产品比例上升。2016 年，我国板材、棒线材、管材和角型材出口均价为 514 美元/吨、336 美元/吨、811 美元/吨和 408 美元/吨，出口额占比分别为 45.3%、25.5%、14.4%和 3.8%。从 2016 年钢材分品种出口单价来看，板带材与管材单价较高，棒线材出口单价最低。

我国高附加值产品出口量的快速增加，为企业创造了更大利润空间，同时，为企业打造国际化品牌良好形象、提升国际竞争力创造了良好条件。

4. 钢材出口竞争力分析

高端产品竞争力有待提高。我国在板材方面，国际市场占有率只在少数年份超过日本，如果再考虑低价优势，可以看出我国在高端板材领域的竞争力事实上不及日本。再从钢材进口的角度来看，在高端钢材品种领域的竞争力远不及日本等国家。我国制造业的劳动生产率远低于日本、德国和韩国。

我国钢铁行业技术创新与钢铁产业规模不匹配。我国的粗钢产量规模世界第一，但钢铁产业专利数仅为日本的 54%。可见，中国钢铁产业的创新力与产业规模不匹配。21 世纪初，世界钢铁生产中心从日韩移至中国时，却没有革命性的生产技术出现，我国钢铁产业创新能力仍有提升空间。

5. 钢材出口存在的主要问题

（1）贸易摩擦频现，出口难度大。近年来，美国、欧盟以及东盟等频频对中国钢材产品发起贸易救济调查。2017年上半年，我国产品共遭遇来自15个国家和地区发起的37起贸易救济调查案件，其中反倾销28起、反补贴4起、保障措施5起，涉案金额总计53亿美元。2016年同期，我国遭遇贸易救济调查案件数量达到历史高点，总计是65起，涉案金额85亿美元。2017年上半年，我国遭遇贸易救济调查案件数量和金额均有明显下降，但与过去5年同期相比，总体波动不大，仍然处于高位。

（2）全球钢铁产能过剩，钢材出口价格下降。国际钢协年度统计数据显示，2016年，全球钢铁产能过剩进一步加剧，全球粗钢总产量达16.3亿吨，同比增长0.8%；全年粗钢产能利用率70%左右，处于下降趋势；全球人均钢材表观消费量持续下降，全球钢材市场供过于求加剧，钢材平均价格持续下滑，极大压缩了我国出口钢材的利润空间。2016年，我国钢材平均出口价格为502美元/吨，同比下降10%。未来几年，全球仍有许多国家继续投资建设钢铁产能，同时，经济增速带来的钢材消费动力不足，钢材供过于求的局面将持续扩大，我国钢材出口形势不容乐观。

（3）钢材出口贸易模式单一，出口附加值低。近年，我国板带材出口量不断攀升，但其出口销售对象依然以国外钢材贸易商为主，出口模式单一。相对于韩国浦项、日本新日铁等国际知名板材生产企业建立的钢材海外贸易模式，我国钢铁企业由于缺少与国外用户建立的垂直销售系统，在优化服务、提高产品附加值方面进展不明显，削弱了我国板带材海外市场竞争力。国外用户建立的板带材垂直销售系统，主要方式是建立钢材加工配送中心，即在主要客户所在生产区域建立钢材加工中心，按客户需求加工产品，为客户提供及时、准确的钢材剪切加工及物流服务，还可通过收集相关地区钢材需求动态及技术信息等方式的EVI活动，为客户提供更高层次的优质服务和钢材加工配送中心便利、多样化的服务。建立海外钢材加工配送中心，一方面可完善板带材生产企业产业链，提高产品附加值；另一方面可为下游用户提供优质服务，增强我国板带材生产企业海外市场竞争力。

另外，除河钢外，我国钢铁企业境外销售部门多采用海外办事处形式，对海外市场的销售掌控力不足。我国钢铁企业应尝试借鉴河钢经验，采用参股、收购等方式与境外较大规模钢铁销售公司合作，扩展境外销售渠道。

（4）钢材出口依存度高，对主要出口国依赖度大。2016年，我国钢材表现出口依存度9.5%，较2005年提高2.3个百分点。随着我国出口依存度升高，钢材出口风险加大。2016年，我国出口前十位的国家钢材出口量为55.6%。其中，向韩国、越南、菲律宾、泰国、印尼出口钢材占比为41.1%。考虑近年我国与东南亚国家领土争端、反华等政治因素，我国面临的出口前十位国家的出口环境并不乐观，出口风险增加。

（二）产能国际化

1. 现状分析

自2006年以来，我国粗钢产能利用率呈明显下降趋势，尤其是从2013年开始，该指标持续在合理水平线以下，产能过剩矛盾突出，如图13-4所示。《国务院关于钢铁行业化解过剩产能实现脱困发展的意见》（国发〔2016〕6号）明确提出，“鼓励有条件的企业结合‘一带一路’建设，通过开展国际产能合作转移部分产能，实现互利共赢。”同时，地方政府也陆续出台政策鼓励钢铁企业将境外矿产资源开发与境外资源深加工相结合，在矿产资源丰富地区开发矿产资源，投资建设钢铁生产加工基地，延长冶炼及加工产业链条。2017年国务院政府工作报告中再次明确，“扩大国际产能合作。坚持企业为主、政府推动、市场化运作，实施一批重大示范项目。落实和完善财税金融支持政策，设立人民币海外合作基金，用好双边产能合作基金。推动装备、技术、标准、服务走出去，打造中国制造金字品牌。”

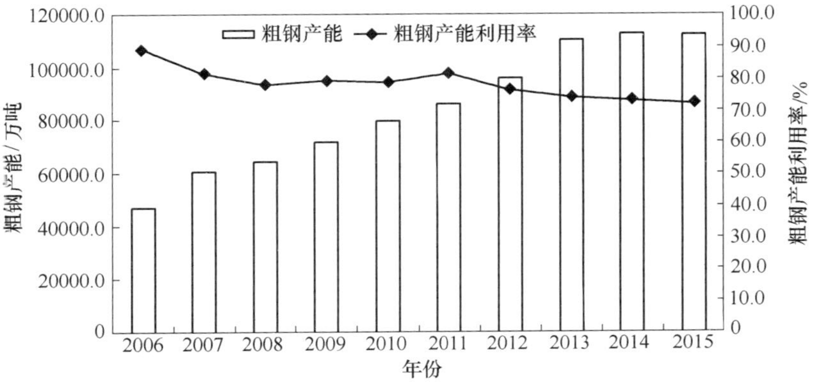

图13-4　2006~2015年中国粗钢产能及产能利用率

我国钢铁企业海外建厂之路，从20世纪90年代至今没有停止，近年来，随着国内钢铁需求增速放缓，以及“一带一路”战略的刺激作用，沿线国家开发热度逐渐升温，钢铁企业对外投资设厂劲头更足。2014 年 1 月，南钢携手 GGS 公司（印尼古龙钢铁集团的下属企业印尼武龙棉兰钢厂），在印尼棉兰共同投资建设钢铁厂，五年内达到 100 万吨钢生产规模。2014 年 5 月，昆钢集团、越南钢铁总公司合资设立的越中钢铁厂正式投产，一期项目年产量为 50 万吨生铁和 50 万吨钢坯，待二期工程完工后，产能将翻倍。2014 年 9 月，河钢集团与南非工业发展公司、中非发展基金达成合作意向，现在已经启动了 500 万吨钢铁项目建设。2015 年 3 月，中国冶金科工股份有限公司、马钢与哈萨克斯坦 Ferrum Corp. 公司共同签署 100 万吨/年的综合钢厂项目合资公司备忘录。2015 年 9 月，武钢与西非签署协议将在位于西非的利比里亚建设并运营一家年产钢 50 万吨的合资钢铁厂。2016 年 4 月，河钢集团以资产打包收购方式收购了塞尔维亚的斯梅代雷沃钢厂[2]，这是我国提出“一带一路”倡议、推进与中东欧国家国际产能合作取得的一项重大成果。

此外，河北的多家大型民营钢铁企业也积极谋划产能“走出去”，目前已开工建设的项目包括霸州新亚金属制品有限公司收购印尼爪哇太平洋有限公司 30%股权扩建镀锌带钢及家具钢管项目、邢台德龙钢铁公司与泰国 Permsin 钢铁公司等三家企业合资在泰国建设年产 60 万吨热轧窄带钢项目等。即将落地的项目包括秦皇岛通联集团与老挝太平洋矿业有限公司合作建设年产 30 万吨钢铁厂项目、武安市永诚铸业有限公司与印尼力宝集团合资在印尼建设一期年产 200 万吨钢铁厂项目等。邯郸裕华钢铁公司在印尼中国园建设年产 200 万~300 万吨钢铁项目已签订合作意向[3]。另外，华瑞铸管、天柱钢铁、国丰钢铁、港陆钢铁、东海钢铁等一批钢铁企业也“走出去”，对“一带一路”沿线部分国家进行了实地考察和合作洽谈。

2. 存在问题

目前中国钢铁产能“走出去”主要以输出东南亚、非洲和西亚国家为重点，在政策助推下，未来我国钢铁产能“走出去”的步伐还会不断提速。相对出口来说，借助外资企业平台或到国外建厂更容易避免贸易摩擦，但同时政治因素、境外法规、当地风俗、基础建设、环评、征地、用工制度等等，都有可能成为国内钢企“走出去”的绊脚石。当前中国钢铁企业产能“走出去”面临的主要困难包括以下几点：

（1）市场容量小，易受排斥。目前东南亚、非洲等地区各国钢铁市场容量小，当地产能超过 300 万吨的企业就属于超大企业。即使百万吨规模的钢铁产能转移到这些国家，都可能成为当地龙头企业，影响当地钢铁产品供应格局，对当地钢铁企业造成一定的竞争压力，极易被本土竞争对手视为敌人，影响政府出台新的限制政策。

（2）环保成本高，审查严格。与我国过去“先污染后治理”的发展路径不同，东南亚国家民众受西方影响深，在建设发展的同时对环保要求非常苛刻。因此，中国设备运送到东盟国家将面临更为严苛的环保审查和更大的环保投入，这也造成了很多项目不能获批或虽然获批但民众反对，最后搁置或停建。

（3）法制不健全，无序竞争多。东南亚国家税收制度仍不完善，官员腐败严重，众多当地企业并不按照税法纳税。面对东南亚这种无序竞争，中国企业在规范经营的条件下只能得到不公正的对待，承担相应的损失。

（4）人才匮乏，用人成本高。东南亚、非洲国家劳动力虽多，但很多国家钢铁工业基础基本为零或者刚刚起步，要找到大批钢铁行业需要的人才非常困难，若从国内引入人才将造成成本上升且不能发挥当地劳动力成本优势，而对本地人培训也需付出大量的时间成本。

（三）资源供应国际化

1. 铁矿石

（1）供应现状。中国铁矿石供应主要分三个阶段：第一阶段以国内矿供应为主，国内矿基本可以满足我国钢铁工业对铁矿的需求。第二阶段以长协矿供应为主（谈判定价），随着我国钢铁工业对铁矿需求的增长，进口矿的规模逐渐增加，钢铁工业的蓬勃发展和贸易全球化，铁矿石国际贸易也日渐成熟，到20世纪80年代初逐渐形成了自己特定的交易惯例和价格机制，即年度定价长协机制。第三阶段长协矿与现货矿共存（指数定价、掉期、期货），由铁矿石传统长协定价机制转向更为灵活的定价机制。除了定价指数化外，近年铁矿石金融衍生品也逐步出现，如新交所的铁矿石掉期交易、印度的铁矿石期货，以及中国大连商品交易所的中国铁矿石期货。

近年，由于中国铁矿石需求量大幅增加，而中国成品矿产量增速不及需求增速，导致中国进口铁矿石规模和对外依存度逐年上升，铁矿石供应国际化程度不断增强，进口量从2005年的2.75亿吨增至2016年的10.24亿吨[4]，致使对外依存度从2005年的50.2%增至2016年的87.3%，见图13-5。

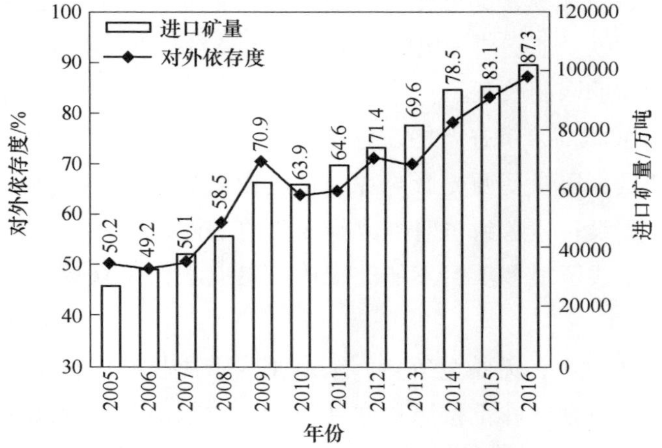

图 13-5　近年我国进口铁矿石规模及对外依存度变化情况

目前，中国钢铁行业铁矿石主要使用品种来源分国产和进口。2016 年，中国国产铁矿石原矿产量 12.81 亿吨[5]，经过选矿工艺后为钢铁行业提供成品矿。2016 年，中国进口铁矿 10.24 亿吨[4]。从品种角度分析，国产矿几乎都是经过选矿工艺的铁精矿（分为磁铁矿和赤铁矿，其中磁铁矿占 3/4），而进口矿包括铁精矿、粉矿、块矿、球团和焙烧黄铁矿等，其中粉矿量最多，高达 7.39 亿吨，占进口矿量 72.2%，见图 13-6。

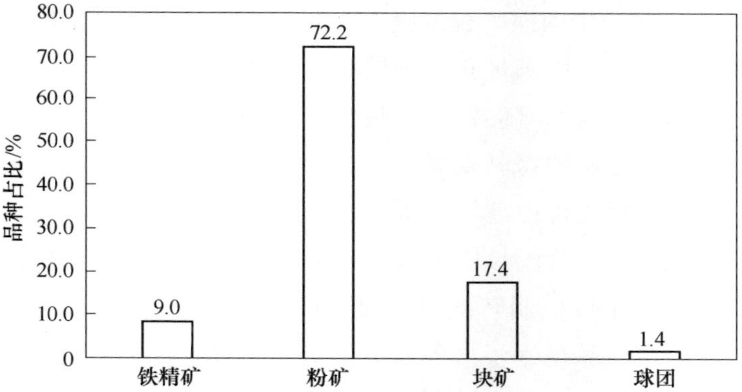

图 13-6　2016 年铁矿石进口分品种占比

我国进口铁矿中，供应来源主要集中于三个国家，2016 年铁矿进口来源国前三位为澳大利亚、巴西和南非，三国进口量分别为 63987 万吨、21469 万吨和 4485 万吨，占比分别为 62.5%、21.0% 和 4.4%，三国合计占总进口矿量的 87.9%，采购渠道的相对单一和过于集中会带来价格及供应风险。具体情况见图 13-7。

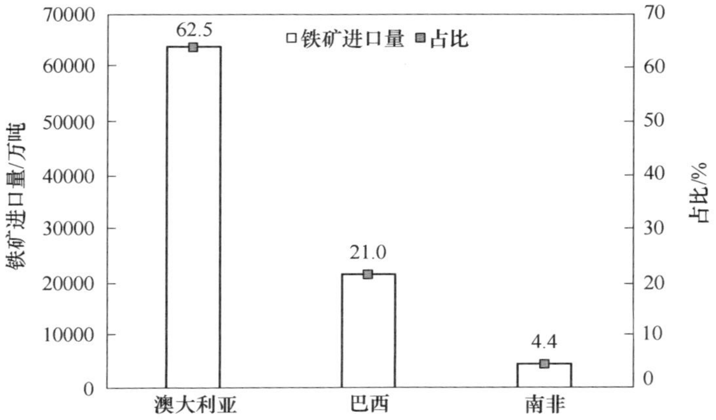

图 13-7 2016 年铁矿石进口量前三国占比

（2）供应的国际化布局。中国的海外铁矿开发始于 20 世纪 80 年代，进入 21 世纪，尤其是 2005 年后，在铁矿石价格大幅上涨的刺激下，中国企业开始成规模地到境外开发铁矿，境外投资铁矿的步伐加速。目前，中国每年需进口大量铁矿，但其中权益矿比重低，使钢铁行业蒙受巨大损失；虽然中国在提升权益矿方面做了大量努力，但由于海外矿业投资经验不足，造成多数项目推进存在困难。中国境外铁矿资源投资可划分以下四个发展阶段。

第一阶段（1980~2000 年）：中国钢铁产量不大，铁矿石价格较低，资源对钢铁工业的影响并不特别突出。境外资源投资进展缓慢，仅成功开展两宗境外铁矿合资开发和收购，分别是中钢澳洲恰那铁矿和首钢秘鲁铁矿。

第二阶段（2000~2008 年）：中国钢铁产量快速扩张，资源需求量急剧增长，铁矿石价格持续高速攀升，给钢铁工业安全运营带来一定冲击。各企业逐渐重视资源保障体系建设，形成了境外铁矿合资开发和收购的热潮。

第三阶段（2008~2012 年）：中国钢铁产量的进一步增长，钢铁行业对原料稳定供应和市场风险关注程度日益提高，特别是国家逐步落实应对经济危机的“一揽子”政策措施，企业较为密集地“走出去”实施境外资源开发。

第四阶段（2012 年至今）：受世界经济复苏乏力等影响，特别是受中资海外投资成功案例较少影响，中资企业海外投资谨慎，仅有 2 例，详见表 13-1。

表 13-1 中国境外铁矿资源开发进程一览表

序号	国 家	国外矿山名称	企业名称	中方	中方股比/%	合资时间	投产时间
一	1980~2000 年						
1	澳大利亚	恰那铁矿	Channar Joint Venture	中钢	40	1987	1990
2	秘鲁	秘鲁铁矿	首钢秘鲁铁矿有限公司	首钢	98.4	1992	1992
二	2000~2008 年						
3	巴西	Agua Limpa 铁矿	宝华瑞矿山有限公司	宝钢	50	2001	2001
4	澳大利亚	帕拉布杜东坡铁矿	宝瑞吉矿山有限公司	宝钢	46	2002	2002
5	澳大利亚	威拉拉铁矿	Wheelarra Joint Venture	唐钢、武钢、马钢、沙钢	40	2004	2004
6	俄罗斯	别列佐夫铁矿		西洋集团	100	2005	前期
7	越南	贵沙铁矿	越中矿产与冶金有限责任公司	昆钢	45	2005	2006
8	澳大利亚	Sino 铁矿	Mineralogy	中信泰富、中冶集团	100	2006	2012
9	澳大利亚	卡拉拉铁矿	金达必	鞍钢	69.3	2007	2012
10	阿根廷	希拉格兰德铁矿		中冶集团	70	2007	生产
三	2008~2012 年						
11	澳大利亚	Cape Lambert 铁矿		中冶集团	100	2008	可研
12	澳大利亚	Weld Range 铁矿	Midwest	中钢集团	100	2008	可研
13	澳大利亚	Mount Gibson 铁矿	Mount Gibson 矿业公司	首钢	40	2008	生产

续表 13-1

序号	国 家	国外矿山名称	企业名称	中方	中方股比/%	合资时间	投产时间
14	澳大利亚	Bungalow Magnetite 铁矿		包钢	50	2008	前期
15	马达加斯加	Solala 铁矿	香港武钢广新锦华资源有限公司	武钢、广新	80	2008	前期
16	喀麦隆	洛比铁矿	中钢喀麦隆有限公司	中钢	97.5	2008	勘探
17	澳大利亚	Eyre 铁矿	CXM	武钢	60	2009	可研
18	澳大利亚		FMG	湖南华菱	17.4	2009	生产
19	澳大利亚	伊斯坦鑫山	伊斯坦鑫山有限公司	重钢	60	2009	可研
20	巴西		EBX 集团 MMX 公司	武钢	21.52	2010	生产
21	塞拉利昂	唐克里里铁矿		山钢	100	2010	停产
22	利比里亚	利比里亚邦矿		武钢、中非基金	100	2010	生产
23	几内亚	西芒杜铁矿	SIMFER	中方联合体	41.3	2010	可研
24	加拿大	世纪铁矿(阳光湖、邓肯湖、阿提坎玛根项目)	世纪铁矿有限公司	武钢	40	2011	前期
25	加拿大	Lac Otelnuk 项目	ADI	武钢	60	2011	前期
26	加拿大	Kami 铁矿项目	阿尔德龙铁矿公司	河钢	25	2012	预可研

续表 13-1

序号	国 家	国外矿山名称	企业名称	中方	中方股比/%	合资时间	投产时间
27	加拿大	Tuktu 铁矿项目	Advanced Explorations Inc	新兴际华		2012	勘探
28	加拿大	Astray-X	Northern Star Minerals Limited	新兴铸管		2012	勘探
29	南非	PMC 矿业		河钢	74.5	2012	生产
四	2012 年至今						
30	墨西哥	ZANIZA 铁矿项目	墨西哥 MINOSA 公司	新兴汉方		2013	
31	澳大利亚	Aquila 矿业公司		宝钢	85	2014	前期

从铁矿供应国际化布局历程可以看出，近年来，中国企业加大了“走出去”的步伐。据统计，2006~2016 年中国各类企业海外铁矿权益投资累计超过 246 亿美元，参与了 31 个大型海外铁矿项目的勘探、设计和建设。截至 2016 年，中方涉矿项目探明和控制储量约为 980 亿吨，获得规划权益矿产能合计 2.7 亿吨左右，占参与项目成品矿总产能 5.0 亿吨的 54%。

中国海外投资铁矿主要集中在西澳大利亚、加拿大魁北克省和西非三个地区。其中，在铁矿石品位高、资源丰富的澳大利亚，合作项目共有 18 项，几乎占全部海外项目的一半；加拿大主要有武钢集团公司等 5 个项目；西非主要有中国铝业等投资的几内亚西芒杜铁矿等 3 个项目。

（3）存在问题。

1）资源量大，规划开发规模大，但富矿资源少，实际投产量小。截至 2014 年，已投产矿山项目仅 15 个，实际形成权益成品矿供应量仅 8300 万吨/年，约占进口总量的 10%，与日本、欧洲等国家或地区的 50% 以上相比，差距较大。

2）配套基础设施薄弱，制约矿山开发瓶颈。从地理位置来看，中国海外铁矿项目大多地处偏僻，缺少铁路、港口、电厂等配套基础设施。这些问题有的需中方投巨资解决，有的还受制于第三方。

3）前期研究工作不足。项目前期研究工作大部分存有不足，表现在勘探程度不够、地质情况不明及未做选矿试验等，不仅增加了后续资源开发风险和不确定性，还给工程进度带来不利影响。

4）生产成本偏高，抗风险能力弱。目前中方投资的海外铁矿大部分为品位30%左右的低品位矿，需增加选矿、电厂、取水等设施的建设投资，项目普遍存在配套基础设施投资大、运距长、建设成本高、采选成本高等因素影响，项目成本普遍偏高。初步预计项目平均FOB成本58美元/吨，平均CIF成本高达79美元/吨，与国际主要铁矿石生产商下属铁矿项目平均20美元左右的成本相比，竞争优势较弱，同时也高于国产矿的75~85美元/吨水平。

5）投资水平普遍较高。项目总体平均投资水平处于国际铁矿投资中等偏上水平，20%的生产规模处于国际铁矿高投资水平。

6）缺乏统一管理，导致恶性竞争。近年来中国众多钢铁企业和相关企业认识到海外资源开发的必要性和重要性，纷纷“走出去”开发铁矿项目，但由于缺少国家层面的统一规划，企业各自为战，独立对外，不同企业、金融机构之间又存在恶性竞争的情况，导致一些海外矿业项目失利或重大项目难以有效推进。

2. 煤炭

（1）供应现状。2014年世界煤炭资源探明可采储量为8915亿吨[6]，与2013年持平，其中无烟煤和烟煤为4032亿吨，次烟煤和褐煤为4883亿吨。居前三位的分别是欧洲及欧亚地区、亚太地区和北美地区，按2014年开采水平，已探明煤炭可采储量静态保证年限约为110年。

2015年世界煤炭产量为78.61亿吨[4]，比2014年81.65亿吨减少4%，减少部分主要来自中国。估计2016年世界煤炭产量约为74.5亿吨，比2015年进一步减少约5%，减少部分主要来自中国、美国和印尼等。

煤炭消费区域格局大致可分为，亚太地区消费占70.0%，北美地区占12.4%，欧洲及欧亚地区占13.9%，非洲占2.6%，中南美地区占0.8%，中东地区占0.3%。

2015年我国钢铁行业消费煤炭量为65022万吨[7]，其中煤炭实物消费量为14060万吨，焦炭实物消费量为38725万吨，折合洗精煤消费量为50962万吨。按煤种分，炼焦煤消费量约5.096亿吨，喷吹煤消费量0.970亿吨，烧结无烟煤和动力煤为0.436亿吨。同年我国钢铁行业进口炼焦煤4784万吨，未进口其他煤种。炼焦煤对外依存度为9.38%。

2016年我国钢铁行业消费煤炭量为64594万吨，其中煤炭实物消费量为15284万吨，焦炭实物消费量为37470万吨，折合洗精煤消费量为49310万吨。按煤种分，炼焦煤消费量约4.93亿吨，喷吹煤消费量1.054亿吨，烧结无烟煤和动力煤为0.474亿吨。同年我国钢铁行业进口炼焦煤5923万吨，未进口其他煤种。炼焦煤对外依存度为12.01%。

2015~2016年我国分国别进口炼焦煤炭国家见表13-2[8]。

表13-2　2015~2016年我国分国别进口炼焦煤炭国家

序号	国家名称	2015年数量/万吨	2016年数量/万吨	备注
1	俄罗斯	323	260	
2	加拿大	571	518	
3	美国	12	0	
4	新西兰	0	54	
5	印度尼西亚	23	57	
6	马来西亚	1		
7	蒙古	1272	2356	进口量第二
8	哈萨克斯坦	0	1	
9	澳大利亚	2555	2677	进口量最大
合　计		4784	5923	

（2）供应的国际化布局。自改革开放以来一直到20世纪90年代末，为换取外汇，我国炼焦煤一直以出口为主，进口量大多不足20万吨，非常小。随着我国钢铁工业的快速发展，炼焦煤需求量迅速增加，到了2004年成为了转折点，即炼焦煤进口量第一次超过了出口量，以后进口量就越来越多，直至2013年进口炼焦煤为7539万吨，进口量达到了阶段性顶峰。

为满足国内炼焦煤需要，进入21世纪以来，国内有些大型国有企业如神华集团分别投资参股或控股了蒙古、俄罗斯、澳大利亚、美国、加拿大等国煤矿的开采及生产，还有一些民营企业也各自投资参股了蒙古、俄罗斯、澳大利亚等国个别煤矿。

我国钢铁企业投资海外煤矿起步较晚，参与的企业也不多，重点主要是投资参股炼焦煤的开采和生产，例如，宝钢投资参股澳大利亚煤矿，河北钢铁和首钢参股了加拿大煤矿等，但从投资效果看，不太理想，主要问题是对煤炭价格长期走势把握不准，对各国法律、煤矿价值判断以及投资估算缺少综合性人才。

二、发展环境和政策导向

（一）钢铁企业国际化发展的必要性

当前，我国经济发展面临的国内外环境更加复杂。一方面国际经济深度调整，国际贸易低速增长，发达经济体、新兴经济体发展分化明显，美联储加息，石油、铁矿石等大宗商品价格下挫造成全球金融及商品市场波动，地缘政治矛盾冲突不断，不确定、不稳定因素进一步增多。另一方面，国内经济下行压力加大，实体经济困难加重，经济惯性回落风险和实体经济及金融市场波动叠加引发的系统性风险不断加大。在这种情况下，深入推进走出去，加快“一带一路”建设和国际产能合作具有重要的战略意义。“一带一路”建设是我国今后一个相当长时期内对外开放和国际经济合作的总体战略。新时期实施“走出去”战略，必须以“一带一路”战略为指引，加强统筹谋划指导，全面推进与沿线国家和地区实现政策沟通、设施联通、贸易畅通、资金融通、民心相通的五通目标。国际产能合作是推进“一带一路”建设的主要抓手和平台，也是实施走出去战略的阶段性新特征和新任务，发挥着至关重要的作用。

一是有利于拓展我国经济发展空间。“十三五”时期要保持经济中高速增长，必须加快走出去步伐，拓展外部发展空间，加快钢铁等优势产能和装备输出，从出口产品向输出产业、输出资本拓展，用资本项下的逆差平衡贸易项下的顺差，促进国际收支平衡。二是为促进经济转型升级开辟一条新路。一方面，我国钢铁行业积累了大量优质产能，设备先进实用，技术成熟可靠，性价比突出，具备对外的独特优势；另一方面，国内资源环境约束加剧，劳动力成本持续上升，钢铁产能过剩矛盾日益突出，必须积极推进转变发展方式，实现由数量型增长向质量效益型发展的转变，通过国际产能合作有效化解钢铁过剩产能、转移富余优质产能，推动结构性改革，提供供给侧质量和效率。三是有助于发展高水平的开放型经济。我国对外经济结构正在深刻变化，必须创新对外投资方式，大力推进国际产能合作，从消费品出口向投资品输出转变，从引进来为主向引进来和走出去并重转变。四是在更高层次落实互利共赢开放战略。当前发展中国家和新兴经济体正在持续推进工业化、城镇化，发达国家加快推进再工业化、改造原有基础设施，推进钢铁等行业国际产能合作可以衔接不同发展阶段国家的供给和需求，推动全球产业链有机结合，有利于提高我国在全球经济治理中的话语权。

（二）国家对钢企国际化发展的政策支持情况及面临的宏观经济环境

从国际看，世界经济深度调整、复苏乏力，国际贸易增长低迷，金融和大宗商品市场波动不定，地缘政治风险上升，外部环境的不稳定不确定因素增加，对我国发展的影响不可低估。从国内看，长期积累的矛盾和风险进一步显现，经济增速换挡、结构调整阵痛、新旧动能转换相互交织，经济下行压力加大。目前正是我国钢铁等行业开展国际产能合作的重要机遇期。国家发展改革委和外交部共同编制了《国际产能和装备制造合作重点国别规划》，近期以我国周边国家为主轴，以非洲、中东和中东欧国家为西翼，以拉美国家为东翼，综合确定45个产能合作重点国家，形成“一轴两翼”的区域布局，稳步推进国际产能合作。

按照国务院部署，相关部门编制《“十三五”国际产能合作规划》。钢铁、有色、建材等12大重点行业将作为核心，系统设计产业全球布局，推动实施重点项目；以“一带一路”沿线及相关国家为重点，系统设计国别布局，深化多双边务实合作。国家将推动出台《境外投资条例》，进一步落实企业投资自主权，重点加强事中事后监管和服务保障。加大境外投资合作重大项目协调，规范市场竞争秩序。加强重点国家产能合作统计分析和运行监测。

财税金融支持政策，将加大对国际产能合作战略性项目的支持力度。通过扩大外经贸发展专项资金和“两优”贷款规模，灵活调整主权借款或主权担保政策，进一步完善税收政策。加大政策性和开放性金融支持力度，加快推动金融机构境外布局，支持利用境内外资本市场和债券市场为走出去项目融资。有效发挥外汇储备作用，稳步扩大委托贷款规模和覆盖范围，充分发挥中投公司、丝路基金、国新国际公司等投融资平台的投资促进作用。重点围绕钢铁、水泥、有色、电力、基础设施等领域战略性支点和标志性项目，加快推进“一带一路”建设和国际产能合作，大力实施非洲三网一化行动计划，周边基础设施互联互通和境外经贸合作区建设项目，加快在境外形成相关产能规模。

三、案例剖析

（一）韩国浦项钢铁集团

1. 国际化概况

POSCO 发展历程大致分为 1968~1997 年起步创业期；1998~2007 年快速发展期；2008 年至今战略调整期。目前，产业规模粗钢达 4000 万吨以上。20 世纪 90 年代开始确定“携划时代开展海外扩张”的战略，凭借其拥有的高端技术和产品，推行全球化钢铁产业布局战略，通过在海外建设项目达到扩大国际市场份额的目的。海外布局主攻方向由中国和日本逐步拓展到印度、越南、印尼等新兴经济体，并将触角伸向巴西、墨西哥、美国、土耳其等欧美国家。经过多年的精心培育，已基本形成全球化钢铁产业布局的格局。

国际化战略采用渐进式发展模式，发展阶段见表 13-3[9]。

表 13-3 POSCO 全球化历程表

1972~1993 年	1993~2001 年	2002~2010 年	2010 年至今
市场进入探索期	市场进入期	市场扩大扎根期	国际化阶段

2. 国际化经验分析

浦项在新兴经济体投资建设钢铁生产和钢材加工基地以及技术服务中心，抢占东南亚、中东地区市场，在全球范围内针对高收益地区和产业不断强化精准销售。同时，加大高附加值技术的配套出口。全球钢铁产能布局其业务、分支机构、生产厂遍布亚洲、美洲和欧洲。

浦项从 1991 年进军中国市场，于 2003 年 7 月成立浦项（中国）投资有限公司，为其旗下的中国投资法人提供企业经营活动相关的业务支援。筹、扩建钢材加工中心进行投资扩张。在中国沿海地带建设钢材加工基地的战略布局，以“高尖端”产品和技术的输出进军中国市场，不断扩大自身规模，提升服务质量，拓展多元化的销售渠道。

建设钢铁生产企业。1991~2011 年，先后设立了大连浦金、张家港浦项、广东顺德浦项、青岛浦项、本钢浦项等 5 家钢铁生产企业。其中：冷轧年产能超过 200 万吨，镀锌年产能超过 100 万吨，不锈钢年产量达到 100 万吨。

筹建、扩建钢材加工中心。在天津、青岛、佛山、苏州、重庆等建设汽车钢板、不锈钢钢板、电工钢、彩涂板等30余家钢板综合加工中心，年处理能力超过300万吨，提高产品市场占有率。

建设示范钢厂，出口FINEX技术。浦项与重钢合作采用FINEX-CEM技术建设FINEX综合示范钢厂，生产高品质板材和线材，重点服务汽车、家电、建筑装饰等行业。在中国出口FINEX技术，标志着正在着力构筑钢铁技术出口的商业运作模式，并可从中获得技术使用费。综合示范钢厂的建设将有助于推广至印度、东南亚和中东地区。

（1）全球布局钢铁项目。钢铁项目及钢材加工中心主要生产汽车板和不锈钢冷轧卷等产品[11]。浦项海外主要扁平材项目见表13-4。

表13-4 浦项海外主要扁平材项目

项　目	年产能/万吨	地　点	完工时间
加工中心	2.4	印度	2012年2月
镀锌线	45	印度	2012年5月
无取向电工钢厂	30	印度	2013年10月
冷轧卷厂	180	印度	2015年1月
1号FINEX设备搬迁	150	印度	2019年4月
不锈钢厂冷轧厂	8.5	越南	2009开建
不锈钢冷轧厂	15	越南	2012年3月开建
冷轧厂	120	越南	2009年9月
综合钢厂	300	印度尼西亚	2013年12月
冷轧厂	120	泰国	2009年
不锈钢厂	30	泰国	2015年扩产完成
电镀锌线	18	马来西亚	2007年
镀锌线	3	缅甸	1999年
镀锌线	40	墨西哥	2013年6月
不锈钢冷轧厂	20	土耳其	2013年4月
综合钢厂	300	巴西	2015年年中
钢管厂	27	美国	2009年
综合钢铁厂（FINEX-CEM）	160	伊朗	2019年

为满足世界各主要地区汽车和家电工业的快速发展，浦项还不断在海外建立板卷加工中心，这比在当地建大型钢厂更容易。浦项最早在日本建有6家板卷加工中心，后续又在墨西哥、波兰、中国、泰国、越南等国建有板卷

加工中心。目前，浦项在全世界的板卷加工中心已超过50家，年处理能力超过500万吨。

（2）钢材加工中心。浦项早在1998年在泰国建设了第一家钢材加工中心。此后陆续在马来西亚、印尼、越南和菲律宾建设了加工中心。目前，浦项在东南亚市场建设有10个钢材加工中心，年总加工能力约115万吨，为浦项在东盟的发展提供了良好的支点。钢材加工中心分布见表13-5。

表13-5 钢材加工中心分布

加工中心名称	国家	地址	投产时间	年加工能力/万吨
POSCO-TBPC	泰国	春武里	1998	12
		罗勇	2006	12
		Wellgrow 工业区	2009	12
POSCO-MKPC	马来西亚	万挠（Rawang）	2006	14
		巴生港（Port Klang）	2009	12
POSCO-VNPC	越南	海阳省（Hai Duong）	2007	12
POSCO-VHPC		胡志明市	2008	15
POSMI	印度尼西亚	Bekasi	2002	8.5
POSCO-IJPC		Karawang	2006	12
POSCO-PMPC	菲律宾	菲第一工业园（FPIP）	2009	5

3. 点评结论

产业布局模式为在海外地区设立法人，通过合资或并购方式，在当地建设综合钢厂、设立钢铁生产和钢材加工基地，以及技术服务中心，加大高附加值技术（如FINEX-CEM）配套出口。通过延伸上下游产业链，持续不断地创新、理解并融入国外各地区文化，正是浦项“携划时代技术进行海外扩张”之道[12]。

（1）全球钢铁产业布局着眼于当地的汽车、能源、家电、建设、电子电器等行业的钢铁需求，进行有针对性的海外战略投资，并侧重于下游工序及汽车产业的建设。

（2）密切与下游行业合作，在新兴市场国家投资建设钢材加工中心，积极进行海外布局，扩大汽车板、电工钢、不锈钢等高附加值钢材的深加工能力。提高产品附加值，提供更贴近用户的服务，扩大市场占有率。

（3）采用合资企业的方式进行海外产能扩张，既可以通过当地合作伙伴来弥补全球化管理能力的不足，又可以实现文化的兼容。

海外投资充满风险和挑战，如政治生态、经济基础、环保政策等影响项目成败，面临高度依赖市场、债务、评级、法律和项目延期等风险。但从长远考虑，坚持“专注于新兴市场，可以购当地的原材料并满足当地不断增长的钢铁需求”的战略。由于国内市场容量有限，未来产能扩张计划基本都是依靠海外建厂实现。远景规划2020年粗钢产能7100万吨，其中海外产能高达2600万吨，占比36.6%。

（二）安赛乐米塔尔集团

1. 国际化概况

安赛乐米塔尔集团是目前世界上最大的钢铁集团、最大的钢铁跨国公司，是跨国并购重组“跨度”最大、靠并购重组崛起速度最快、并购成功率最高的当今世界第一大钢铁企业。公司创始人、董事长拉克希米·米塔尔于1980年建立了自己的钢铁公司（简称LNM）；1986~1995年，LNM集团收购了不同国家（包括加拿大、墨西哥、爱尔兰、特立尼达和多巴哥、英国、德国和印度尼西亚等）一系列当时处于困境中的钢厂；2004年，并购美国国际钢铁集团后，组成米塔尔钢铁集团（LNM集团），轰动全球！2006年收购欧洲安赛乐钢铁公司，组成安赛乐米塔尔集团，公司总部从荷兰迁到卢森堡。

短短20年，米塔尔凭借130余次兼并全球经营形势困难的小钢铁企业，2次收购世界级大公司，建立起世界最大的钢铁企业——安赛乐米塔尔公司，业务范围覆盖新兴市场与成熟市场，在汽车、建筑、家用电器、包装等领域占据全球领先地位。据不完全统计，安赛乐米塔尔集团在欧洲、亚洲、非洲和美洲的27个国家和地区拥有60多家钢铁厂，粗钢年产能约13000万吨，生铁年产能约7210万吨，在世界60多个国家拥有员工约33万人，被外界形容为“以互联网速度在钢铁领域发展”。

2. 国际化经验分析

安赛乐米塔尔集团成功的首要前提是：定位明确——全球战略引领。在米塔尔之前，并没有诞生过全球性的钢铁企业，而所谓世界级的钢铁企业大都源于整合本国的钢铁企业，如美国的国际钢铁集团、欧洲的安赛乐，甚至有人认为“钢铁永远不会全球化，只能是地区性产业”。米塔尔旨在将自己打造成钢铁王国中的“亨利·福特”——不仅要控制这个王国，而且要实现整个钢铁行业运作模式的转型。

安赛乐米塔尔集团迈向成功的第一步是，确立了走兼并和改造亏损国营企业的公司发展路线。依靠兼并濒危小钢厂的低成本规模扩张经营，然后通过降低运作成本，利用现代加工技术和管理理念，使旧式工厂重获生机实现盈利。石油危机后钢铁业长期低迷，世界钢铁需求长期徘徊不前，钢铁工业也一度被认为是夕阳产业。但在这期间，米塔尔却总是去并购别人眼中的“垃圾企业”，例如，1992 年墨西哥第三大钢铁企业 SIBAISA 钢铁公司由于没有订单，开工率仅 25%，经营陷入困境，政府欲对其私有化，米塔尔仅用 2.2 亿美元就收购了这家政府投资 22 亿美元才兴建起来的高度现代化的钢铁联合企业，同时收购的还有该公司年产 33 万吨焊管的生产线、港口设备及拥有 300 万吨铁矿石的矿山。经过改造，不到 5 年时间该厂产量翻了三番，成为墨西哥最大的钢生产和出口企业。取得初步成功的米塔尔随后在波兰、罗马尼亚、哈萨克斯坦、罗马尼亚、捷克共和国等低成本地区，低价收购劳动力过剩、技术落后、经营状况不佳的小型钢铁公司。

安赛乐米塔尔集团走向巅峰的关键是及时调整全球并购战略重心，由“低成本并购策略”向“掌控高端策略”转变，实现由大到强的跨越式过渡。进入 21 世纪，随着钢铁行业进入周期性高峰，钢材需求的增长终于使国际钢铁业再次走上快速发展的道路，实力日渐壮大的米塔尔，为成为全球钢铁霸主，根据全球经济一体化进程及跨国公司迅猛发展态势，及时调整跨国经营的战略重心，将目光转向成熟市场，把兼并博弈的主攻目标投向了世界顶尖级大钢铁公司，面向世界顶级企业展开一系列并购战略，在覆盖全球钢铁行业的基础上，构建垄断行业高端的跨国经营网络体系。2004 年，米塔尔钢铁公司通过子公司“伊斯帕特国际”16%的资产在阿姆斯特丹和纽约上市，为集团的资本化进程打开了窗口，然后合并旗下米塔尔公司与伊斯帕特公司两家钢铁企业的资产。接着又以约 45 亿美元的“现金和股票”方式收购美国国际钢铁集团，组成米塔尔钢铁集团。并购世界级企业后，米塔尔集团钢铁年产量达到 7000 万吨，营业收入达到 320 亿美元，取代当时位居第一的安赛乐集团，成为全球最大的钢铁生产企业。2006 年，米塔尔又一鼓作气，以巨资收购在高端钢材市场占据主导地位的安赛乐钢铁公司，合并后的“安赛乐米塔尔”年产能达到 1.2 亿吨，是当时全球第三大钢铁公司“新日铁”的四倍，占世界钢产量的 10%，股票市值达到 460 亿美元，成为无可争议的全球钢铁之王。

3. 点评结论

安赛乐米塔尔集团的成功秘诀是——确立全球并购战略，在最合适的时机去收购与合并，用最精明的经营手法壮大被收购的企业，实现集团“由小到大”“由大到强”的跨越式扩张。米塔尔集团全球并购战略的扩张模式值得我国大型钢铁企业借鉴：

一是以最小的投资获取最大的资产，米塔尔收购400万吨/年规模的卡拉干达钢铁公司为吨钢240美元，收购内陆钢铁公司为吨钢315美元，而新建大型钢铁联合企业吨钢投资约需1200美元。

二是不仅购得钢铁厂硬件，而且包括多年生产实践形成的软件，即生产诀窍和管理经验，特别是像收购内陆钢铁公司那样的老牌钢铁企业，具有如生产汽车及大型家用器具用钢板等多方面的诀窍，也一并归米塔尔集团所拥有，快速接收原有市场并开拓集团其他区域的新市场。

三是除了获得钢铁厂硬件和软件外，收购现有企业活动也让米塔尔集团快速地、比较完整地拥有操作和管理钢铁企业的人才，结合自身先进的管理和生产模式迅速帮助被收购企业摆脱困境，为集团发挥最大的效力。

（三）河钢集团

1. 国际化概况

河钢集团是我国最大的钢铁材料制造和综合服务商之一，拥有一级子公司30余家，在册员工12万余人，以钢铁材料为主业，横跨矿山资源、金融证券、现代物流、钢铁贸易、装备制造等板块。2016年实现营业收入2908亿元，年末资产总额达到3604亿元。连续9年上榜《财富》世界企业500强位列第221位，在冶金工业规划研究院发布的“MPI中国钢铁企业竞争力排名”中获“竞争力极强”最高评级。河钢是世界钢铁协会执委会成员、中国钢铁工业协会轮值会长单位。

河钢在做强做优钢铁主业的同时，以全球、全产业链的视野，谋求“纵向更深、横向更宽”的战略转型。发挥钢铁企业全产业链、全资源链的优势，实施产业链的垂直延伸和全资源链的宽化利用，大力拓展海外事业。按照“全球拥有资源、全球拥有市场、全球拥有客户”的定位，加快建设全球营销服务平台、全球技术研发平台和全球钢铁制造平台的战略布局。近年来，河钢先后完成南非最大的铜冶炼企业 PMC 公司、全球最大的钢铁材料营销服务商——瑞士德高公司的控股收购，成为拥有海外成熟冶炼企业和全球化营销服务平台的跨国型企业集团。收购塞尔维亚唯一国有大型支柱企业——斯梅代雷沃钢厂，进一步向具备高端制造能力的欧洲地区布局，为拓展海外实业基地、构建全球产业制造平台打下坚实基础。

2. 国际化经验分析

河钢作为中国最大、全球第二的钢铁企业集团，致力于建设“世界的河钢”，在积极布局海外制造基地、推进与成熟国际战略伙伴的密切合作等方面成绩显著。

2012 年 12 月，通过牵头国内企业组成中方联合体，再与南非 IDC 共同出资认购南非 PMC 公司，河钢以 2.34 亿美元持股 35%，成为 PMC 公司最大股东并主导运营管理，南非 IDC 为第二大股东，利用资本纽带形成利益共同体，南非 PMC 公司股权收购是河钢牵头运作的首个大型海外并购项目，已成为中国企业在非投资项目中的成功典范。2014 年 9 月，河钢与南非工业发展公司、中非发展基金有限公司签约，宣布启动南非 500 万吨钢铁项目，创下迄今为止我国在海外投资建设最大规模全流程钢铁项目的纪录。

2014 年 11 月，河钢宣布与德高控股集团股权合作，河钢增持全球最大的钢铁贸易与综合服务商——德高国际贸易控股公司股权至 51%，同时将原子公司唐钢与德高公司之间的全面战略合作伙伴关系上升至集团与德高公司层面。这次股权合作是我国钢铁企业第一次收购国际成熟商业网络，开启了中国最大钢铁企业和国际最大钢铁贸易与综合服务商一体化合作的全新模式。

2016 年 4 月，借助国家“一带一路”倡议，河钢继续深化国际产能合作，收购了塞尔维亚斯梅代雷沃钢铁厂。收购后，河钢派驻塞尔维亚技术团队 11 批，累计近 200 人，诊断并解决斯梅代雷沃钢铁厂在设备、技术、信息化、工艺等方面的问题，仅用半年时间就扭转了斯梅代雷沃钢厂之前连续 7 年亏损的局面，彰显了中国钢铁行业和河钢的优势与能力。河钢塞尔维亚钢铁厂成为中国与中东欧国际产能合作的样板工程[13]。

近年来，河钢集团不断加大国际化发展步伐，在出口渠道拓展、融资、人才培养、项目合作等领域进行了一系列实践，与瑞士德高公司、韩国浦项、南非工业发展公司、中非基金等企业开展了密切合作。目前河钢集团在加拿大、澳大利亚、新加坡、南非等多个国家拥有子公司或合资公司 20 多家，拥有海外员工5000多人。

3. 点评结论

河钢集团国际化战略成功经验的根源在于解放思想、秉承国际化发展理念和经营思路。无论是牵头股权收购南非PMC公司、增持德高国际贸易控股公司股权、收购塞尔维亚斯梅代雷沃钢铁厂，还是开展“头脑风暴”，邀请国内外知名专家开展讲座，围绕盈利能力、营销模式等多项指标，全面深化与国际一流钢铁企业对标等，都体现出河钢集团正在努力用国际化的视野和市场化的思维引领集团发展。

河钢海外制造基地战略布局的特点表现为站位高远、打造国际产能合作样板工程。河钢着眼于海外制造基地的可持续发展，在支持和推进一系列项目建设、提升业务竞争优势的同时，重视与当地工会、社团等组织建立有效对话沟通机制，积极履行社会责任，为企业赢得了良好的口碑。河钢的经营理念、产品能力、技术团队、营销网络，为成功打造钢铁行业国际产能合作的样板工程奠定了坚实基础。

（四）天津钢管集团

1. 国际化概况

（1）历史沿革。天津钢管集团股份有限公司（以下简称TPCO），于1992年投产，是我国于“八五”计划期间建成的大型现代化无缝钢管生产企业，主要工序为炼钢、轧管和管加工，技术装备由英国、德国、意大利和美国引进，属于20世纪90年代世界先进水平。

目前，TPCO拥有1000立方米高炉1座，年生产能力90万吨；150吨超高功率电炉2座、90吨超高功率电炉1座，炼钢年生产能力330万吨；拥有ϕ250MPM、ϕ168PQF、ϕ219ASSEL、ϕ258PQF和ϕ460PQF及ϕ720旋扩共6套机组。

目前，TPCO已由生产单一无缝钢管产品的专业厂发展成为集无缝钢管、不锈钢板、彩板、海绵铁、铁合金、铜线杆等多种冶金产品为一体的集团公司。

（2）产能现状。1992年，原设计年产连铸坯56.3万吨，产品以石油套管为主，年产无缝钢管50万吨，其中石油套管35万吨。目前，TPCO无缝钢管年生产能力已超过300万吨。

（3）行业地位。TPCO 与世界著名企业日本住友产品相比，在化学成分、力学性能、几何尺寸及螺纹加工精度等主要质量指标上相差无几，接近世界一流企业的实物质量，TPCO 已经能与世界钢管生产强手抗衡。

TPCO 是目前国内规模最大的油井管生产基地和无缝钢管精品生产基地，也是目前世界单厂规模最大的无缝钢管生产企业，其工艺技术装备水平代表了当今世界无缝钢管轧制技术的最高水平，超过了日本住友金属并跻身于世界无缝钢管三大集团之列。

（4）国际化战略及取得的成绩。TPCO 积极实施国际化发展战略，走出了一条由技术引进、消化、吸收，到技术输出、海外投资建厂的特色发展之路。2007 年联合建设白俄罗斯无缝钢管项目，实现了技术引进到技术输出。2009 年印尼油井管加工项目建成投产。我国铜管行业在美最大的投资项目——美国无缝钢管项目，一期已建成投产，二期在顺利推进中。

2. 国际化经验分析

TPCO 历经多年的艰苦奋斗，生产的无缝钢管广泛销往国外。TPCO 的主要产品石油套管，于 1994 年通过了美国石油学会（API）认证，取得了 API 会标使用权，1996 年初通过了 ISO9001 质量管理体系认证，已在我国各大油田使用，改写了我国石油套管长期依赖进口的历史，而且产品出口到 100 个国家和地区，成为我国参与国际竞争的行业主力军。

TPCO 始终坚持高起点、高标准的发展原则。始建初期，从德国、意大利、美国、英国等国引进了当时世界上最先进的炼钢、轧管、管加工和直接还原铁设备技术，配备了完善的自动化系统，成为 20 世纪 90 年代技术最先进、国内规模最大的石油管材专业生产厂。投产以来，通过持续不断的技术改造，保持了技术上的领先优势。无缝钢管总量、核心装备与技术进入世界钢管集团前三强。2005 年 3 月，与德国西马克・米尔公司联合中标承建了白俄罗斯钢管项目，实现了由技术引进型向技术输出型企业的转变。

TPCO 具备在国外投资项目的经验，已经在国外投资建成了印尼管加工厂。该厂是由 TPCO 和新加坡公司 Tubulars International Pte Ltd（TIPL）在新加坡合资成立的合资公司 TPCO Pan Asia Pte Ltd，其中 TPCO 占有 51%股份，TIPL 占有 49%股份。之后，TPCO Pan Asia Pte Ltd 在印尼投资成立 PT. TPCO Pan Asia，作为其生产工厂，该厂主要以管材加工为主，设计年产量 6 万吨。产品类型为石油套管，业务经营范围为钢管及相关产品的生产和销售。该项目的设备及设施主要以国内制造为主，公司投资 920 万美元。

TPCO 建立了国家级技术中心，并拥有先进的钢管加工试验线，研发力量雄厚。产品由原设计的 3 个钢级发展到 25 个钢级、235 个品种、上万个规格，其中 62 项填补国内空白，获得国家专利 33 项，形成了具有自主知识产权的 TP 产品系列。石油套管成为“中国名牌产品”，无缝钢管成为“国家免检产品”和“中国名牌出口商品”。

3. 点评结论

TPCO 的国际化发展战略，总结起来是从产品输出到技术输出，再到产能输出，先通过产品出口建立营销网络，了解当地市场与特点，进一步寻找机会将成熟可靠的技术推向海外，积累海外工程建设经验。然后从工艺设备相对简单的管加工入手，采用合资方式建设，初步试水海外直接建厂，积累钢铁企业海外建设、生产管理等经验。TPCO 几年间踏踏实实，一步一个脚印，走出一条具有自身特色的国际化发展之路，其中有经验也有教训，值得我国钢铁企业借鉴。

（五）青山控股集团

1. 国际化概况

青山控股集团创建于 1992 年，是一家温州起步、省内发展，走出浙江、迈向全国，跨出国门、走向世界的跨国公司，现投资控股瑞浦科技集团、青拓实业集团、广东吉瑞科技集团等 30 余家企业。2016 年，实现不锈钢粗钢产量 580 万吨，销售产值 1028 亿元，员工 2 万多人。青山控股集团曾多次荣获中国企业 500 强、中国制造业企业 500 强、中国民营企业 500 强、中国民营制造业企业 500 强，是国内不锈钢行业规模最大的民营企业。

青山控股集团公司在浙江丽水、福建福安、广东阳江和清远等地建立了三大镍铬合金冶炼、不锈钢冶炼、轧钢生产基地，并拥有印尼苏拉威西 4.7 万公顷镍矿基地，津巴布韦 5000 公顷铬矿基地；形成从不锈钢上游原材料镍铬矿开发、镍铬铁冶炼、不锈钢冶炼，到下游的棒线板材加工、钢管制造、精线加工以及码头运输、国际贸易等完整的产业链。集团公司控股企业主要生产不锈钢钢锭、钢棒、板材、线材、无缝管等产品，产品广泛应用于石油、化工、机械、电力、汽车、造船、航空航天、食品、制药和装潢等领域。在国内外兼有完善的营销网络，在温州、上海、无锡、佛山设有直属销售公司，销售渠道遍布全国并跻身东南亚、欧美等国际市场。

2. 国际化经验分析

面对国际镍价波动较大、国内不锈钢行业产能过剩、市场低迷、利润空间逐步被压缩的严峻形势，掌控并利用国外优质矿产资源、整合矿业公司和不锈钢生产企业、掌握成本控制的自主权，使得青山集团的优势产能有了大展拳脚的空间。目前，青山集团先后获得印度尼西亚镍矿资源和津巴布韦铬矿的开采权，并相继在矿区投资建厂，成为了真正意义上的跨国企业。此外，青山集团采用的“RKEF+AOD”不锈钢生产工艺，节约成本20%以上，从而设定不锈钢冶炼生产中全球最低、最具国际竞争力的成本线。

提前布局印尼镍矿的采掘、出口及镍铁冶炼产业链，是青山集团全球布局的关键一环。2009 年，青山集团与印尼八星投资有限公司合资设立苏拉威西矿业投资有限公司，获得印尼面积为 4.7 万公顷的红土镍矿开采权。2010 年 2 月，该公司在印尼矿区的第一船镍矿顺利装船回国。2013 年 10 月，习近平主席和印尼前总统苏西洛在印尼雅加达举行中国-印尼商务协议签约仪式，位于印尼苏拉威西岛的中国印尼经贸合作区青山工业园区作为项目之一成功签约。

2014 年印尼政府开始实施原矿出口限制令，全面禁止镍矿出口。青山工业园区成为印尼出台禁矿令后资金到位最快、建设速度最快、成就最丰硕的外资矿业项目。园区规划用地 1300 多公顷，主要配建总容量超过 1000 兆瓦的火力发电厂，一座 10 万吨级码头，一个简易机场及总建筑面积约 20 万平方米的生活区，目前计划总投资额 50 亿美元。一期镍铁冶炼及配套火力发电厂项目用地面积 95 公顷，于 2015 年 1 月竣工试生产。2015 年 4 月，第一艘满载 2.2 万吨镍铁的轮船顺利出港，标志着青山工业园一期镍铁冶炼项目正式落地生根。2015 年 5 月，印尼总统佐科为中国印尼经贸合作区青山工业园剪彩。青山工业园二期镍铁冶炼及配套火力发电厂项目已于 2016 年 3 月建成投产，同年 6 月，100 万吨不锈钢项目建成。2017 年 4 月，青山工业园三期镍铁冶炼项目正式投产，合计 RKEF 镍铁产线 20 条，年产能达到 150 万吨。此外，青山工业园四期 60 万吨铬铁和 70 万吨冷轧正在建设中，青山控股集团与德龙控股有限公司、八星集团已于 2017 年 6 月签订 350 万吨钢铁项目投资协议。

3. 点评结论

从青山集团国际化布局战略来看，主要有三点经验值得借鉴：一是企业应首先明确自身产业定位，积累生产运营资金和经验，及时跟踪国内外市场变化趋势，把握先机占领国际资源；二是注重中外国际关系，适应当地政治环境和经济变化趋势，努力将产业上升到国家间战略合作，国内外资源配置必有所倾斜；三是加强先进工艺技术研发，整合延伸产业链条，做到技术、质量、成本可控，提升核心竞争力。

（六）马钢集团

1. 国际化概况

马钢集团是中国特大型钢铁联合企业和重要的钢材生产基地，具有 2000 万吨钢配套生产规模。2016 年，马钢粗钢产量 1863 万吨，资产总额 850 亿元，实现营业收入 551 亿元，利润总额 9.76 亿元。长期以来，马钢十分注重国际化的发展，也取得了显著的成绩。一方面，马钢通过与海外各大财团、著名企业合资，产品遍销欧美、东南亚等 50 多个国家和地区；另一方面，马钢与美国 GE 公司、德国西门子公司、意大利达涅利公司、德国 DB 公司、韩国浦项公司等国际知名企业建立了战略合作伙伴关系，提升国际市场的品牌影响力。此外，随着马钢耐腐、耐候 H 型钢、低噪声车轮、40 吨重大功率机车轮等一批高端产品相继成功开发，马钢在国际市场的竞争力日趋提升，赢得众多海外著名制造商的认可。目前，马钢车轮获得了美国铁路产品 AAR 认证、欧盟铁路行业标准认证、德国 IRIS 国际铁路行业标准认证，H 型钢获得美标、日标、德标、欧标认证。

2. 国际化经验分析

在全球钢铁行业进入微利甚至是亏损时代，马钢的车轮业务利润对钢铁主业利润有着重要贡献。提升车轮档次，拓展车轮市场，延伸车轮产业链，已经成为马钢的一项重要发展战略。2014 年 5 月 30 日，马钢收购世界百年品牌法国瓦顿公司，价格为 1300 万欧元。瓦顿公司与日本新日铁住金、德国 BVV、意大利卢奇尼并称全球高速轮轴四大制造商，曾被誉为法国“工业之花”，拥有百年历史，是法国唯一一家专长于车轮、车轴及轮对系统生产的企业。瓦顿公司在高铁车轮、车轴和轮对方面拥有核心技术，其设计制造的高铁车轮曾创造世界最高时速 574.8 公里的纪录。受行业周期下行等因素影响，瓦顿公司的盈利能力受到很大影响，陷入财务困境，于 2013 年 10 月 11 日开始进入破产保护程序，并于 2014 年 3 月 31 日转为破产重整程序。通过此次收购，马钢获得瓦顿公司全部资产，包括不动产、有形资产、无形资产以及瓦顿公司全部的库存及在制品，瓦顿公司的租赁合同、与客户订立的合同、各类型供应商的合同、维护合同等，并且接收其所有员工。马钢收购瓦顿公司以后，全盘接收掌握核心技术的高素质人才和研发体系，以及瓦顿高铁轮轴一系列技术专利，可以迅速实现自有技术与世界领先技术的融合，形成具有自主知识产权的核心技术，促进我国高铁轮轴系列产品产业化和高端化进程。同时，通过收购瓦顿公司，其原有的遍布全球40多个国家和地区的销售网络以及在国际铁路联盟、国际铁路行业标准等一些国际组织中的地位也将被马钢取得，这对支撑我国高铁轮轴产品的国际化进程，提高国际市场份额也将起到积极作用。马钢集团董事长高海建表示，马钢将以成功收购法国瓦顿公司为重大契机，通过3年左右的努力，把马钢打造成为全球高铁轮轴全系列产品的领军企业。

通过并购重组国外优势企业、布局海外市场是钢铁企业“国际化”发展的重要途径。马钢收购瓦顿，彻底打破国外长期对我国高铁轮轴的技术封锁和产品垄断，通过快速掌控国际先进水平的高铁轮轴技术，将有助于提升我国高铁轮轴技术，加快高铁轮轴的国产化进程，降低高铁的制造、维修和使用成本，从根本上保障我国高铁的安全运行，实现自有轮轴产业对我国高铁未来发展的支撑，支持高铁“走出去”的国家战略，是钢铁企业“国际化”发展的成功案例。

3. 点评结论

当前，一些国外优势企业受金融危机影响，因资金、债务等问题，正在或准备将资产与业务整体或部分剥离出售，这是中国企业实施跨国并购、加快“国际化”发展的一个难得契机，也是在后金融危机时代抢占国际先进技术制高点、拓展国际化营销渠道、提升自身品牌形象的一项战略抉择。通过整合取得双方在系统组织、经营思想、生产管理、营销策略诸方面协调一致，可以产生“1+1>2”的经济效益和并购效应。

四、国际化趋势展望与路径解析

我国钢铁企业为资源、为市场“走出去”的单一的国际化发展模式成效不明显，在掌控资源、拓展市场、增加盈利等方面均未达到预期效果。未来钢铁行业不再简单为了国际化而“走出去”，国际化发展更加注重效益和对企业自身竞争力的提升，其发展模式将向以下五个方面转变：一是从产品贸易为主向产品贸易和服务贸易并重转变；二是从产品“走出去”向资本“走出去”转变；三是从自发“走出去”向有组织“走出去”转变；四是从投资资源领域向投资制造与服务领域转变；五是从单一企业“走出去”向联合上下游及关联企业实施全产业链协同“走出去”转变。

作为“走出去”最具竞争力的行业之一，我国钢铁行业在实施国际化战略方面要重视新的国际化发展趋势，特别是积极参与“一带一路”建设，推动国际化取得积极成效，需重点做好以下五方面的工作：一是借助国际产能合作等重大发展机遇，开展工程项目合作，提供配套性服务；二是探索建立企业全产业链上的战略协作和重组，联合国际、国内战略合作伙伴，深化产业合作，提高国际合作水平和能力；三是主动整合和利用全球创新资源，实现海外人才培训、国际项目合作、海外高端人才引进等突破；四是依托自有贸易公司或者与国内贸易公司的战略联盟优势，为全球冶金企业和工业企业提供增值的供应链服务，积极开发和培育海外战略终端客户；五是精心准备、认真应对国际贸易摩擦，维护企业自身权益，促进企业国际贸易的健康发展。

五、行业国际化实践

冶金工业规划研究院响应国家“一带一路”倡议，积极承接国家政府部门关于中外产能与投资合作研究等相关课题，为国内钢铁行业等优势产能“走出去”指引方向；受国家开发银行委托开展国家规划咨询服务工作，先后多次赴澳大利亚、非洲、南美、独联体、东南亚等地区几十个国家实地考察，深入研究矿产资源开发利用，提出规划咨询意见，为开展中外合作共赢提供决策依据；以全球视角积极开拓国际钢铁咨询业务，陆续为国内外企业和机构提供市场调研、可行性研究、设备采购服务、项目评估和建议书等服务；长期致力于国外先进冶金技术引进工作，与乌克兰国立冶金学院、乌克兰国家钛设计研究院等国外知名院校和学术机构保持紧密合作，在组织引进 RKEF 镍铁生产工艺和 GOR 转炉冶炼不锈钢技术方面，成果卓著。此外，近年来冶金工业规划研究院与澳大利亚、日本、美国、奥地利、德国、英国、意大利、津巴布韦等相关国家有关企业进行了多方面交流合作，具体见表 13-6。

表 13-6 冶金规划院在推动行业国际化方面的实践

序号	业务板块	板块介绍	典型案例
1	“一带一路”相关课题研究	受国家发展和改革委员会、工业和信息化部、国家开发银行等委托，开展“一带一路”相关课题研究	《“一带一路”战略下钢铁工业“走出去”思路研究》《非洲国家产能合作规划研究》《中国-沙特双边战略规划对接合作研究产能专项报告》《中国-牙买加产能与投资合作规划研究》《中巴“两国双园”（中国海城-巴基斯坦卡拉奇）合作项目推介》等
2	国家产业发展规划研究	受国家开发银行委托，开展国别矿业及钢铁产业发展规划咨询	赞比亚、瑞典、柬埔寨、几内亚、委内瑞拉、塔吉克斯坦、缅甸、南非、莫桑比克、玻利维亚、西部非洲等国及地区矿业及钢铁产业发展规划等
3	国外公司项目咨询和信息服务	为国外公司提供研究报告和技术咨询	为美国波音公司提供镁合金生产成本分析报告、为力拓集团提供西芒杜项目银行级可行性研究报告评估报告、为澳大利亚 Arrium 公司提供 2013~2018 年中国钢铁行业重大战略问题研究报告、为奥登道夫公司提供《中国钢铁蓝皮书》数据信息服务等
4	国内企业“走出去”项目咨询服务	为国内企业“走出去”项目提供咨询服务	《东方矿产资源有限公司印尼富海钢铁项目规划和可行性研究报告》《玻利维亚穆通钢铁公司综合钢厂可研评审报告》《鞍钢印尼苏拉威西钢铁项目评估报告》《中埃 500 万吨钢铁基地（一期）项目建议书》等
5	国外先进技术引进服务	组织引进乌克兰 RKEF 镍铁工艺和 GOR 转炉冶炼不锈钢技术	《宝钢德盛不锈钢有限公司 RKEF 镍铁项目》《泰钢 GOR 转炉冶炼不锈钢项目》《西南不锈钢 GOR 转炉冶炼项目》等

参 考 文 献

[1] 中国钢铁工业协会．中国钢铁统计 2017［M］．北京：中国钢铁工业协会信息统计部，2017.

[2] 贾成宁，通讯员，张丽慧．“一带一路”不仅是中国的梦想，也是塞尔维亚的梦想

［N］．北京：中国冶金报，2017.

［3］朱兆旭，丁国峰．中国钢铁企业“走出去”的法律风险分析［J］．唐山师范学院学报，2016，38（1）．

［4］中华人民共和国海关总署．http：//www. customs. gov. cn/customs/［EB/OL］．

［5］中华人民共和国国家统计局．http：//www. stats. gov. cn/［EB/OL］．

［6］国土资源部信息中心．世界矿产资源年评［M］．北京：地质出版社，2015.

［7］国家统计局能源统计司．中国能源统计年鉴［M］．北京：中国统计出版社，2016.

［8］海关信息网．海关数据［M］．北京：北京中海通科技有限公司，2017.

［9］韩国浦项（POSCO）简介．http：//www. posco-china. com.

［10］剖析浦项在海外新兴市场的布局［N］．北京：中国冶金报，2017.

［11］张玮玮．浦项海外布局战略分析［N］．北京：世界金属导报，2012（A06 版）．

［12］罗晔，柯华飞，袁宇峰，等．浦项钢铁公司经营与发展方向［J］．世界钢铁，2014（3）：67~72.

［13］马钢股份有限公司．马钢：收购法国瓦顿公司的主要做法和体会［J］．冶金财会，2015（8）：18~20.